中国财政政策报告 2010/2011

“十二五”时期的中国财税改革

中国社会科学院财政与贸易经济研究所
高培勇 主 编
张德勇 副主编

中国财政经济出版社

本书由中国社会科学院出版基金资助

图书在版编目（CIP）数据

“十二五”时期的中国财税改革/高培勇主编．—北京：中国财政经济出版社，2010.9
中国财政政策报告．2010～2011
ISBN 978-7-5095-2464-0

Ⅰ．①十…　Ⅱ．①高…　Ⅲ．①财政管理体制—经济体制改革—中国—2011～2015—文集②税制改革—中国—2011～2015—文集　Ⅳ．①F812.2-53

中国版本图书馆CIP数据核字(2010)第175960号

责任编辑：杨　波　　　责任校对：杨瑞琦
封面设计：郁　佳　　　版式设计：兰　波

中国财政经济出版社 出版

URL：http：//www.cfeph.cn
E-mail：cfeph@cfeph.cn

社址：北京市海淀区阜成路甲28号　邮政编码：100142
发行处电话：88190406　财经书店电话：64033436
北京联兴盛业印刷股份有限公司印刷　各地新华书店经销
889×1194毫米　16开　21印张　510 000字
2010年9月第1版　2010年9月北京第1次印刷
印数：1—3500　定价：54.00元
ISBN 978-7-5095-2464-0/F·2097
（图书出现印装问题，本社负责调换）
本社质量投诉电话：010-88190744

前 言

（一）

从 2009 年第 4 季度起，我们便启动了两项既互为关联又彼此独立的工作：回顾、盘点“十一五”时期的财税改革成果，前瞻、谋划“十二五”时期的财税改革内容。

前一方面的工作，当然要从“十一五”规划中有关财税改革内容的清单入手——哪些项目已经或可以如期完成？哪些项目难以或不能如期完成？已经或可以如期完成与难以或不能如期完成的背景或原因是什么？已经如期完成项目的实际效果如何且有无留待继续推进下去的任务？我们发现，凡是难以或不能如期完成的内容以及留待继续推进的任务，基本上都属于难啃的骨头。而且，这些难啃的骨头，又都在当前中国财税体制机制亟待攻克的重要“瓶颈”地带。对于它们，只能取“搬家”之法——将其移至“十二五”规划之中，寄希望于在“十二五”时期得以完成。

后一方面的工作，则要结合“十一五”规划进展情况的盘点，在立足于当前以及“十二五”时期国际国内经济社会形势的基础上展开——已经或将会发生哪些新变化？已经或将会呈现哪些新特点？这些新变化、新特点，已经或将会以怎样的形式表现出来？当原有的问题与矛盾和新的问题与矛盾汇集在一起之后，又将会使我们面临哪些新的挑战并由此提出哪些新的财税改革命题？我们发现，这些新挑战和新命题，均在当前亟待解决的重大财税体制机制问题之列，也正是我们在“十二五”时期所须拿下的关键“山头儿”。对于它们，只能持“直面”之态——将其纳入“十二五”规划之中，作为“十二五”时期必须实现的改革目标。

两个方面的工作，尽管各有侧重，但一直捆绑在一起并围绕着“十二五”时期的财税改革这条主线而展开。当各自的轮廓勾画出来之后，我们发现，将须“搬家”的项目和须“直面”的项目相叠加并融入同一个棋局，它恰恰就是一份有关“十二五”时期中国财税改革内容的大致清单。

于是，我们决定，在上述的基础上，把“十二五”时期的财税改革，作为今年财政政策报告的论题。

（二）

以“十二五”时期的财税改革为主线做研究报告，其基本的着眼点，自然要落在“十二五”规划的制定上。这就意味着，这本报告，必须“务实”——以贴近现实、贴近决策为出发点和归宿，首先做一番深入而系统的调查和分析工作。以此为基础，把握和揭示“十二五”时期财税改革面临的新形势、新变化、新特点和新课题。

这一过程着实复杂而艰辛。它不仅需要尽可能充分地听取中央政府有关部门和学术界的意见，尽可能广泛地考察基层政府部门的运作实情，通过问卷和入户等尽可能多的渠道贴近企业与居民的基本诉求，而且，还需要尽可能精确地把脉国内外经济社会发展大势，尽可能详尽地整理可作为改革参照系的世界主要国家的财税制度和基本格局文献，尽可能全面地了解当前中国财税经济领域的主要热点、焦点和难点。然而，当一系列的调查和分析成果逐渐成型并一一呈现在我们面前时，最终收获的则是另一番感受——喜悦、振奋、责任和压力相交织。

我们首先发现，刚刚告一段落的这一轮的国际金融危机，从爆发到蔓延，再到触底反弹并逐步呈现复苏态势，始终是与财税政策的积极实践绑在一起的。在中国，积极财政政策不仅是反危机的“主攻手”，而且通过收支“两翼并举”的全方位扩张操作，淋漓尽致地展现了它的特殊功效。在全球范围内，各国政府所推出的一系列旨在应对危机的“经济振兴”或“经济刺激”举措清单，尽管覆盖了方方面面的内容，但其中的主体部分，都可归于财税政策的范畴。正是凭借着以扩张性财税政策为主要内容的国际联合行动，才使得这场前所未有的危机得以在如此短的时间内发生重大变化，从而共享经济回升向好的成果。时至今日，面对尚不确定的全球经济复苏进程，围绕有关所谓刺激政策退出时机、节奏、方式等问题的国际协调，也仍然是以财税政策为核心内容的。可以说，这轮危机在把财税政策推至宏观调控前沿地带的同时，也让人们对于财税政策的作用刮目相看，从而大大提升了财税政策在现实经济社会生活中的定位。

我们还发现，当前的国内外经济社会形势，带有典型的“后金融危机”时代特征。经过了这轮前所未有的国际金融危机的洗礼之后，无论是中国，还是整个世界，都发生了一系列极其深刻的变化。这些变化，固然可以从不同的角度加以归结，甚至可以拉出一个长长的清单。但是，立足于宏观层面并以挑战现行财税体制机制作为筛选的标尺，如下的四个方面变化，可能必须首先面对：

其一，经济发展方式转变。在今天的世界上，不仅各国已经倾向于把导致这轮危机的深层次原因归结于经济结构失衡或全球经济结构失衡，而且已经围绕调整经济结构悄然推出了一系列规模颇大的举措。在当前的中国，围绕着被拖入这轮危机的根本原因的反思，我们不仅已经将经济发展方式转变视作刻不容缓之举，而且，已经将其提升至“关系改革开放和社会主义现代化建设全局”和“深入贯彻落实科学发展观的重要目标和战略举措”的高度加以认识，甚至有了社会制度转型、经济体制转轨和发展方式转变等所谓三次决定中国现代化命运的重大抉择的历史定位。

其二，调节居民收入分配。有别于以往多务虚——在将调节收入分配作为追求目标的同时，并未伴随以多少实招或苦于无实招——的尴尬处境，进入今年以来，随着对这轮国际金融危机爆发特别是中国被拖入这轮危机原因的全面分析，上至决策层，下至普通百姓，一再发出尽快出台切实有效措施、在解决收入分配问题上取得实质性突破的强烈信号和呼吁。这不仅是因为收入分配差距过大已经被确诊为我国内需不足的深层根源之一，并且，拉动内需的希望已经在很大程度上寄托于收入分配差距的拉近。而且因为，日趋尖锐化的收入分配矛盾已经在相当程度上威胁到社会的稳定。特别是鉴于当前的通货膨胀预期一旦变为现实，将很可能与收入分配矛盾相碰头，从而挑战社会可容忍“底线”。所有的这些，都在强化解决收入分配问题的紧迫感，要求甚至逼迫政府在收入分配领域尽快拿出实招、狠招和有效招数。

其三，节能环保。与以往周旋于节能环保与经济增长取舍之间的思维有所不同，今天的中国已经开始寻求两者之间的全面相容。这种情况的出现，并不能仅仅归结于去年年末于哥本哈根举行的世界气候变化大会。那次会议的影响固然广泛而深远，但只有在其对接于现实的中国国情并产生共鸣之后，才会获得真正意义上的认同感。事实上，当我们说中国被拖入这轮危机的根本原因在于经济发展方式落后的时候，其潜台词，无非是，依靠资源能源的大量投入来赚取国际产业链低端的微薄利润之路不可持续，以牺牲环境为代价换取经济增长的模式得不偿失。与此同时，现实的能源危机加剧，资源短缺明显，环境压力日增，已经令我们不得不高度警醒。当前唯一可行的选择便是，投资当前与投资未来并重，走节能环保道路，取低碳经济模式。意识到全球对节能减排和应对气候变化的关注不断增强，中国的减排形势又不容乐观，政府已经承诺2020年要比2005年单位GDP二氧化碳的耗费减少40%到45%。留给我们的时间，从现在算起，又只有十年。故而，政府必须尽早下手，用实招、出狠招，正在逐步成为社会共识。

其四，城镇化。作为支撑经济增长的源泉之一，在中共“十七大”报告中，城镇化曾与工业化、信息化、市场化、国际化一起并称为“五化”。与之有所不同，在今天的中国，城镇化异军突起，已经被视为现实中国的第一内需和最大内需之所在。这意味着，在当前以及今后很长的一个时期，城镇化将作为支撑中国经济发展的最重要的源泉而备受关注，人民群众的生活方式和经济社会结构也将随之发生一系列深刻变化。进一步看，认识到城镇化的核心问题在于农民变市民的身份转换。并且，在尚未破除的现实的“二元”经济社会体制下，农民变市民的过程，便是公共服务体系以及作为其基础的财政的覆盖范围的相应拓展过程。可以说，城镇化所挑战的主要对象，或者城镇化所面临的主要制约因素，就在于公共服务的供给能力以及财政的供给能力。由此还可以说，基本公共服务的均等化和财政的均等化，将首先并主要体现在城镇化的进程中。考虑到这一切，不能不令我们对今天以及未来的城镇化刮目相看。

我们也发现，如果说这轮国际金融危机为财税政策的积极实践提供了一个演兵场，那么，随着我们步入后金融危机时代的脚步，财税政策的重要性日趋凸显并愈益为人们所认识，已是一个不争的事实。然而，也许是人们遭受一系列经济社会矛盾围困的时间太久，也许是人们面对一系列经济社会矛盾而苦于无招的尴尬经历所致，我们不无意外地看到，在当前的中国，围绕包括上述变化在内的一系列重大经济社会问题的求解，财税政策已被推至了公共政策的第一层面。几乎所有的期待，都一股脑儿地向财税政策涌来，指望于财税政策担纲。用“责任重大，压力骤增”、“处于风口浪尖之上”来描述当前中国财税身处的情况，可能并不为过。

其实，责任也好，压力也好，风口浪尖也罢，这种情况之所以会在改革开放30年后的今天凸现出来，与其说是宏观经济社会形势变化推动的结果，倒不如说是客观经济社会运行规律的作用使然。这是因为，常识告诉我们，财税有别于其他经济范畴的一个极其重要的特殊品质，就是“牵动大部、覆盖全部”——其触角，能够延伸至几乎所有家庭和企业、几乎所有经济社会活动、几乎所有经济社会领域；其范围，能够覆盖于所有政府部门、所有政府职能、所有政府活动、所有政府领域。这意味着，当前中国财税政策面临的种种挑战，不过是财税特质日渐“回归”的一种标志，也不过是市场经济日渐“成熟”的一种表现。

我们自然深知，财税政策的变化，只能落实在财税体制机制上，也只能通过财税体制机制的调整来实现。将聚焦点对准现行财税体制机制并仔细地审视其自身的功能，便会看到，在以后金融危机时代为背景的一系列重大因素的高调挑战之下，其各方面的“软肋”暴露无遗。这些软肋，必须通过财税体制机制的相应变革加以应对并妥善解决。通过实施怎样的改革来消除这些软肋，显然是“十二五”时期中国财税改革的重心所在。

上述的这些，就是我们在研究“十二五”时期财税改革问题时所立足的主要经济社会背景。

（三）

接下来，就是转入报告的实质阶段了。站在制定规划的立场上，对持续5年的财税改革内容做出高度概括，显然不能面面俱到，必须有所取舍。这就意味着，进入报告视界之中的，只能是那些可归于财税基本要素层面或属于财税体系不可或缺构件的东西。将由此而搭建的分析框架与“十二五”时期可能困扰或制约经济社会发展的主要矛盾和重大问题相对接，便构成了本报告的基本内容。

按照我们的理解，所谓财税，从最基本层面说，无非指的是政府的财政收支或政府的财政收支活动。财政收入和财政支出，分别构成了财税的两个基本工作线索。钱从哪里来，钱向何处去，并且，收多少钱，办什么事，从来都是财税活动的基本要素。所以，在全面回顾“六五”时期以来的财税改革进程（第1章）和深入分析“十二五”时期的宏观经济社会环境（第2章）的基础上，首先是“十二五”时期财政收支规模的确定，继而是“十二五”时期财政收支结构的调整，分别作为本报告第3章、第4章和第5章的聚焦对象，进入了我们的研究视野之中。

进一步说，无论是财政收入，还是财政支出，都要依托于一定的制度体系来安排和操作。财政收支规模的确定也好，财政收支结构的调整也罢，总要通过变革与其相关的制度基础加以实现。在一个完整的财税制度体系中，税收制度、预算管理制度、财政管理制度，从来都是作为其基本的要素而存在并运行的。所以，上述这些制度在“十二五”时期的改革走向及其改革内容，分别进入了本报告第6章、第7章和第8章的研究视野。

再进一步，政府是一个统称，它总是要分作几个级次。在不同级次政府之间关系的处理中，财政关系从来都是其最基本的关系。作为处理不同级次政府之间财政关系的制度安排，财政体制从来都是财税活动的基本要素。所以，“十二五”时期的财政体制改革，是本报告第9章的考察对象。

除此之外，财税活动的操作以及财税制度的改革，总要在特定的宏观经济社会背景下进行，也总要围绕着不同历史时期的“大事”而展开。在不同的背景下，往往有不同的政策取向。由此决定的财政政策的基本格局，当然也属于财税活动的基本要素。在不同的历史时期，也往往有不同的大事作为工作的重点内容。而在当前以及今后的一个时期，最大的事情，莫过于转变经济发展方式了。所以，“十二五”时期的财政政策走势和转变经济发展方式中的财税制度安排，也分别成为了本报告第10章、第11章的聚焦话题。

上述的内容，虽说不上全面，也不能算是完整覆盖了财税体系框架的方方面面，但应当说，“十二五”时期财税改革所须牵动的主要方面或基本问题，大体上都在其中了。

（四）

简要地概括一下这本报告的主要结论和基本判断，肯定是必要的。

第一，关于财政收支规模。兼顾各种需要与可能，在“十二五”时期，一般预算收入应当且有望保持稳定增长态势。一般预算收入的稳定增长，一方面依赖于经济的又好又快发展；另一方面，也有赖于进一步推进的预算制度改革。在经济又好又快发展和预算制度进一步改革的交互作用中，稳步提升一般预算收入占 GDP 的比重、适当控制全口径财政收入占 GDP 的比重，应当成为“十二五”时期的政策选择。与此同时，应本着财政收支规模基本平衡的原则，分别界定并控制好一般预算支出和全口径财政支出的规模。

第二，关于财政收支结构。基于经济社会形势的变化和市场经济建设的规律，在“十二五”时期，应当致力于把全部政府收支都纳入预算管理。以此为基础，在财政收入方面，应致力于提高税收收入、社会保障收入、国有资本经营收益、国有资产（资源）使用收入在政府收入中的比重，相应降低行政事业性收费、各种专项收入和政府性基金在政府收入中的比重；在财政支出方面，应当相应收缩购买性支出、扩大转移性支出的比重，并使财政支出向人力资本和社会资本领域倾斜；相应控制并调减投资性支出、适当增加消费性支出，并使有限资金向教育、医疗、社会保障与就业、“三农”、自主创新、环境保护等社会发展的薄弱环节和与民生有关的支出项目倾斜。

第三，关于税收改革。直面“十二五”时期的一系列“重大挑战”，应当在全面评估现行税制体系的基础上，重新谋划并确立中国税收制度的总体格局。以此为基础，以实行综合与分类相结合的个人所得税制和开征物业税并结束财产保有层面的无税状态为突破口，构建起适合中国国情的直接税体系。并且，逐步增加直接税并相应减少间接税在整个税收收入中的比重，最终实现直接税与间接税的均衡布局。从而，建立起一个融收入与调节、稳定功能于一身的“功能齐全”的税制体系。

第四，关于预算制度改革。在“十二五”时期，同政治体制的改革进程相伴随，应当以现行《预算法》的修订为契机，全面调整、规范中国的预算制度体系。要逐步理顺预算分配权在立法机构与行政机构之间、财政部门与其他政府职能部门之间的配置格局，将所有政府财力都归口于财政部门的管控之下。从而，构建由公共财政预算、国有资本经营预算、政府性基金预算和社会保障预算组成的有机衔接的政府预算体系，将全部的政府资金都纳入预算，实现政府预算体系的全面性与完整性。

第五，关于财政管理制度改革。鉴于“十一五”时期的改革经验，在“十二五”时期，应当更加强调财政管理制度改革的系统性与整体性。循着渐近性的总体改革思路，以公共财政建设的主题为中心，按照规范化、透明化、科学化和精细化的基本原则，一方面要对已有的改革措施的继续完善，另一方面要将“十一五”时期的一些改革设想在条件成熟时由试点尝试转变为通行全国的统一的财政管理制度，并研究探索新的改革措施。

第六，关于财政体制改革。现行的财政体制已经实行 17 年之久，其间的经济社会环境已经发生了巨大变化，很有必要在“十二五”时期启动对财政体制的颠覆性改革。可以考虑以实行财权、财力与事权相匹配，作为重构财政体制格局的基本原则。在新的财政体制格局下，事权和支出责任的确定应尽可能明确，避免含糊不清的事权和支出责任。应取消税收返还，地方所减财力通过重构一般性转移支付和专项转移支付制度而加以统筹解决。有关一般性转移支付与专项转移支付的决策，应当在规范机制的基础上更加公开透明。在稳步推进“省直管县”财政体制改革的同时，要实现地方债务融资的规范化管理。

第七，关于财政政策取向。注意到这次国际金融危机中财政政策的作用特点，可以判断，今后围绕财政政策而展开的国际协调行动将更加频繁而深入，财政政策在经济社会发展中的作用将更加凸显和重要。故而，在“十二五”时期，要主动出击，进一步加强国际间的财政政策协调。

要通过加快社会保障制度改革和税制结构的调整，增强财政政策自动稳定器的功能。并且，应当加快相机抉择财政政策决策机制的转变进程，提高财政政策效率，增强财政政策的适应性。

第八，关于转变经济发展方式背景下的财税制度安排。可以认定，随着我们步入“十二五”的进程，无论从哪个方面看，转变经济发展方式都已经成为排在第一位的政策目标。为此，财税制度安排必须做出相应调整。这种调整，可以涵盖包括“扩内需、稳外需”的财税制度安排、“节能减排”的财税制度安排、“促创新、增效益”的财税制度安排以及缩小收入分配收入差距、共享改革发展成果的财税制度安排等几个方面。

(五)

作为中国经济社会发展进程中的一个重要时期，“十二五”所面临的形势之严峻，所承载的使命之沉重，都注定了，它要在中华民族走向复兴的历史上写下浓重的一笔。作为其中的一个重要脉络，中国财税改革的角色十分特殊和重要。这本报告所完成的任务，只能算是一个铺路石子，而且，难免挂一漏万。同交付以往政策报告时的心境一样，我们恳切地期待着来自各方面的批评指正。

高培勇

2010 年 8 月 18 日

本报告写作组名单

主　　编　高培勇

副 主 编　张德勇

执　　笔　1. 孟庆平

2. 汪德华

3. 张　斌　汪德华

4. 马　珺

5. 张　斌　范建鏋

6. 高培勇　徐　妍

7. 冯　静

8. 张德勇

9. 杨志勇

10. 杨志勇

11. 何代欣　张德勇

中国财政大事记（1978.1—2010.6）范建鏋

部分财政经济发展指标　冯　静

协调　杨之刚

特别鸣谢

许多机构和人士对于本报告的完成提供了无私的帮助和热情的支持。

在本报告论题的形成阶段，我们曾先后召集了几次小规模的讨论会，全国人大常委会预算工作委员会主任高强先生、财政部副部长廖晓军先生、全国人大常委会预算工作委员会副主任姚胜先生、国务院研究室副司长向东先生，财政部综合司副司长宛广睿先生、财政部综合司副司长汪义达先生、财政部经济建设司副司长李方旺先生、国家税务总局所得税司副司长刘丽坚女士、财政部财政科学研究所副所长苏明先生、财政部财政科学研究所副所长王朝才先生、中国人民大学教授安体富先生、清华大学教授白重恩先生、北京市地方税务局总经济师卜祥来先生等，提供了富有价值的意见。

在本报告的调研阶段，辽宁省财政厅厅长郝志刚先生、河北省财政厅厅长齐守印先生、河北省财政厅副厅长高志立先生、河北省财政厅财政科学研究所所长段国旭先生、河北省财政厅预算处李杰刚先生、北京市财政局副局长徐熙先生、北京市财政局副局长孟景伟先生、湖北省地方税务局局长许建国先生、湖北省地方税务局副局长肖绪湖先生、武汉市地方税务局局长罗涛先生、湖北省地方税务局办公室主任徐正云先生、湖北省地方税务局税政一处处长胡波女士、湖北省地方税务局税政二处处长吴鸿先生、湖北省地方税务局税政三处处长张雪松先生、湖北省地方税务局社会保障处处长陈燕超先生、湖北省地方税务局征管处处长黄捷先生、河北省国家税务局副局长高莉女士、河北省国家税务局办公室主任孙书润先生、天津市财政局社会保障处处长李萍女士、天津市人力资源和社会保障局总会计师董刚先生等，给予了极为周到的各方面的帮助和支持。

中国社会科学院办公厅主任施鹤安先生、中国社会科学院财计局副局长段小燕女士以及中国社会科学院财政与贸易经济研究所的诸位同事，给予了一如既往的支持和帮助。

中国财政经济出版社社长贾杰先生、中国财政经济出版社副总编辑赖伟文先生、中国财政经济出版社财政分社社长李洪波先生、中国财政经济出版社财政分社副社长杨波先生一如既往地支持本报告的出版并付出了辛劳。

在此，特别鸣谢。

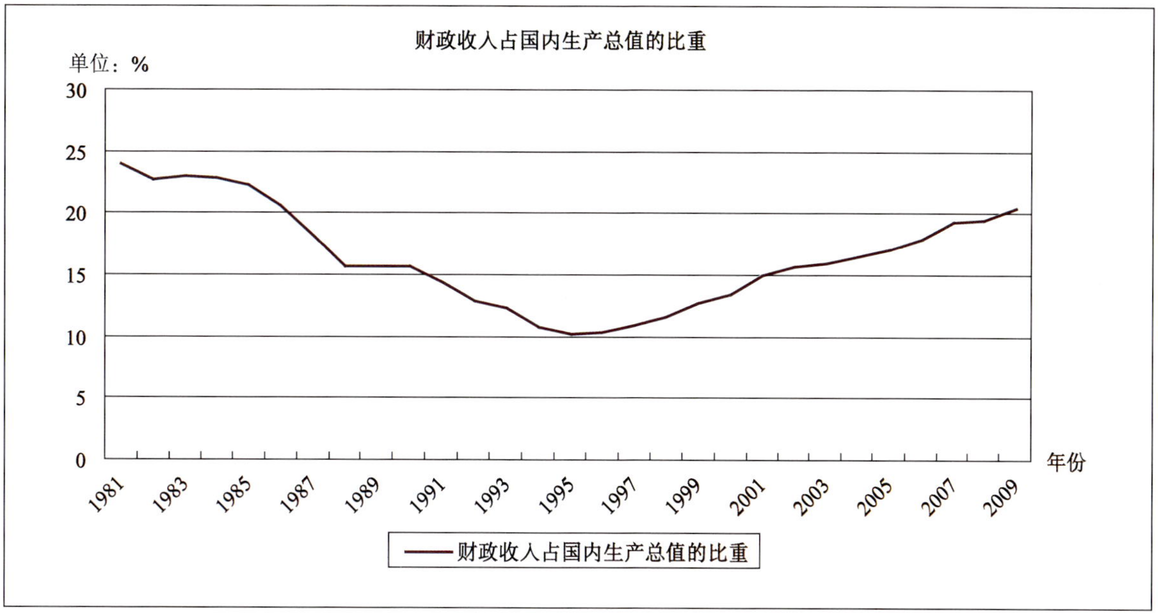
财政收入占国内生产总值的比重
单位：%
30
25
20
15
10
5
0
年份
1981
1983
1985
1987
1989
1991
1993
1995
1997
1999
2001
2003
2005
2007
2009
财政收入占国内生产总值的比重

财政收入增长速度
单位：%
35
30
25
20
15
10
5
0
年份
1981
1983
1985
1987
1989
1991
1993
1995
1997
1999
2001
2003
2005
2007
2009
财政收入增长速度

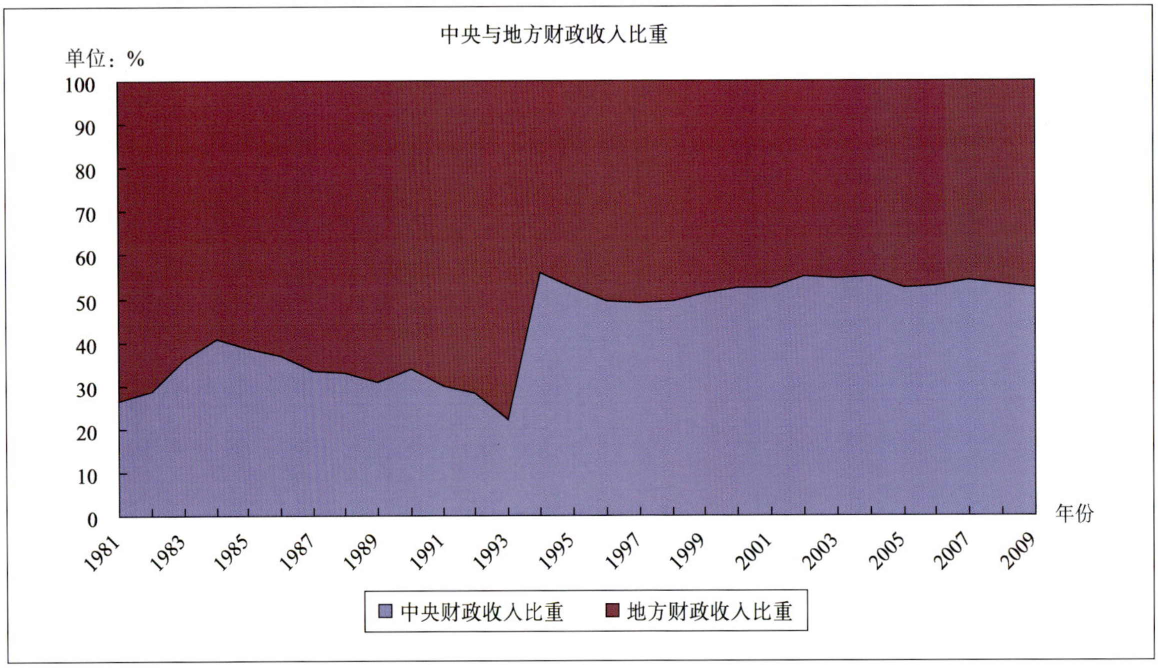
中央与地方财政收入比重
单位：%
100
90
80
70
60
50
40
30
20
10
0
1981
1983
1985
1987
1989
1991
1993
1995
1997
1999
2001
2003
2005
2007
2009
年份
中央财政收入比重
地方财政收入比重

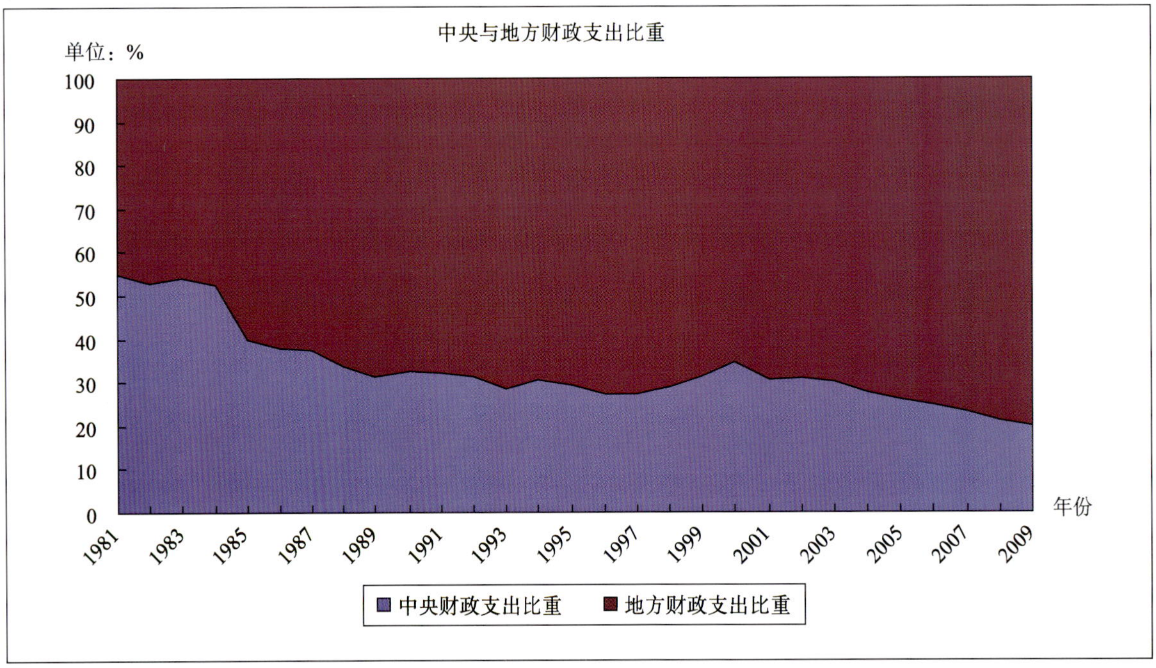
中央与地方财政支出比重
单位：%
100
90
80
70
60
50
40
30
20
10
0
1981
1983
1985
1987
1989
1991
1993
1995
1997
1999
2001
2003
2005
2007
2009
年份
中央财政支出比重
地方财政支出比重

目　录

图

表

CONTENTS

Boxes

Figures

Tables

1

"六五"时期以来的财税改革：一个基本回顾

- 回顾"六五"时期以来中国财税制度改革与发展的演变轨迹，理清其基本脉络，对于我们总结经验、寻找规律，进而探求新的改革路径有着重要的意义
- "六五"期间，财税改革的核心思想是"减税让利"，通过"利改税"和"分灶吃饭"等改革措施的实行，打破了高度集中财政体制的僵局
- "七五"期间，为理顺政府与企业、中央与地方的关系，实行了"税利分流"及"财政包干"制度改革
- "八五"期间，对税收制度和财政管理体制进行了彻底的制度创新性改革，初步构建起了适应社会主义市场经济体制要求的财税制度
- "九五"期间，确立了公共财政制度框架的整体目标，为财税改革明确了方向。并且，以税费改革为先导、财政支出为一翼的改革也开始展开
- "十五"期间，开始了新一轮的结构性税制改革，取消了农业税，并推出了多项迈向规范化、法治化财政管理制度的改革
- "十一五"期间，完成了增值税转型和内外资企业所得税制合并的改革，税制体系继续向适应市场经济的目标迈进。财政支出重点向"三农"和民生倾斜，为推进基本公共服务均等化的财政管理体制改革继续深化
- 2010年是"十一五"时期的最后一年，也是迈向"十二五"时期的承上启下的一年，勾勒新时期财税改革的框架与蓝图，是我们当前的重要任务

Fiscal and Tax Reform since the Period of 6th Five-Year Plan: A Basic Review

- Reviewing the evolution of China's fiscal reform and development since the period of 6th Five-Year Plan and sorting out the basic context of this reform and development are important to our summing up experience, looking for law and exploring new reform path
- In the period of 6th Five-Year Plan, reducing taxes and surrendering part of the profits were the core idea of fiscal and tax reform. Replacing profit by tax, serving meals to different diners from different pots and other reform measures have broken the impasse of highly centralized fiscal system
- In the period of 7th Five-Year Plan, the institutional reforms of separation between taxes and profits and local government's full responsibility for its public finance were carried out to straighten out the relationships between government and enterprise and between central and local government
- In the period of 8th Five-Year Plan, the reform of institutional innovation was thoroughly introduce for tax system and fiscal management system, fiscal and tax system which socialist market economic system required was preliminarily build up
- In the period of 9th Five-Year Plan, the overall objective of the framework of public finance system was established, which defined the direction of fiscal and tax reform. Moreover, the reform that took tax and fee reform as forerunner, along with fiscal expenditure reform, was initiated
- In the period of 10th Five-Year Plan, a new round of structural tax reform was introduced. Agricultural tax was abolished and several reforms towards standardization and legalization were implemented for fiscal management system
- In the period of 11th Five-Year Plan, the reforms of VAT Transition and the unity of income taxes levied from domestic and foreign-funded enterprises were completed, tax system continued to develop to meet the goal of market economy, fiscal expenditure priority was given to agriculture, rural areas and farmers and people's wellbeing, and fiscal management system reform continued to deepen to prompt basic public service equalization
- 2010 is the last year of the period of 11th Five-Year Plan and serves as a connecting link between the preceding and the following period of 12th Five-Year Plan. Outlining a framework and blueprint for the fiscal and tax reform in the new period is our important task at present

1. “六五”时期以来的财税改革：一个基本回顾

从1978年党的十一届三中全会确定了改革开放的目标以来，中国一共制定和实施了五个“五年”计划和一个“十一五”规划，①目前正着手“十二五”规划的制定。在六个“五年”计（规）划的实施过程中，财税制度改革一直充当着整个经济体制改革的铺路者，统领着价格、信贷、贸易等多项经济体制改革不断走向社会主义市场经济体制的最终目标。

回顾六个“五年”计（规）划时期财税改革的历程，把握中国从计划经济向市场经济体制转轨过程中财税制度演变的脉络，对于我们总结经验、寻找规律，为“十二五”规划制定科学合理的财税制度改革与发展目标，迈向社会主义市场经济体制建设的新阶段有着重要的意义。

1.1 “六五”时期的财税改革

1.1.1 “六五”计划提出的财税改革目标和要求

《中华人民共和国国民经济和社会发展第六个五年计划》（1981—1985年）是按照党的十二大提出的到20世纪末经济建设的战略部署制定的。第六个五年计划的基本任务，是继续贯彻执行调整、改革、整顿、提高的方针，进一步解决过去遗留下来的阻碍经济发展的各种问题，取得实现财政经济状况根本好转的决定性胜利，并且为第七个五年计划期间的国民经济和社会发展奠定更好的基础，创造更好的条件。

① 从“五年”计划变为“五年”规划，一字之变，标志着中国经济社会发展进入了新的历史时期。

正式通过的“六五”计划，提出了“六五”时期改革要做的具体工作，即要重视对价格、税收、信贷等经济杠杆的应用，引导企业实现国家计划的要求。加快税制改革的步伐，进一步改进国家和企业的关系。

对财税改革提出的具体要求是：通过发展生产，提高经济效益和适当集中资金，使国家财政收入由下降转为上升，使经济建设和文化建设的开支逐步有所增加，保证财政收支和信贷收支基本平衡。

在“六五”计划纲要中，对财政收入、财政支出及增收节支的措施都给出了具体的规定。

对财政收入的要求：1985 年国家财政收入达到 1 274 亿元，比 1980 年增加 189 亿元，平均每年增加 38 亿元，平均每年增长 3.3%。五年合计国家财政收入 5 953 亿元。

对财政支出的要求：1985 年国家财政支出 1 304 亿元，比 1980 年增加 92 亿元。五年合计财政总支出 6 098 亿元，其中国内支出 5 836亿元，国外借款安排的基建支出 262 亿元。财政支出计划，首先是保证重点建设，逐步增加教育、科学、文化、卫生、体育事业的开支，同时保证军政费用必不可少的需要，按期偿还国外借款的本息，适当照顾其他方面的开支，帮助少数民族地区和经济不发达地区发展经济文化事业。在五年合计的财政总支出中，各项主要开支安排如下：

（1）基本建设拨款（包括国外借款）1 700亿元，平均每年 340 亿元，占财政总支出的 27.9%，比“五五”计划时期的 38.1% 下降了 10.2%。

（2）教育、科学、文化、卫生事业费 967 亿元，平均每年 193 亿元，占财政总支出的 15.9%（其中 1985 年为 16.8%），比“五五”计划时期的 11% 提高了 4.9%。

（3）支援农业支出 387 亿元，平均每年 77 亿元，占财政总支出的 6.3%，大体保持“五五”计划时期的水平。

（4）国防战备费 883 亿元，平均每年 177 亿元，占财政总支出的 14.5%，比“五五”计划时期的 16.5% 降低 2%。

（5）行政管理费 408 亿元，平均每年 82 亿元，占财政总支出的 6.7%，比“五五”计划时期的 4.9% 提高 1.8%。

（6）支援少数民族地区和经济不发达地区资金 25 亿元，比“五五”计划时期的 3 亿元增加 22 亿元。

（7）国外借款还本付息 243 亿元，平均每年 49 亿元。

（8）中央预备费 40 亿元，地方机动财力和预备费 68 亿元。

对增收节支措施的要求：财政收支相抵，“五年”计划平均每年有财政赤字 30 亿元左右。1981 年实际执行结果为 25 亿元。今后在年度计划的执行中，也要努力使财政赤字少于 30 亿元。最根本的措施，是增加生产，提高经济效益。同时，要改变资金过于分散的状况，使国家集中必要的资金，使国家财政收入在国民收入中保持适当的比例，并且保证中央财政的收支平衡。①

1.1.2 “六五”时期财税改革的进程

党的十一届三中全会提出的改革目标是针对中国传统的经济管理体制权力过分集中的弊端，实行减政放权，调动各方面发展经济的积极性。作为经济体制改革重要组成部分的财税制度改革，在这一阶段的重要举措概括起来就是“放权让利”。具体而言，就是将更多的财权和财力从政府下放给企业，从中央政府下放给地方政府，从而打破或改变“财权集中过度、分配统收统支，税种过于单一”的传统体制格局。与此相对应，“六五”计划期间财税改革的举措主要有以下 4 个方面。

---

① 摘自《中华人民共和国国民经济和社会发展第六个五年计划（摘要）》。

在政府与企业关系上实行“减税让利”

从1978年起，为了改变传统体制下财政对国有企业实行的利润全上交、亏损国家补、投资国家拨、福利按工资比例提的统收统支的财务管理体制，国家先后对国营企业试行企业基金制度、利润留成制度和拨改贷。这些改革措施的实行，增加了国营企业的机动财力，提高了企业增产创收的积极性。此外，为了规范政府与国营企业之间的利润分配关系，国家于1983年和1984年先后在全国推行了两步“利改税”。实行“利改税”之后，政府与企业间的财政分配关系由利润上缴为主转为以税收为主，财政对企业的调控形式也从指令性的直接调控开始向指导性的间接调控转换。

在中央政府与地方政府财政分配关系上实行“分灶吃饭”

为了调动地方积极性，改变传统体制下中央财政对地方的统收统支制度，国务院于1980年2月颁布了《关于实行“划分收支，分级包干”的财政管理体制的暂行规定》。该《规定》将这次改革的指导原则界定为：在巩固中央统一领导和统一计划，确保中央必不可少的开支的前提下，明确各级财政的权利和责任，做到权责结合、各行其职、各负其责，充分发挥中央和地方两个积极性。在此基础上，按照经济管理体制规定的隶属关系，明确划分中央和地方财政的收支范围，根据收支范围的划分，确定地方财政收支的包干基数，一定五年不变。并规定了中央财政对经济不发达地区和民族地区的特殊照顾政策。1982年12月，国务院又颁布了《国务院关于改进“划分收支、分级包干”财政管理体制的通知》，对财政体制作了进一步改进，规定除广东、福建两省外，对其他省、直辖市、自治区一律实行收入按固定比例总额分成的包干办法，并将中央向地方的借款改为地方支出包干基数等。这次改革打破了传统的“大锅饭”局面，中央与地方开始“分灶吃饭”，扩大了地方财权，调动了地方增加财源的积极性。

在税收制度上实行了工商税制改革

1980年和1981年，国务院先后颁布《中华人民共和国中外合资经营企业所得税税法》、《中华人民共和国个人所得税税法》及《中华人民共和国外国企业所得税法》，初步建立起涉外税制，将外国企业和在华外国工作人员纳入课税范围，为引进外资奠定了合理规范的外部环境，也有利于财政收入的增加。1984年9月，国务院又颁布了产品税、增值税、营业税和盐税等4个税收条例，将原工商税一分为四，向复合税制迈进了一步。为了促进资源的合理开发和利用，1984年10月中国开征了资源税，主要针对开采原油、天然气、煤炭和金属矿产品的企业和个人征税。通过地方税制的改革，恢复了城市房产税、车船使用牌照税、印花税、特种消费行为税和集市交易税，新开征土地使用税和城市建设税。经过工商税制改革和两步“利改税”之后，中国初步建立起了现代工商税制的基本框架。

在国民收入分配上逐步向个人倾斜

通过调整农副产品收购价格和城镇职工工资，逐步实现国民收入分配向个人的倾斜，改革成本主要由财政承担。“六五”计划的改革方针之一是继续促进国民经济的调整，为了配合这一目标，财政的支出结构和支出重点也做了相应的调整。为了增加农民收入，促进农业发展，较大幅度地提高了农副产品的收购价格，减免了一部分农村税收，来源于低价统购统销农副产品这一渠道的财政收入相应减少，同时增加了发展农业的资金投入。通过财政补贴，对经营粮油、棉花、肉、蛋、禽、菜等提供价格补贴。这些补贴的支出都由财政负担。为了调整国民收入分配中的积累与消费的比例关系，“六五”计划期间，国家预算内基本建设投资规模每年的增长速度都控制在10%至25%之间。

1.1.3 对"六五"时期财税改革的评价

"六五"时期财税制度的改革，打破了传统计划经济体制统收统支的格局，调动了各方积极性，增强了企业活力，保障了"六五"计划各项指标的顺利完成。

财政收支规模及结构得到改善

经过五年的建设，财政收入由下降转为上升，1985 年实现了国家财政的收支平衡。从财政收入构成看，各项税收收入在财政收入中所占的比重逐年上升，而企业收入在财政收入中所占比重有大幅度的下降，见图 1-1。从财政支出结构看，经济建设费和社会文教费支出稳步增长，满足了"六五"时期保证国家重点建设支出和提高居民消费水平的需要，国防费和行政管理费支出也有一定的增长。有关财政收支规模及结构变化情况见表 1-1。

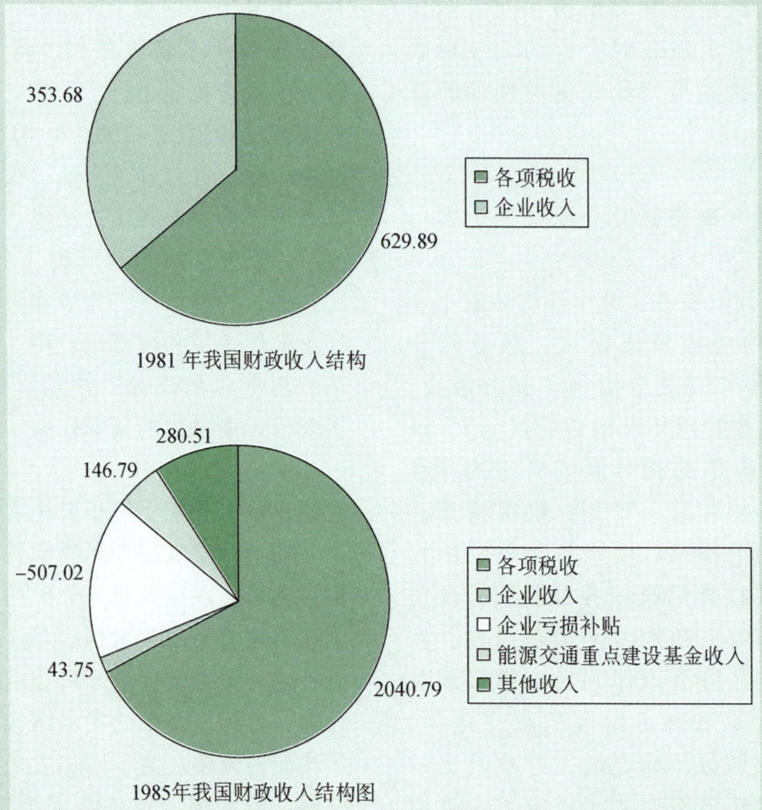

图 1-1 "六五"时期财政收入结构的变化（1981 年和 1985 年财政收入结构比较）

资料来源：《中国统计年鉴 2009》。

"放权让利"是主旋律

"六五"时期，高度集中的财政体制的僵化局面逐渐被打破，为经济体制改革打开了"突破口"。以分权为导向的财政体制改革，改变了中央和地方在收支结构、财权划分和财力分配上的关系，调动了中央和地方两个积极性，促进了经济和社会发展。

企业基金、利润留成及利改税等制度的实行，改变了政府与国有企业的财政分配关系，给予了企业一定的财政主动权，使国营企业由单纯的生产者逐步成为相对独立的、自主经营

表 1-1 “六五”时期的财政收支规模

年　份	财政收入（亿元）	财政支出（亿元）	国内生产总值（GDP）	财政收入占GDP的比重	财政支出占GDP的比重
1981	1 175.79	1 138.41	4 891.6	24.04	23.27
1982	1 212.33	1 229.98	5 323.4	22.77	23.11
1983	1 366.95	1 409.52	5 962.7	22.93	23.64
1984	1 642.86	1 701.02	7 208.1	22.79	23.60
1985	2 004.82	2 004.25	9 016.0	22.24	22.23

资料来源：《中国统计年鉴》。

的生产者和经营者。（刘国光，2006）传统的以利润上交为主的分配形式逐渐被税收形式替代。

揭开了制度创新的序幕

在计划经济为主、市场机制调节为辅的经济背景下，“六五”时期的财税制度改革尽管只是计划经济体制框架下的改革，是体制内部的调整，没有制度创新的实质性变革，但却孕育着制度创新的种子。通过工商税制改革，使税收成为政府间接调控经济的有利杠杆。随着税收、价格和信贷等经济体制改革的启动，以及打破传统体制过度集中的统收统支制度，实行从政府到企业、从中央政府到地方政府的放权让利，意味着政府对经济的调节手段从直接的计划机制逐步转向间接的市场机制。虽然这个时期整个国家的经济体制仍以计划经济为主，市场调节机制为辅，但同时也是经济体制开始从计划向市场转变的过渡期，财税制度改革的主要内容配合并支持了经济体制的这种转变，也为自身的制度创新积累了经验，奠定了基础。

1.2 “七五”时期的财税改革

1.2.1 “七五”计划提出的财税改革目标和要求

1984 年 10 月，党的十二届三中全会通过的《关于经济体制改革的决定》中明确提出社会主义经济是“有计划的商品经济”，取代了“计划经济为主，市场调节为辅”的提法。这充分肯定了中国经济体制改革的市场导向，也为“七五”计划继续实行“对内搞活经济、对外实行开放”奠定了基础。1986 年 3 月颁发的“七五”计划纲要提出今后五年的基本任务是：力争在五年或者更长一些的时间内，基本上奠定有中国特色的新型社会主义经济体制的基础；在控制固定资产投资总规模的前提下大力加强重点建设，在物质技术和人才方面为 90 年代经济和社会的继续发展准备必要的后续能力；在发展生产和提高经济效益的基础上，继续改善城乡人民生活。

“七五”计划对财政提出的目标和要求是：①

① 摘自《中华人民共和国国民经济和社会发展第七个五年计划（摘要）》。

财政收入：1990年国家财政收入达到2 567亿元，五年合计为11 194亿元，比“六五”期间增加4 376亿元。

财政支出：1990年国家财政支出为2 567亿元，五年合计为11 194亿元。支出与收入平衡。

财政支出安排的重点是：（1）继续保证重点建设的需要。五年内，基本建设拨款（包括国外借款）3 499亿元，占财政总支出的31.3%；（2）进一步增加智力开发的支出。五年内，教育、科学、文化、卫生、体育事业费2 016亿元，平均每年增长8%，高于经常性财政收入的增长速度；（3）支持价格体系改革和工资制度改革。对于国防费和行政管理费的增长要适当加以控制。

在“加强和改善宏观控制”的部分提出：进一步合理设置税种和调整税率，逐步过渡到按税种划分中央税、地方税和中央地方共享税的体制，税种设置和税率调整，要为合理地调整产业结构服务，为企业平等竞争创造条件。同时要明确划分中央、地方的财政支出范围，做好财政分级管理。

1.2.2 “七五”时期财税改革的进程

进一步理顺政企关系

为进一步理顺政府和企业关系，推行了多种形式的经营承包责任制，并开始实行税利分流改革。为了增强企业活力，给经营者以充分的经营自主权，1986年12月5日，国务院发布《关于深化企业改革增加企业活力的若干规定》，提出推行多种形式的经营承包责任制。1988年2月27日，国务院又发布《全民所有制工业企业承包经营责任制暂行条例》，提出按照“包死基数、确保上缴、超收多留、歉收自补”的原则，确定国家与企业的分配关系。

1987年，针对第二步“利改税”存在的一些问题，财政部将国家和国营企业的利润分配关系归纳为“税利分流、税后还贷、税后承包”，自1988—1990年，先后在重庆等地的国营企业开始进行税利分流的试点。

进一步改进“分灶吃饭”的财政管理体制

1985年3月21日，国务院发出《关于实行“划分税种、核定收支、分级包干”财政管理体制的通知》，要求从当年起，实行“划分税种、核定收支、分级包干”的财政管理体制，进一步明确各级财政的权力和责任，充分发挥中央和地方两个积极性。

1988年7月28日，国务院出台了《关于地方实行财政包干办法的决定》，规定在全国37个地区实行包括“收入递增包干”、“总额分成”办法、“总额分成加增长分成”办法、“上解额递增包干”办法、“定额上解”办法和“定额补助”办法等不同形式的包干办法。

逐步构建适应有计划商品经济的税收制度

“七五”时期，为构建起适应经济体制改革需要的复合税制，所得税和流转税等税制进一步改革和完善。所得税制方面，除推行“税利分流”改革，进一步完善企业所得税外，先后开征了多种所得税新税种。1986年1月，国务院发布《中华人民共和国城乡个体工商业户所得税暂行条例》，对城乡个体工商业户开征所得税；1988年6月25日，国务院发布《关于征收私营企业投资者个人收入调节税的规定》，对私营企业投资者开征个人收入调节税；1986年9月，国务院发布《中华人民共和国个人收入调节税暂行条例》，对个人收入自1987年1月1日起开征个人收入调节税。流转税方面，调整了增值税和产品税的征税范围，规范了增值税的征收办法，并增设了新的营业税税目。此外，“七五”时期还新开征了特别消费税、筵席税、耕地占用税，在建筑税的基础上改征固定资产投资方向调节税，改革和完善了房产税，恢复征收印花税，并建立起城镇土地使用税等。为了配合对外开放，吸引外资，还多次对外资企业和外籍员工制定税收优惠规定。

1.2.3 对“七五”时期财税改革的评价

工商税制的完善有利于宏观调控方式的转变

税利分流改革的推行和工商税制的完善为国家从直接调控向间接调控方式转变提供了有力的政策工具。税利分流改革调整了国家和企业间的分配关系，有利于增强企业自我发展和自我约束机制。相关税率税制的调整为政府通过税收杠杆间接调控经济提供了必备条件。

简单的“放权让利”弱化了中央的宏观调控能力

由于过分强调分权，财政收支占国内生产总值及中央财政收支占财政收支的比重明显降低。收入分配过于向个人和企业倾斜，导致财政收支占 GDP 的比重连年下降。“分灶吃饭”的财政体制改革，实行收支挂钩、权责结合，扩大了地方财权财力，调动了地方积极性，但导致中央财政直接组织的收入减少，在统支局面尚未打破的情况下，造成中央财政连年收不抵支，使得国家在安排重点建设支出和实行宏观调控时遇到很大困难。

建立在各种形式的包干办法基础上的财政管理体制不适合市场经济体制的要求。财政包干制导致地区间的财政竞争，增强了地方经济活力，但导致中央政府收入缺乏弹性，不能随经济增长而增长。而且财政包干的办法实际上形成了中央政府与地方政府间的讨价还价机制，不是规范化的财政管理制度。

1.3 “八五”时期的财税改革

1.3.1 “八五”计划提出的财税改革目标和要求

1991 年 2 月 25 日，全国人大七届三次会议审议批准了《中华人民共和国国民经济和社会发展十年规划和第八个五年计划纲要的报告》。第八个五年计划是在 20 世纪 80 年代国民经济高速增长和治理整顿经济环境的背景下制定和实施的，它的主要内容反映出当时的经济特点和发展要求。

“八五”计划纲要中与财税制度改革相关的表述主要有：①

在“基本任务”中提到：以增强国营大中型企业活力、健全企业合理的经营机制为中心，协调配套地进行计划、投资、财政、税收、金融、价格、物资、商业、外贸和劳动工资等方面的体制改革，加快社会保障制度和住房制度的改革，促进社会主义有计划商品经济新体制的形成。同时，进一步完善政府行政管理体制。

在“财政和信贷”中提到：努力增加财政收入，合理压缩财政支出。在提高经济效益、适当增加税收、减少财政补贴的基础上，力争国内财政收入五年平均每年递增 6.1%；国内财政支出，五年平均每年递增 5.7%，重点增加农业、教育、科学、国防和国家重点建设等方面的开支。五年累计，收支相抵还存在一定差额。实现财政收支平衡，这是我们的努力目标。由于近两年国家财政赤字比较大，“八五”又面临偿还债务的高峰，而有些开支又必须适当增加，因此，在编制和执行年度计划中，一定要努力增产增收、节约开支，把财政收支差额缩小到最低限度。

在“改革财政税收体制”中提到：“八

① 摘自《中华人民共和国国民经济和社会发展十年规划和第八个五年计划纲要》。

五”期间，继续稳定和完善财政包干体制。要努力发展经济，提高经济效益，增加财政收入。同时，要适当提高国家财政收入占国民收入的比重和中央财政收入占整个财政收入的比重。同时，在有条件的城市和地区，积极进行分税制的改革试点。

国家预算实行复式预算制，分开经常性预算和建设性预算。经常性预算，要做到平衡有余，不打赤字；建设性预算，要保持合理规模，收支差额通过举借内债外债来弥补。

按照“统一税政，集中税权，公开税负”的原则，逐步理顺税制结构，强化税收管理，严格以法治税，充分发挥税收在增加财政收入和宏观经济调控中的重要作用。

1992年邓小平南方讲话及中国共产党第十四次全国代表大会以后，为了适应改革开放和经济发展大潮，1993年3月，中共十四届二中全会审议并通过了《中共中央关于调整“八五”计划若干指标的建议》，对“八五”计划纲要进行了调整。调整建议中对财税制度改革提出的任务是：

加快财政改革和发展的步伐，逐步扭转国家财政困难的局面。“八五”后三年，要加快税利分流和分税制的试点，逐步理顺国家与企业、中央与地方的分配关系。要采取有力措施，进一步完善税制，加强税收征管工作，严肃财政法纪，把一切依法应当收上来的钱都收上来，使财政收入的增长随着经济的增长相应增加。这两年，经过深化企业改革，转换经营机制，企业经济效益差的状况有了一定改善。“八五”后三年，要继续把提高企业经济效益，扭转企业亏损当做一件大事来抓，努力使国有企业亏损面每年下降五个百分点，经营性亏损额每年减少15%—20%。同时，要逐步减少财政对企业的亏损补贴。要从严控制财政支出的增长，调整支出结构，压缩不合理开支，提高资金使用效益。特别要精简机构和人员，减少行政开支，控制社会集团购买力的增长。通过发展经济和改革分配体制，加强管理，逐步提高财政收入占国民生产总值的比重。“八五”后两年，财政赤字要控制在今年计划的水平上，力争有所缩小。

1.3.2 “八五”时期财税改革的进程

1992年，党的十四大确立了社会主义市场经济体制的改革目标，在这一背景下，中国财税体制改革也从适应计划经济体制的侧重于利益调整的改革转向适应市场经济体制的新制度的构建上。1994年1月1日，中国在财政体制和税收制度等方面启动了全面的根本性的变革。

全面的税制改革

对流转税制的改革坚持公平、中性、透明、普遍的原则，总体税收负担基本保持现有水平。改革后的流转税制由增值税、消费税和营业税组成。在工业生产领域和批发零售商业普遍征收增值税，选择少数消费品在征收增值税的基础上再征收消费税。对不实行增值税的劳务和销售不动产征收营业税。新的流转税制统一适用于内资企业、外商投资企业和外国企业（以下简称外资企业），取消对外资企业征收的工商统一税。原来征收产品税的农、林、牧、水产品，改为征收农业特产税和屠宰税。

所得税制改革主要包括企业所得税和个人所得税。取消“国营企业调节税”和向国有企业征收国家能源交通重点建设基金和国家预算调节基金，统一内资企业所得税，内资企业所得税实行33%的比例税率，这个税率水平与国际上基本接近，规范税前列支项目和标准。把原来征收的个人所得税、个人收入调节税、城乡个体工商业户所得税统一起来征收个人所得税，并提高扣除标准，扩大征税范围。

在对流转税制和所得税制进行改革的同时，对其他税种也进行了改革，主要内容包括：扩大资源税征税范围；开征土地增值税；城乡维护建设税由现行按流转税额附加征收改为以销售收入为计税依据，并将外资企业纳入城建税的纳税人；取消集市交易税、牲畜交易税、烧油特别税、奖金税和工资调节税；将特别消费税并入起特殊调节作用的消费税，盐税并入资源税；取消对外资企业、外籍人员征收的城市房地产税和车船使用牌照税，统一实行房产税和车船使用税，并将现在偏低的税率和税额适当调高；将屠宰税、筵席税下放给地方等等。

实行分税制财政管理体制

1993年12月15日，国务院发布了《国务院关于实行分税制财政管理体制的决定》，决定从1994年1月1日起改革现行地方财政包干体制，对各省、自治区、直辖市以及计划单列市实行分税制财政管理体制。分税制财政管理体制改革的主要内容包括：

在划分中央政府与地方政府事权和支出的基础上，根据事权与财权相结合的原则，按税种划分中央与地方的收入。将维护国家权益、实施宏观调控所必需的税种划为中央税；将同经济发展直接相关的主要税种划为中央与地方共享税；将适合地方征管的税种划为地方税，并充实地方税税种，增加地方税收入。

为了保持现有地方既得利益格局，逐步达到改革的目标，中央财政对地方以1993年为基期年核定税收返还数额。原体制中央补助、地方上解以及有关结算事项的分配格局暂时不变，过渡一段时间后再逐步规范化。原来中央拨给地方的各项专款，该下拨的继续下拨。地方1993年承担的20%部分出口退税以及其他年度结算的上解和补助项目相抵后，确定一个数额，作为一般上解或一般补助处理，以后年度按此定额结算。

1.3.3 对“八五”时期财税改革的评价

确立了适应社会主义市场经济体制要求的税收制度框架

1994年的税制改革，确立了中国的社会主义市场经济税制，以后的税制改革，已不再是制度的重建，而只是税制本身的结构性调整。

确立了具有中国特色的分税制财政管理体制

1994年的分税制改革使中国的中央与地方间的财政分配关系建立在分税的基础上，虽然还不是完全的市场经济下的分税制，但毕竟是对地方财政包干体制的否定。按照中央与地方利益范围、事权范围划定支出，按税种确定收入使得中央与地方财政分配关系的确立向与市场经济体制相配套迈出了实质性的一步，理顺了中央与地方政府间的财政分配关系。

1994年的财税体制创新，基本搭建起了与市场经济体制相适应的财政管理体制框架。政府与市场、政府与企业以及中央政府与地方政府间的财政关系基本按市场经济要求确立起来，但在很多方面还存在过渡性、短期性特点，改革还不是很彻底，留下许多需要继续改进和完善的问题。如各级政府间事权和财政支出划分不明晰；对既得利益的照顾影响了改革的效果；改革侧重于财政收入一翼，而与之相配合的财政支出改革没有跟上等等。

增强了中央财政的实力

1994年的税制改革，调动了中央和地方两个积极性，财政收入大幅增长。合理划分中央和地方的事权和财权，按税种划分中央和地方收入，充分调动了地方政府组织收入的积极性，同时也保障了中央财政的有效收入机制。1991年，中央财政占财政总收入的比重是29.8%，到1994年上升到55.7%，参见图1-2。中央财政掌握了更大的主动权和调控余地，有利于实行有效和有力的转移支付制度。

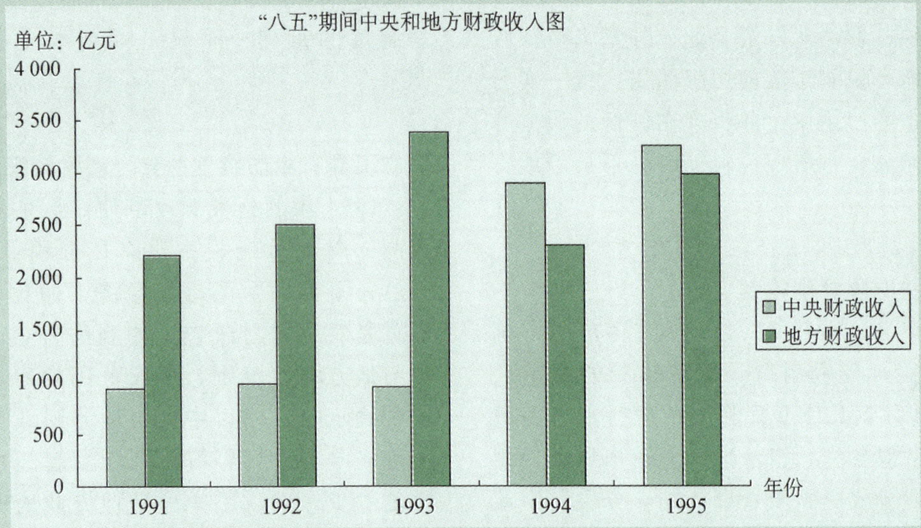

图 1－2 "八五"时期中央与地方的财政收入比重变化

资料来源：《中国统计年鉴》。

1.4 "九五"时期的财税改革

1.4.1 "九五"计划提出的财税改革的目标和要求

1996 年 3 月，第八届全国人民代表大会第四次会议审议通过了《中华人民共和国国民经济和社会发展"九五"计划和 2010 年远景目标纲要》。"九五"计划纲要是在科技革命突飞猛进，世界范围内经济结构调整和产业结构升级步伐明显加快、经济全球化趋势进一步增强的国际背景下制定的。

"九五"计划纲要在"宏观调控目标和政策"中提到：①

要振兴财政，健全职能，实行适度从紧的财政政策。努力做到财政收入增长高于财政支出增长，逐步减少财政赤字，实现财政收支基本平衡，控制国债规模，使年度发债规模保持在合理的界限之内。

调整国民收入分配格局，提高财政收入占国民生产总值的比重，以及中央财政收入占全国财政收入的比重。继续完善税制，统一内外资企业所得税，取消各种区域性税率，巩固完善以增值税为主体的流转税体系，适当扩大增值税和资源税征收范围；建立覆盖全部个人收入的分类与综合相结合的个人所得税制；调整地方税制结构，健全地方税收体系；依法征税，严格控制税收减免；逐步开征遗产和赠与税、利息所得税和社会保障税。

完善税收征管制度，强化管理监督。制定与征管法律相配套的税务登记、纳税申报、稽查、税收保全、强制执行、离境清税、协税护税等综合法规，以及增值税稽核检查、出口退税、个人所得税、地方税等的单项征管制度和办法。进一步完善纳税申报制度。建立健全税务稽查制度和规程。加快应用计算机进行税收征管的步伐。

① 摘自《中华人民共和国国民经济和社会发展"九五"计划和 2010 年远景目标纲要》。

清理整顿预算外收支和财政信用。对各级政府的预算外收支，根据不同情况，分别在预算内列收列支，并加强规范化管理和审计监督。将财政信用纳入信用计划管理，用于固定资产投资的财政信用资金，必须纳入各级政府的投资计划。

完善分税制，合理划分中央与地方的事权，划清支出范围。建立规范的转移支付制度。控制财政支出，调整支出结构。除法律有规定的支出外，其余支出的增长速度要严格控制。精简机构，减少行政费用支出，严格控制社会集团消费支出。工资福利支出严格按统一规定和标准执行。

在“促进区域经济协调发展”的“主要政策措施”中提到：实行规范的中央财政转移支付制度，逐步增加对中西部地区的财政支持。随着全国经济的发展和中央财政实力的增强，逐步提高中央财政用于支持中西部地区的比重。

在“深化经济体制改革”中提到：完善宏观调控体系的重点是，建立计划、金融、财政之间相互配合和制约，能够综合协调宏观经济政策和正确运用经济杠杆的机制。……财政通过实施财政政策，运用预算、税收手段和预算内外的综合财力，并按照中央和地方的事权划分，建立起比较规范的财政转移支付制度，着重调节收入分配结构和地区分配结构。……国家依法保护合法收入，取缔非法收入，调节过高收入。坚持效率优先、兼顾公平的原则，继续实行依靠诚实劳动和合法经营致富的政策，并通过税收调节等措施解决社会分配差别过大问题。

1.4.2 “九五”时期财税改革的进程

启动“费改税”与“税费改革”

“九五”时期，经济生活中税外收费越来越多、越来越乱，出现了费大于税的混乱局面，严重侵蚀了税基，影响国家财政收入的稳定增长。1997 年，中共中央、国务院第 14 号文件《中共中央、国务院关于治理向企业乱收费、乱罚款和各种摊派等问题的决定》要求，坚决取消不符合规定的向企业的行政事业性收费、罚款、集资、基金项目和各种摊派，全面清理按规定未被取消的向企业的行政事业性收费、罚款、集资、基金项目等。2000 年 6 月 24 日，中共中央、国务院又下发《中共中央、国务院关于进行农村税费改革试点工作的通知》，提出了农村税费改革应遵循的基本原则，提出“采取以农业税收为主的方式，把农民负担纳入规范化、法制化的管理轨道”。

进一步规范中央与地方的财政管理体制

1995 年《过渡期财政转移支付办法》出台，本着不调整地方既得利益，中央财政从收入增量中拿出一部分资金用于过渡期财政转移支付，逐步调整地区之间的利益分配格局，力求公平、公正并体现对民族省区和非民族省区的民族自治州适度倾斜等基本原则对转移支付制度进行了调整。考虑影响地方财政支出的因素，采用分类因素计算法对地方标准财政支出进行测算，财政支出主要考虑人员经费、公用经费、专项支出和其他支出四个部分，分别采用不同的计算办法。根据各地区当前的收入水平确定影响财政收入的各因素的权数，通过计量测算确定地方标准收入，为了考核地方取得收入的努力程度，对地方实际收入小于标准收入的扣减其转移支付补助。为了既贯彻公正、规范的原则，同时又能将有限的财力首先用于解决最紧迫的问题，过渡期转移支付制度针对民族地区的财力状况，建立了对民族地区的政策性转移支付，以解决民族地区存在的突出的财政矛盾。1996 年、1997 年、1998 年分别对过渡期转移支付办法进行了调整。

调整财政支出结构，加强财政支出管理

“九五”时期，国务院颁布了一系列有关社会保障的法规、规章，增加了财政对社会保障领域的支出。财政直接用于社会保障方面的

支出由1996年的662亿元增加到2000年的1 470亿元，占GDP的比重由1.0%提高到1.7%。(刘国光，2006) 在财政制度管理上开始朝着公共财政的目标框架迈进，初步实行了预算管理制度和支出管理制度的改革，包括“收支两条线”、政府采购制度等。

应对亚洲金融危机，实施了积极财政政策

1997年底召开的中央经济工作会议指出，1998年要继续贯彻稳中求进的方针，继续实行适度从紧的财政货币政策。为应对亚洲金融危机，从1998年下半年开始政府做出了实施积极财政政策的决定。通过提高出口退税率、加大税收优惠力度等税收政策措施以及增加居民收入、发行国债增加政府支出等支出措施刺激总需求，拉动经济增长。

1.4.3 对“九五”时期财税改革的评价

财政收入规模持续扩大

“九五”时期财政收入持续增长，财政收入占国内生产总值的比重从“八五”时期逐年下降局面转化为逐年提升，到2000年，达到13.5%，见图1－3。中央财政收入占财政总收入的比重趋于合理，并相对稳定下来，每年的比重基本保持在50%左右。

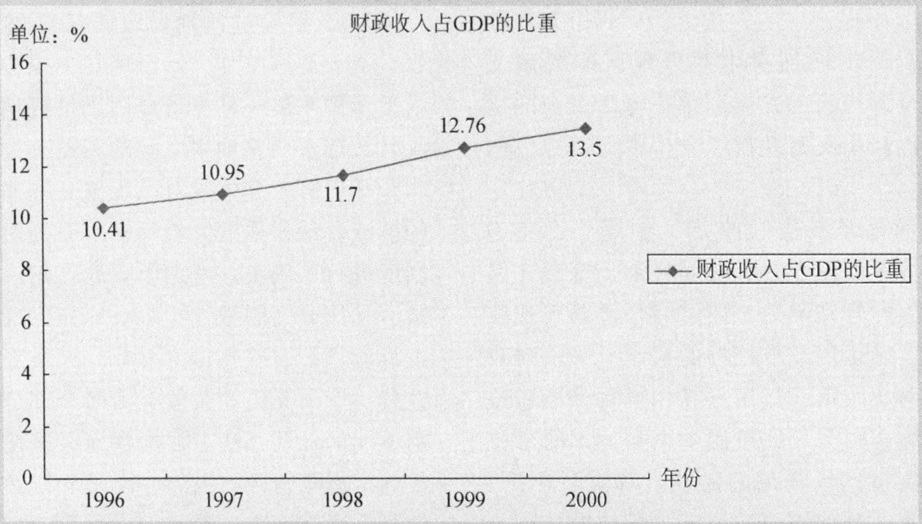

图1－3 “九五”时期的财政收入规模

资料来源：《中国统计年鉴》。

公共财政框架基本确立

1998年12月，全国财政工作会议确立了公共财政的建设目标，将保证公共支出作为财政的首要任务，并提出要转变财政职能，优化财政支出结构，加强财政管理制度改革。

初步建立起个人收入分配的调节机制

“九五”时期，个人所得税制度、转移支付制度逐步建立和完善，保护了个人的合法收入，并起到调节过高收入、缩减收入差别的作用。

公共财政职能有待进一步优化

“九五”时期，市场已逐步成为作用资源配置的主要机制，政府不再是资源配置的主角，但财政“越位”和“缺位”现象依然存在。随着社会主义市场经济体制改革的逐步确立和完善，政府与市场、政府与居民间的关系与计划经济体制下相比有了很大变化，但对于市场经济体制下政府和财政应承担的职能依然没有理清，政府承揽的事务依然过宽，财政“越位”现象依然存在。与此同时，财政应该承担的一些责任，如医疗保健、基础产业投资、社会保障等方面的职责还没有承担好。

1.5 “十五”时期的财税改革

1.5.1 “十五”计划提出的财税改革的目标和要求

“十五”计划是中国进入21世纪后的第一个五年计划，是中国胜利实现了现代化建设的前两部战略目标，向第三步发展战略目标迈进、进入全面建设小康社会新阶段的第一个五年计划。新计划的主线是按社会主义市场经济的需要进行经济结构的战略性调整，更加重视生态建设、环境保护和经济与社会的可持续发展。

在这一背景下，“十五”计划纲要在“推进改革，完善社会主义市场经济体制”中对“深化财税体制改革”提出的目标和要求是：①

积极稳妥地推进税费改革，清理整顿行政事业性收费和政府性基金，建立政府统一预算。健全税收制度，改革生产型增值税税制，完善消费税和营业税，逐步统一内外资企业所得税，建立综合与分类相结合的个人所得税制度，适时开征社会保障税和遗产税，完善地方税税制。依法加强税收征管，打击偷、漏、骗税的行为，清缴欠税，严禁越权减、免、退税。

增强预算的透明度和约束力。实行部门预算，逐步以“零基预算”取代“基数预算”。改革国库制度，建立以国库单一账户体系为基础的现代国库集中收付制度。规范政府采购行为，全面推行政府采购制度。调整财政支出结构，压缩竞争性领域的支出。合理界定中央和地方政府的事权范围，完善分税制和转移支付制度，加强财政再分配功能。加强审计监督，严肃财经纪律。强化财政监督，防范财政风险，合理控制财政赤字和政府发债规模。保持财政收入稳定增长，提高国家财政收入占国内生产总值的比重和中央财政收入占全国财政收入的比重。逐步建立适应社会主义市场经济要求的公共财政框架，建设稳固、平衡、强大的国家财政。

在深化收入分配制度改革中，提出要强化税收对收入分配的调节功能。保护合法收入，整顿不合理收入，调节过高收入，取缔非法收入，防止收入分配两极分化。

在“改善宏观调控，保持经济稳定增长”中提到：要综合运用计划、财政、金融等手段，发挥价格、税收、利率、汇率等杠杆的作用，加强和改善宏观调控，为规划实施创造良好的宏观经济环境。……宏观调控政策的基本取向是：近期要继续实行积极的财政政策，带动企业和社会投资，促进消费。

1.5.2 “十五”时期财税改革的进程

新一轮结构性税制改革开始启动

2003年10月14日，中国共产党第十六届中央委员会第三次全体会议通过了《中共中央关于完善社会主义市场经济体制若干问题的决定》，其中将税制改革归纳为8个方面，以此为契机，“十五”时期中国启动了新一轮结构性税制改革。

主要包括：开始增值税从生产型向消费型转型的改革试点，从2004年7月1日起，在东北三省选择部分行业试行扩大进项税额抵扣范围；着手改革出口退税制度，为应对亚洲金融危机，出口综合退税率一直在提高，1998—

① 摘自《中华人民共和国国民经济和社会发展第十个五年计划纲要》。

2003年，综合退税率从8.29%提高到9.24%，后又提高到11.8%（杨志勇，2008）。到2004年，出口退税机制中加大了中央财政对出口退税的支持力度，适当降低了出口退税率，建立起中央和地方共同负担出口退税的新机制，累计欠退税由中央财政负担；为了实现城乡税制统一，减轻农民负担，从2000年以后，国家先后发布多项农村税费改革的文件规定，逐步取消了农业税。2005年12月29日，第十届全国人民代表大会常务委员会第十九次会议通过关于废止《中华人民共和国农业税条例》的决定，自2006年1月1日起，全面免征农业税；2005年10月27日，第十届全国人大常委会第十八次会议通过的《关于修改〈中华人民共和国个人所得税法〉的决定》中规定，将工资、薪金所得的费用扣除额从每月800元提高到每月1 600元，自2006年1月1日起施行。

财政管理体制继续向规范化的分税制迈进

在税种划分上，从2002年1月1日起改革现行按企业隶属关系划分所得税收入的办法，对企业所得税和个人所得税收入实行中央和地方按比例分享。2002年所得税收入中央分享50%，地方分享50%；2003年以后中央分享60%，地方分享40%。从2004年起，建立中央和地方财政共同负担出口退税的新机制。以2003年出口退税实退指标为基数，对超基数部分的应退税额，由中央与地方按75∶25的比例分别负担。自2005年1月1日起，调整中央与地方出口退税分担比例。国务院批准核定的各地出口退税基数不变，超基数部分中央与地方按照92.5∶7.5的比例共同负担。

转移支付制度逐步实现规范化。2002年以后，过渡期转移支付概念不再沿用，开始使用“一般性转移支付”。一般性转移支付额主要按照各地的标准财政收入和标准财政支出差额及转移支付系数用公式进行计算确定。2002年中央通过所得税收入分享改革增加的收入全部进入一般性转移支付，稳定的资金增长机制相应地建立起来。除了一般性转移支付制度，中央财政为实施特定的宏观政策目标而设立的专项转移支付制度也在不断完善。

财政管理制度进行了实质性变革

在预算编制管理环节，从2000年以来，逐步推行部门预算、政府收支分类、“收支两条线”等重大改革，是预算编制逐步走向规范化、制度化和科学化；在预算执行环节，建立起范围完整、操作规范、运行有效的预算执行管理体系，包括国库集中收付制度、政府采购制度、国债管理，以及国库现金管理、政府会计管理和财政国库动态监控等多方面内容。

继续实施积极财政政策

“十五”时期，从2001年至2004年，中国继续实施积极的财政政策，通过税收优惠、增加居民收入、加大转移支付力度、增加国债发行量等措施增加社会需求，刺激经济增长。到2004年底，中央经济工作会议提出要实现经济平稳较快增长，坚持实施稳健的财政政策和货币政策，标志着中国宏观调控从“积极的财政政策、稳健的货币政策”过渡到了“双稳健”政策。

1.5.3 对“十五”时期财税改革的评价

财政收入迈上新台阶

到2005年，全国财政收入达到31 649.29亿元，比2000年增长了1.36倍。财政收入占国内生产总值的比重逐年提升，到2005年这一比例达到17.21%。中央财政收入占财政总收入的比重一直保持在50%以上，增强了政府的宏观调控能力。

公共财政体制进一步完善

2003年，《中共中央关于完善社会主义市场经济体制若干问题的决定》中提出了进一步健全和完善公共财政体制的战略目标，认识到完善的公共财政体制是完善的社会主义市场经济体制的一个重要组成部分，“十五”时期各项财税制度改革都是围绕这一目标进行的。

财政公平收入分配的职能和机制尚需完善

随着公共财政机制的进一步完善，财政提供公共服务、调控经济发展的功能日益加强，但在公平收入分配方面表现尚不突出。“十五”时期，随着经济的高速增长，居民收入水平有了大幅度提高，与此同时，收入差距也在不断扩大。但作为调解收入差距重要工具之一的个人所得税机制尚不完善，转移支付制度尚不规范。

1.6 “十一五”时期的财税改革

1.6.1 “十一五”规划提出的财税改革的目标和要求

“十一五”规划纲要对推进财政税收体制改革提出的目标是：调整和规范中央与地方、地方各级政府间的收支关系，建立健全与事权相匹配的财税体制。实行有利于促进科技进步、转变增长方式、优化经济结构的财税制度。

为了实现这一目标，要对财政体制和税收制度进行改革和完善，具体而言：[①]

完善财政体制方面，要加快公共财政体系建设，明确界定各级政府的财政支出责任，合理调整政府间财政收入划分。完善中央和省级政府的财政转移支付制度，理顺省级以下财政管理体制，有条件的地方可实行省级直接对县的管理体制，逐步推进基本公共服务均等化。改革预算编制制度，提高预算的规范性和透明度。继续深化部门预算、国库集中收付、政府采购和“收支两条线”管理制度改革。建立国库现金管理和国债余额管理制度，推进政府会计改革。加强预算执行审计，提高预算执行的严肃性。建立财政预算绩效评价体系，提高财政资金使用效率。加强政府债务管理，防范政府债务风险。完善非税收入管理制度，规范对土地和探矿权、采矿权出让收入的管理。

完善税收制度方面，要在全国范围内实现增值税由生产型转为消费型。适当调整消费税征收范围，合理调整部分应税品目税负水平和征缴办法。适时开征燃油税。合理调整营业税征税范围和税目。完善出口退税制度。统一各类企业税收制度。实行综合和分类相结合的个人所得税制度。改革房地产税收制度，稳步推行物业税并相应取消有关收费。改革资源税制度。完善城市维护建设税、耕地占用税、印花税。

1.6.2 “十一五”时期财税改革的进程

进一步理顺中央与地方财政关系

财政体制改革方面，围绕进一步理顺中央政府和地方政府的财政关系，在税收分享、转移支付制度方面继续进行改革和完善。2008年7月3日，新的一般性转移支付办法出台，将一般性转移支付的总体目标确定为缩小地区间财力差距，逐步实现基本公共服务均等化，加快形成统一、规范、透明的一般性转移支付制度。在促进基本公共服务均等化的目标要求下，财力性转移支付更多地倾向于基本公共服务领域及中西部不发达地区。对省以下财政管理体制试行“省直管县”和“乡财县管”。2007年全国24个省份实行了“省直管县”试

① 摘自《国民经济和社会发展第十一个五年规划纲要》。

点，29个省份实行了“乡财县管乡用”试点。（张通，2009）

财政管理体制继续向预算国家的目标迈进

为了提高政府收支行为的规范化和法制化，财政管理体制改革继续推进和深化。2007年预算编制开始全面实施政府收支分类改革，继续推进部门预算，深化国库集中收付制度和“收支两条线”改革，完善政府采购制度，推进金财工程建设。2006年起，开始采取国债余额管理方式管理国债发行活动，中央财政从超收收入中安排相应规模资金建立中央预算稳定调节基金，并开始实施中央国库现金管理操作。

税收制度继续改革和完善

在持续了四年多的试点和经验积累之后，国务院在2008年11月5日举行的第34次常务会议上做出决定，从2009年1月1日起，在全国范围内实施增值税转型改革。2006年4月1日，对消费税的税目和税率做了比较大的调整。2008年9月1日，为了促进节能减排目标的实现，又对汽车消费税做了调整。2008年12月19日，《国务院关于实施成品油价格和税费改革的通知》颁布，决定自2009年1月1日起实施成品油税费改革，提高成品油消费税单位税额并调整特殊用途成品油消费税政策。从“十一五”时期出口退税政策的调整过程看，出口退税越来越成为政府宏观调控的重要手段之一，在促进出口产品结构优化，抑制“高耗能、高污染、资源性”产品的出口，节约能源，保护资源和环境，满足国内需求方面发挥着越来越重要的作用。2007年3月16日，第十届全国人民代表大会第五次会议高票通过了《中华人民共和国企业所得税法》，同日以中华人民共和国主席令第六十三号公布，自2008年1月1日起统一内外资企业所得税制。个人所得税制进一步完善，使其费用扣除标准更趋合理，将储蓄存款利息所得纳入个人所得税征税范围，个人所得税公平收入分配的功能更好地体现出来。

财政政策实现了从“稳健”向“积极”的转化

“十一五”前两年，财政政策继续保持稳健的方向，包括减少财政赤字、促进结构调整、增收节支等。2008年，由美国“次贷”危机引起的全球金融危机的迅速蔓延导致中国经济增长速度迅速下降，在这一背景下，国务院常务会议于2008年11月9日宣布对宏观经济政策进行重大调整，财政政策从“稳健”转向“积极”。这一轮积极财政政策的创新体现在不仅有扩大财政支出的传统做法，也有结构性减税的新型举措；不仅有增加政府公共投资的项目，也有增加中低收入群体收入的安排。在财政支出方面，积极政策体现在扩大政府公共投资并增加中低收入群体收入，以此带动和引导投资与消费需求。（高培勇，2009a）

1.6.3 对“十一五”时期财税改革的评价

财政收入继续大幅增长

财政收入占国内生产总值的比重逐年提高，中央财政收入占财政总收入的比重继续保持在50%以上。2008年全国财政收入达到61 316.90亿元，比2005年增长了93.7%。

税收制度进一步进行结构性完善

“十一五”时期完成了增值税向消费型的转型，实现了内外资企业所得税的合并，但对公平收入分配有着重要作用的个人所得税制的实质性改革尚未启动。个人所得税税法自2005年以来有过三次大的修改，但只是改变了费用扣除标准，调整了课税范围，从分类向综合转化，发挥个人所得税对收入分配的关键性作用的根本性税制改革尚未启动。

从中央和地方税收划分的角度看，地方税体系有待进一步改革和完善。1994年以后的分税制体系基本建立了保证中央财力的收入机制，但地方一直缺乏筹集收入的主体税种，地方税制体系有待进一步完善。

财政支出更多地向民生和“三农”倾斜

在科学发展观和建设和谐社会的战略目标指导下，“十一五”时期财政支出更多地体现出财政对建设社会主义新农村的支持，致力于让公共财政的阳光照耀农村。此外，与经济建设费支出的逐步下降相对照，财政用于社会保障、教育、医疗卫生等方面的支出有了大幅度增加，体现出公共财政向民生的倾斜，见表1-2。如2006年，经济建设费支出为10 734.63亿元，占财政总支出的比重为26.56%，社会文教费支出为10 846.2亿元，占财政总支出比重为26.83%。社会文教费比重与经济建设费比重的差距从1978年的-50.98%首次演变为正值0.28%。（高培勇，2009b）但与发达市场经济国家的财政支出结构相比，中国的经济建设费和行政管理费支出依然占比较高的比重，有待继续完善。

表1-2　2006—2008年财政对农业和科教文卫的支出

	2006		2007		2008	
	支出总额（亿元）	占财政总支出的比重（%）	支出总额（亿元）	占财政总支出的比重（%）	支出总额（亿元）	占财政总支出的比重（%）
农业支出	3 517.2	8.7	4 318.3	8.7	5 955.5	9.5
教育支出	5 464.3	13.52	7 065.4	14.25	8 937.9	14.32
社会保障支出	4 394.1	10.87	5 396.1	10.89	6 770.0	10.85
医疗卫生支出	1 421.2	3.52	1 973.8	3.98	2 722.4	4.36

资料来源：高培勇：《共和国财税60年》，人民出版社2009年版。

政府收支的规范化和法治化逐步改善

建立适应市场经济体制要求的公共财政的基本特征之一就是收支行为规范化和法治化。“十一五”时期中国在规范非税收入、完善政府收入体系，以及加强政府支出管理、提高资金使用效率等方面继续出台了一系列措施和办法，朝着规范化和法治化的政府收支行为迈进了一步，但还有待继续改进和完善。

1.7　小　　结

回顾“六五”时期以来中国财税制度改革的轨迹，可以发现中国的财税制度变革是与整个国家的经济体制变革相互依存的。财税制度改革是整个经济体制改革的基础，起着“牵一发而动全身”的作用，为其他各项经济体制改革提供了财力基础，为整个国民经济和社会发展不断走向成功发挥了不可低估的作用。

经济体制从计划逐步走向市场，政府从全能的计划者逐步转为公共服务的提供者和经济运行的间接调控者。与此相对应，财政也逐渐从传统的大包大揽型财政转向公共财政，税收收入已成为政府取得收入的最主要形式，适应市场经济体制的现代税制体系已初步建立并日趋完善。作为财政主要经济活动的另一翼，财政支出方面的改革也在逐步推进。财政支出管理制度正日益向预算国家要求的目标迈进，财政支出效率评价体系也在构思和建设之中。中央政府与地方政府间的财政关系在合理界定事权和划分支出的基础上，以分税制的模式得到初步稳定。

“六五”时期以来，随着社会主义市场经济体制的逐步建立和完善，伴随着国民生产总值的不断攀升，政府财政收入从总量上有显著增长，从结构上有很大变化，显示出市场经济体制不断完善下政府对经济介入的程度和方式的转变和发展过程。

这段时期，财政收支规模一直呈增长态势。“六五”时期财政总收支分别是 7 402.75 亿元和 7 483.18 亿元，到“十一五”时期已经分别增长到 151 381.1 亿元和 152 415.1 亿元，都增长了 20 多倍。从财政收支总量图中直观地看出（见图 1－4），中国财政收支规模有大幅度增长的时间是“十五”和“十一五”时期。从财政收支占 GDP 的比重看（见图 1－5），中国财政收支占 GDP 的比重从“六五”时期以来呈先抑后扬的态势。“八五”和“九五”时期财政收支占 GDP 的比重处于最低阶段，虽然国内生产总值有了大幅提升，鉴于这一比重很低，所以这十年财政收支总量并没有非常显著的增长。到“十五”和“十一五”时期，随着财政收支占 GDP 比重的稳步回升，伴随经济的持续增长，财政收支规模有了显著的扩张。

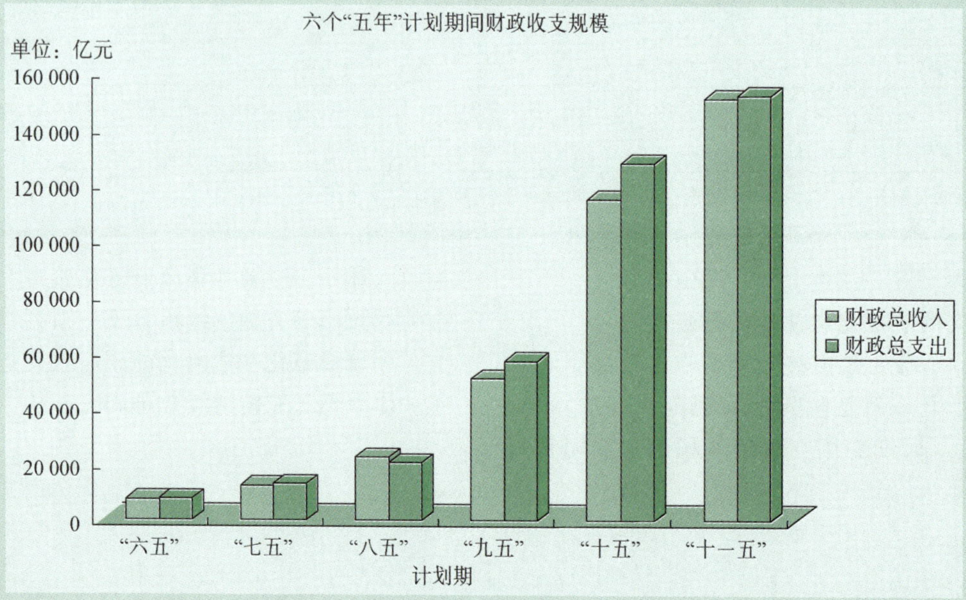

图 1－4 “六五”时期以来财政收支规模

资料来源：《中国统计年鉴》。

从财政收支在中央和地方间的分配比例看，改革开放初期，中央财政收入占财政总收入的比重一直偏低，“六五”和“七五”时期，这一比例基本保持在 35% 左右，而地方财政收入占到 65% 左右。自“八五”时期的 1994 年起，中央财政收入占财政总收入的比重有飞跃式的提高，增加到 55.7%。之后，中央与地方财政收入的分配比例虽然有小幅的波动，但中央财政收入一直保持在 50% 以上，而地方财政收入略低于中央，见图 1－6。

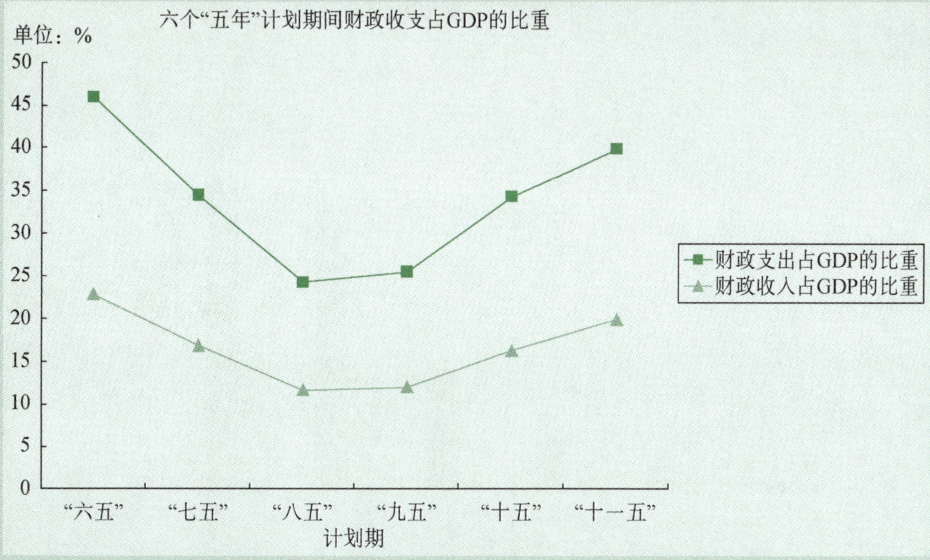

图1-5 “六五”时期以来财政收支规模的演变轨迹

资料来源：《中国统计年鉴》。

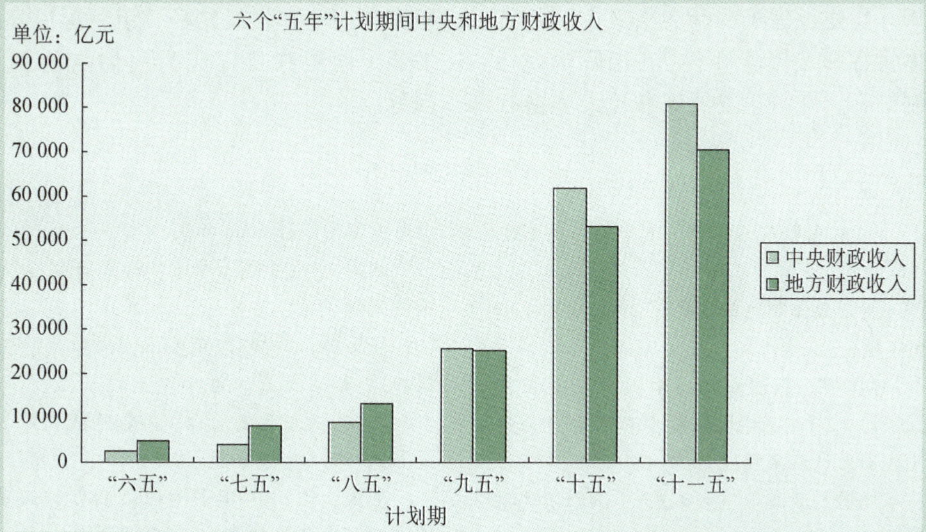

图1-6 “六五”时期以来中央与地方财政收入的演变轨迹

资料来源：《中国统计年鉴》。

从财政支出一翼看，改革开放以来中央与地方财政支出的分配比例的变动趋势与财政收入的变动趋势有所不同。中央财政安排的支出占财政总支出的比重呈逐年下降趋势，到“十一五”时期已降到25%以下，而地方安排财政支出占到总支出的75%以上，见图1-7。中央财政收入比重的逐年提高与财政支出的逐年下降导致转移支付的地位日趋重要，日益成为中央政府实现基本公共服务均等化，协调地区经济社会发展的重要工具。

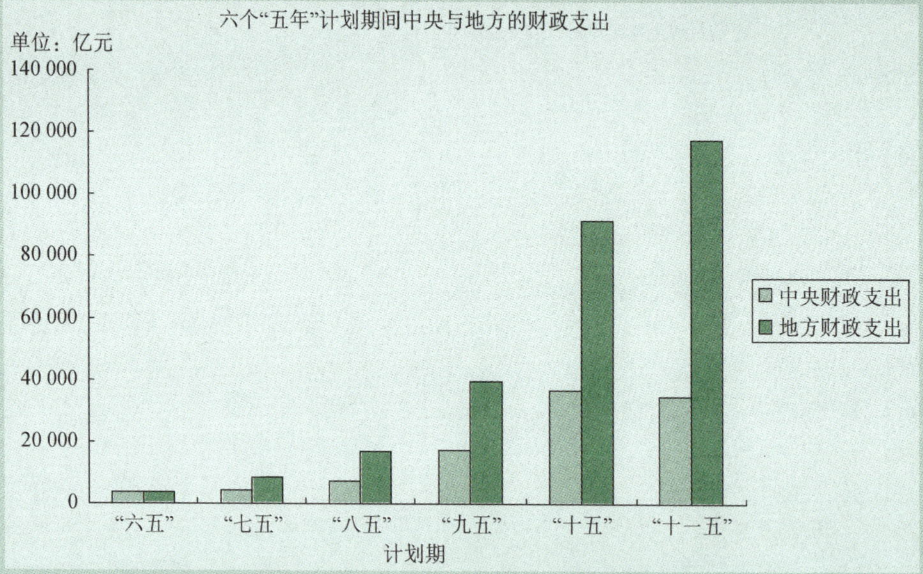

图 1－7　"六五"时期以来中央与地方财政支出的演变轨迹

资料来源：《中国统计年鉴》。

2010 年，是迈向"十二五"时期的承上启下的一年，在建设完善的社会主义市场经济体制的总体目标和宏伟蓝图下，在国际国内环境影响和制约下，在科学发展观和建设和谐社会的原则指导下，如何勾勒和规划新时期财税制度的改革和发展路径，引领国民经济和社会发展走向更高目标成为我们当前急需解决的问题。

主要参考文献

高培勇：《共和国财税 60 年》，人民出版社 2009 年版。

高培勇等：《财政体制改革攻坚》，中国水利水电出版社 2005 年版。

高培勇、孙国府、张迪肯：《中国财税改革 30 年：回顾与展望》，("纪念中国财税改革 30 年"座谈会文集)，中国财政经济出版社 2009 年版。

谢旭人：《中国财政改革三十年》，中国财政经济出版社 2008 年版。

张通：《中国财政政策与经济、社会发展》，经济科学出版社 2009 年版。

贾康、赵全厚：《中国财税体制改革 30 年回顾与展望》，人民出版社 2008 年版。

刘小兵等：《中国财政政策分析（1998—2007）》，中国财政经济出版社 2008 年版。

杨志勇、杨之刚：《中国财政制度改革 30 年》，山海人民出版社 2008 年版。

刘国光：《中国十个五年计划研究报告》，人民出版社 2006 年版。

高培勇："税制改革步入实质操作阶段"，《中国税务》，2008 年第 3 期。

刘佐："艰苦的历程，辉煌的成就"，《中国流通经济》，2008 年第 9 期。

刘佐："2007 年中国税收制度与政策的重要调整"，《税务工作研究》，2008 年第 11 期。

刘佐："中国企业所得税制度的统一及其重大意义"，《铜陵学院学报》，2007 年第 5 期。

刘溶沧、焦国华："地区间财政能力差异与转移支付制度创新"，《财贸经济》，2002 年第 6 期。

顾建光："完善我国财政转移支付制度研究"，《财经论丛》，2008 年第 5 期。

2

“十二五”时期的宏观经济社会环境

- “十二五”时期，全球经济将长期处于后金融危机时代；全球再平衡的修复将会制约中国的外需增长空间；危机之后以“金砖四国”为代表的新兴经济体，在全球化进程中将发挥更多的主导作用；低碳经济的兴起与资源供求形势的变化，表明资源与及环境对各国发展的约束作用日益增强
- “十二五”时期，中国居民部门收入比重不断降低与居民内部收入分配不均加剧的局面必须要加以改变；人口老龄化逐步加快，且劳动力供给结构悄然改变；资源与环境形势日益严峻，结合国际环境将对中国的工业化进程形成有力约束；城镇化的战略意义凸显，但其相应的挑战也不容忽视
- 内外部环境的变化，要求中国加快转变发展方式。“十二五”时期的财政改革与发展，要围绕加快转变发展方式，加快以“公共化”为导向的改革。财政改革的方向应是在稳定收支规模的基础上，强化结构改革，这包括收入体系和支出体系两方面的结构改革

Macro Economic and Social Environment in the Period of 12th Five-Year Plan

- In the period of 12th Five-Year Plan, global economy will be in the period of post financial crisis for a long time, repair of the global rebalancing will restrict growth in China's external demand, emerging economies represented by BRICs will play more dominant role in the process of globalization, and the rise of low-carbon economy the changes in supply and demand of resources will show resources and environment to have a increasing constrain effect on each country's development
- In the period of 12th Five-Year Plan, the lower share of household sector income and the more uneven distribution of income within residents must be changed in China, the population aging will gradually speed up and the labor supply structure will quietly change, the increasingly serious resources and environment will effectively restrain China's industrialization process together international environment, and the challenges of urbanization can not be ignored in spite of the obvious strategic significance of urbanization
- The changes in internal and external environment require China to speed up transformation of the pattern of economic development. The fiscal reform and development in the period of 12th Five-Year Plan should accelerate publicness-oriented reform, focusing on speeding up transformation of the pattern of economic development. On the basis of a stable revenue and expenditure scale, the direction of fiscal reform should strengthen structural reforms that include revenue system and expenditure system

2. “十二五”时期的宏观经济社会环境

财税体制必须适应所处的经济社会环境，且必须为经济社会发展的目标服务。由于中国的“政府主导”发展模式，财税改革对于经济社会发展的影响更为重大。从中国改革开放后的历史来看，财税改革从来都不是孤立进行的，而是与经济社会的改革与发展交织在一起。无论是改革开放之初的“放权让利”改革，还是1994年的税制改革和分税制改革，都适应于当时经济社会发展环境的需要，奠定了中国经济增长奇迹的重要基础。（张五常，2009）

进入新世纪以来，中国经济取得了飞速的发展，成为世界第二大经济体已为期不远。但同时，资源环境压力加大、收入分配格局日趋严峻、高度依赖外需、储蓄和投资比率过高而以消费为主体的内需不足、产业结构不协调、社会事业虽取得较快发展但与整体形势不相适应等问题依然存在。中国高速增长过程中的种种结构失衡问题，早已经引起社会的广泛关注。中央相继提出了贯彻科学发展观、构建和谐社会的战略目标，但从现实看，这些相关战略理念的真正落实还有待努力。

近期的全球金融危机已经深刻揭示：在新的历史背景之下，中国过去的发展方式难以持续下去。因此，“十二五”时期将既是中国经济社会发展的重要战略机遇期，又是真正实现发展方式转变的关键时期。如果放宽视野，按照任仲平（2010）的表述，在中国走向现代化的征程中，新中国的成立完成了社会制度转型的历史任务，改革开放完成了经济体制转轨的历史使命，而今天的加快发展方式转变，将是决定中国现代化命运的又一次重大抉择。

面临这样的历史时刻，毫无疑问，财税改革与发展需要担当起应有的职责。基于此，本章拟展望分析“十二五”时期中国经济社会发展所处的内外部环境，进而总结出财税改革的主要历史任务和面临的挑战。

2.1 “十二五”时期中国外部发展环境的变化

在全球化时代，作为一个正在崛起的大国，中国的发展与国际政治经济形势息息相关。尤其在经历本轮全球金融危机之后，中国的经济地位加速上升。因此，相关政策的制定更需具备国际视野。展望“十二五”时期财税事业的发展和改革，必须对于未来国际经济形势的主要变化，以及其对中国发展环境的影响做出明确的判断。

2.1.1 后金融危机时代的全球新挑战

后金融危机时代的意义

展望“十二五”时期中国所处的国际经济环境，影响最为显著的当属全球共处后金融危机时代。起始于2007年美国的次贷危机，在2008—2009年席卷全球的金融危机，被认为是20世纪30年代大萧条之后最为严重的全球危机。按照国际货币基金组织（IMF）、世界银行等国际组织，以及若干主要国家政府的判断，当前世界正处于从金融危机之中复苏阶段，但也面临着若干风险。可以认为，当前全球已经进入后金融危机时代。

之所以称之为“后金融危机”而非“金融危机后”，除了当前的经济复苏尚存在不确定之外，更为重要的是，这一轮的全球金融危机并非简单的经济周期现象，而是有其深刻背景和深远影响的。危机的特殊性主要体现在几个方面。

首先，本轮金融危机对于各国经济增长的危害非常大，可谓是大萧条之后最为严重的经济性危机。而且与大萧条不同，在新的全球化背景下，本轮金融危机几乎席卷了包括发达国家和发展中国家在内的世界各国，影响范围远远超过大萧条。

其次，危机的产生虽然表面上体现为金融市场的过度发展和监管不当，但更重要的或许是其背后的实体经济因素。因此，本轮金融危机同样是一场经济危机。全球经济不平衡，部分国家居民和政府部门借债过度，加上债务链条的复杂化，是金融危机发生的实体经济因素。在美元经济以及美联储低利率政策的主导下，以美国为代表的部分发达国家居民部门和政府部门的储蓄率都大幅降低，直接表现为国家经常账户逆差越来越大。而另外一些国家，如中国、日本、德国以及石油出口国，则经常账户顺差越来越大。这种状况形成了全球经济的不平衡，既是危机得以产生的基础之一，又是危机后全球经济能否持续发展的关键问题（Blanchard等，2009）。

其三，本轮危机中，世界各国几乎协调一致地采用了前所未有的扩张性财政货币政策。这些政策对于恢复市场的信心、抑制危机的进一步蔓延、促进经济复苏起到了一定的作用，但这种非常时期的措施如何恢复正常，是全球经济面临的一大考验。

危机的特殊性，决定着危机的影响非常深远，而非像一般性经济周期一样，短期内即可结束。可以说，中国在“十二五”时期的发展历程，都将身处“后危机时代”这一大背景之下。从中国的发展前景出发，需要关注的全球共同挑战包括：如何协调复苏前景与刺激政策的退出、如何处理庞大政府债务危机的挑战、如何实现全球经济的再平衡等。其中第三个问题与中国的外需增长空间密切相关，将在稍后部分专题论述。

复苏前景与刺激政策的退出

经过两年多的调整，现有几大经济体的数据显示，全球经济似乎处在从危机中复苏的阶段。无论是美国，还是欧洲诸国，GDP增长率均已实现由负转正。中国的增长率进一步提高，相关预测在2010年能达到10%左右。然而，以美国为代表的若干发达国家，目前的复苏为"无就业复苏"，即经济增长回暖并没有带来就业的增长。与历史上的危机后经济复苏相比较，当前发达国家的经济复苏尚不够强劲。在其背后，全球能够引领未来发展方向的突破性技术创新尚未出现，目前寄予希望的新能源与低碳经济前景如何难以确定，导致全球经济增长缺乏足够的动力源。这是全球经济复苏基础不够稳健的根本原因。

当前全球经济的主要风险是：如何实现经济复苏与刺激政策退出之间的精巧的平衡。刺激政策的退出当务之急是回收流动性。按照IMF（2010）的数据，全球流动性自2000年之后不断膨胀，无论是以 M_2 或是以储备货币来衡量，到2007年，全球流动性均已是2000年的两倍以上。流动性泛滥，是金融危机产生的基本条件。在2008年，受金融危机的影响，流动性有短暂的下跌。为应对危机，多数国家都采取定量宽松型的货币政策，大幅扩张市场流动性，因此自2009年开始，市场流动性进一步加速上升，达到一个新的高峰。这样巨额的流动性如不能善加管理，将会成为下一场危机的温床。然而，在经济复苏基础尚不巩固的局面下，盲目回收流动性可能会促使经济二次探底。因此，如何准确判断经济形势，通过加强国际间协调，在确保经济复苏顺利进行的前提下控制流动性泛滥，是摆在各国政府面前的一道难题。

政府债务危机的挑战

后金融危机时代的另一个困境是：发达国家的政府债务危机更加严重并显性化。如图2-1所示，G7国家的政府债务余额占GDP的比重，自20世纪70年代开始逐步攀高，到2007年之前已达到80%以上。在金融危机中，各国的扩张性政策又大幅增加了财政赤字，普遍达到当年GDP的10%以上。这进一步推高了政府债务。图中显示，G7国家政府债务余额占GDP比重到2010年又达历史高点。以欧元区国家为例，其各成员国无论是当年赤字率，还是债务余额，都已远超《稳定与增长条约》的3%和60%界限。按照IMF（2010）的分析，积极财政政策应当是刺激政策退出的最后一步。这意味着未来数年内各国还将保持一定的赤字率，债务余额比重还将进一步上升。

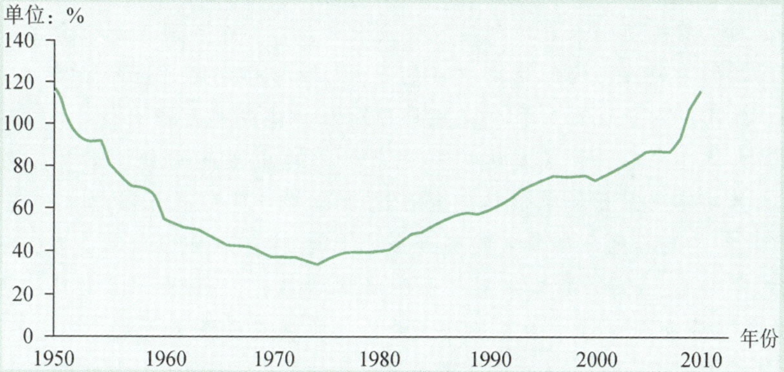

图2-1 G7国家政府债务占GDP比重

资料来源：IMF，2010。

如此之高的赤字率与债务率，自然不可持续。一旦金融市场担心各国政府的违约风险，国债利率将会大幅上升，从而进一步恶化其债务状况，形成恶性循环。2010年以来，以希腊为代表的"欧洲猪群"[①]，已经出现这一恶

① 一般认为包括葡萄牙（Portugal）、爱尔兰（Ireland）、意大利（Italy）和西班牙（Spain）以及希腊（Greece），构成PIGS——欧洲猪群，或称欧洲猪国。

性循环。希腊债务危机，导致欧美金融市场一再出现大幅动荡，甚至可能葬送全球经济复苏的前景。目前，通过欧盟和IMF高达1 100亿欧元的援助，以及希腊本国300多亿欧元的财政紧缩措施，希腊债务危机可望得到一定缓解，但爱尔兰、葡萄牙、西班牙、英国、日本甚至美国等国的政府债务状况，依然可能成为金融市场动荡的源头。这一状况表明，未来所有高债务的发达经济体，必然面临着采取财政紧缩措施、改善政府债务状况的艰巨任务。

问题的复杂性不限于此。以欧洲国家为代表的发达经济体，之所以政府债务不断高攀，根源在于其高福利支出。随着这些国家人口老龄化形势越来越严峻，增加的老龄相关支出越来越高，各国政府债务状况将可能进一步恶化。（参见专栏2-1）这表明，发达国家已有的社会福利体制，与其人口老龄化的形势存在内在冲突。要想采取财政紧缩措施，改善其政府债务状况，必然要对社会福利体制进行重大改革。而社会福利体制的改革，一般会导致社会群体较大的反弹，甚至出现社会动荡。因此，实现全球各国财政状况的改善，实属任重道远。这也为全球经济走向新一轮繁荣，蒙上一层阴影。

专栏2-1　未来十年老龄化对发达国家影响超过金融危机

英国《金融时报》2009年4月9日发表署名文章指出，虽然金融危机是目前全球头等大事，但长期来看，老龄化社会对发达国家的影响会更大。

在许多国家，由于退休开始向中年人口大军招手，政府一直面临着成本高昂的人口结构转型。如今的金融危机只会使前景更加黯淡。一旦经济走出衰退，各国将需致力于缩小不断扩大的财政赤字，同时避免导致产出进一步萎缩。他们还需为膨胀的国债付息。IMF估计，从2007年至2014年，20国集团（G20）中工业化国家的平均国债负债率（国债与GDP之比）将上升至近25%。

这是一项沉重的负担。但到2050年，这场危机的成本最多只会有人口老龄化带来的财政成本的5%。IMF指出："虽说这场危机造成了庞大的财政成本，但至少在发达国家，长期财政偿付能力面临的主要威胁仍来自不利的人口变化趋势。"许多国家的官员在谈到老龄化时，往往避而不谈问题的紧迫性。他们谈得更多的是40年内老龄化对世界的影响，而非10年内问题的严重性。然而，人口现象可能会在短期内对社会造成重大影响。

第二次世界大战结束后，许多发达国家迎来了一波出生高峰期，俗称"婴儿潮"。目前他们正大批退出劳动市场，开始申领养老金，这让养老问题日益严峻起来。例如，英国政府预计2017—2018年，老龄化每年带来的额外成本将达到GDP的1.6%。在法、德、美等国，经过长期的相对平静后，人口成本在未来十年将突然恶化。据联合国估计，在发达经济体，仅仅在未来10年，劳动人口与养老金领取者的比率将从4.3降至3.4。

资料来源：摘自中国新闻网："未来十年老龄化对发达国家影响超过金融危机"，http：//www. chinanews. com. cn/gj/fxpl/news/2009/04-09/1637974. shtml。

2.1.2　全球经济再平衡与中国外需增长空间

外需高速增长是中国增长奇迹的重要基础

纵观全球经济增长的历史，在工业革命之后，英国、美国、德国、日本、韩国等陆续成为全球经济增长的明星。随着时间的推移，后发的经济体往往以更高的平均增长速度，领先于过去的增长明星。毫无疑问，改革开放之后的中国是新时代的增长明星。世界各国的高速增长时期，一般也是其外向经济高速发展时期，中国也毫不例外。尤其在进入新千年之后，借助加入 WTO 的有利条件，伴随着经济的高速增长，中国的外贸依存度越来越高。中国的制造业产品已经赢得“中国制造”的世界声誉，2004—2007 年出口增长率均高达 25% 以上。2008 年受全球金融危机的影响，出口增长率依然高达 17%，出口占 GDP 的比重达到 37%。2009 年出口增速虽然是负值，但跌幅依然低于全球主要经济体。

按照传统的“三驾马车”分析框架，净出口对于中国 GDP 增长的作用并不高。但是，按照沈利生（2009）的观点，传统的分析方法忽视了出口和进口对于 GDP 增长的不同影响。从经济意义上看，进口以及国内生产应当共同受消费、投资和出口这“三驾马车”的拉动影响。基于这种分析思路，沈利生（2009）基于 2002 年的全国投入产出表，重新核算了“三驾马车”的拉动作用，结果发现出口对于 GDP 增长的贡献率在 2003—2006 年之间一直在 40% 以上。由此可见，新世纪以来中国经济增长同样具有非常典型的出口导向特征。

表 2－1　基于投入产出方法核算的“三驾马车”拉动作用

年份	GDP 增长率（%）	消费		资本形成		出口	
		贡献率（%）	拉动百分点	贡献率（%）	拉动百分点	贡献率（%）	拉动百分点
2003	8.6注	10.7	0.9	51.9	4.5	42.1	3.6
2004	10.1	19.3	1.9	35.0	3.5	45.7	4.6
2005	10.4	23.3	2.4	29.4	3.1	47.3	4.9
2006	11.1	26.3	2.9	29.6	3.3	44.2	4.9

资料来源：沈利生：“‘三驾马车’的拉动作用评估”，《数量经济技术经济研究》，2009 年第 4 期。

新千年以来外需高速增长背后的特殊因素

探究“十五”以来中国外需高速增长的背后原因，最为根本的当属在改革开放、人口红利等综合因素作用下，中国产品的全球竞争力越来越强。然而我们也不能忽视这一发展阶段的两个特殊因素。

首先，中国恰好在全球化新浪潮到来之际加入了 WTO，充分分享了本轮全球化的红利。随着 20 世纪信息技术的迅猛发展以及交通技术的改善，全球分工和协作体系进入新的重整阶段。以跨国公司为主导，发达国家越来越集中在产品的设计和品牌的控制上，而越来越将制造功能转移到发展中国家，由此导致新一轮的全球化高潮。中国恰在这一时期加大了对外开放的力度，中国制造在全球新的分工体系中建立了自身的优势，由此导致出口部门的快速增长。

其次，新千年以来发达国家的消费泡沫也是中国外需快速增长的重要原因。新世纪以来，以美联储为代表执行的低利率政策，加上全球金融监管的漏洞，导致发达国家出现新一轮的资产价格泡沫。资产价格泡沫所制造出的财富幻觉，使得发达国家居民部门储蓄率延续了以往的下降趋势，居民部门无节制的消费泡沫现象得以发生。以美国为例，20 世纪 90 年代其居民部门的平均净储蓄率在 5% 以上，2000—2007 年之间下降到 2.5%，部分年份甚至出现负值。客观地说，新千年以来发达国家的消费泡沫现象，为以中国为代表的广大发展中国家的出口高速增长提供了需求面的重要支撑。然而，这种以美国为代表的发达国家高消费、以中国为代表的发展中国家以及部分资源型国家外需高速增长模式，使得全球经济的失衡愈演愈烈，注定不可持续。

全球经济艰难的再平衡将导致中国外需高速增长的空间有限

由 2007 年美国次贷危机诱发的全球金融

危机，宣告了发达国家财富幻觉以及消费泡沫的破灭，也宣告全球经济将要经历艰难的再平衡过程。再平衡要求发达国家多生产、少消费，将导致中国外需高速增长的空间有限。

首先，本轮金融危机是全球经济发展模式的一个重要转折点。在本轮危机发生之前，发达国家面临着居民部门储蓄率低，以美国为代表的发达国家经常账户和财政双赤字。金融危机的发生，使得这些国家为救市又将财政赤字大幅提高，部分国家如日本等债务余额已达到当年GDP的两倍。发达国家的这种模式注定不可持续，危机的发生自然要迫使其进行调整。Jagannathan 等（2009）的研究表明，美国居民部门的消费倾向在危机后大约有3%的永久性下降。而所有发达国家也正在为降低财政赤字而努力。总体而言，现有全球失衡的调整将迫使发达国家的公共部门和居民部门增加储蓄，这意味着以往的消费泡沫已破灭，从而可能迫使中国的出口进行调整。

其次，金融危机以来世界贸易保护主义倾向愈演愈烈，全球化的进程正面临较大的干扰。据世界贸易组织统计，2009年全球发起的反倾销调查同比增长11%～20%；发起反补贴调查同比增长高达193%。中国已成为贸易保护主义的最大受害国。英国全球贸易预警处发布的数据显示，自2008年11月20国集团峰会召开至2010年1月，共有61个贸易伙伴对中国实施了160项贸易保护主义措施，另有111项贸易保护措施正计划或准备对中国实施，相关指标均为世界首位。① 这显示，全球化进程可能会陷入停滞甚至倒退状态，其对中国外贸发展的负面影响不容忽视。

以上两点说明，新千年以来中国外需高速增长的特殊因素或许将要消失。与之同时，来自于其他发展中国家的竞争越来越激烈，中国的制造业成本逐步提升，这些因素都将导致对于中国而言，像过去一段时间那样外需高速增长越来越困难。应当说，对于中国这样的劳动力大国而言，高度重视外需的增长应是政策关注的重点。但由于若干客观条件的变化，以外需作为拉动中国经济增长的主要动力之一已经变得越来越困难。由于客观条件的变化，经济增长必然要越来越依靠内需，这是“十二五”时期中国经济增长和结构调整的基本背景，也对于财政改革和发展提出了挑战和要求。

2.1.3 新型全球化与发展中国家的崛起

全球化的迅猛发展

全球化始于20世纪60年代，初级阶段主要表现为经济的全球化，一个主要表现是全球贸易额的加速上升。如图2－2所示，在1960—1980年期间，全球贸易出口额从1万亿美元增长到2万亿美元；从1980—2000年20年间，全球贸易出口额从2万亿美元激增到10万亿美元以上，显现出加速发展的势头；而在2000年之后不到10年时间，全球贸易额增加到25万亿美元之上。在金融危机期间，全球贸易额有所下降，但随着经济复苏，全球贸易的增长又开始有所回升。

全球贸易额加速上升的背后，是世界范围内的贸易自由化、金融国际化和生产一体化趋势。随着WTO组织成员国范围逐步扩大，越来越多的双边或多边经济合作组织的出现，以关税为代表的贸易政策障碍越来越少。从20世纪70年代以来，世界各国纷纷放松了对国内金融市场的管制，推动金融自由化进程，包括允许境外金融机构的自由进入，以及放松对资本跨境流动的限制等。金融自由化促进了世界各国不同金融体制的融合，推动了金融市场的一体化和金融资源配置的全球化。全球化的发展，也在微观上重构了全球分工体系。制造业不断地从发达国家向新兴市场经济国家和发展中国家转移，诸如汽车、飞机和船舶等高技术含量产品的生产过程不再集中于一个国家或地区，而是根据比较优势，由多个国家和地区

① 新华网：“警惕贸易保护主义威胁全球经济脆弱复苏”，http://www.hq.xinhuanet.com/news/2010-04/11/content_19483553.htm。

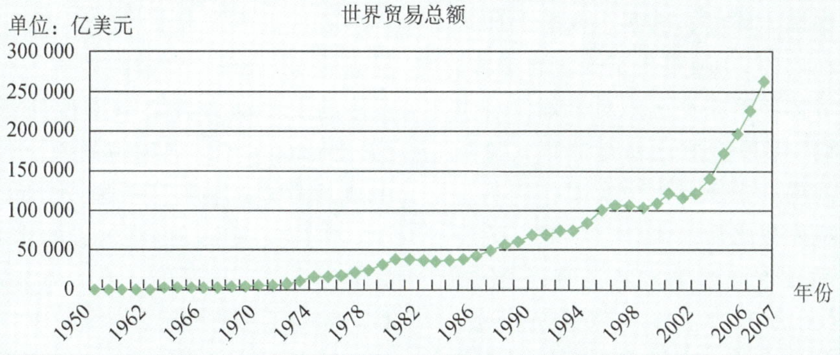

图 2-2 世界贸易总额增长趋势

资料来源：《中国商务年鉴 2009》。

共同完成。

全球化的迅猛发展，将越来越多的国家和地区卷入全球分工体系之中，提高了全球经济的效率，提高了发达国家居民的福利，也使得部分发展中国家得以发挥其人力成本的优势，取得了较快的经济增长。应当说，全球化的积极意义不可低估。

新型全球化需要发展中国家的广泛参与

但是，当前的全球化还不是真正意义上的全球化，而是由发达国家主导的局部全球化。上述贸易、金融和生产领域的经济全球化，更多地是照顾发达国家的需要，方便其输出资本和落后产业。而在更有利于发展中国家的技术领域，并没有实现全球化。相比于金融资本和落后产业，发达国家在先进技术的输出方面，显得没有那么积极和主动，甚至有意限制关键技术的出口。此外，在劳动力和资源等方面，全球化进程也表现出了地位不对等的特征。一方面，人力资本初期积累的成本主要是由广大发展中国家承担，而高端人才却大量流入发达国家；另一方面，发展中国家是各种自然资源的主要输出国，用资源换取发达国家的产品和技术，而开发自然资源巨大的生态环境成本却不得不由发展中国家承担。

这种由发达国家主导的局部全球化，虽然在短期内有利于少数发达国家，但从长期来看，增加了未来世界经济可持续发展的系统性风险。以当前金融危机为例，世界各国已逐渐形成以下共识：在现有的局部全球化格局下，全球经济的主要引擎（美国、欧盟和日本等）的经济一旦失去动力，新兴市场经济国家和发展中国家的经济增长也随之大幅减缓，而发达国家也只能依靠自身力量，缓慢地走出经济衰退。如果推行真正意义上的全球化，由发达国家和发展中国家共同担当重要角色，在贸易、金融、生产、劳动力和资源等各方面进行平等互利的交流与合作，实现世界经济发展的多极化，那么就算出现类似当前的全球金融危机，陷入经济衰退的发达国家也能借力于新兴市场经济国家和发展中国家，更快更好地恢复经济增长。

因此，未来全球化进程必将发生格局性的变革。全球化的范围将不再局限于贸易、金融和生产等传统领域，而将拓展到技术和制度建设等新领域。发展中国家不再仅仅充当次要角色，而将与发达国家一起主导全球化进程，设计并建立平等、有效的全球化制度框架，推动世界各国在经济、社会以及文化等各个方面开展更为深入的交流和合作。

新兴大国崛起后国际新政治经济秩序的演变

在本轮金融危机之后，发展中国家参与主导全球化进程的趋势已经非常明显。在过去，全球重大经济事务的协商主要有 7 个发达经济体组成的 G7（后来加上俄罗斯组成 G8）决定。1999年，包含美国、日本、欧盟等发达经济体，以及中国、印度、巴西、南非、印尼等发展中国家在内的20国集团正式宣告成立，以加强发达经济体与新兴经济体对全球经济事务的磋商。然而，G20成立之初是非正式论坛组织，较长时间内并未发挥多少实质作用。直到本轮金融危机发生之后，美、日、欧三大经济体在二战之后首次同时陷入经济衰退之中，发达国家再也无力单独主导全球经济事务。2008年，G20组织首次在美国华盛顿举行领导人峰会；2009年，在美国匹兹堡举行的第三次领导人峰会上，由美国总统奥巴马提议并最终决定，G20将取代G8成为永久常设性国际经济协作组织。近期，包括中国在内的发展中国家，在IMF的表决权份额得以较大幅度提升。这些都标志着新兴经济体已经正式走上主导国际经济事务的舞台，国际政治经济秩序的演变已经到了新阶段。

新兴经济体在全球经济事务中地位上升，是其经济实力崛起的体现。作为新兴经济体的代表，由中国、印度、巴西和俄罗斯组成的“金砖四国”，其国土面积占世界领土总面积的26%，人口占世界总人口的42%，国内生产总值占世界总量的16%，贸易额占全球贸易额的12.8%。“金砖四国”已经成为全球经济的主要动力源之一。按照国际组织的预测，到2050年，全球新的六大经济体将变成中国、美国、印度、日本、巴西和俄罗斯。

作为新兴市场经济国家的代表和发展中国家的领头羊，中国的经济实力上升速度举世瞩目。如图2-3所示，按照OECD（2010）的计算和估计，中国制造业占全球的份额，从1997年的6%，到“十二五”期末有望超过美、欧、日三大经济体，从而使中国成为全球第一制造大国。经济实力的上升，标志着中国的发展将会引起世界更多的关注，甚至会被强加不合理或者过多的要求。在近期有关人民币汇率的讨论中，发达国家就已经显示出联合的趋势，对中国施加了巨大的压力。无论是经济实力的上升，还是相伴随国际地位的上升，都需要中国适应国际经济形势的转变，联合其他新兴经济体与发展中国家，主导参与国际经济新秩序的制定，促进新型全球化的进程。

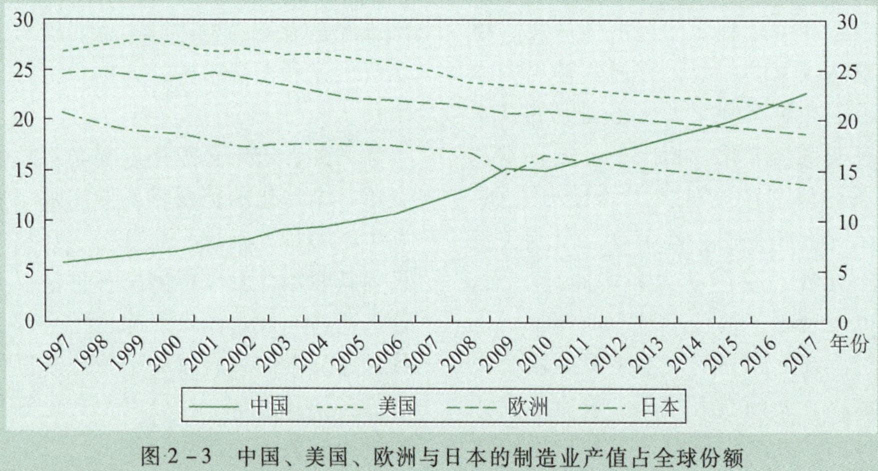

图2-3 中国、美国、欧洲与日本的制造业产值占全球份额

资料来源：OECD，2010。

2.1.4 全球资源与环境的压力越来越大

经济发展与生活水平的提高必然要消耗更多的资源，也必然会带来对生态环境的若干不利影响。在发达国家的发展历史中，资源与环境的挑战已一再出现，甚至出现罗马俱乐部对于全球发展前景的悲观预测。进入新千年以

来，随着以中、印为代表的发展中国家的经济快速崛起，全球资源与环境的压力进一步加大。由此，资源与环境协调问题已经提上全球的共同议事日程。在“十二五”乃至未来较长时期内，全球资源与环境的压力必将伴随着中国的经济发展过程。从这个视角看，转变增长模式，对于中国将不仅仅是落实科学发展观的要求，也是参与全球协调的行动之一。

全球发展向资源极限提出挑战

各种自然资源经过各种形式转化，最终会体现为支撑人类经济活动的物质资本，或者被人类当期消耗。从全球现实情况来看，富国的人均消耗资源要远高于穷国。这也说明，经济发展以及与之伴随的消费水平的提升，必然意味着资源的大量消耗。由于多数资源品在短时期内的供给是刚性的，因此在过去的历史中，对于资源的消耗和争夺伴随着发达国家的发展过程。甚至有罗马俱乐部基于这一点发布悲观的预言：由于资源的供给刚性，人类的经济增长将陷入停滞。然而，很多学者指出，虽然资源约束存在，但由于价格机制的作用会刺激人类发现新的节约资源或者替代资源的技术，因此世界经济增长还是前途光明的。在人类的发展史上，技术进步确实发挥了帮助人类克服资源约束的重要作用。

然而，伴随着最近几十年发展中国家的广泛崛起，资源对于全球经济发展的约束作用越来越大。这里面的原因在于，处于经济快速增长过程中的若干发展中国家的人口，要大大超过过去的发达国家的人口。例如，“金砖四国”的人口约占全球人口数的一半。其中中国一国所拥有的人口超过美、日和欧盟的总和。随着经济快速增长，这些国家的人均消费资源不断追赶发达国家。由于这些国家的人口基数过于庞大，现有的全球资源储备能够支撑全球经济快速发展多久，就非常值得担心。据估算，全球铁矿石的储量仅够全球使用 70 年，世界原油储量只仅够维持 40 年，铜矿储量可维持 30 年，铝矿储量可维持 22 年。其中在 2008 年，全世界消耗了 23 亿吨铁矿石，中国消费了大约一半。[①]

这些事实都说明，人口基数庞大的发展中国家的崛起，必然带来对全球资源极限的挑战。以往理论中指出的技术进步在克服资源约束方面的作用，由于新兴经济体的人口基数过大，崛起速度过快，而全球技术进步在目前相对停滞，因此不能赶上发展中国家崛起的速度，致使资源问题目前已成为制约全球经济发展的重要问题。

由于资源供给跟不上快速增加的需求，资源约束的一个体现即是资源品的价格。如图 2－4 所示，自进入新千年以来，全球资源性大宗商品的价格快速上涨。虽然大宗商品价格在全球金融危机期间快速下滑，但随着危机的复苏，价格上涨的趋势又非常明显。国际大宗商品价格剧烈波动，成为世界经济形势变动一个新特点。一些分析已指出，大宗商品价格大幅波动背后存在金融投机的力量，但不可否认快速增加的需求与有限供给之间的矛盾，是资源性大宗商品价格波动的基本面因素。全球性不可再生资源的短缺和价格的暴涨，意味着取得同样的发展水平，将要付出更多的成本。因此，这将会给世界各国，包括发达国家的可持续发展带来严峻的挑战。当前，中国正处于城市化和工业化快速推进和追赶阶段，且人口基数庞大，对大宗商品尤其是矿物资源需求快速增长。资源品价格的快速上升及其大幅波动，对于中国发展前景的挑战是不言而喻的。最近几年中国在铁矿石谈判中一再陷入被动局面，已经深刻说明这一点。

以气候变暖为代表的环境问题已演变成全球重大公共议题

如果评价全球近些年来最为重要的公共话题，莫过于气候变暖问题。全球平均地表温度

---

① 中国新闻网：“中国崛起最大挑战或来自现有成功”，http：//www.chinanews.com.cn/hb/news/2010/04－15/2227879.shtml。

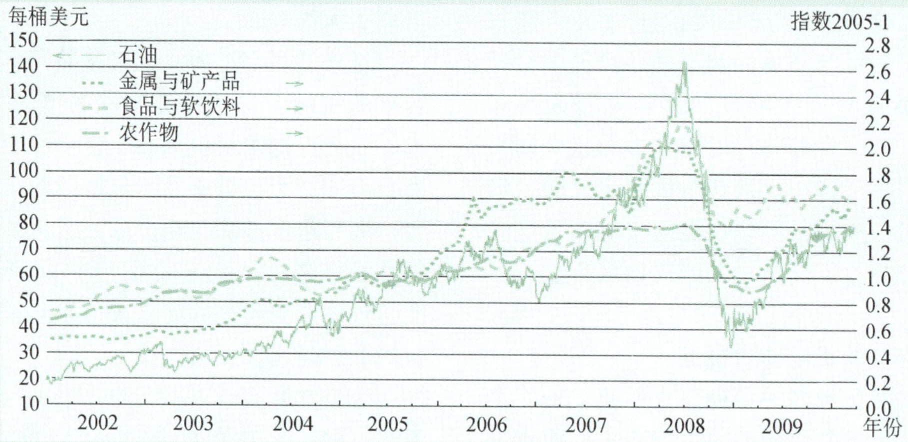

图 2－4 全球石油、矿产品以及农业大宗商品价格走势（2002—2009 年）

资料来源：OECD，Main Economic Indicators database。

在不断升高，且在近年来有加速趋势。根据国际机构的评估，人类的活动，尤其是大量消耗化石能源增加了二氧化碳排放，是近期全球快速变暖的重要原因。由于全球快速变暖将极大地改变人类的生存环境，包括海平面上升、生态改变、出现新的细菌病毒等，因此可以说对全球的可持续发展危害特别大。与一般的环境问题不同，气候变暖的影响是全球性的，因此应对气候变暖是全球性公共品。虽然目前全球变暖的真实原因尚存在科学上的争议，但鉴于其巨大危害和广泛深远的影响，各国已经同意在联合国主导下，就如何缓解全球变暖趋势展开全球协调。

在联合国主导下，1992 年各国达成了《联合国气候变化框架公约》，并于 1994 年 3 月 21 日起生效；至今，191 个国家批准了《联合国气候变化框架公约》。其后，为使应对全球气候变化的政策与行动进一步细化，联合国又陆续召开了多次缔约国会议，通过多项决议。如 1997 年达成的《京都议定书》，从法律上为工业化国家设定了减少碳排放量的目标，并制订了创新机制来协助这些国家实现目标。这些框架与协议，确立了"共同但有区别的原则"，要求发达国家实行强制减排，发展中国家采取自主减缓行动，并就全球长期目标、资金和技术支持、透明度等焦点问题达成广泛共识。

由于《京都议定书》的首个承诺期限只到 2012 年，且减排目标只适用于少数工业国，全球迫切需要启动新的谈判，达成 2012 年后全球气候变化协议。在这种背景下，2009 年联合国又组织召开了哥本哈根全球气候变化峰会。多国领导人出席了该次峰会。会议经过艰苦的谈判，虽然取得了一些积极成果，发布了《哥本哈根协议》，但没有达成有约束力的协议。

从本质上说，减缓全球变暖需要人类改变目前的生产和消费模式，即从目前的高度依赖化石能源到发展低碳经济，走向低碳社会。（参见专栏 2－2）由于走向低碳社会需要人类生活方式进行痛苦的转型，需要花费巨额成本，因此如何应对气候变暖问题，已不单单是一个环境问题，而成为一个经济发展权利问题、重大的国际政治问题。在国际谈判中，应对气候变暖涉及到如何分配排放权利、如何分担减排责任等重要主题，谈判的实质是如何在全球范围内协调发展权益、发展空间与气候保护。显然，这种关涉各国发展权利空间与巨额成本分担的国际协调，注定是坎坷的。近期举行的哥本哈根气候峰会中所出现的各方冲突，清楚地体现了这一点。

专栏 2－2　全球变暖与低碳经济

以气候变暖为主要特征的全球气候变化已成为21世纪人类共同面临的最重大环境与发展挑战，应对气候变化是当前乃至今后相当长时期内实现全球可持续发展的核心任务。全球气候变暖已经成为不争的事实。根据大量实测资料，近百年（1906—2005年）全球平均地表温度升高了0.74℃，并且升温速率不断加快，同时全球平均海平面也在不断上升。IPCC的综合评估结果表明，自1750年以来，人类活动是气候变暖的主要原因之一；而近50年全球的大部分增暖，非常可能（90%以上）是人类活动的结果，特别是源于化石燃料的使用导致的人为温室气体排放。预计到21世纪末，全球气候系统还将继续变暖，其升温幅度将取决于人类现在所采取的行动。

由于全球气候系统的复杂性及其涉及的广泛社会经济问题，应对气候变化需要系统的解决方案。人类在经过近20年的探索后发现，要想真正减缓和适应气候变化，必须从根本上转变对化石燃料的依赖，也就是要实现生产方式、消费方式以及全球资产（包括产业、技术、资金、资源等）配置与转移方式全面向低碳转型，即走向低碳发展道路，发展低碳经济并构建低碳社会。其中，发达国家因为率先承诺量化减排，其发展低碳经济的目标首先是减少碳排放；而发展中国家处于经济的成长期，其目标首先是发展，只能通过降低能源强度和提高碳生产率（单位CO_2排放的GDP产出）来实现经济增长与碳减排的逐步脱钩。

在国际层面，发展低碳经济的不确定性主要表现在三个方面：一是目前还难以估算发展低碳经济需要付出的全部成本，而低碳技术和产品市场的创建也需要时间；二是公平的国际气候体制及制定中长期的应对气候变化目标能否达成协议；三是到目前为止，虽然一些欧盟国家实现了经济增长和碳排放的脱钩，但发展低碳经济还没有获得普适性的成功经验。

对于发展中国家来说，发展低碳经济的困难和障碍具体体现在发展阶段、国际贸易结构、经济成本、不完全市场、技术推广体系、制度安排、配套政策和管理体制等方面。从那些跨越了碳排放高峰的发达国家或地区来看，碳排放强度高峰和人均碳排放量高峰之间所经历的时间在24—91年之间，平均为55年左右。这说明在没有强制减排措施和外部支持的条件下，发展中国家可能需要较长的时间才能达到碳排放的拐点。

资料来源：中国科学院可持续发展战略研究组：《2009中国可持续发展战略报告——探索中国特色的低碳道路》，科学出版社2009年版。

减缓全球变暖需要加大减排的力度。对于中国这样的高速发展中的大国，当前的全球减排运动必然会成为重要的外部约束。在“十二五”时期，发展低碳经济，积极参与应对全球变暖的活动中，应当成为中国重要的战略选择，为此需要财税制度作出相应的改变。

2.2　“十二五”时期中国内部发展环境的变化

2.2.1　两类收入分配状况均急需改善

在最近几年，中国收入分配问题已经引起全社会前所未有的重视，也是目前政策关注的重点。需要指出的是，中国的收入分配问题实际上包含两类：一是国民收入分配状况，即企业、居民和政府如何分享经济发展的成果；二是居民内部收入分配不均的状况，即收入差距问题。两种收入分配状况相互影响，但不能混同。从经济可持续发展以及维持社会稳定的目的出发，中国的两种收入分配状况均急需改善。

提高居民部门收入比重是“十二五”转变发展方式的关键

本轮金融危机已经深刻说明，将经济发展建立在以消费为主体的内需的基础上，是中国经济长期可持续发展的关键所在。事实上，促进消费以及扩大内需，一直是改革开放之后历届政府政策重点，然而统计数据显示，中国的消费占 GDP 比重已经从 20 世纪 90 年代的 60% 以上，下降到 2008 年的 48.6%，其中居民消费占 GDP 的比重更是下降到 35.3%。消费不足对应的是储蓄过高。类似于中国这样的国民储蓄率超过 50% 的现象，在其他大国的经济发展历史上还未曾出现。高储蓄率是高投资率以及对外依存度上升的基础，是中国经济发展模式的典型表现。

高储蓄率背后的原因是什么？一般的观点认为是中国居民的储蓄倾向较高，但近来的研究（李扬等，2007；白重恩等，2009）已经发现：中国居民的储蓄倾向一直稳定在 30% 左右。近些年来中国国民国民储蓄率不断攀高，其直接原因是企业和政府储蓄率不断上升，根源是居民部门可支配收入份额的下降。如图 2－5所示，自 1992 年以来，在国民收入初次支配中，居民部门的收入比重逐年下降，已经从当初的 66% 下降到 2007 年的 58%。其中，居民收入的主体，劳动者报酬从 1992 年的 55%，下降到 2007 年的 48%。与之对应，企业部门以及政府部门的可支配收入，在整体上均有所上升。

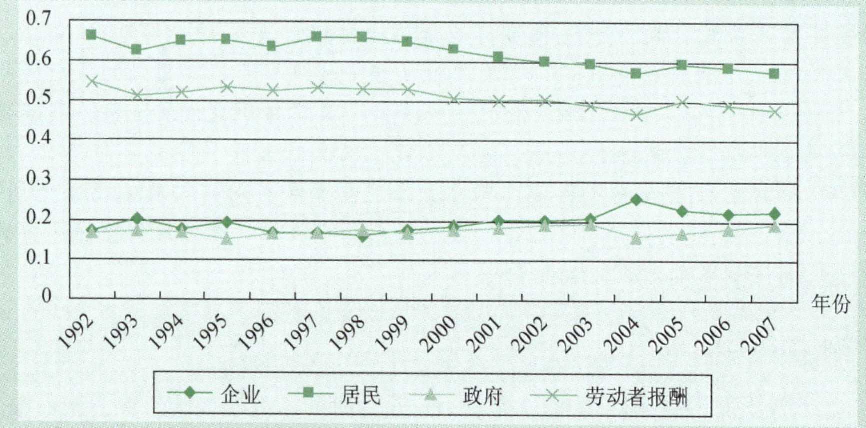

图 2－5 国民收入分配格局变化情况（1992—2007 年）

资料来源：作者根据 CEIC 提供的 1992—2007 年中国资金流量表计算。

从理论上看，初次分配中居民部门份额不断降低的局面，还可以通过再分配过程得以调整。在再分配过程中，政府部门将从企业和居民部门手中获得所得税以及社保缴费，同时通过转移支出，将政府收入转移给居民部门。表 2－2 显示的是各个部门收入在再分配过程中的变化，相对于其初次可支配收入的比重。从表中可见，在 2000 年之前，再分配过程使得居民部门的收入增长均在 3 个百分点以上，而在此之后，居民部门通过再分配过程所获得的收入增加比重逐年大幅降低，到 2007 年仅为 0.45 个百分点。与之对应的，企业部门经过再分配过程所减少的收入比重下降，政府部门增加的收入比重上升。这说明在 2000 年之后，通过再分配过程增加居民收入的作用反而下降了，再分配过程更有利于企业和政府。

表 2－2 再分配过程对各个部门可支配收入的影响 （单位：%）

年　份	企　业	居　民	政　府
1992	－32.49	3.70	20.77
1993	－21.58	3.41	13.86
1994	－18.08	3.03	8.64
1995	－16.78	3.25	8.93
1996	－18.80	7.83	7.80
1997	－22.04	4.47	7.72
1998	－16.58	4.00	2.65
1999	－17.06	3.79	6.05
2000	－11.96	1.81	9.35
2001	－12.77	1.79	11.52
2002	－10.60	1.67	10.69
2003	－12.11	1.25	14.81
2004	－9.40	1.46	17.07
2005	－11.64	0.83	18.90
2006	－16.37	0.59	23.74
2007	－17.45	0.45	24.68

资料来源：作者根据 CEIC 提供的 1992—2007 年中国资金流量表计算所得。

初次分配中劳动报酬以及其他类居民收入份额不断下降，再分配调节过程中增加居民收入份额的作用不断弱化，使得居民最终可支配收入的份额不断下降。在居民储蓄倾向稳定的条件下，居民可支配收入份额下降就直接导致居民消费占 GDP 份额下降。企业和政府可支配收入份额的上升，带动企业部门储蓄和政府部门储蓄率不断上升。国民储蓄率不断攀高，奠定了中国高储蓄、高投资、高度依赖出口拉动的经济发展模式。

理论上看，国民收入分配格局与经济发展模式两者互为表里。本轮金融危机已经深刻说明，中国当前的经济发展模式难以持续下去。虽然危机的起源是发达国家，但从 2008—2009 年的经济形势来看，中国经济增长所受到的影响却非常巨大。2009 年，依靠政府出台的“四万亿”投资计划以及天量信贷，才使中国保持了 8% 以上的经济增速。事后分析，如果没有政府部门前所未有的经济刺激措施，中国的经济增速将难以想象。当前的情况以及 1997 年亚洲金融危机的历史，都深刻说明中国的经济发展模式高度依赖于外需和投资。外需一旦有风吹草动，将导致自发投资大幅下降，两者的共同作用导致经济低迷不可避免。显然，当前的经济发展模式处于严重失衡状态，其风险非常巨大，对于一个大国而言注定不可持续。高投资、高度依赖出口拉动既存在巨大风险，又不利于实现经济发展的根本目的——提高全体国民的福利水平。

缓解收入差距是维持社会稳定、构建和谐社会的核心

收入分配的另外一层含义是居民内部的收入差距问题。在这方面，如图 2－6 所示，无论是城市内部，还是农村内部，或者将城乡居民作为一个整体，以基尼系数衡量的中国收入分配差距状况，自改革开放以来一直呈不断恶化状态。到 2008 年，全体居民的基尼系数已

从1978年的0.31上涨到0.47，这一指标已经超过多数发达国家。如果单独以城市内部或者农村内部居民收入分配状况来计算，则基尼系数的数值要下降，但恶化的趋势不变。按照国际标准，如此高的基尼系数表明收入分配不均已经高度恶化，需要引起高度关注。

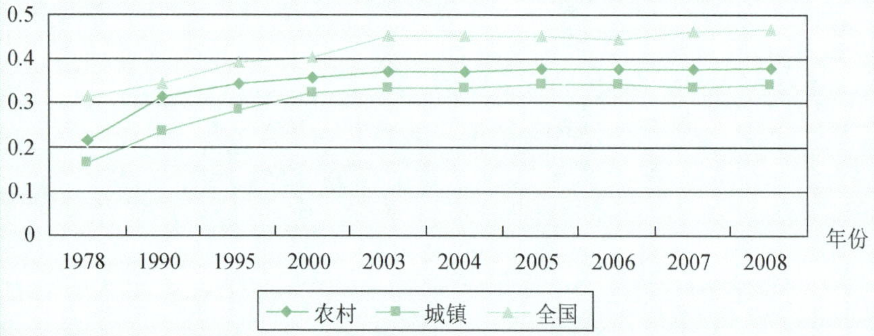

图2-6 全国以及城乡居民收入分配基尼系数

资料来源：作者根据历年《中国统计年鉴》提供的城乡居民分组收入计算。

按照中国改革开放的设计道路，“允许一部分人先富起来，最终走向共同富裕”，发展社会主义的目标是最终走向共同富裕，居民内部收入分配逐步恶化的局面必须加以解决。更何况，从国际经验以及历史经验来看，居民内部收入分配不均，危及社会稳定，不利于社会的和谐共存和发展。在最近中央领导人的多次讲话中，都高度强调收入分配不均危及社会稳定。从经济发展的角度看，收入分配不均不利于扩大以消费为主体的内需；更重要的是，一旦社会不稳定，经济发展也将受到极大干扰。因此，加快缓解居民内部收入分配不均的工作力度，应当是“十二五”时期的重要战略。

两种收入分配格局的改善均需要财税制度发挥重要作用

从目前的讨论来看，关于中国两种收入分配格局不断恶化的结论都没有争议，然而在采用何种措施来改善方面却缺乏统一的意见。一些意见认为调节收入分配应当注重初次分配，包括提高最低工资，加强劳企协商提高工资，降低垄断部门工资等措施；另一些意见认为重点应是二次分配，包括调整财政支出结构，加快税制改革，加快社会保障体系的发展。

需要指出的是，当前中国政策需要针对的是两类收入分配格局。两者之间的关系具有复杂性：居民收入比重下降并不一定导致居民内部收入分配不均；一些有助于缓解后者的政策，或许可能恶化前者。从根源上看，出现目前这种局面既有政策不到位的原因，更重要的还是受经济发展阶段的影响。从日本20世纪六七十年代的经验来看，在中国当前经济发展阶段下，初次分配结果的改善应是人口形势和劳动力供给条件变化的自发结果。① 政府如果过多干预初次分配，即可能有碍劳动力市场发挥自发调节作用，还可能实现不了政策目标。例如，过度提高最低工资，虽然有助于提升低收入就业者的工资水平，但也可能促进企业以资本替代劳动，从而减少就业，进而无助于劳动报酬份额的提升。对于改善收入分配，政府应当担负的责任应当主要体现在二次分配阶段，即通过财政收入与支出两个体系，同时实现增加居民部门收入并缓解居民部门收入不均双层目的。在当前，重要的政策措施包括提高

① 有关日本经验参见安信证券2010年3月15日策略主题报告：“潮流正在转变——从人口结构看未来资本市场行业投资机会”。

财政收入体系的再分配功能，同时在支出结构方面加强向居民部门的转移性支出。

2.2.2 老龄化进程逐步加快与劳动力供给条件的变化

人口老龄化进程加快

人口老龄化是指一国或地区的人口年龄分布趋向于老龄，例如平均年龄的上升、少年儿童人口占比的下降或者老年人口占比的上升，都体现了人口老龄化程度的加深。随着经济和社会发展水平的不断提高，中国人口的预期寿命逐年延长，而出生率却呈现持续下降趋势。如图 2－7 所示，根据联合国最新的人口数据预测，2010 年中国 60 岁及以上人口占比将达到 12%，低于 OECD 国家的平均水平，人口老龄化问题尚不突出。但是，2011 年以后的 30 年里，人口老龄化将呈现加速发展态势，60 岁及以上人口占比将年均增长 16.55%，2040 年 60 岁及以上人口占比将达到 28% 左右。在这 30 年里，中国开始全面步入老龄化社会。到 2050 年，60 岁及以上人口占比将超过 30%，社会进入深度老龄化阶段。以 65 岁来衡量老龄人口的话，图中可见同样的发展趋势。

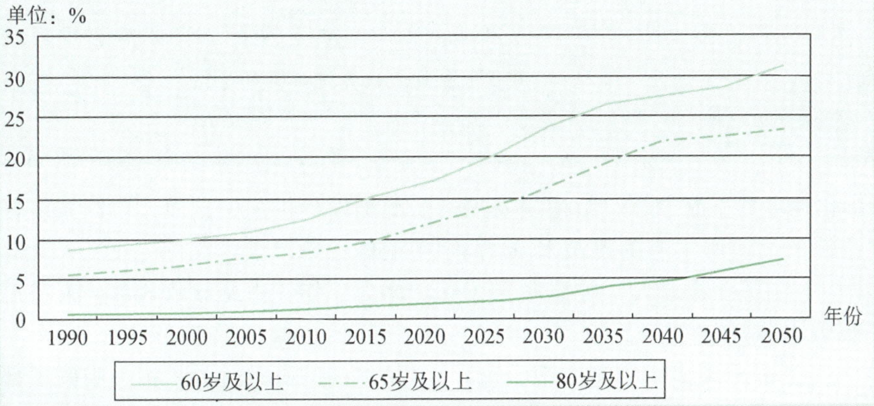

图 2－7 未来一段时间中国的人口老龄化趋势

数据来源：根据联合国人口信息网提供的数据计算得到。

就国际比较而言，中国的人口老龄化问题也是十分突出。根据 OECD 的人口发展预测，到 2030 年，中国 65 岁及以上人口占比将超过日本，成为全球人口老龄化程度最高的国家。整体而言，在 21 世纪剩下的 90 余年里，中国的人口老龄化程度将一直维持在一个相对较高的水平。中国是在一个相对较低的起点，最终老龄化会超过日本，这说明中国老龄化具有速度非常快的特点。与之同时，中国是在人均收入水平尚不高情况下进入老龄化社会。这些都加剧了应对老龄化问题的难度。

人口老龄化的影响

人口老龄化程度的不断加深，标志着中国的第一次人口红利即将丧失，将对中国经济与社会的持续健康发展产生诸多不利影响。如图 2－8 显示，以有效生产者人数（按年龄别劳动生产率加权的人口数）与有效消费者人数（按年龄别消费水平加权的人口数）之间的比例计算抚养比，按照 Wang 等（2009）的测算，中国的人口红利大约在 2013 年达到顶峰，此后将处于缓慢下降状态。这意味着，“十二五”时期已经到了中国人口红利逐渐丧失的时刻。老龄化程度的加深、人口红利的丧失，将可能导致人均 GDP、投资和资本存量的增长速度持续下滑，以及公共债务规模的持续扩大。因此，可以预见，在今后较长的一段时间里，人口老龄化将是决定中国宏观经济能否实现持续快速或持续平稳发展所无法回避的重要问题。

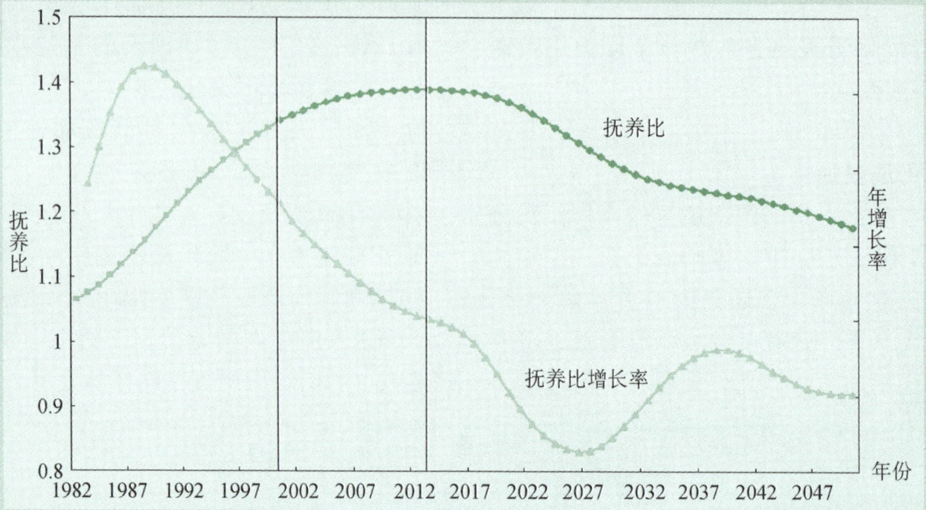

图 2-8　中国抚养比及抚养比增长率

资料来源：Wang Feng 和 Mason，2009。

人口老龄化程度的不断加深，给中国发展社会保障事业带来了前所未有的挑战和压力。如将 60 岁以上计为须供养老人，按照联合国人口数据计算养老供养比例，2010 年中国是 5.51 位工作人员供养 1 位老人，到 2020 年这一比例下降至 3.86∶1，2040 年下降至2.08∶1，至 2050 年进一步下降到 1.73∶1。养老供养压力越来越大，标志着社会保障体系的财务压力越来越大，需要中国在社会保障体系以及财政如何支持社保事业发展方面完善制度设计。

劳动力供给条件发生变化

自 2007 年开始，中国的沿海地区一再发生“劳工荒”现象。即使在中国刚从金融危机后复苏的 2010 年，沿海地区也出现了“劳工荒”现象，尤其是低技术的普工发生短缺。如果按照多数人口预测数据，中国的劳动力人口供应峰值应当发生在“十二五”期末，其后才缓慢减少，则当前的“劳工荒”现象并不正常。

理解这一现象需要结合中国人口年龄结构、劳动力市场的特点以及高等教育的发展状况加以分析。一方面，中国城市普通工人提前退休现象严重，农村产业工人大部分从事繁重体力工作，由此导致这部分人口退出劳动力市场年龄一般远低于 60 岁；另一方面，最近几年中国的高教一再扩招，吸收了部分适龄劳动力。参见图 2-9 所示，结合生育高峰，按照安信证券研究部门的测算，如果将 16—18 岁人口视为低端劳动力市场新增人员，大学招生以及 50 岁以上人口视为退出劳动力市场人员，则中国的劳动力供给自 2000 年以来增长速度明显放慢，自 2007 年以来已呈负增长态势。更为严重的是，到“十二五”中期低端劳动力供给将有一个较大的负增长。这一劳动力供给状况，将对中国大量低端劳动力密集性的产业形成较大冲击，也解释了近年来普工短缺的现象。

劳动力市场供给的另一面在于，“十二五”时期大中专毕业生的供给将维持在 600 万以上的高峰水平，一直持续到 2020 年。[①] 这表

① 参见安信证券 2010 年 3 月 15 日策略主题报告：“潮流正在转变——从人口结构看未来资本市场行业投资机会”。

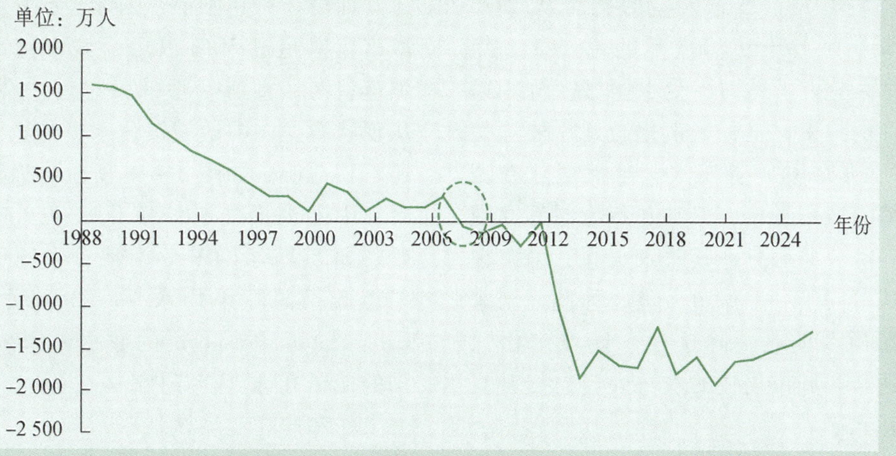

图 2-9　16—18 岁平均人数扣减当年大学招生人数和 50 岁退休人数

资料来源：由安信证券根据 1% 人口抽样调查以及人口普查数据（1990—2005 年）、《中国教育统计年鉴》（1980—2008 年）核算所得。

明中国劳动力市场目前出现的结构性矛盾，在未来十余年中都将存在。低端劳动力市场供给逐渐吃紧，大中专毕业生供给数量大幅增加，而中国的产业部门的调整尚未跟上劳动力供给结构的变化，显示产业结构调整的迫切性。在"十二五"时期，如何加快经济结构转型，增强中国大中专毕业生的国际竞争力，将是一个突出的课题。

2.2.3　城镇化的战略意义进一步凸显

城镇化的意义及中国存在的问题

2009 年的中央经济工作会议，高度强调城镇化作为拓展未来中国发展空间的战略意义，要求进一步积极稳妥推进。中国的城镇化，在国际上一般称之为城市化。从全球范围来看，城市化的发展是经济发展的自然结果。18 世纪欧洲工业革命推动了工业化的兴起和发展，城市化进程随之迅速加快。据统计，19 世纪初大约 24% 的人口生活在拥有 2 万人口规模以上的城市里，只有 1 800 万（大约 2%）的人生活在拥有 10 万及以上人口的大城市里；至 1 850 年，世界人口生活在 2 万人口规模以上城市的人口数量增至 6.59 亿（比重增长了 132%）；而在 1900—1950 年期间，大城市人口的增长率达到了 254%。[①] 因此，"十二五"时期提升中国城市化水平，是顺应经济发展趋势，提高人民生活水平的必然要求。

在"十二五"时期，城镇化对于拉动中国经济发展还有更为重要的意义。在未来外需增长空间不大的情况下，中国的经济增长动力需要转向内需。通过大力发展城镇化，一方面可以进一步加强基础设施建设，扩大国内投资需求；另一方面通过人群集聚，提高服务需求和消费倾向。这两个方面都可以有效拉动内需。

从现实情况来看，中国的城镇化也滞后于经济发展阶段的需要。1976 年之前，受各种因素的影响，中国的城镇化进程发展缓慢，甚至出现了倒退。改革开放之后，国民经济的平稳发展有力地推动了城市建设，越来越多的农

① 人口世界网："世界城市化发展趋势"，http：//www.shrkjsw.gov.cn/world//dr/pexpo/wordpop/popsurvey/2009916/0000000034001410015700158442101З.html?openpath=world/pexpo/wordpop/popsurvey。

村人口（尤其是青壮年人口）移居大城市和中小城镇。城镇人口占总人口的比重从1976年的15.4%快速上升至2008年的44.9%，年均增长1个百分点。然而，受中国城乡分割以及户口制度的约束，这种城镇化尚是一种“伪城镇化”。大量农村产业工人，虽然居住在城市并被计算为城市人口，但其并不能同等享受到城市的各类公共服务，其收入水平、消费模式自然无法等同于一般城市人员。为此，未来在政策上最重要的是消除这种“伪城市化”，主动吸纳适合到城市居住的农村人口，提升真实的城市化水平。

中国城镇化的前景

如图2-10所示，国际经验显示当一国的城市化率超过30%以后，城市化进程将进入加速状态，直到接近60%之后才会放慢进程。从现状看，中国的城镇化水平与经济发展水平还不相适应。如图2-10所示，以国际经验来看，中国也正处于城镇化水平高速发展的阶段；如以人均GDP为参照，中国的城镇化水平还低于国际平均水平。按照联合国World Urbanization Prospects的数据，到2030年，中国的城镇化水平达到55%，超过一半的人口将工作和居住在城镇地区。

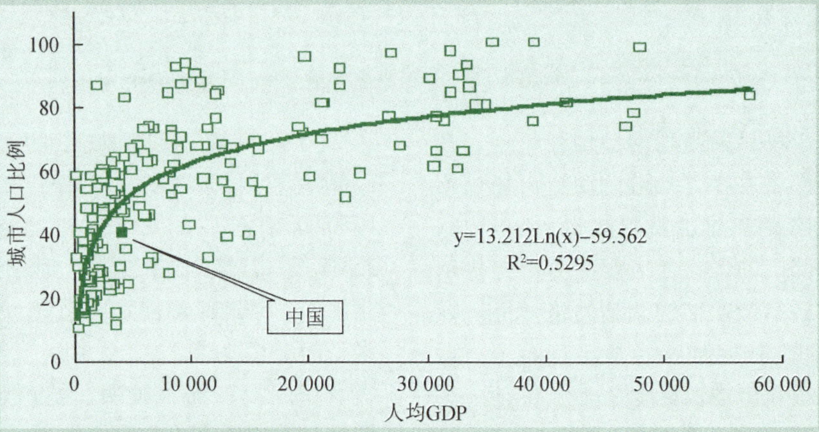

图2-10 各国人均GDP（ppp）和城市化水平（2005年）

资料来源：卢峰，2009。

除了城市人口比重的快速上升，中国的城镇化进程还将向着国际化、群落化、生态化和现代化的方向发展。一方面，中国城市发展的国际性因素逐年增多，中国的一些特大城市将发展成为国际化大都市，并带动周边城市，形成城市发展带或城市群。据世界银行预测，至2020年，中国市区人口超过100万的大城市数量将突破80个。另一方面，随着城镇化进程的深入，人们除了享受不断进步的城市现代文明之外，开始越来越关注空气污染、噪音污染、交通拥挤、用地用水短缺等生态环境问题，要求转变传统的城市发展模式，使城市经济从倚重自然资源和制造业转向倚重高新技术、信息资源和服务业，并加强城市的人文气息。

城镇化带来的财政挑战

城镇化水平的持续上升，既为国民经济增长和产业结构升级提供了强劲的动力，也带来了若干挑战。这些挑战在财政方面主要体现为：

首先，城镇化的发展，需要城市基础设施的建设以及保障性住房市场的建设跟上步伐，这需要较大的财力支持。自1998年开放房地产市场以来，土地出让金已经成为城市基础设施建设的主要资金来源。以重庆、上海为代表的地方政府，开发了以土地资源为依托的地方融资平台，加快了基础设施建设的步伐。这些都表明，土地出让金以及其抵押获得的融资，是中国城镇基础设施建设的重要支撑。然而，这种体系也造成了地方政府为追求较高的土地收入，放任房价不断攀高，甚至影响到社会稳定。2010 年新的“国十条”出台，中央政府强力要求地方政府控制房价的过快上涨，并出台了一系列措施。受这些政策的影响，“十二五”时期地方政府可以获得的土地税费收入，能否支持城镇化大规模建设的资金需要；如果不能满足，又采用何种方式获取必要的资金。这些都将是“十二五”时期面临的挑战。

其次，如上所述，目前中国的城镇化更多地表现为一种“伪城镇化”，要想实现真正的城镇化，需要将城市基本公共服务覆盖到所有在城市居住工作的人口，尤其是农民工及其子女。自然，公共服务的均等化提供，无论是教育、医疗，还是养老，都需要较多的财力支持。与之同时，随着城市化水平的持续上升，二元体制下的城乡差异将逐渐缩小乃至消失，客观上要求进一步统一社会保障制度，消除已有的制度差异。中国的社会保障制度也存在着比较突出的碎片化问题，尤其是城镇居民与农村居民、城镇企业职工与农民工、公务员与其他社会成员，在养老和医疗保障方面存在比较明显的制度差异。社会保障制度的碎片化，损害了进城务工或暂时居住的农村居民的利益，不利于社会的和谐和稳定。而要实现社会保障制度的统一，同样需要一定的财力支持。

2.2.4 国内资源环境压力越来越大

中国是人均资源贫乏国家

经济发展与人民生活水平的提高，都需要充足的资源作为支撑。随着全球经济的快速增长，各种自然资源由于其相对稀缺性，价值进一步提升。与世界平均水平相比，中国是人均资源稀缺的国家。如表 2 - 3 所示，无论是耕地、淡水、森林这些对于人类生存必须的自然资源，还是能源、铁矿石这些对于工业发展至关重要的矿产资源，中国的人均水平都远低于世界人均水平。如淡水，中国仅为世界水平的 27%，耕地仅为 42%；在矿产资源中，石油作为“工业化的血液”，中国仅为世界平均水平的 11%，天然气为 3%。在中国能源结构中占据重要地位的煤炭，也仅为世界人均水平的 53%。

表 2 - 3　中国主要资源占有水平及与世界人均水平比率

资源种类	中国人均占有水平	与世界人均水平比率（%）
耕地	0.1 公顷	42
淡水	2 257 立方米	27
森林	0.12 公顷	20
矿产保有储量潜在总值	0.93 万美元	58
其中：		
煤炭（探明可采储量）	98.94 吨	53
石油（剩余储量）	2.7 吨	11
天然气（探明可采储量）	769 立方米	3
铁矿石	36 吨	71

资料来源：吴敬琏：《中国增长模式抉择》，上海远东出版社 2006 年版。

在经济发展水平较低时，由于人均消耗的资源较少，较低的资源禀赋产生的制约作用不大。而到今天，人民生活水平的快速提升，基础设施的大规模建设，都需要消耗大量的资源。与之同时，中国在国际分工中“世界工厂”的地位，意味着还必须利用有限的资源，承担着为其他国家提供制造品的功能。这进一步扩大了中国的资源约束。近些年来，中国的淡水资源恶化，石油、铁矿石高度依赖进口等现象，都是资源约束的直接体现。在当前全球资源竞争更为激烈的局面下，如何从战略高度确保发展所必需的各种能源、资源的充足供应，是中国面临的一个突出挑战。近期，中国已集合多部门力量组成国家能源委员会，即是对资源约束的一个主动反映。

提升资源使用效率、加强环境保护是可持续发展的必然要求

或者大力提升资源的使用效率，或者寻找替代资源，是应对人均资源稀缺的两条基本思路。在当前，从技术和经济成本核算角度看，全球范围内尚未发现上述各类资源的大规模替代品，因此提升资源使用效率在是必然要求。在这方面，中国的改进空间还很大。如图2－11所示，2008年中国铁矿石、水泥、煤炭、铝、原油在全球的使用份额，均超过了GDP在全球的份额。这固然有中国尚处于基础设施大规模建设阶段，且正处于工业化迅猛发展阶段的缘故，但也从一个侧面反映了中国以相对较多的资源，创造了相对较少的增加值。

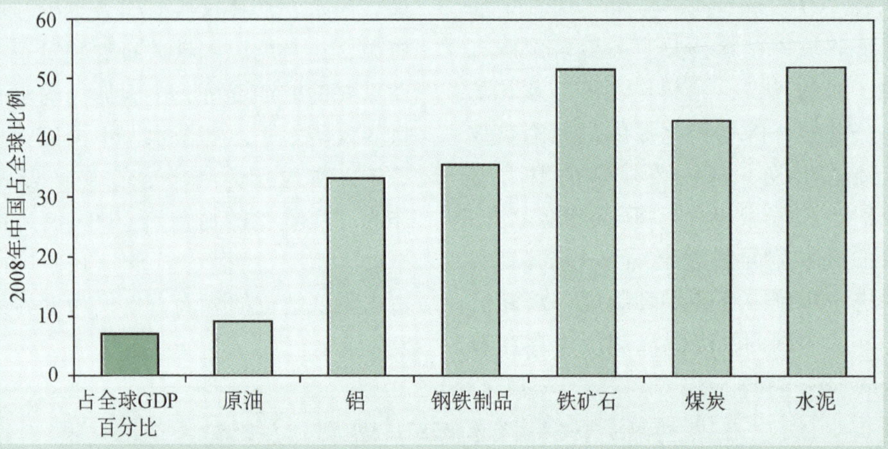

图2－11 中国GDP及各类资源消耗占全球比例（2008年）

资料来源：罗奇，2010。

我们以能源使用效率为例来说明这一点。自改革开放以来，中国能源效率发生了很大的变化，万元GDP能耗总体呈现下降趋势，2002年比1991年下降了近一半。但从2003年开始，中国万元GDP能耗出现上升态势。在国家“十一五”规划中，节能减排作为硬性任务，GDP能耗下降20%作为约束性指标。2008年之前，节能减排的工作有所推进，但在2009年出于应对金融危机的需要，单位GDP能耗下降仅为2.2%。单位GDP能耗下降20%可能会成为为数不多的无法完成的“十一五”规划目标。就国际比较而言，发达国家的万元GDP能耗一般较低，而一些发展中国家如墨西哥、巴西等国家的万元GDP能耗也保持了较低的水平。两国2004年GDP能耗分别为3.46和4.41吨标准煤/万美元，中国2009年GDP能耗约为7.33吨标准煤/万美元。可以看出，中国GDP能耗相对于中等收入国家平均能耗仍然较高，是发达国家能耗的 5 ~ 7 倍。①

能源使用效率不高，加上工业、生活污染较重，使得中国环境压力也非常大。据统计，世界上污染最严重的 20 个城市中国占了 16 个；2006 年全国流经城市的河流中，70% 的江河水系受到污染，3 亿农民无法喝到安全的饮用水，75% 的湖泊出现了富营养化问题。② 环境压力也付出了非常高的经济成本。2004 年全国因环境污染造成的经济损失高达 5 118 亿元，为当年 GDP 的 3.05%；③ 国家投入的环境治理费用也迅速增加，根据国家公布的历年《全国环境统计公报》，2001—2008 年全国环境污染治理投入逐年增加，2007 年投入的环境治理费用是 1981 年的 135 倍；2008 年，环境污染治理投资为 4 490.3 亿元，占当年 GDP 的 1.49%。

显然，在资源相对稀缺的情况下继续低利用效率的模式，在环境压力较大的背景下继续“先污染，后治理”的发展模式，都将是不可持续的，也不利于人民福利水平的真正提高。为落实科学发展观，提高资源利用效率，加强环境保护是必然要求。

中国的低碳经济之路

低碳经济已经成为全球关注的焦点，也是中国贯彻科学发展观，承担国际义务的必然要求。为实现低碳经济，就需要减少对化石能源的依赖，减少二氧化碳的排放。事实上，中国政府一贯重视节能减排的工作。在改革开放之初，节约能源就一直是政府政策的重点，降低能耗一再被写进党和各级政府的文件之中，并有相关法规予以保证。2006 年和 2007 年，中国政府相继出台《节能减排综合性工作方案》和《中国应对气候变化国家方案》。前者首次明确了 2010 年中国实现节能减排的目标任务和总体要求，后者则明确了到 2010 年中国应对气候变化的具体目标、基本原则、重点领域及政策措施。近期，在哥本哈根全球气候大会召开之前，中国政府已公开承诺，到 2020 年中国单位国内生产总值二氧化碳排放要比 2005 年下降 40% ~45%，作为约束性指标纳入国民经济和社会发展中长期规划，并制定相应的国内统计、监测、考核办法和具体的实施措施。这是中国根据国情采取的自主行动，是为全球应对气候变化做出的巨大努力。

节能减排，发展低碳经济，走进低碳社会，既是关系中国切身利益的重大政策目标，也是中国政府对国际社会的庄重承诺。目前，中国的人均排放水平并不高，在世界范围内属于中等偏下的水平，远远低于美国等发达国家人均二氧化碳排放的水平。然而，随着发展水平的提升，人均排放水平可能会有所上升，能否实现既定的目标也存在一定的挑战。在全球越来越强调低碳社会的背景下，作为最大的发展中国家，中国发展低碳经济必须要注意到其所带来的机遇和挑战。

从近期看，中国受到发展阶段的制约，实现低碳转型面临快速经济增长、国际贸易分工的低端定位、以煤为主的能源结构、技术水平相对落后以及体制机制等方面的障碍。与此同时，作为率先崛起的发展中大国，中国正处在重要战略机遇期，或许是廉价石油时代结束前加速实现工业化的最后时机。实现节能减排目标，在短期内一定会给已有的生产、生活模式带来较大的冲击，企业以及社会能否平稳适应这种冲击有待考验。当然，如果中国不能尽快实现包括低碳在内的发展方式转型，工业化进程也可能面临外部的冲击。例如，出口产品被征收碳关税，或者面临其他与气候相关的贸易壁垒，从而影响国际竞争力。

从长远看，探索低碳发展之路不仅符合世界能源“低碳化”的发展趋势，也与中国转变增长方式、调整产业结构、落实节能减排目

---

① 中国人大网：“全球视野下中国资源环境问题的形势与思考”，http://www.npc.gov.cn/npc/bmzz/huanjing/2007-09/21/content_1383838.htm。

② 同上。

③ 参见国家环境保护总局和国家统计局联合发布的《中国绿色国民经济核算研究报告 2004》。

标和实现可持续发展具有一致性。由于低碳经济的技术尚处于开发阶段，中国也可以通过参与全球低碳经济的竞争，使得一些重点行业的节能减排技术在全球取得竞争优势，甚至扮演领先者的角色。然而，发展低碳经济需要相当的额外成本和大规模采用低碳相关技术。中国政府也公开表明，实现既定减排目标并不与发达国家资金支持挂钩。在这样的背景下，巨额成本是否会延缓中国的现代化进程，也是需要关注的重点。

2.3 “十二五”时期的财税改革发展任务

2.3.1 “十二五”时期的经济社会发展主要任务与经济形势

总结上两节的讨论，“十二五”时期中国经济社会发展的内外部环境将有一些突出的转变。从国际上看，全球经济将长期处于“后危机”时代，经济波动风险犹存；低碳经济的兴起，以及资源供求形势的变化，表明资源、能源以及环境对各国发展的约束作用日益增强；全球再平衡的需要将制约中国外需增长的空间；全球化的发展已进入新的发展阶段，以“金砖四国”为代表的新兴经济体将会发挥更多的主导作用。从国内情况来看：收入分配结构以及相应的需求结构需要改善；人口老龄化逐步加快，且劳动力供给结构悄然改变；资源与环境形势日益严峻，结合国际环境将对中国的工业化进程形成有力约束；城镇化将进入大发展阶段，但其相应的挑战也不容忽视。

经济发展的内外部约束条件的改变，需要发展战略与政策做出相应的调整。正是基于对内外部发展环境的科学分析，当前中央已经提出“加快转变发展方式”的战略构想，作为落实科学发展观的抓手。事实上，1995 年党的十四届五中全会关于制定“九五”计划的建议中，已经提出了转变经济增长方式的要求，主要是指通过技术进步、加强管理、实行规模化经营等方式，从粗放型的增长方式转变为集约型的增长方式。2003 年以来，中央相继提出落实科学发展观和构建和谐社会的战略构想。2007 年，党的十七大提出了转变经济发展方式的要求，其涵盖的主题范围更广，包括增强技术创新、优化产业结构，改善需求结构与收入分配结构，协调经济与社会事业的发展，协调资源、环境与经济发展，而不仅仅局限于原来的生产要素结构的调整和优化。在本轮金融危机之后，基于上文分析的国内外背景的变化，中央领导又多次提出“加快”转变发展方式的要求，标志着实现转变发展方式的迫切性越来越强。

在这些背景下，“加快转变发展方式”自然应当成为“十二五”时期中国各项经济社会事业发展，包括财税改革和发展在内的总体要求。具体说来包括：

在经济发展方面，如何在外需增长空间受限的情况下拓展中国经济增长的动力源，以保持平稳较快速度的增长；如何应对内外部环境的转变，采取有效对策缓解过去一直较为突出的结构问题，如推进自主创新和技术引进，坚持较高的环境保护标准，加快服务业发展，优化产业结构；如何提升居民消费比重，改善经济增长的需求结构等。

在社会事业的发展方面，如何采取各项有效措施，改革收入分配制度，切实调整国民收入分配格局；如何缩小居民部门内部收入差距，促进社会和谐；如何加快医疗、教育等部门的改革发展，促进社会公平；如何加快以养老保障为主体的社会保障体系的建设和发展，尽快实现全民覆盖并加快整合，改善制度设计，实现从低水平起步最终构建一个发展型的福利体系。

加快转变发展方式，将有助于中国“十二五”时期实现经济“又好又快”发展。在“十二五”时期的整体经济走势方面，按照目前相关机构预测，总体形势较为乐观。按照中国社科院最新的《中国经济前景分析——2010年春季报告》中的展望，中国经济有望进入新一轮经济上升期。中国人民大学经济研究所（2009）的分析，中国经济的增长速度已在整体上出现缓慢下降趋势，将步入一个较长时期的“次高速经济增长时期”，2009年至2012年的平均增速将达到9.5%以上，2013—2022年达到8.26%～8.82%，2023—2032年将达到7.31%～7.65%。IMF（2009）的最新预测则相对更为乐观：中国的GDP增速在2010年将达到9%，其后一直到2014年将维持在9.5%的增速上。另外一些国际机构（如EIU）估计则相对悲观：认为中国在2011—2014年的经济增长速度在8.2%～8.6%之间波动。总结来看，各家机构普遍认为“十二五”时期中国经济将在8%～9.5%之间波动。

2.3.2 财税改革的基本目标和整体取向

“十二五”时期将是中国建立完善的市场经济体制的关键时期，经济社会发展的主要战略目标可以概括为落实科学发展观和构建和谐社会，加快转变发展方式是各项工作的落脚点。为此，“十二五”时期财政改革的目标可以简要概括为：针对中国经济社会发展过程中所面临的一系列挑战和问题，围绕加快转变发展方式的战略目标，通过实施以“公共化”为取向的一系列改革，努力建立与完善的市场经济体制相适应的公共财政体系，促进科学发展观的实现和和谐社会的构建。

为实现这一目标，需要确立“十二五”时期财政改革的整体走向，即改革的主要方向和重点环节是什么。当前，部分学者提出中国财政领域的主要问题是政府规模过大，因此财税改革的重点是减税。然而，在当前中国的现实背景下，我们认为，“十二五”时期中国财政改革的重点不应当是规模问题，而是结构问题。

首先，即使按照全口径来核算，中国的财政收支规模并非很高，但结构问题较为突出。以2008年的数据来看，中国全口径财政收入规模约占GDP的32.2%，与若干发达国家和转型国家相比还相差甚远，作为一个经济快速发展的国家来说也较为合理。当然，中国全口径财政收入规模自1998年的20%左右上升到2008年的32.2%，速度过快也是需要引起注意的问题。以全口径核算的数据来看，中国的财政支出结构过于侧重经济和城乡建设，各类社会性支出的比重过低。这是中国与其他发达国家甚至转型国家财政支出方面存在的巨大差异。在财政收入结构方面，尤其是税收收入占全口径财政收入的比重不高，中国的一般预算收入之外的政府收入一直居高不下，且以预算外收入、政府性基金、土地出让金收入为主体，这使得大量政府收入未能纳入正常的预算管理程序之中。总体来看，无论是收或者支领域，结构问题都非常突出。

其次，经济社会发展的现实需要中国维持一定的财政收支规模，但目前的收支结构需要进行较大的调整。“十二五”时期，中国的环境问题日益突出，城市化需要大力推进，老龄化日益严重，而社会事业需要大发展，这些问题的应对都需要充足的政府财力作为保障。一些学者指出，中国国民收入分配中劳动份额偏低，而政府收入比重偏高，因此需要降低财政收支规模。然而需要注意，以降低政府收入规模作为调整国民收入分配格局的手段并不一定是好的选择。从理论上看，降低财政收支规模并不一定能够大幅增加劳动份额，而可能主要增加资本份额。与之同时，即使保证较高的政府收入份额，只要在再分配领域加大向居民转移的力度，同样可以起到调整国民收入分配的作用。换个角度看，降低财政收支规模即使可以调整国民收入分配格局的作用，但也将同时起到恶化居民内部收入分配不均的效果。

因此，我们认为，“十二五”时期中国财政改革的整体走向应当是在稳定财政收支规模的基础上，加大结构改革的力度。结构改革的一方面应是支出领域的改革。财政支出应当更为向社会性领域倾斜，适度降低经济和城乡建设领域的支出比重。这样既可以加快中国各项社会事业的发展，又可以增加居民部门的收入份额，优化中国国民收入分配的基本格局。结构调整的另一方面是收入领域的改革。这方面一是要加大将诸如预算外、政府性基金以及土地出让收入等政府收入纳入正常的预算管理程序之中，实施税费改革，取消部分带有税收性质的政府基金或者收费的收入，而以各类税收取代。二是中国各类财政收入的手段往往过度集中在筹集收入的功能上，而在调节经济行为、调整收入分配方面的功能较弱。在“十二五”时期，为促进加快转变发展方式，应当加强各类财政收入方式，尤其是各类税收的调节经济行为、调整收入分配方面的功能。如加强税收在引导节能减排，促进低碳经济发展方面的作用；加强税收在调节收入分配不均方面的作用等。这些都需要加强收入领域的结构性改革。

2.3.3 公共财政改革面临的挑战

实现“十二五”时期经济社会发展的全局目标，需要加大公共财政改革和发展的力度。财政领域的改革，不可避免涉及到方方面面的利益调整。从财政领域本身来说，“十二五”时期改革面临的挑战主要体现在三个方面。

收支两翼的挑战

一是财政收入高增长的态势难以维持，而支出的刚性却越来越强。“十二五”时期，若干领域，尤其是民生领域需要进一步加大财政支持的力度，而在财政收入难以维持高增长的态势之下，如何实现收支的平衡将面临挑战。中国过去一段时间内，一直存在财政收入以两位数增长的态势，即使在金融危机期间的2009年，中国财政收入的增长率也达到11.7%。一些年份财政收入的增长速度甚至超过20%以上，远高于GDP的增长速度。究其背后的原因，主要是经济增长速度较快，以及征管空间巨大（高培勇，2006）。而在“十二五”时期，按照前述若干机构的预测，GDP增长率大概要回落到8%～9.5%之间，难以维持过去高达两位数的增长率，同时随着时间的推移，加强征管因素发挥作用的空间越来越小。这两方面的原因都可能导致财政收入的增长速度可能有较大回落。

与之同时，从“十二五”时期国民经济发展的格局来看，对于财政支出规模的需求却非常巨大。经济增长模式需要转型，为此需要增加居民收入，以促进消费，这就要求加强财政向居民的转移性支出。社会保障事业发展已经到了一个新阶段，医疗、养老都要逐步实现全覆盖，且保障水平要不断提高。中国的城市化已经到了一个临界点，城市化的加速发展，需要进一步加大基础设施的建设，也提高了社会保障以及公共服务支出的水平。财政收入增长的减速，以及财政支出需求的加速，将构成“十二五”时期财政改革面临的突出挑战。

二是财政收入体系不够完善。一个完善的财政收入体系，应当以税收为主体。与发达国家相比较，中国政府收入中税收收入的比重较低，自1998年以来一直未超过60%。大量政府收入体现为土地出让金、政府性基金、预算外等。这种格局导致大量政府收入游离于规范的预算管理程序之外，不能做统筹安排，影响资金的绩效。在当前税收收入中，税收制度的设计较多侧重于组织收入的功能，而能够发挥促进资源有效配置、调节收入分配的税种还不突出。比如，财产税较为缺乏，流转税尚待优化，直接税有待加强，有关促进低碳经济发展，促进环境保护方面的税种还不够完善。“十二五”时期，面临促进科学发展，加快结构调整，调节收入分配的重大战略任务，需要进一步进行税制优化，充分发挥税收体系调节收入分配、影响市场主体经济行为功能。然而，财政收入体系的调整以及税制的优化，涉及到企业、居民等方方面面的利益，社会关注度高，需要高度重视推出的时机以及操作步骤。这构成了很大的挑战。

三是财政支出结构需要进一步调整。财政支出的安排应体现出国家的政策导向。从当前情况看，中国政府支出较多地向经济建设事务倾斜，而医疗、养老等民生性支出比重较低。这反映了改革开放后，中国全国自上而下的较强的发展导向，即以经济增长为中心，加强财政支持基础设施建设以及经济改革的力度。应当说，这段时期财政支出结构的这一特点，与中国的经济发展阶段是相适应的。进入“十二五”时期，中国的经济社会发展已经进入新阶段，在经济建设领域的财政投入已经取得较大成就的情况下，进一步加大投入其边际收益将会不断下降。换个角度看，中国社会事业的发展一直滞后于经济发展。从转换经济增长模式，将经济增长的引擎从投资转移到消费这一战略目标出发，“十二五”时期需要加快养老、医疗等社会事业的发展。为此，财政支出结构需要进一步调整。然而，各领域的财政支出往往有刚性的特征，要想实现较大的调整也需付出很大的努力。

财政体制的挑战

在中国这样的一个单一制发展中大国，财政体制，即政府间的财政关系一直是财政改革和发展的焦点问题。当前中国财政体制的基本架构起源于1994年分税制改革，其后不断经过完善而形成。这一财政体制稳定了中央和地方之间的财政关系，促进了地方政府间的竞争，在促进地方政府追求经济增长方面起到了非常重要的作用，甚至被认为是中国经济制度的基本特征。（张五常，2009）总体来看，无论是从财政收入还是支出的资金分配来看，中国的财政分权程度还是非常高。然而，财政分权的基础，事权和支出责任的划分在不同政府间的划分却不清晰。这将导致对地方政府的激励有所偏差，地方政府往往对于本地的经济增长投入过多的精力，而对于一些本地公共物品和服务的供给积极性却不高。当前，这种财政分权和地方政府的竞争已经导致了环境恶化、教育和医疗等公共服务的供给弱化等问题，不能适应落实科学发展观和构建和谐社会的要求。为此，“十二五”时期财政体制的调整首先是明确各级政府在公共服务和经济领域的职责，解决现行财政存在的严重“缺位”与“越位”的问题。然而，这种清晰各级政府事权和支出责任的努力，又面临中国尚处于一个转型中大国，政府职能及其配置必然会不断调整的现实挑战。

财政体制的挑战另一个方面体现在政府间分税制以及相应的转移支付制度的完善。当前，中国中央和省级政府间已经形成较为稳定的分税制度安排，但省以下的分税制安排尚未明确。作为一个人口众多、区域差异大的发展中国家，转移支付对于实现基本公共服务均等化、均衡地方财力非常重要。中国过去一段时期内，中央政府转移支付的力度不断加大，机制不断完善，但从现实需求来看尚有不足。这一方面体现在转移支付的力度尚需加强，另一方面体现在转移支付的机制也需进一步完善。2008年，中央对地方的转移支付53%为专项转移支付，仅有47%为一般性转移支付。专项过多在中国部门利益分割严重的现实背景下，造成财政支出效率的低下。分税制以及转移支付制度的不够完善，在现实中的体现是基础政府的财力薄弱，县级政府的财力较为紧张，不同区域地方政府的财力差距大。这些现实情况进一步导致地方政府将精力集中在以GDP以及扩大税收为中心的经济增长，公共服务的供给财力保障不足等一系列问题。

从加快转变发展方式，实现科学发展观，构建和谐社会的战略目标出发，“十二五”时期需要进一步完善分税制和转移支付制度。然而，分税制以及转移支付制度的调整，涉及到各级和不同区域政府间利益的调整，必须要克服不同利益群体的阻力。这种调整还将导致对地方政府的激励发生了变化，因此还需注意促进基本公共服务均等化、均衡地方财力，与促进经济发展之间的平衡。

财政改革对于预算改革和财政管理提出了更高的要求

财政安排是国家政策在财务上的反应。预算体系以及相应的财政管理，作为决定国家财力集中与分配的程序与框架，对于保证国家政策的有效落实，至关重要。与较为完善的预算和财政管理体制相比较，当前中国的预算体系在完整性、法治性、权威性、科学性等方面尚存在较大不足，预算的透明度也急需改善；财政管理体制较为粗放。按照第三章的测算，中国接受人大审议，纳入一般预算管理程序的财力仅占全口径财政收入的60%左右。大量政府资金，如土地出让金、政府性基金收入、预算外收入、社会保障基金收入等，还游离于规范的预算管理程序之外，公共收支、国有资本、政府性基金和社会保障四位一体的完整的预算体系尚有待建立。预算权在政府部门间分割，预算制定科学性不足，预算通过后往往不严格执行，预算缺乏权威性。科学理财、民主理财、依法理财的理念和原则虽一直强调，但现实中依然存在重收轻支、重分轻管，财政资金的配置效率和执行效率不高。预算以及财政信息还需进一步向社会公开，预算透明度离国际标准尚有较大距离。

在“十二五”时期财政收支压力逐步增大的情况下，大力提高财政资金的配置效率和执行效率至关重要。为此，进一步改善预算体系和财政管理，是实现公共财政改革战略目标的重要支撑。在预算改革方面，应当加快《预算法》的修订，适应新形势对预算改革的要求，提升预算的法治性、完整性，建立有机衔接的完整的预算体系；探索中期预算的编制，加强预算制定和执行的科学性和权威性；切实落实《政府信息公开条例》的要求，大力提高预算透明度；加快绩效预算的推进步伐，提高资金使用效益。而要实现这些，需要对财政系统乃至整个政府系统的一些工作理念和习惯进行革新，需要加快政治体制改革的步伐。

2.4 小　结

本章主要展望“十二五”时期中国内外发展环境的变化，并分析财税改革和发展的整体政策导向与挑战。基于一些数据与事实的梳理，我们认为“十二五”时期中国发展的内外部环境将面临一些突出的变化。

从外部来看，全球经济将在较长时期内处于“后金融危机”时代。作为二战之后最大的危机，本轮金融危机的影响将非常深远。这主要体现在虽然全球经济已出现复苏苗头，但复苏基础并不牢固；巨额流动性的管理存在难题；危机期间的高赤字与未来老龄化的冲击交织一起，如果没有较严厉的财政紧缩措施，发达国家的政府债务将不断高攀，导致新的危机。危机产生的实体经济因素，全球不平衡的修复将会制约中国的外需增长空间。全球化的发展已进入新的发展阶段，在危机之后以“金砖四国”为代表的新兴经济体将会发挥更多的主导作用。低碳经济的兴起，以及资源供求形势的变化，表明资源、能源以及环境对各国发展的约束作用日益增强。

从内部来看，居民部门收入比重不断降低与居民内部收入分配不均加剧的局面必须要加以改变；人口老龄化逐步加快，且劳动力供给结构悄然改变；资源与环境形势日益严峻，结合国际环境将对中国的工业化进程形成有力约束；城镇化的战略意义凸显，但其相应的挑战也不容忽视。

内外部环境的变化，要求中国加快转变发

展方式。“十二五”时期的财政改革与发展，即是要围绕加快转变发展方式，加快以“公共化”为导向的改革，努力建立与完善的市场经济体制相适应的公共财政体系。考虑到“十二五”时期的财政收支需求，财政改革的方向应是在稳定收支规模的基础上，加强结构改革。这包括收入体系的结构改革，即降低政府基金等非税收入规模，提高税收收入比重，加强收入体系的经济调节功能；支出体系的结构改革，即提高社会支出的比重，降低经济建设支出的比重。要实现“十二五”时期财政体系结构改革的目标，必须要面对来自于收支两翼、现有财政体制的挑战，同时要以加快预算与财政管理的步伐，提升预算透明度。

主要参考文献

白重恩、钱震杰：“中国的国民收入分配：事实、原因和对策”，《比较》，2009年第45辑。

李扬、殷剑峰：“中国高储蓄率问题探究——1992—2003年中国资金流量表的分析”，《经济研究》，2007年第6期。

卢峰：“总需求V型回升——2009上半年我国宏观经济与政策述评”，北京大学国家发展研究院工作论文 No. C2009010。

罗奇：“以消费为主导的中国”，中国发展研究基金会《研究参考》，2010年第58期。

任仲平：“决定现代化命运的重大抉择——论加快经济发展方式转变”，http://opinion.people.com.cn/GB/40604/11043323.html，2010。

沈利生：“‘三驾马车’的拉动作用评估”，《数量经济技术经济研究》，2009年第4期。

Wang Feng 和 Mason：“中国经济转型过程中的人口因素”，载勃兰特和罗斯基主编《伟大的中国经济转型》，格致出版社和上海人民出版社2009年版。

吴敬琏：《中国增长模式抉择》，上海远东出版社2006年版。

张五常：《中国的经济制度》，中信出版社2009年版。

中国人民大学经济研究所：《2009年第3季度宏观经济报告》，内部研究报告，2009。

Blanchard and Milesi - Ferretti. 2009. “Global Imbalances: In Midstream?” IMF spn0929. IMF. 2010. “Strategies for Fiscal Consolidation in the Post - Crisis World.” [www.imf.org/external/np/pp/eng/2010/020410a.pdf].

Ravi Jagannathan, Mudit Kapoor and Ernst Schaumburg. 2009. “Why are we in a recession? The Financial Crisis is the Symptom not the Disease!”, NBER Working Paper 15404.

OECD. “OECD Economic Surveys of China 2010.” Paris.

3

"十二五"时期的财政收支规模分析

- 按全口径计算的中国政府财政收入占 GDP 比重，自 1998 年的 20.4% 不断上升，到 2009 年达到 32.2%，总额已超 10 亿元
- 1998 年以来，中国税收收入占政府收入的比重一直未超过 58%，预算外和政府性基金比重一直呈下降状态，社保缴费收入比重呈缓慢上升状态，土地出让金总体呈上升趋势，但波动较大。按全口径核算，中央收入的比重在 35% ~38% 之间波动
- 无论以何种口径，中国当前的财政收入规模均比 OECD 组织中高税负成员国为低。如仅以税收收入比较，中国近期税负已与美、日、德、韩等国接近；如包含社保税，则中国近期税负接近部分发达国家 20 世纪七八十年代的水平
- 中国非税收入占 GDP 的比重，明显高于各个发达国家，但社会保障缴费收入比重相对较低。当前中国的全口径财政收入规模已与 OECD 组织中的低税负国家接近，主要问题是政府收入形式的多样化、复杂化
- 综合判断，"十二五"时期中国税收增长率约在 10% ~15% 之间，且波动性有所下降。社保缴费比重应会进一步上升，预算外资金和政府性基金比重将有所下降。一般预算收入占 GDP 的比重将会稳步上升；而全口径财政收入占 GDP 的比重将受土地出让金变化趋势的影响，大约会在 31% ~35% 之间波动
- "十二五"时期财政收支规模应维持平衡。全部政府财政支出中，社会性支出（尤其是养老和医疗）的比重应有较大幅度的上升。为实现这一目标，应当同时考虑压缩经济建设支出与行政管理费用支出的比重

Analysis of Fiscal Revenue and Expenditure Scale in the Period of 12th Five-Year Plan

- Based on full-covered method, the ratio of China's fiscal revenue to GDP was 20.4% in 1998, since then, this ratio has risen, reaching 32.2% in 2009. Total fiscal revenue was more than 10 trillion in 2009
- Since 1998, in China, the ratio of tax revenue to government revenue has been no more than 58%, the ratio of extra-budgetary revenue and the ratio of government funds revenue have been declining, the ratio of social security contribution revenue has been rising slowly, and the ratio of land conveyance fees revenue has been generally on the rise but fluctuant. Based on full-covered method, the ratio of central revenue has varied between 35% and 38%
- No matter what method of calculation is used, currently, China's fiscal revenue is lower than that of high tax burden OECD members. Only in terms of tax revenue, China's recent tax burden is close to that of the United States, Japan, Germany, Korea and other countries. If social security tax is included, China's recent tax burden is close to that of some developed countries between 1970s and 1980s
- The ratio of China's non-tax revenue to GDP is obviously higher than that of developed countries, but the ratio of social security revenue is relatively lower. At present, China's full-covered fiscal revenue is close to that of low tax burden OECD countries, but the major problem of China's government revenue is its diversity and complexity
- In the period of 12th Five-Year Plan, by comprehensive judgment, China's tax revenue will grow at 10%—15% and its fluctuation will decline. The ratio of social security contribution revenue should rise, and the ratio of extra-budgetary revenue and the ratio of government funds revenue will decline. The ratio of general budget revenue to GDP will steadily rise, and the ratio of full-covered fiscal revenue to GDP will fluctuate between about 31%—35% due to the trend of land conveyance fees change
- In the period of 12th Five-Year Plan, a balance should be maintained between fiscal revenue and expenditure scale. The share of social expenditure (especially pension expenditure and healthcare expenditure) in the total fiscal expenditure should be raised. To do so, the share of economic construction expenditure and the share of administrative expenditure should be lowered simultaneously

3. “十二五”时期的财政收支规模分析

财政收支规模决定了财政政策作用的空间，是分析财政相关问题的基础。中国财政收支规模在近年来已经成为社会关注的焦点问题。一些学者和媒体纷纷发表意见，认为中国的宏观税负，或者说财政收支规模偏高，应当采取改革措施以降低宏观税负。然而，当前中国的财政收支规模究竟是多少？由于中国特殊的财政统计制度和财政数据披露状况，这一基础性问题却并没有明确的答案。一些机构和学者（林赟等，2009；陈志武，2008；国家税务总局计划统计司，2007；吕冰洋，2008 等）虽然做出努力，对中国的财政收支规模进行了估算，但由于各种估算的定义、方法、数据来源不一，其估算的结果并不统一，结论的严谨程度也存在疑问。中国财政收支规模的合适水平应当是多少？从面向“十二五”经济社会发展的全局这一角度分析，这一问题则更迫切需要回答。

本章主要基于国际可比的视角，对中国 1998 年以来的财政收支规模进行了核算。以此为基础，通过国际比较客观评价中国财政收支规模的现状，提出未来财政收支规模是否应缩小或扩张的基本观点。考虑到政府收入与支出规模的差异仅在于赤字，而中国最近一些年的财政赤字或者盈余规模均较小，本章前两部分仅考察财政收入规模。在此之后，基于“十二五”时期中国经济社会发展的目标以及当前财政收支规模的现状，提出“十二五”时期中国财政收支规模的合理水平，并基于现有财政收支结构对其进行展望性分析。

3.1 1998年以来中国财政收入规模的演变

财政收入规模

了解中国财政收支规模的现状，存在一个突出困难，即中国的财政统计口径并未遵循IMF制定的国际标准。长期以来，由于中国政府的财政行为较为复杂，财政统计口径以及公布的数据都与国际标准相差甚远，较为详细的数据往往仅限于一般预算收支。2007年开始修订实施的《政府收支分类科目》开始按照IMF（2001）的标准对政府收支的范围以及分类进行了界定，但公布的财政统计资料依然主要限于一般预算收支，并没有公布全口径的财政收支及其细节。

本节的主要目的是结合多方面的统计资料，对中国的财政收支进行全口径的考察。结合中国的政府收支分类标准以及IMF（2001）的《政府财政统计手册》，本书将中国政府的财政收支界定为五大类：一般预算收支、政府性基金收支、预算外收支、土地有偿使用收入收支、社保基金收支。[①] 也就是说，来自于这些方面的收入均是全口径的政府财政收入，而传统上的一般预算收入本书中将其称之为窄口径的财政收入。社会上普遍关注的国企利润，按照IMF（2001）的界定，是公共部门而非一般政府部门的资金来源。为此，未分红到政府账户的国企利润本书中也未将其视为财政收入。当然，中国逐年高企的国企利润，有很大一块是资源租金，这部分从原理上来说应当归为财政收入，但由于资源税制的不合理在中国目前未纳入财政收入之中。总体上看，本书中所核算的全口径财政收入已经基本符合IMF（2001）所界定的标准。

表3-1给出了1998—2009年中国一般预算收入、政府性基金收入、预算外收入（在中国的财政统计中，预算外收支有其特定的含义。）、土地有偿使用收入、社保缴费收入五大财政收入来源的数据，并加总计算出全口径财政收入。需要注意的是，从全口径核算的角度看，各种资料公布出的各类财政资金来源有重复核算部分。例如，社保基金的收入中包含了来自于一般预算收入的补贴；土地有偿使用收入按现有规定应全额纳入政府性基金预算管理，在2007年之前也有相当部分在政府性基金之中。本书中将这些重复计算部分都进行了相应的细致处理，如政府性基金收入中不包括土地有偿使用收入以及部分社保基金，此处不再详述。[②] 公布的各类财政资金，也有遗漏的部分，如企业亏损补贴，中国长期将其作为收入的扣减项。而按照IMF，这部分不应当被视为政府收入的扣减项，而是财政支出的构成部分。

最终结果显示，中国全口径财政收入已从1998年的17 254亿元，上升到2008年的108 024亿元，其占当年GDP的比重，也从1998年的20.4%上升到2009年的2.2%，上升了2个百分点。从表中数据看，全口径财政收入占GDP的比重在2000年至2003年，以及2005年至2007年之间上涨幅度较大，2007年达到31.5%，2008年实际上有所下滑，而2009年上升到顶峰32.2%。这种变化主要受土地有偿使用收入波动的影响。

---

① 本书按照现行土地有偿使用收入的预算管理方式，将其全部视为财政收入。而现有土地有偿使用收入还包括了征地补偿以及土地开发的成本性支出，这部分的资金是否应视为财政资金，是值得讨论的问题。

② 本章下以表格以及全文表述中，政府性基金收入均未包含土地有偿使用收入，这与现行管理规定有所差异。

表 3-1　　中国全口径财政收入：1998—2009 年　　单位：亿元

年份	一般预算收入①	政府性基金收入	预算外收入	土地有偿使用收入	社保缴费收入	全口径财政收入	占 GDP 比重
1998	10 209	1 854	3 082	507	1 602	17 254	0. 204
1999	11 734	2 112	3 385	522	2 042	19 795	0. 221
2000	13 674	2 214	3 826	626	2 346	22 686	0. 229
2001	16 686	1 865	4 300	1 318	2 759	26 928	0. 246
2002	19 163	1 896	4 479	2 454	3 531	31 523	0. 262
2003	21 942	2 139	4 567	5 421	4 353	38 421	0. 283
2004	26 614	2 512	4 699	6 412	5 166	45 403	0. 284
2005	31 843	2 936	5 544	5 884	6 324	52 531	0. 284
2006	38 940	3 496	6 408	7 677	7 672	64 193	0. 297
2007	51 599	3 681	6 820	12 150	9 537	83 787	0. 315
2008	61 474	5 261	6 617	10 375	12 259	95 986	0. 309
2009	68 618	4 371	6 600	13 964	14 470	108 024	0. 322

注释：考虑到 2008 年预算外收入下降的趋势，表中 2009 年预算外收入估算为 6 600 亿元。其他 2009 年数据（社保缴费收入除外）来自于财政部预算司网站"2009 年全国财政决算"。其他年份的一般预算收入和预算外收入数据来自于各年《中国财政年鉴》。政府性基金收入来自于各年"预算执行报告"，2007 年政府性基金净收入按插值法核算；社保缴费收入来自于各年人力资源与社会保障部的"发展统计公报"，未包含财政补贴部分；土地有偿使用收入来自于各年《国土资源年鉴》。计算占 GDP 比重时，2004 年及之前的 GDP 采用了 2004 年普查后的调整值，2005—2009 年数据采用 2009 年经济普查后调整的 GDP，来源于《2009 年国民经济与社会发展统计公报》。以下各年 GDP 数据均采用这一口径。

财政收入来源比重

根据表 3-1 的详细核算数据，计算全口径财政收入中各种收入来源的比重也反映了很多重要的信息。表 3-2 显示，1998 年至 2008 年之间，土地有偿使用收入占全口径财政收入的比重上升最快，大约上涨 10 个百分点。但土地有偿使用收入的比重波动也较大，2003 年、2004 年达到 14%，2005 年、2006 年有所下跌，2007 年达到高峰 15%，但 2008 年又跌回到 11%。社保缴费收入以及一般预算收入的比重大约上涨了 4 个百分点，且变化相对较为平稳。而预算外和政府性基金收入的比重则有相对稳定的、较大幅度的下降，1998 年至 2008 年间下降了 16 个百分点。如果将全口径财政收入分为税收收入和非税收入两类，则可看到税收收入的比重在 11 年间相对稳定，大约在 55% 左右。如果将全口径财政收入分为中央和地方收入，也可看到中央收入的比重在这 11 年间相对稳定在 37% 左右。如果单核算一般预算收入中中央收入的比重，则其呈一定的上涨趋势，从 1998 年的 48% 上涨到 2008 年的 53%。这些数据表明，与中国税收收入高速增长相同步，其他财政收入来源也在高速增长，其中较为突出的是土地有偿使用收入和社保缴费收入，共同导致中国全口径财政收入占 GDP 比重不断攀高。在中央和地方的财力分成方面，中央和地方的财政收入都有较快增长，但中央主要靠税收收入的增长，而地方则主要靠以土地收入为主体的非税收入的增长，两者的共同作用导致中央和地方收入的相对比重较为稳定。

① 此处将"企业亏损补贴"加回到一般预算收入之中，2009 年"企业亏损补贴"估计为 100 亿元。因此，此表中的"一般预算收入"要高于《中国财政年鉴》中的公布数。第 5 章关于 2008 年全口径财政收入的表述中，未考虑将"企业亏损补贴"加回，因此与本章略有差异。

表 3－2　全口径财政收入中各种来源比重：1998—2009 年　单位：%

年份	一般预算收入	其中：税收收入	预算外和政府性基金收入	土地有偿使用收入	社保缴费收入	中央收入	一般预算收入中中央收入比重
1998	59	54	29	3	9	36	48
1999	59	54	28	3	10	38	50
2000	60	55	27	3	10	38	51
2001	62	57	23	5	10	37	51
2002	61	56	20	8	11	38	54
2003	57	52	17	14	11	35	54
2004	59	53	16	14	11	35	54
2005	61	55	16	11	12	35	52
2006	61	54	15	12	12	35	53
2007	62	54	13	15	11	35	54
2008	64	56	13	11	13	37	53
2009	64	55	10	13	13	36	52

资料来源：根据表 3－1 的基础核算数据计算所得。

3.2 中国当前宏观税负水平的国际比较及合理性评估

中国宏观税负的合理性一直是财政理论界和政策部门高度关注的重点和难点问题。宏观税负的研究需要解决两个基本问题：

宏观税负的“口径”

选择具有可比性的宏观税负口径是进行国际比较的基础。由于当前中国政府收入形式的复杂性，宏观税负的口径至少有四个，即税收收入占 GDP 的比重（最小口径）、税收收入加社会保障缴费收入占 GDP 的比重（小口径）、财政收入（一般预算收入）加社会保障缴费收入占 GDP 的比重（中口径）、全口径财政收入占 GDP 的比重（大口径）。如前所述，全口径财政收入包括一般预算收入、政府性基金收入、土地有偿使用收入、社会保障缴费收入和预算外收入。①

对宏观税负水平合理性的评价标准

我们认为，脱离对特定国家在特定历史时期政府职能及其支出责任的讨论是难以进行政府收入规模合理性评价的。因此，宏观税负的国际比较只能给我们提供一个对政府收支规模比较直观的认识，要对中国当前宏观税负水平及“十二五”时期财政收支规模的合理性进行评估，需要进一步的深入研究。

3.2.1 税收收入占 GDP 比重的国际比较

不含社会保障收入的税收收入占 GDP 的比重是最小口径的宏观税负，运用这一口径进行国际比较的意义在于：社会保障税（缴费）收入通常是专款专用的，并不能用于满足政府其他的公共支出需求，不同国家政府的社会保障职能及其收支规模具有很大差异。因此，不含

① 预算外收入的概念比较复杂，本书所称的预算外收入是《中国统计年鉴》公布的预算外收入，或称财政预算外专户收入。

社会保障收入的税收收入占 GDP 比重的变化能够较好地说明政府收支规模演变的基本趋势。

表 3 -4 是根据 OECD 口径统计的 21 个发达国家不含社会保障税的宏观税负演变情况，[①] 全部 21 个国家 2007 年非加权平均的宏观税负水平为 26.9%，比 1965 年上升了 6 个百分点，其中欧洲国家上升了 7 个百分点，非欧洲国家仅上升了 2.3 个百分点。2007 年从国别来看，日本的宏观税负水平最低，仅有 18%；[②] 低于 25% 的国家还有 7 个，分别是美国（21.7%）、韩国（21%）、德国（22.9%）、希腊（20.4%）、荷兰（24%）、葡萄牙（24.7%）、瑞士（22.2%）；高于 30% 的国家有 6 个，分别是比利时（30.3%）、芬兰（31.1%）、冰岛（37.7%）、意大利（30.4%）、挪威（34.6%）、瑞典（35.7%）。因此，尽管经济发展水平接近，但不同发达国家之间宏观税负水平差异很大。与 1965 年相比较，21 国中大多数国家宏观税负水平有不同程度上升，但德国、美国保持了稳定，没有大的变化。

表 3 - 3 是 1994 年以来中国税收收入占 GDP 的比重变化情况，1997 年后该比重保持了稳步上升，由 1996 年的最低点 9.71% 上升至 2009 年的 17.75%，2008 年达到 17.27%。这一比重与日本 2007 年的水平相当，与美国、韩国、希腊、德国、瑞士接近。尽管在 GDP 总量方面，中国与日本、德国相近；但 2008 年中国的人均 GDP 仅 3 000 多美元，与这两个国家的差距在 10 倍以上。

表 3 -3　中国税收收入占 GDP 比重的演变（1994—2009 年）

年　份	国内生产总值（亿元）	税收收入（亿元）	税收收入占 GDP 比重
1994	48 197.9	5 126.9	10.6%
1995	60 793.7	6 038.0	9.9%
1996	71 176.6	6 909.8	9.7%
1997	78 973.0	8 234.0	10.4%
1998	84 402.3	9 262.8	11.0%
1999	89 677.1	10 682.6	11.9%
2000	99 214.6	12 581.5	12.7%
2001	109 655.2	15 301.4	14.0%
2002	120 332.7	17 636.5	14.7%
2003	135 822.8	20 017.3	14.7%
2004	159 878.3	24 165.7	15.1%
2005	184 937.0	28 778.5	15.6%
2006	216 314.0	34 804.4	16.1%
2007	265 810.0	45 622.0	17.2%
2008	314 045.0	54 223.8	17.3%
2009	335 353.0	59 515.0	17.8%

数据来源：《中国统计年鉴 2009》；2005—2009 年 GDP 数据，以及 2009 年税收数据来自《2009 年国民经济与社会发展统计公报》。

① 本书中进行国际比较主要以 OECD 统计口径为标准，集中于发达国家。以 IMF 口径为标准涵盖所有发达国家和发展中国家的宏观税负比较请参见上一年度的财政政策报告《世界主要国家财税体制：比较与借鉴》第 1 章。

② 不过需要注意的是，日本目前是依靠高额政府债务来维持运转。

表 3-4 发达国家宏观税负（不含社会保障税）的演变（1965—2007 年） 单位：%

序号	国家	1965	1970	1975	1980	1985	1990	1995	2000	2005	2007	人均 GNI（$）
1	加拿大	24.3	27.9	28.8	27.7	28.1	31.5	30.6	30.8	28.4	28.5	39 650
2	美国	21.4	22.7	20.3	20.6	19.1	20.5	20.9	23.0	20.8	21.7	46 040
3	日本	14.2	15.2	14.8	18.0	19.1	21.4	17.9	17.5	17.3	18.0	37 790
4	韩国	—	—	14.3	16.4	15.5	17.2	17.3	18.8	18.9	21.0	19 730
5	奥地利	25.4	25.2	26.5	26.8	27.8	26.6	26.5	28.5	27.8	28.0	41 960
6	比利时	21.3	24.1	27.6	29.4	30.3	28.1	29.2	31.0	31.0	30.3	41 110
7	芬兰	28.3	28.7	29.1	27.4	31.0	32.4	31.6	35.3	32.0	31.1	44 300
8	法国	22.4	21.7	21.0	23.0	24.3	23.5	24.5	28.4	27.7	27.4	38 810
9	德国	23.1	22.0	22.6	23.9	22.9	21.8	22.7	22.7	20.9	22.9	38 990
10	希腊	12.2	14.0	13.7	14.5	16.4	18.3	19.5	23.6	20.3	20.4	25 740
11	冰岛	24.1	25.1	29.2	29.0	27.5	30.0	28.7	34.4	37.5	37.7	54 100
12	爱尔兰	23.3	26.1	24.8	26.6	29.6	28.2	27.8	27.1	25.8	26.1	47 610
13	意大利	16.8	16.0	13.7	18.4	22.0	25.4	27.5	30.2	28.3	30.4	33 490
14	卢森堡	18.8	16.7	23.1	25.3	29.0	26.0	27.3	29.1	27.2	26.4	75 880
15	荷兰	22.7	23.1	25.1	26.6	23.7	26.9	24.1	24.2	25.4	24.0	45 650
16	挪威	26.1	29.0	29.5	33.5	33.8	30.2	31.3	33.7	34.6	34.6	77 370
17	葡萄牙	12.4	14.0	12.9	16.1	18.7	20.2	22.4	23.8	23.4	24.7	18 950
18	西班牙	10.5	10.0	9.7	11.6	16.3	21.0	20.5	22.3	23.7	25.1	29 290
19	瑞典	29.2	32.2	33.2	33.0	35.5	38.0	34.4	38.1	36.3	35.7	47 870
20	瑞士	14.9	16.2	18.6	18.9	19.7	19.7	20.2	22.7	22.2	22.2	60 820
21	英国	25.7	31.6	28.8	29.0	30.4	29.5	28.0	30.2	29.0	29.5	40 660
非加权平均值												
22	全部国家	20.9	22.1	22.3	23.6	24.8	25.5	25.4	27.4	26.6	26.9	
23	欧洲国家	21.0	22.1	22.9	24.3	25.8	26.2	26.2	28.5	27.8	28.0	
24	非欧洲国家	20.0	21.9	19.6	20.7	20.5	22.7	21.7	22.5	21.4	22.3	

数据来源：OECD：《Revenue Statistics 1965—2008》。人均 GNI 为 2007 年数据，主要来自世界银行：《World Development Indicators 2009》，pp. 14-16。

3.2.2 税收收入（含社会保障税）占 GDP 比重的国际比较

从表 3-5 中可以看出，2007 年所有 21 个发达国家社会保障税占 GDP 比重的非加权平均值由 1965 年的 5.4% 上升至 10.1%；其中欧洲国家由 5.9% 上升至 10.9%，非欧洲国家由 2.9% 上升至 6.8%，欧洲国家该比重显著高于非欧洲国家。

从国别来看，1965 年，21 个国家中社会保障税占 GDP 的比重超过 10% 的只有两个国家，法国（11.7%）、荷兰（10.1%）；有 12 个国家该比重低于 5%，即加拿大（1.4%）、美国（3.3%）、日本（4%）、芬兰（2.1%）、冰岛（2.1%）、爱尔兰（1.6%）、挪威（3.5%）、葡萄牙（3.5%）、西班牙（4.2%）、瑞典（4.1%）、瑞士（2.6%）、英国（4.7%）。

表 3-5　　发达国家宏观税负的演变（1965—2007 年）　　单位：%

序号	国家	1965	1965 年社保税比重	1970	1975	1980	1985	1990	1995	2000	2005	2007	2007 年社保税比重
1	加拿大	25.7	1.4	30.9	32.0	31.0	32.5	35.9	35.6	35.6	33.4	33.3	4.8
2	美国	24.7	3.3	27.0	25.6	26.4	25.6	27.3	27.9	29.9	27.5	28.3	6.6
3	日本	18.2	4	19.6	20.8	25.4	27.4	29.1	26.8	27.0	27.4	28.3	10.3
4	韩国	—	—	—	14.5	16.5	15.7	18.1	18.6	22.6	23.9	26.5	5.5
5	奥地利	33.9	8.5	33.8	36.6	38.9	40.8	39.7	41.4	43.2	42.3	42.3	14.3
6	比利时	31.1	9.8	33.9	39.5	41.3	44.4	42.0	43.6	44.9	44.7	43.9	13.6
7	芬兰	30.4	2.1	31.5	36.5	35.7	39.7	43.5	45.7	47.2	44.0	43.0	11.9
8	法国	34.1	11.7	34.1	35.4	40.1	42.8	42.0	42.9	44.4	43.9	43.5	16.1
9	德国	31.6	8.5	31.5	34.3	36.4	36.1	34.8	37.2	37.2	34.8	36.2	13.3
10	希腊	17.8	5.6	20.0	19.4	21.6	25.5	26.2	28.9	34.0	31.4	32.0	11.6
11	冰岛	26.2	2.1	27.4	30.0	29.6	28.2	30.9	31.2	37.2	40.8	40.9	3.2
12	爱尔兰	24.9	1.6	28.5	28.8	31.1	34.7	33.1	32.5	31.3	30.4	30.8	4.7
13	意大利	25.5	8.7	25.7	25.4	29.7	33.6	37.8	40.1	42.3	40.8	43.5	13.1
14	卢森堡	27.7	8.9	23.5	32.8	35.6	39.4	35.7	37.1	39.1	37.6	36.5	10.1
15	荷兰	32.8	10.1	35.6	40.7	42.9	42.4	42.9	41.5	39.7	38.5	37.5	13.5
16	挪威	29.6	3.5	34.5	39.2	42.4	42.6	41.0	40.9	42.6	43.5	43.6	9
17	葡萄牙	15.9	3.5	18.4	19.7	22.9	25.2	27.7	32.1	34.1	34.7	36.4	11.7
18	西班牙	14.7	4.2	15.9	18.4	22.6	27.6	32.5	32.1	34.2	35.7	37.2	12.1
19	瑞典	33.3	4.1	37.8	41.2	46.4	47.4	52.2	47.5	51.8	49.5	48.3	12.6
20	瑞士	17.5	2.6	19.3	23.9	24.7	25.5	25.8	27.7	30.0	29.2	28.9	6.7
21	英国	30.4	4.7	36.7	34.9	34.8	37.0	35.5	34.0	36.4	35.8	36.1	6.6
非加权平均值													
22	全部国家	26.3	5.4	28.3	30.0	32.2	34.0	34.9	35.5	37.4	36.7	37.0	10.1
23	欧洲国家	26.9	5.9	28.7	31.6	33.9	36.1	36.7	37.4	39.4	38.7	38.9	10.9
24	非欧洲国家	22.9	2.9	25.8	23.2	24.8	25.3	27.6	27.2	28.8	28.1	29.1	6.8

数据来源：同表 3-4。

到 2007 年，21 国中该比重超过 10% 的国家有 13 个，其中法国最高，为 16.1%，其次是奥地利（14.3%）、比利时（13.6%）、荷兰（13.5%）、德国（13.3%）、意大利（13.1%）等国。21 国中该比重最低的是冰岛，仅有 3.2%，其次是爱尔兰（4.7%）、加拿大（4.8%）、韩国（5.5%），美国、英国均为 6.6%，瑞士为 6.7%。

2007 年，21 个国家包括社会保障税在内的税收收入占 GDP 的比重非加权平均值为 37%，比 1965 年增加了 10.7 个百分点；其中欧洲国家由 26.9% 上升至 38.9%，增加了 12 个百分点；非欧洲国家由 22.9% 上升至 29.1%，增加了 6.2 个百分点。

根据中国各年《人力资源与社会保障事业发展公报》的有关数据，剔除财政补贴后，2007 年五项社会保险基金收入为 9 537.30 亿元，占 GDP 的比重约为 3.6%。包括社会保障缴费收入在内的宏观税负水平为20.8%。2008年，养老保险征缴收入为8 016亿元，其他四项社会保险（医疗、失业、工商、生育）收入合计为4 243亿元，合计为12 259亿元，[①]占GDP的比重为3.9%，包括社会保障缴费收入在内宏观税负水平保持在21.2%的水平。与发达国家相比，社会保障收入占GDP的比重偏低是中国宏观税负水平较低的主要原因。

但是，考虑到经济发展阶段的差异，从历史的角度看，中国目前21.2%的宏观税负水平与1970年的瑞士（19.3%）、1975年的日本（20.8%）、1980年的希腊（21.6%）、葡萄牙（22.9%）、西班牙（22.6%）、2000年的韩国（22.6%）的水平接近。如果不考虑一个国家特定发展时期的具体国情，我们难以对宏观税负水平高低做出判断。[②]

3.2.3 非税收入占GDP比重的国际比较

按照OECD的统计口径，社保税（或社会保障缴费）不是非税收入的组成部分。表3-6是26个国家非税收入、税收收入及其合计值占GDP的比重。从非税收入占GDP的比重来看，26个国家非加权平均值为5.39%，其中挪威的比重最高，为14.74%；比重较高的国家还有：芬兰（9.65%）、瑞士（8.14%，2005年数据）、瑞典（7.29%，2005年数据）、美国（7.07%，2000年数据）、冰岛（7.12%）；比重低于3%的国家有：捷克（2.46%）、比利时（2.79%，2005年数据）、爱尔兰（2.47%）、西班牙（2.38%）。该比重最高的挪威是最低的西班牙的6.19倍。

中国非税收入比较复杂，涵盖了一般预算中的非税收入、政府性基金、土地有偿使用收入、社会保障基金收入、预算外收入等多项内容。2008年一般预算中非税收入为7 097亿元，占GDP的比重上升为2.3%。[③]不包括土地有偿使用出让收入的政府性基金收入，2008年为5 261.35亿元，占GDP的比重为1.7%。[④]纳入财政专户管理的预算外资金，2007年为6 820.32亿元，占GDP的比重为2.6%，假设2008年预算外资金收入为6 617.25亿元，则其占GDP的比重为2.4%。

2008年国有土地使用权出让收入为10 375.28亿元，2009年为13 964.76亿元，分别占GDP的3.3%和4.2%。以2008年数据核算，加上土地有偿使用收入后的非税收入比重上升为9.4%。但是，土地有偿使用收入中包含了征地、拆迁补偿以及补助征地农民支出，并不能完全认定是政府的净收入。该项支出2008年为3 778.15亿元，扣除该项支出后2008年土地有偿使用收入为6 597.13亿元，占GDP的比重为2.1%。加上国有土地有偿使用收入后的非税收入比重为8.2%。无论是否扣除土地出让金中的征地费用，当前中国非税收入占GDP的比重明显高于发达国家的平均水平。

3.2.4 对中国宏观税负合理性的评估

综上所述，2008年中国税收收入占GDP的比重为17.3%；社会保障缴费收入占GDP的比重为3.9%；一般预算中非税收入、政府性基金、预算外收入占GDP的比重约为6.4%，土地毛收入占GDP的比重为3.3%，上述各项合计政府收入占GDP的比重为30.9%。如果以土地净收入占GDP的比重2.1%计算，则政府收入占GDP的比重为

① 数据来源：《2008年度人力资源与社会保障事业发展公报》，国家统计局网站。

② 与发展中国家相比，中国目前的宏观税负水平高于人均国民收入为9 400美元的墨西哥（18%）和人均国民收入为3 400美元的泰国（18.4%），与8 030美元的土耳其（23.7%）接近。代表性转轨国家及发展中国家宏观税负的情况参见上一年度财政政策报告《世界主要国家财税体制：比较与借鉴》第2章的相关内容。

③ 数据来源：《中国统计年鉴2009》。2009年数据来自财政部：《关于2008年中央和地方预算执行情况与2009年中央和地方预算草案的报告》。

④ 政府性基金及土地有偿使用收入的数据均来自财政部：《关于2008年中央和地方预算执行情况与2009年中央和地方预算草案的报告》、《关于2009年中央和地方预算执行情况与2010年中央和地方预算草案的报告》。

表 3-6　部分国家非税收入占 GDP 的比重（2007 年）　单位：%

序号	国家	非税收入占 GDP 的比重	税收收入占 GDP 的比重	财政收入占 GDP 比重
1	加拿大	6.83	33.30	40.13
2	美国	7.07	29.90	36.97
3	澳大利亚	6.40	30.80	37.20
4	韩国	4.30	26.50	30.80
5	新西兰	6.38	35.70	42.08
6	奥地利	4.38	42.30	46.68
7	比利时	2.79	44.70	47.49
8	捷克	2.46	37.40	39.86
9	丹麦	6.03	48.70	54.73
10	芬兰	9.65	43.00	52.65
11	法国	4.80	43.50	48.30
12	德国	3.31	36.20	39.51
13	匈牙利	4.16	36.50	40.66
14	冰岛	7.12	40.90	48.02
15	爱尔兰	2.47	30.80	33.27
16	意大利	3.08	43.50	46.58
17	卢森堡	3.74	36.50	40.24
18	荷兰	6.41	37.50	43.91
19	挪威	14.74	43.60	58.34
20	波兰	3.85	34.90	38.75
21	葡萄牙	4.48	36.40	40.88
22	斯洛伐克	3.89	29.40	33.29
23	西班牙	2.38	37.20	39.58
24	瑞典	7.29	49.50	56.79
25	瑞士	8.14	29.20	37.34
26	英国	4.00	36.10	40.10
非加权平均值				
27	合计	5.39	37.46	42.85

数据来源：根据 OECD 的《Revenue Statistics 1965—2008》计算得到。其中美国为 2000 年数据，比利时、瑞典、瑞士为 2005 年数据。

29.7%。这一比重与 2007 年韩国的政府收入占 GDP 的比重 30.80% 基本相当。但是韩国 2007 年人均 GNI 为 19 730 亿美元，考虑到人均国民收入水平，从国际比较的角度，中国目前 30% 左右的总体宏观税负水平并不低。

当前中国宏观税负的主要问题是政府收入形式的多样化、复杂化，与发达国家相比，社会保障缴费收入占 GDP 的比重相对较低，而各项非税收入的比重偏高。“十二五”时期，考虑收入分配、老龄化、城镇化及节能减排等经济结构调整的要求，我们认为在保持当前总体宏观税负水平稳定的同时，应着重调整政府收入结构，规范各种非税收入形式，通过费改税等措施相应增加税收收入、社会保障收入占 GDP 的比重，相应降低其他非税收入的比重。

3.3 “十二五”时期的财政收支规模展望

“十二五”时期经济增长模式的转型以及社会事业的发展，需要加快财政改革，充分发挥财政政策的作用。财政改革和财政政策的落实，最终要体现在财政资金的配置上。为此，需要对“十二五”时期财政收支的增长前景作前瞻性的分析。鉴于中国政府收入形式的多样性，本节将主要对财政收入中的主体——税收收入的增长作前景分析。其他类财政收入的增长受影响因素较多，不确定性较大，本节将略作展望。在平衡预算的原则之下，财政支出的规模和财政收入基本上是一致的，差别将主要在财政赤字上。为此，本节对财政支出的展望将主要限于财政赤字的走向，兼对若干重点支出项目的需求做简单的分析。

毫无疑问，税收收入的增长，与经济增长以及税制的调整密切相关。本节的展望，首先建立在税制稳定的前提下。经济增长的前景，则主要借助其他机构的预测。因此，预判“十二五”时期税收收入的增长，重要的是判断税收增长与经济增长之间的关系。这方面，中国在“十五”以来长期存在税收增长速度远超 GDP 增长速度的现象，引起了社会的广泛关注。（高培勇，2006）这种趋势是否还将继续下去？这是判断“十二五”时期税收收入增长前景的一个关键。以下将主要借助日韩两国的历史经验对此进行分析。

3.3.1 经济增长形势对税收收入的影响：日韩的历史经验①

判断中国税收增长与 GDP 增长之间关系的未来走势，需要借助其他国家的经验。考虑到中国税收超速增长的背景是经济高速增长，税收增长与 GDP 增长之间的关系必然是受到这一现实背景的影响，因此国际经验的选择对象应当是曾创造增长奇迹的国家。鉴于各国和地区的统计制度差异，并且年代久远的统计数据尤其是税收统计数据较难获得，为此本书中仅选择日本和韩国进行比较分析。同时，由于各国一般公布的 GDP 增长数据是实际值，而税收收入数据却是名义值，导致不能直接比较。本书中对此的处理方式是，将两者都按照当年价格核算并且统计口径调整一致，因此计算得到的 GDP 和税收收入的增长率都是名义值。

日本创造增长奇迹的 1955—1983 年，可以分成高速增长阶段（1955—1970 年）和低速增长阶段（1971—1983 年）。在高速增长阶段出现了“神武繁荣”、“岩户繁荣”和“奥林匹克繁荣”等三次繁荣，虽然中间出现了 3 次短暂经济滑坡，但此阶段名义 GDP 增速年均 15.6%，并且在 1966—1970 年出现了连续 5 年的平稳增长期，年均增速 17.4%。在低速增长阶段，尽管经济增速基本处于下降趋势，② 并且第一次石油危机导致 1975 年短暂经济衰退，但年均增速仍达到 11%。

日本在经济高速增长阶段，平均来看明显存在税收持续高速增长且增速超过 GDP 的现象。1966—1970 年平稳增长期，日本税收增速年平均值高达 20.7%，比同期名义 GDP 增长率高出 3%。在经济低速增长阶段，也存在较长时间的税收增长略高于名义 GDP 增速的

① 本小节的数据整理由赵长征协助完成。

② 本小节所说的经济出现下降趋势，是相对于经济最高涨阶段而言的，并不意味着经济出现严重衰退。实际上，在下降阶段经济增长速度也很高，这才是创造经济增长奇迹的基本保证。

现象。从 1976 年到 1983 年，连续 8 年税收高于名义 GDP 增速，年平均值为 11.6%，高出后者 3.2%，并且在 1978 年超出 10.3%。

从波动性来看，日本典型地体现出名义 GDP 增速向上时，税收收入增速上升更快，名义 GDP 增速向下时，税收收入增速下降更多的现象，即税收增速相对于 GDP 增速存在超调现象。尤其是 GDP 增速大幅下滑的 1958 年、1965 年、1975 年，税收收入的增速下滑更为严重。从图中也可以看到，随着日本 GDP 增速的趋缓，税收增速越来越接近于 GDP 增速，即波动性变小。

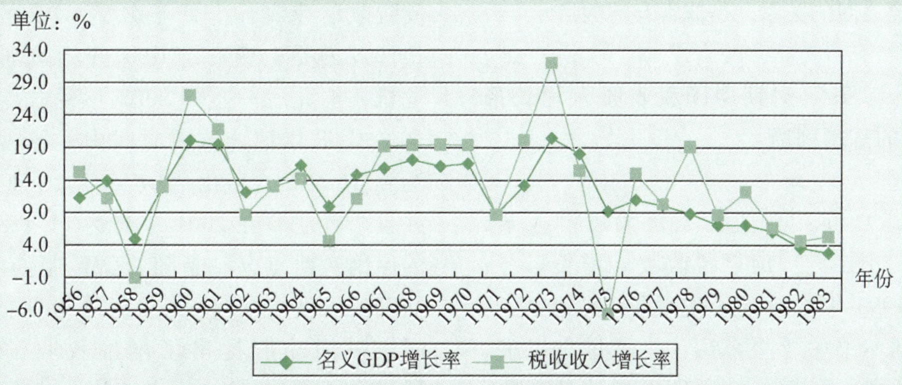

图 3-1 日本名义 GDP 与税收收入增长率关系图（1956—1983 年）

资料来源：Historical Statistics of Japan，http：//www. stat. go. jp/english/data/chouki/.

韩国从 1962 年开始实施第一个经济发展五年计划，在不到 20 年的时间里创造了“汉江奇迹”。韩国在经历第一个和第二个经济发展五年计划的飞速增长之后，经济从 1974 年超过 40% 的名义 GDP 增速开始慢慢降温，尽管其后有些年份的增速出现反弹，但是总体趋势是下降的，直到 1985 年 11.9% 的名义增速最低点，在 1986 年之后进入基本平稳的增长阶段。韩国在创造经济增长奇迹过程中，多数年份都出现类似于中国的税收增速超过 GDP 增速的现象。1974—1983 年，税收收入年均增长 33.8%，比名义 GDP 增速平均高 5.3%。在波动性方面，图 3-2 中可见韩国的税收增长的波动要高于名义 GDP 增速的波动，但自 20 世纪 90 年代开始，税收增长率与 GDP 增长率开始非常接近。

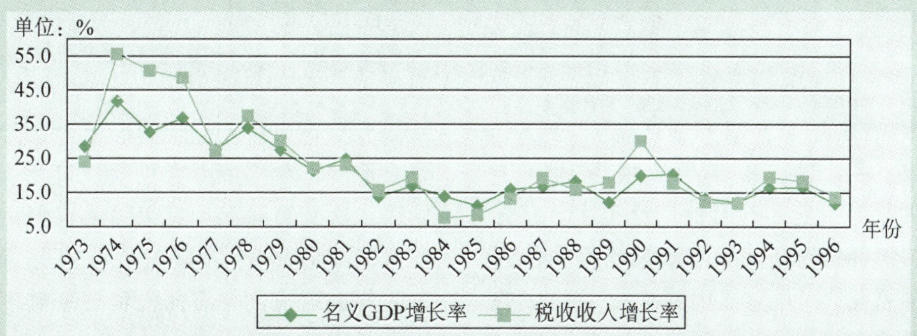

图 3-2 韩国名义 GDP 与税收收入增长率关系图（1973—1996 年）

资料来源：税收来自 OECD：*Source* OECD；GDP 来自 World Bank：*The World Development Indicators*。

从日本、韩国高速增长时期名义 GDP 增长率与税收收入增长率之间的关系来看，两者基本上是同周期的，但税收增长率的波动性要略高于名义 GDP 的增长率；在高速增长的后期，税收收入增长率越来越接近名义 GDP 的增长率。这些基于历史数据分析得出的基本结论，对于判断中国“十二五”时期税收增速相对于名义 GDP 增速之间的关系，是非常有益的启示。

3.3.2 “十二五”时期中国税收收入增长形势的基本判断

由于 1994 年中国进行了重大税制改革，因此分析“十二五”时期税收收入增长形势，应当基于 1994 年之后的历史数据，在此之前的历史数据本书中不再采用。自新世纪以来，中国税收增速一直存在高于 GDP 增速的现象，成为社会关注的热点问题。1997—2002 年是中国经济近乎平稳增长阶段，尽管亚洲金融危机导致中国经济在 1999 年出现低至 6.2% 的名义增速，但年均名义 GDP 增长率仍达到 9.2%。中国经济新一轮快速增长始于 2003 年，当年名义速度为 12.9%，这一轮高速增长一直延续到 2008 年年中。

从变动趋势上看，中国税收增速的变动与名义 GDP 增速的变动基本保持一致。由于税制改革自 1994 年开始启动，在 1994—1996 年间税收增速实际上低于名义 GDP 的增速。值得注意的是，1997 年中国开始遭遇亚洲金融危机，但此后一直到 2002 年税收增速都高于名义 GDP 增速。这段时间内，税收增速年均达到 16.9%，高出 GDP 年均增速约 7.7%，并且两者之差在 2001 年高达 11.1%。这背后的原因有两点，一是随着新税制的不断完善，征管的力度越来越大；二是在亚洲金融危机期间，中国政府提出了增加税收的目标。自 2003 年开始，新一轮高速增长期间税收增速同样远高于名义 GDP 增速。但延续到 2008 年、2009 年，税收增速与 GDP 增速的差异越来越小。

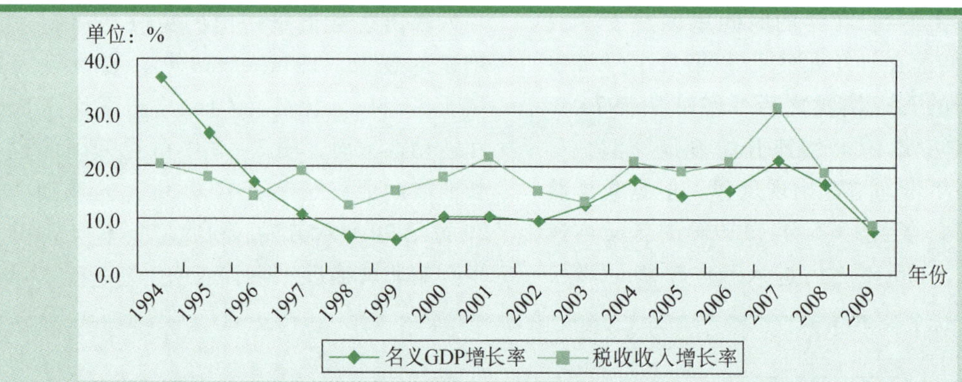

图 3-3 中国名义 GDP 与税收收入增长率关系图（1994—2009 年）

资料来源：《中国统计年鉴 2009》。2009 年数据来自于统计局和税务总局的报告。

自 1996 年开始，中国税收增速远高于 GDP 增速的现象引起了社会的广泛关注。官方最初给予的解释是经济增长、政策调整和加强监管“三因素论”，并对三因素进行了相应的分解，即经济增长因素占 50%，政策调整和加强监管各占 25%。（金人庆，2002）后来又提出物价上涨、统计口径、结构差异、累进税率、外贸进出口对 GDP 和税收增长的影响差异等因素，成为“多因素论”（高培勇，2006）。显然，这些解释都具有很强的解释力，但并没有指出中国特殊因素所在。高培勇（2006）在区分法定税负与实征税负的基础上指出，理解中国税收目前的高速增长应当追溯到 1994 年税制改革的背景。在当时，宏观经济过热、税收征收率偏低是现实的国情，而增加政府财政收入是改革的重要目标。这三个因素的结合就迫使在税制设计时必须预留出很大的“征管空间”，也就是说需事先建构一个法定税负很高的税制架子。由此随着税收征管水平的上升，使得中国税收走上持续高速增长的轨道。这一解释的一个推论是，未来随着征管空间越来越小，税收增速与名义 GDP 的增速之间的差距将越来越小。这一趋势从图 3－3 也可以看出。

基于日韩历史经验，随着高速增长逐步放缓，税收增长率与名义 GDP 增长率的差异将会逐步缩小，越来越接近。中国的历史数据时间较短，难以判断出这一趋势。但基于对中国税收高速增长背后原因的分析，也可以推断出，随着“征管空间”越来越小，未来中国税收增速继续远高于名义 GDP 增速的现象也不会持续下去。基于这两点，总体上判断，“十二五”时期中国税收收入的增长还会保持略高于 GDP 的增长速度，但难以维持以往的超高速增长势头。其主要原因是“征管空间”改善余地不大，而经济增长速度也可能不会像以往那样高速度。按照相关机构对“十二五”时期经济增速的展望，这一期间中国的不变价 GDP 增速将在 8%～9%之间，名义增速将在 10%左右。基于这一经济增长速度的预测，我们判断“十二五”时期税收收入的整体增速将在 10%～15%之间，个别年份之间的增速有所波动，但波动性相对于历史情况将有所减缓。

3.3.3 其他影响财政收入的因素

如果以政府收入来衡量，按照前面提供的历史数据，税收收入只占其中的 55%左右。其余的还包括社保缴费、土地出让金、其他类政府性基金、预算外资金、纳入一般预算管理的非税收入。由于这一部分财政性资金的影响因素较多，判断其在“十二五”时期的增长趋势相对复杂。

依据上文提供的 1998 年至 2008 年历史数据，由于中国不断加大改革力度将以往的预算外资金纳入一般预算管理，纳入一般预算管理的非税收入占一般预算收入的比重不断加大，从 1998 年的不到 9%上升到 2008 年的接近 12%。在 2009 年，出于确保财政收入增长的需要，中国纳入一般预算管理的非税收入增速非常快，使得其比重进一步提升。在“十二五”时期，由于税收收入增长形势的稳定，2009 年的特殊因素不复存在，预计现有纳入一般预算管理的非税收入增长不会如此迅速。然而，随着中国财政管理以及预算改革的逐步深化，可以预期将有更多的预算外资金和政府性基金（不包含土地出让金）会纳入一般预算管理，因此可以预计：“十二五”时期纳入一般预算管理的非税收入比重将会有较大幅度的提高。纳入一般预算管理的非税收入比重上升，加上税收收入比重的缓慢上升，将会使得一般预算财政收入占 GDP 的比重在“十二五”时期逐步上升，预计将会接近 25%左右。

与一般预算财政收入占 GDP 比重上升相对应，预算外资金以及政府性基金（不包括土地出让金）的比重将会进一步下降。在 1998—2009 年期间，预算外资金以及政府性基金占政府收入的比重已经有大幅下降，从 1998 年的 29%下降到 2008 年的 13%，其主要原因是越来越多的资金被纳入一般预算管理。预计在“十二五”期间，随着改革的深化，这部分财政资金占政府收入的比重将会有较大回落，逐步接近 5%。

土地出让金的增长趋势在过去几年受到全社会的高度关注，从历史数据来看波动较大。其背后的原因是土地出让金的高低受土地出让市场的影响，而后者又受到经济形势、宏观经济调控政策、房地产市场形势等多方面因素的影响。这些因素都复杂多变，难以提前预判。2009 年，最新公布的全国土地出让金收入为 1.59 万亿元，远超 2007 年和 2008 年。近期的中央经济工作会议已经提出将城镇化作为未来扩大内需的重要战略，这将进一步提高土地出让金收入。总体上看，如果“十二五”时期房地产市场进一步升温，而政府的调控政策不能进一步落实的话，则土地出让金的收入将会进一步上升，其占政府收入的比重将有可能接近20%。反之，如果房地产市场形势恶化，或者相关调控政策发挥实际作用，则土地有偿使用收入占政府收入的比重将有可能在2009年的基础上回落，接近于2008年的11%。

在“十二五”时期大力发展社会保障事业，已经成为社会各界的共识。由于中国的主要社会保障项目都采取了社保缴费的形势，由此可以预计：随着社保缴费覆盖人群越来越广，社保缴费占政府收入的比重将会稳步上升。在1998年至2008年间，社保缴费占政府收入的比重稳步从9%上升到13%。“十二五”时期这一增长趋势有望继续维持，初步预计到“十二五”期末，社保缴费占政府收入的比重有望达到15%。

综合以上分析，可以预判在“十二五”时期：主要由于部分预算外资金和政府性基金纳入预算管理，加上一般税收收入的缓慢增长，一般预算收入占GDP的比重将会稳步上升，有望达到25%。至于全口径财政收入占GDP的比重，其变化趋势将会受土地出让金变化趋势的较大影响。如果土地市场继续升温或者维持现有趋势，加上社保缴费的稳步增长，则全口径财政收入占GDP比重有可能突破35%。如果土地出让金增长趋势出现回落，则全口径财政收入占GDP比重有可能维持在现有的31%左右。

3.3.4 财政支出发展趋势分析

财政支出总体规模

在平衡预算原则之下，财政支出的规模将与财政收入的规模基本适应。一般说来，在短期内财政收支必然会遵循“以收定支”或称“量入为出”的原则，支出规模与收入规模的差异在于财政赤字的大小。因此，判断“十二五”时期财政支出规模的增长趋势，主要是在判断收入增长趋势的基础上，判断赤字规模的大小。

在2009年，出于应对全球金融危机的需要，中国大幅度增加了当年财政赤字到9 500亿元。2010年，经济已经出现企稳回暖迹象，但总体判断，经济刺激政策尚不能立刻退出。中央经济工作会议已确定2010年积极财政政策的力度不减，从目前已公布的数据来看，2010年财政赤字的规模略高于2009年，为10 500亿元，以此保证经济刺激力度。积极财政政策对于中国克服国际金融危机的消极影响起到了积极的作用，但是应看到，积极财政政策的连续实施也使得财政风险逐步累积。从近期欧洲的经济形势来看，财政风险逐步积累所带来的危害非常巨大，应当高度关注。

在“十二五”时期，从各个角度考察，中国不应当进一步增加财政赤字的规模。首先，随着经济逐步复苏，中国已经没有必要继续扩大财政赤字规模。其次，连续大规模的财政赤字刺激经济也不可持续，且累积的财政风险副作用很大。由于前些年中国财政收入的高速增长，实施积极财政政策的空间较大。当前，中国赤字以及债务余额占GDP的比重尚不高。然而，中国的一些隐性的政府债务规模目前尚不清晰，比如在实施经济刺激计划期间，快速膨胀的地方政府融资平台，其规模和财政后果目前尚未被掌握。这些隐性债务在一定条件下，同样会转化为显性债务。为此，需要在尽可能的条件下，控制政府的显性赤字规模。近期召开的中央经济工作会议，也明确提出需要高度关注财政风险。基于这些分析，我们判断在“十二五”时期，为消化已有的财政赤字与政府债务，中国财政赤字的规模将会大幅度削减；财政支出的规模，将与财政收入规模总体适应。

在规模大体确定的情况下，“十二五”时期财政支出的结构可能会发生较大的变化。财政政策是国家经济战略的财务反映。从实施科学发展观以及加快经济结构转型的目标出发，财政支出结构必然要从侧重于经济建设，转向社会性支出。然而，社会性支出由于涉及到每个人的切身利益，具有一定的刚性特点。如果社会性支出增幅较快，而其他类支出难以相应压缩的话，则会对财政支出总规模控制产生较大的压力。因此，关注“十二五”时期财政支出规模问题，也必须同时关注财政支出结构的调整。

社会支出[①]

社会支出包括教育、医疗、养老、住房、就业等多种社会福利方面的支出。从上文的国际比较可以看出，中国与OECD组织发达国家相比，财政社会性支出占GDP的比重较低，目前在教育方面仅相当于其20世纪60年代的水平，在医疗和养老方面甚至还低于其当时的水平。这反映了当前中国社会保障事业的发展尚比较落后。在当前，大力发展社会保障及教育事业是“十二五”时期的战略任务，这已成为从中央到地方政府的共识。在这种背景下，财政性社会支出的增长必然要加快。然而，社会保障事业需要大发展已形成共识，但要发展到何种程度却有不确定性。从目前来看，医疗保障已经基本实现全覆盖，未来需要进一步提高保障程度；随着新型农民养老保险的大力推行，养老保险在“十二五”时期也将逐步实现全覆盖；义务教育已经基本实现全覆盖，但还需进一步加大投入力度，并提高教育质量。因此，从趋势上，社会支出的增长速度一定会高于财政总支出的增长速度，由此也会使得其在财政支出的比重中稳步上升。但是，由于这些主要的社会性项目的保障水平难以确定，其相应的财政支出水平也难以准确判断。

刘世锦（2010）在其分析“十二五”规划战略选择时，认为发展社会保障事业是“十二五”时期四大战略方向之一。他对“十二五”时期社会保障财政支出的合理目标进行了展望，认为应当达到人均GDP在3 000～6 000美元的发展中国家的同等水平，为此到2015年社保、医疗、就业等社会性支出占财政支出的比重要上升到28%，同时要保持教育的持续投入。这种思路是参照国际经验提出社会保障事业的发展目标，以此确定财政支出的相应比重。其存在的问题是没有考虑到中国财政统计与其他国家的差异。

本部分参照刘世锦（2010）的思路，以前述全口径财政支出结构为基础，以发达国家的历史数据为参照系提出财政社会性支出的发展目标。基于全口径财政数据的初步核算，中国目前的全口径财政支出中，教育、医疗、社会保障和就业等社会性支出占GDP的比重为10.57%，略低于发达国家1960年的水平。从中国发展全局和历史阶段来看，“十二五”时期，中国全口径财政社会支出占GDP的比重，应当高于发达国家1960年的水平。[②] 发达国家在1980年这三类社会性支出占GDP的比重已达到20%，这一水平中国在短时期内难以达到。为此，可以设定中国“十二五”期末全口径财政社会支出占GDP比重上升约3个百分点，达到13.5%。这一水平将使中国全口径财政社会支出占GDP的比重，超过若干发达国家1960年的水平，但还略低于其1970年的水平。可以设想，到2030年时，中国社会保障事业的发展将达到发达国家1980年的水平，全口径财政社会支出占GDP的比重也将超过20%。

按照前文分析，“十二五”时期中国全口径财政支出占GDP比重将可能达到35%。如果“十二五”期末，中国全口径财政社会支出占GDP的比重达到13.5%，则社会性支出占全口径财政支出的比重将达到38.6%，较现有的34%提高了4.6个百分点。如果社会性支出占GDP比重，在“十二五”期末能达到

---

① 社会支出有广义和狭义之分。根据OECD国家社会支出数据库（SOCX）的定义，狭义的社会支出是指“当个人和家庭的福利受到不利影响的情况下，由公共（和私人）机构向其提供的帮助。这种帮助可能是现金形式的转移支付，也可能是直接提供实物形式的物品与服务，受益人无需提供任何形式的经济补偿作为交换”。欧盟一般称之为“社会保护支出”，我国的“社会保障与就业支出+社会保险金支出－对社会保险基金的财政补贴”，在口径上与此接近。广义的社会支出还包含教育支出和医疗卫生。为有所区分，我们将广义的社会支出称为社会性支出。

② 财政社会支出有狭义和广义之分。本章采用广义财政社会支出的定义，即包括教育，医疗、就业以及各类社会保障支出。所谓全口径财政社会支出主要指按照政府所有财政收支，而非仅仅一般预算收支核算的财政社会支出。

这一水平，也说明中国在“十二五”时期全口径财政收入占GDP比重提高的3个百分点，将基本上都用于社会性支出上。这也是符合当前中国财政支出结构调整的方向，以及经济结构调整的方向。具体分析，教育支出中国与发达国家的差距不大，差距较大的是医疗支出和养老支出，这也是“十二五”时期提高社会性财政支出的主要方向。

其他类支出发展趋势

如果“十二五”时期能实现上文对财政社会支出所提出的目标，则意味着其他类财政支出占GDP的比重不能上升，且其占全口径财政支出的比重要下降4个多百分点。从前文国际比较的情况来看，中国全口径财政支出中经济事务和城乡建设的比重远超其他发达国家。这既是中国所处经济发展的特征，又由中国特殊的国情所决定。在“十二五”时期，由于中国目前已经公布了一系列力度较大的基础设施建设计划，且已启动了城镇化战略，而节能减排、产业升级和产业结构调整的压力越来越大，因此寄希望于经济事务和城乡建设的财政支出比重有较大下降可能不现实。同时，由于经济事务和城乡建设的财政资金，很多来自于非一般预算资金的渠道，其调整的难度较大。从中国目前的发展阶段来看，集中力量加快基础设施的建设的战略也具有一定的合理性。因此，我们预计在“十二五”时期，经济事务和城乡建设的支出比重可能维持稳中略降的局面。

至于社会普遍关心的行政管理费用的财政支出，或者说普通公共服务支出，从国际比较来看，中国这一部分的比重略高于部分发达国家，但并非高得离谱。同时，要降低一般公共服务支出的比重，需要大力加强相关配套改革，包括增强预算透明度、改革财政管理体制等。在短期内，寄希望于中国普通公共服务支出的比重有较大下降，既不现实，也无必要。现实的情况可能是在大力推进相关配套改革的基础上，普通公共服务支出的比重稳中略降。总体上看，为支持社会性财政支出在全口径财政支出中的比重的上升，需要在经济事务和城乡建设、行政管理费用两方面付出努力，控制其目前过快的增长势头，使其比重稳中略降。

3.4 小　　结

财政收支规模决定了财政政策作用的空间，是分析财政相关问题的基础。判断“十二五”时期中国财政收支规模的走向，应当以分析当前现状是否合理为基础。近年来，中国财政收支规模已经成为社会关注的焦点问题，然而由于中国特殊的财政统计制度和财政数据披露状况，中国财政收支规模究竟是多大这一问题并没有明确的答案。本书中基于IMF的政府财政收入体系的标准，按照国际可比的要求，对1998—2008年中国全口径财政收入规模进行了核算，并与部分发达国家相比较，以判断中国财政收入规模的合理性。在此基础上，对“十二五”时期中国财政收支规模的走势作一简单展望。

综合各种来源数据进行的核算表明，2008年中国全口径财政收入的规模近97 000亿元，占当年GDP的比重约为30.9%。纵向来看，中国全口径财政收入占GDP比重自1998年的20.4%逐年攀升，到2007年达到顶峰为31.5%，2008年受金融危机的影响略有下降。分析各种财政收入来源的比重，自1998年以来中国税收收入占全口径财政收入的比重一直未超过58%，预算外和政府性基金比重一直呈下降状态，社保缴费收入比重呈缓慢上升状态，土地有偿使用收入总体呈上升趋势，但波动较大。如按全口径核算，中央收入的比重一直较为稳定，在35% ~38%之间波动。

在国际比较中，我们将近期中国财政收入规模按照不同口径与OECD发达国家进行比较。无论以何种口径，中国当前的财政收入规模均比北欧诸国、英国、法国等OECD组织中高税负成员国为低。如仅有税收收入（不含社保税）占GDP比重来比较，中国近期的比重已与美、日、德、韩等国接近；如包含社保税，则中国近期的比重接近部分发达国家20世纪七八十年代的水平。而中国非税收入（不包括社保税）占GDP的比重，明显高于各个发达国家。总体来看，当前中国宏观税负的主要问题是政府收入形式的多样化、复杂化，与发达国家相比，社会保障缴费收入占GDP的比重相对较低，而各项非税收入的比重偏高。综合判断，中国的全口径财政收入规模与OECD组织中的低税负国家接近，并不能认为较低。这或许与当前中国政府担负的职能较多有关。

展望“十二五”时期的财政收支规模发展趋势，基于日韩的历史经验，我们认为如经济增长速度逐步放缓的话，则每年税收收入增长幅度将在10% ~15%之间，且波动性有所下降。其他类财政收入来源较为复杂，社保缴费比重应会进一步上升，预算外资金和政府性基金比重将会有所下降。综合判断，一般预算收入占GDP的比重将会稳步上升，有望达到25%；而全口径财政收入占GDP的比重将受土地出让金变化趋势的影响，大约在31% ~35%之间波动。考虑到中国潜在政府债务规模较大，且财政刺激政策将缓慢退出，我们预计“十二五”时期财政收支规模将维持平衡。全口径财政支出中社会性支出（尤其是养老和医疗）的比重应有较大幅度的上升。考虑到压缩经济建设支出与行政管理费用支出均困难重重，为实现社会性支出比重提升的目标，需要在这两方面都要付出努力。

主要参考文献

高培勇：“中国税收持续高速增长之谜”，《经济研究》，2006年第12期。

国家税务总局计划统计司：“关于中外宏观税负的比较”，http://www.chinatax.gov.cn/n480462/n480483/n480549/6307238.html，2007。

林赟、李大明、邱世峰：“宏观税负的国际比较：1994—2007年”，《学习与实践》，2009年第1期。

刘世锦：“十二五规划战略选择”，《财经国家周刊》，2010年第3期。

吕冰洋：“中国税收负担的走势与国民收入分配格局的变动”，《公共经济评论》，2008年第5期。

International Monetary Fund. 2001. *Government Finance Statistics Manual 2001*, Washington, D. C.

OECD. 2009. *Revenue Statistics 1965—2008*, Paris.

4

“十二五”时期的财政支出结构改革

- 着眼于经济社会形势及其发展过程中的深层次问题，探索“十二五”时期的中国财政支出结构改革之路
- 以政府职能的合理定位为前提，根据政府职能转型和满足社会公共需要的要求，合理安排各项支出的相对比重
- 从平衡财政职能和满足社会发展要求的角度，中国政府在“十二五”时期应当更多地关注再分配问题，相应收缩购买性支出、扩大转移性支出的比重，并使财政支出向人力资本和社会资本倾斜
- 在处理投资性支出与消费性支出的关系时，一方面要控制并调减投资性支出的规模，另一方面要注意投资性支出要有保有压
- 在消费性支出上，从严控制行政性公共消费，突出预算保证重点，使有限的资金用于教育、医疗、社会保障与就业、“三农”、自主创新、环境保护等社会发展的薄弱环节和与民生有关的支出上

Fiscal Expenditure Structure Reform in the Period of 12th Five-Year Plan

- The deep-rooted problems in the economic-social situation and its development process are focused and the reform path of China's fiscal revenue and expenditure structures in the period of 12th Five-Year Plan, is explored
- Based on reasonable orientation of government functions, the relative proportions of the expenditure structure are appropriately determined according to transforming government functions and meeting social public needs
- In the period of 12th Five-Year Plan, in terms of balancing fiscal functions and meeting social development needs, the Chinese government should pay more attention to the redistribution problem, accordingly lower the proportion of purchase expenditure and raise the proportion of transfer expenditure, and make more fiscal expenditure to human capital and social capital
- In deal with relationship between investment expenditure and consumption expenditure, the scale of investment expenditure need to be controlled and reduced, and the structure of investment expenditure need to be adjusted as well
- With respect to consumption expenditure, the administrative public consumption should be strictly controlled and the budget priorities should be guaranteed so that the limited resources can intensively spend on the bottleneck of social development and people's wellbeing such as education, healthcare, social security employment, agriculture, rural areas and farmers, independent innovation and environmental protection

4. “十二五”时期的财政支出结构改革

所谓财政支出结构，是指在财政支出总额中各类支出所占的比重。它不仅反映了政府活动的范围和方向以及政府职能和公共政策的重点，更是国家调节经济与社会发展、优化经济结构、促进社会公平正义的重要政策工具。通过财政收支规模数据，我们可以了解政府支配了多少社会资源，简单地说就是掌控和运用了多少钱。而要理解政府运用公共资金、参与社会经济生活的具体细节，比如：这些钱是如何花出去的，被用到了哪些方面，是否达到了预期的效果；政府干预更侧重资源配置，还是更侧重收入分配；更关注长期结构调整，还是短期宏观调控；干预责任是如何在不同行政层级之间进行分工的？则必须深入考察一国财政支出的结构安排。

本章将主要围绕“十二五”时期中国财政支出结构改革可能涉及到的主要问题进行阐述。第一节勾勒了“十一五”期间中国财政支出结构的现状，包括“十一五”期间中国财政支出结构上已经实施了的调整措施。第二节以世界其他国家的财政支出结构为参照，对中国财政支出结构的基本情况做一评估，指出当前中国财政支出结构存在的问题。第三节着眼于“十二五”时期的经济社会形势，探索中国财政支出结构改革的方向。

4.1 “十一五”时期的财政支出结构概览

4.1.1 “十一五”时期之前的格局

图 4-1 显示了中国财政支出按功能性质分类的结构变化。从图中看到，“十一五”(2006—2010 年）之前，各项支出所占一般预算财政支出的比重排序如下：经济建设费、社会文教费、行政管理费、其他支出、国防费。

多年来经济建设费的占比持续下降，由1994年的41.3%下降到2005年的27.5%；国防费占比缓慢下降，基本平稳，1994年为9.5%，2005年为7.2%；社会文教费占比平稳上升，由1994年的25.9%上升到2005年的26.4%；同期行政管理费的占比则上升较快，1994年为14.6%，2005年则上升到19.1%。

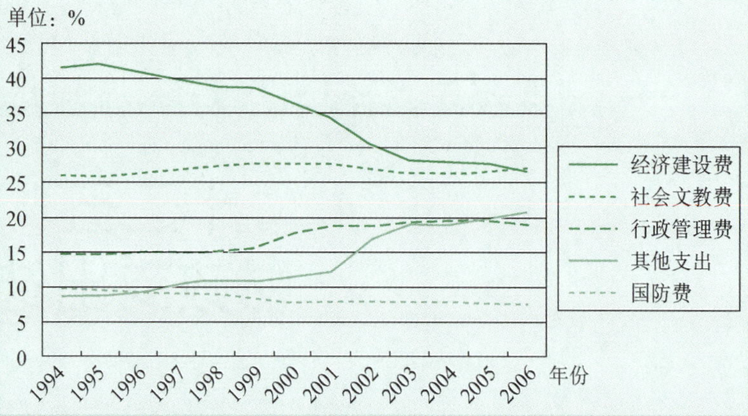

图4－1　中国财政支出结构（按功能性质分类）

资料来源：《中国统计年鉴（2009）》。

以上数据所呈现出的中国财政支出结构的图景，与1994年以来经济体制改革的进程是基本吻合的。党的十四大和十四届三中全会分别确立了社会主义市场经济的体制目标及其具体框架，随后，中国的财政体制改革也迈出了重要步伐。[①] 公共财政基本框架的提出，意味着中国政府将逐步削减过去履行的生产建设职能，而向公共服务型政府转型，政府职能的重新定位对财政支出结构提出了重大的改革要求。经济建设费的持续下降相应地反映了这一改革趋势。不过，由于期间适逢亚洲金融危机对我国出口需求造成负面影响，政府于1998年下半年不得不扩大公共投资以保持经济社会形势稳定，使得财政支出改革主要停留在规范支出管理方面，而财政职能的调整则被相应地推后了，甚至在一定的时期内淡出了政策关注的重点。这可以解释为什么社会文教费仅有小幅的上升。真正引起政策上对中国财政支出结构重视的公共事件，还要追溯到2003年春爆发的SARS疫情。以此为契机，社会上对于医疗卫生、教育、社会保障与就业等社会性支出不足的呼声渐成声势，也引起政府在支出管理改革之外，对政府职能的调整和财政支出结构的完善给予更切实的关注。图4－1显示，2006年社会文教费首次取代经济建设费，成为全部财政支出中占比最大的一项开支。

4.1.2　“十一五”以来财政支出结构的调整

中国公共政策格局的转型

“十一五”时期是我国全面建设小康社会的关键期，公共政策格局开始由经济政策向社会政策转型。（参见专栏4－1）2006年是“十一五”的第一年，这一年召开的十六届六中全会，提出“走共同富裕道路，推动社会建设与经济建设、政治建设、文化建设协调发展”，标志由经济政策向社会政策的正式转型。全会通过的《关于构建社会主义和谐社会若干

① 不过，直至1998年提出建立公共财政基本框架之前，主要的财政改革措施仍然集中于财政收入方面。财政支出方面的改革由于涉及到政府职能和社会利益格局的重大调整，其步伐远远落后于收入改革。

重大问题的决定》阐述了我国社会政策的基本内容和目标，以及落实社会政策的制度保障。2007年党的十七大政治报告进一步阐述了我国社会政策的目标，指出"必须在经济发展的基础上，更加注重社会建设，着力保障和改善民生，推进社会体制改革，扩大公共服务，完善社会管理，促进社会公平正义，努力使全体人民学有所教、劳有所得、病有所医、老有所养、住有所居，推动建设和谐社会"，2008年以来中央政策重心则定位在如何全面落实此前提出的社会政策目标上。（中国发展研究基金会，2008，第139—140页）

专栏4-1 中国公共政策格局的转型

一国公共政策通常可分为政治政策、经济政策、科技政策、社会政策、司法政策等若干类，通常经济政策和社会政策最为重要。（中国发展研究基金会，2008）前者侧重效率目标，着眼点在经济增长；后者侧重平等目标，着眼点在社会进步。改革开放以来，我国公共政策格局主要经历了三个阶段。

1978—1992年是经济政策占主导的阶段。此时，国家以经济建设为中心，政府的首要目标是实现国民经济快速增长和人民生活水平的根本改善。尽管20世纪80年代中后期开始，改革进程中就已经出现了利益分化以及其他社会问题的苗头，但是这一时期的改革总体上具有"帕累托改进"的性质，老百姓对改革的成果普遍满意，由于旧的社会福利和保障系统还在发挥作用，改革导致的收入分配、养老与就业、教育医疗、环保安居等社会问题尽管存在却并不突出。经济政策在公共政策体系中发挥着主导性的作用，尚未顾及社会政策方面。

1993—2002年是社会政策的重要性日益凸显的阶段。这一阶段国民经济市场化进程加快，迫于财政压力旧的社会福利和保障系统逐步退却，与市场经济相适应的新的社会安全网系统尚未成型。同时改革进入"深水区"，社会阶层分化、利益冲突加剧，虽然政府认识到社会政策缺失的不良后果，但还没有足够的财力将之付诸实施。中央虽然提出了"效率优先、兼顾公平"的解决思路，但在强大的经济增长和财政压力下，"兼顾公平"未能很好地落到实处。（王绍光，2007）

2003年以来逐步实施由经济政策向社会政策的转型。（王绍光，2007）这一阶段经济继续快速增长，但分配上的不平等和各项社会指标的恶化越来越成为经济成长的掣肘因素。虽然人们的绝对生活水平提高了，但相对差距越来越大，普通百姓的衣食住行、就业就学、健康养老等各个方面都面临困难，由此而引起的突发性群体事件增多，引起了执政党对社会政策的高度重视。而经过1994年财政体制改革以来政府财力特别是中央政府财力得到大幅提升，已经具备了实施社会政策的意愿和能力。十六届四中全会（2004年）以来，放弃了"效率优先、兼顾公平"的提法，在次年的十六届五中全会上中央提出要"更加注重社会公平，使全体人民共享改革发展成果"。中国公共政策的重心开始迈向由经济政策向社会政策转型的阶段。

资料来源：作者根据文中引述资料综合整理。

"十一五"期间财政支出结构的调整

为了落实科学发展观与构建和谐社会的战略举措，党和政府不仅在政策取向上由经济政策向社会政策转型，而且强调建立完善的公共财政制度和社会保障制度，以及调整财政支出结构，为落实以上社会政策提供制度保障，[①]由此“十一五”时期的财政支出结构也发生了值得关注的变化。其中最突出的一点是，在经济建设支出比重持续下降的同时，各级财政部门支出重点向“三农”和民生领域倾斜，并配合以社会安全网的制度建设，致力于建立保障和改善民生的长效机制。

来自财政部网站的资料显示，近年来我国“三农”[②]、教育、社会保障和就业、医疗卫生等重点支出均保持了较快增长。2003—2007年，全国财政教育支出、社会保障和就业支出（扣除拨付全国社会保障基金）和医疗卫生支出年均增长率分别为18.8%、18.9%和24.6%，这三类支出合计占全国财政支出的比重由27.7%提高到29%，中央财政“三农”支出年均增长17.8%。财政支出结构持续优化，支出效益不断提高，促进了和谐社会建设。2008年十七届三中全会专门布署新形势下如何推进农村改革和发展的战略问题。同年底的中央农村经济会议以来，城乡协调发展的问题受到充分重视，其中，实现城乡居民公共服务均等化、建立城乡一体的社会保障制度成为新的亮点。当年“三农”、教育、社会保障和就业、医疗卫生等重点支出继续保持较快增长。全国教育、社会保障和就业、医疗卫生支出分别增长25.5%、24.3%、36.8%，中央财政用于“三农”的支出增长37.9%，均高于2008年全国财政收入增幅（19.5%）。2003—2008年我国各项主要社会支出参见图4-2。

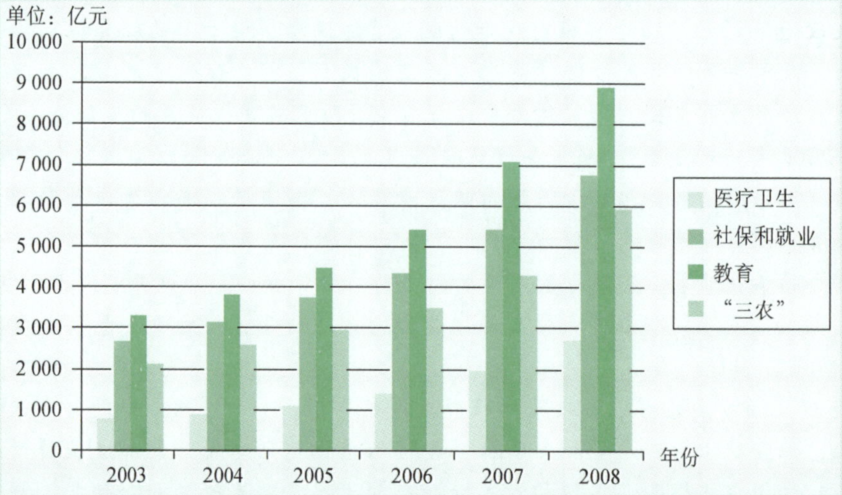

图4-2　中国各项主要社会支出（2003—2008年）

资料来源：中国财政部网站。

2008年年底以来，为了应对国际金融危机的影响，国家开始实施积极的财政政策，在支出方面，启动了到2010年为止总额达4万亿元的财政刺激计划，用以拉动国内需求，以保持经济平稳增长。新增支出主要用于扩大政府公共投资和增加中低收入群体收入。其中，1.18万亿元的中央投资重点用于农村基础设施、教育医疗卫生等社会事业、保障性住房、节能环保和生态建设、企业自主创新和技术改

① 中共十六届六中全会首次提出，一方面，要“完善公共财政制度，逐步实现基本公共服务均等化。健全公共财政体制，调整财政收支结构，把更多的财政资金投向公共服务领域，加大财政在教育、卫生、文化、就业与再就业服务、社会保障、生态环境、公共基础设施、社会治安等方面的投入”；另一方面，要“逐步建立社会保险、社会救助、社会福利、慈善事业相衔接的覆盖城乡居民的社会保障体系”。

② “三农”支出并不是单独的预算科目，是财政部门为了便于社会公众了解总体投入情况，专门把涉农的各方面支出项目综合反映在“三农”支出中，因此与教育、医疗卫生等相关支出会有所交叉。

造、重点基础设施建设和汶川地震灾后恢复重建等方面。在增强居民消费能力方面，2009年起相继实施了一系列有效措施。一是对种粮农民的补贴力度进一步加大，支持较大幅度提高粮食最低收购价，促进增加农民收入；二是提高城乡低保对象、企业退休人员和优抚对象等群体的补助水平；三是出台促进家电、汽车和住房消费等措施。

总体上，随着公共财政目标的提出，1998年以来我国的财政支出结构也得到进一步调整和优化。尤其是2003年以来，结合落实科学发展观，建设“服务型政府”的目标，进一步加大了公共服务、社会发展和科技创新等方面的财政支出，尤其是加大了对义务教育、公共卫生、最低生活保障等方面的财政支出，初步改变了公共服务投入不足和社会事业发展相对滞后等问题。然而，以上只是我们对中国财政支出结构现状的一个基于自身的历史描述，而要更立体地考察中国财政支出结构问题，尚需立足国际视野，并与“十二五”时期经济快速增长与社会和谐发展的要求相比照，才可以做出回答。

4.2 国际视野下的中国财政支出结构

4.2.1 财政支出分类

就财政支出结构进行国际比较的前提，是取得可比的财政支出数据。而一国的财政支出数据质量如何，很大程度上取决于在进行相应的统计之前，如何对庞杂的政府支出活动进行分类整理。常见的分类方法有以下两种：

一是根据交易的经济性质进行分类，将财政支出区别为购买性支出（或消耗性支出）和转移性支出。购买性支出是指政府为了履行其职能，从市场上取得物品与劳务并支付相应资金而发生的费用。这些物品与劳务或者被用于政府自身的消费，或者形成投资，分别被称为政府消费性支出和投资性支出。通过购买性支出，政府与私人部门发生经济交换关系，并在实际上参与社会资源的配置，影响着社会总投资与总消费的数量与结构。而在转移性支出的过程中，政府只是扮演中介者的角色，依法拨付财政资金但并不要求获得相应的物品与劳务。虽然这一过程不涉及与私人部门的等价交换，却可以造成购买力和社会财富在其他社会主体中的重新分配。利用这一分类体系，可以从宏观上考察一国政府在多大程度上作为经济主体直接参与经济过程，其职能是偏好于资源配置，还是收入再分配。

二是适用于编制国家预算的统计分类。国际通行的统计分类方法有财政支出功能分类和财政支出经济分类。支出功能分类是按照政府提供公共物品与服务的产出性质进行的分类，反映政府的职能活动，即政府的钱到底被拿来做了什么事（用来办了教育，还是加强了国防）；经济分类是按照政府生产公共物品的成本投入进行分类，反映政府支出的经济性质和具体用途，说明政府的钱是怎样花出去的（办教育的钱是发了工资，还是买了设备、盖了校舍）。从某种意义上讲，支出经济分类是对政府支出活动更为明细的反映。利用这一分类体系下的统计数据，能够从微观层面清晰地追踪国家财政支出的去向和具体用途。

财政支出的功能分类和经济分类体系从不同侧面、不同角度反映了政府支出活动，是相互联系、相互补充的，有利于全面反映政府支出活动。例如：在被称为“财政数据生产管理国际准则”的IMF《（2001年）政府财政统计手册》中，财政支出按功能分为十大类：一般公共服务、国防、公共秩序和安全、经济事务、环境保护、住房和社会服务设施、医疗保健、娱乐文化和宗教、教育与社会保护。按经济性质分为八大类：雇员补偿、商品与服务的使用、固定资本消耗、利息、补贴、赠与、社会福利和其他支出。

上文中我们据以了解中国财政支出结构的数据，是按中国传统的支出分类方式集成的。2007年1月1日实施新的政府收支分类改革之前，我国一直沿用计划经济体制下的支出分类体系。与国际通行的支出功能分类和支出经济分类法相比，中国的功能性质分类法存在很大不足。主要是财政支出的分类标准不统一，部分支出按功能分类，如行政管理费、公检法司支出、外交外事支出等，部分支出按经济性质分类，如社会保障补助支出、国内外债券付息支出等。从表面上看，这一“支出功能经济分类法”兼具功能分类和经济分类的特色，实际上它既无法全面反映政府职能，也难以精确反映财政支出的经济性质；既不利于细化预算编和强化预算约束，也造成了与其他国家的数据不可比。

2007年1月1日起中国实施了符合国际惯例的收支分类改革。这为财政支出结构的国际比较提供了可能，不过，由于与之前数据的衔接困难，支出分类改革前后的数据对比又成了研究者的难题。而“十一五”恰好跨越政府支出分类改革前后两个阶段，这无疑增加了我们运用统计资料来研究中国财政支出结构的难度。为使改革前后的数据具有可比性，下文根据需要对可得的数据做了一定的合并、拆分、整理的工作。由此，可能会造成分析结论未必精确，但不影响我们的基本判断。

4.2.2 购买性支出与转移性支出间的配比

中国的财政制度源自于计划经济体制，虽然已经确立了市场经济体制，但财政模式由建设性财政向公共财政转型的进程尚未完成。因此，长期以来，中国财政制度饱受诟病的一个方面，就是政府承担的资源配置职能范围过广、比例过大，干扰了市场的运行。体现在财政支出结构上，就是购买性支出占一般预算支出的比重长期偏大。而政府应当承担的再分配功能则相应地受到了挤压，转移性支出的比重处于较低的水平。

1994年以来至今，中国财政支出结构就其交易的经济性质而言，仍然沿袭了此前的态势，即，购买性支出占国家一般预算支出的比例远远大于转移性支出。目前中国一般预算支出总额中的约70%强为购买性支出，明显高于发达国家45.2%的水平，更高于发展中国家61.5%的水平。转移性支出虽有上升趋势，但仍然仅占一般预算支出的25%弱。“十一五”之前，转移性支出占一般预算支出的比重为20%弱，略高于发展中国家的水平(17%)，但同样低于发达国家（35.4%）的水平。2006年以后，转移性支出的比重快速上升，超过发展中国家的平均水平，达到25%（参见图4－3）。

相比之下，1995—2009年期间，欧盟15国的转移性支出平均为一般预算支出的45%。其中主要的几个“大政府”国家中，转移性支出比例最高的是德国，约为60%，这一比例最低的西班牙也接近40%（参见图4－4）。转型国家转移性支出的水平整体上低于高福利的发达国家，图4－5揭示的是加入欧盟的主要转型国家的情况，基本上界于接近30%到45%的区间。除此之外，我们还发现，发达市场经济国家的那些“小政府”国家，如美国、日本、韩国等，其转移性支出的比重也相对较低，例如，美国为30%略高，韩国界于10%～20%之间，与中国相当。

但从动态角度看，1994年以来至“十一五”期间，中国财政购买性支出占一般预算支出的比重出现了缓慢下降的趋势，转移性支出的比重则缓慢上升，二者的差距有所缩小。虽然2000年中期至2003年之间，由于消费性支出上涨速度相对过快，购买性支出与转移性支出之差距缩小的总体趋势出现了反复，但自2003年以后，特别是“十一五”以来，一系列社会政策的相继出台与实施，使二者的差距重新趋于缩小。

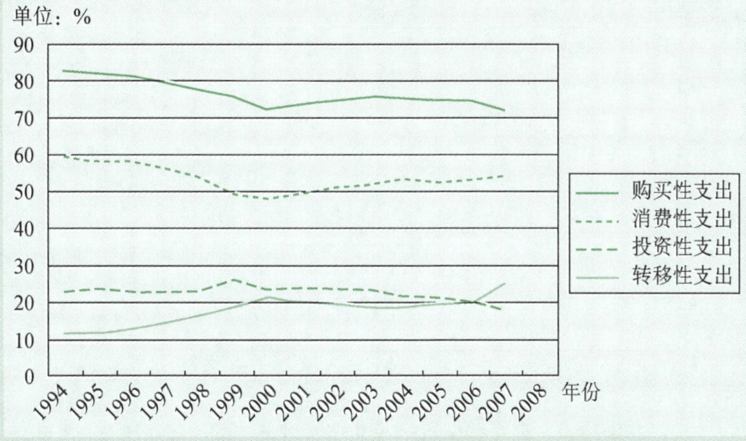

图 4-3 中国财政支出结构（按交易的经济性质分类）

注：1994—2006 年间的各类支出按如下口径进行整理：

消费性支出 = 行政管理费 + 国防支出 + 经济服务支出（增拨企业流动资金 + 工业交通商业等部门的事业费用 + 农林水利气象等部门的事业费用 + 支援农业生产支出 + 科技三项费用 + 地质勘探费用） + 文教、科学和卫生事业费

投资性支出 = 基本建设支出 + 企业挖潜改造资金 + 城市维护建设支出 + 地震灾后恢复重建

转移性支出（未含国内外债务付息支出） = 抚恤和社会福利救济费 + 社会保障支出 + 行政事业单位离退休支出 + 政策性补贴支出

以上分类支出数据源自《中国统计年鉴（2007）》中的“国家财政主要支出项目”（表 8-4），由于统计年鉴仅提供了主要支出项目数据，因此，各项具体支出数据之和小于当年一般预算总支出，相应地，整理而得的消费性支出、投资性支出和转移性支出以及利息支出等都有可能统计不足。为避免支出数额上的重大漏失，本报告的处理方法是，将各项主要支出之和与一般预算支出总额的差取平均数，分别加到根据表 8-4 计算出的消费性支出、投资性支出和转移性支出以及利息支出项下，得到调整后的消费性支出、投资性支出、转移性支出以及利息支出。并以调整后的数据作为考察的基础。这种做法虽然未必完全妥当，但基本上能够满足本报告的分析需要。

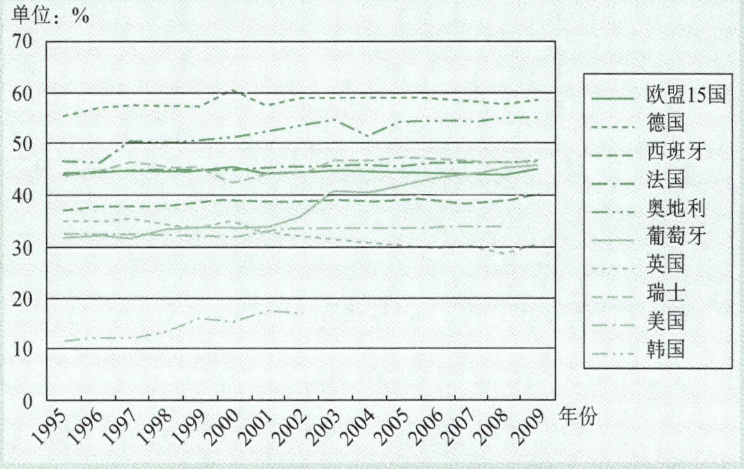

图 4-4 主要发达国家（组）转移性支出占总支出的比重

资料来源：EU Commission, AMECO.

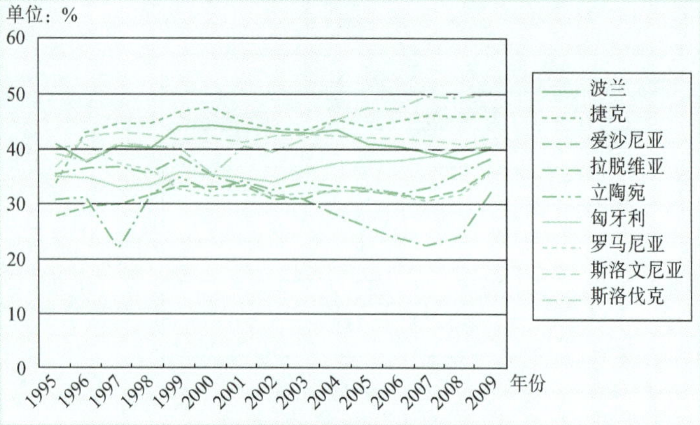

图 4－5　主要转型国家转移性支出占总支出的比重

资料来源：EU Commission，AMECO.

图 4－6 刻画了中国购买性支出与转移性支出各自占一般预算支出比重的增长率，在大多数年份里，购买性支出占一般预算支出比重是负增长的，而转移性支出占一般预算支出的比重表现为正增长。这说明转移性支出的绝对增长快于购买性支出的绝对增长，二者之间的相对差距在缩小。从一个侧面反映了中国财政支出的再分配功能在不断强化，体现出政府运用财政政策的着力点开始偏离资源配置，而更加关注分配公平的问题。也表明“十一五”以来中国政府在转变政府职能、优化支出结构方面的努力是有成效的，虽然与国际上其他国家相比仍有优化的空间。

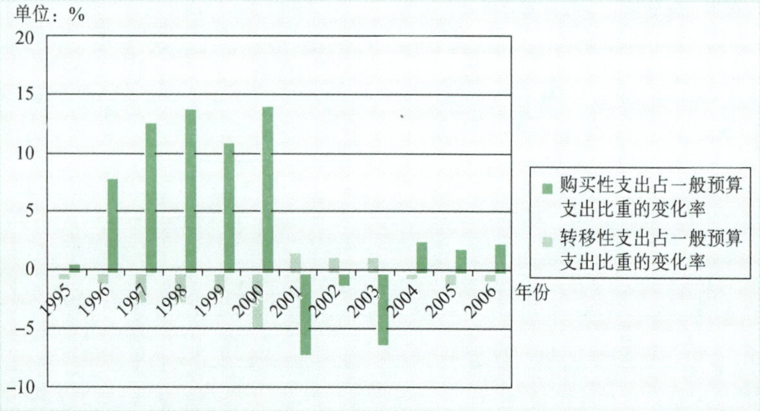

图 4－6　中国财政购买性支出与转移性支出占一般预算支出比重的变化率

注：数据来源同图 4－3。

由于发达市场经济国家一般拥有与之适应的社会安全网，对转移性支出的要求也相应地较高。不过，依其传统不同，那些历史上更多地依靠政府来提供社会福利的国家，典型的如欧洲福利国家，其转移性支出的比重最大。而那些反对“大政府”的国家，如美国，以及那些传统上依靠家庭和社区提供社会福利的国家，如韩国，其社会转移支出的需求也较低。中国转移性支出的比重与发达市场经济国家中那些“小政府”国家的一般水平相当，但普遍地低于主要的转型经济国家。这表明中国尚未建立起高水准的福利制度，其后果应当分两方面来看，一方面，我们要记取高福利国家为其福利制度所累的前车之鉴，谨慎选择适合中国国情的社会福利体系；另一方面，也应当未雨绸缪，避免社会快速转型期因安全网的缺乏，而付出民生与社会稳定方面的代价。

4.2.3 消费性支出与投资性支出间的配比

在大多数情况下，公共投资被认为是具有生产性的支出。但很难说一国财政支出的多大份额用于公共投资是合适的，众多关于公共投资与经济增长关系的研究，也是众说纷纭。数据显示，我国公共投资占一般预算支出的比重不仅高于发达市场经济国家，而且也普遍地高于中东欧转型经济体。

透过图 4－3 考察购买性支出的内部构成，我们观察到，自 1994 年至今，消费性支出的整体走势与购买性支出高度相似，以 2000 年为分界线，此前的消费性支出占一般预算支出的比重由 1994 年的 60% 下降到 2000 年的 48.8%，此后则开始小幅回升，直到 2004 年的 54.1%，随后继续延续下行趋势，但始终保持在 50% 以上的水平。而投资性支出占一般预算支出的比重，自 1994 年的 23.3% 一路下探，目前则为 20% 略高的水平。也就是说，目前中国政府的购买性支出中，投资性支出与消费性支出的比例约为 40∶60。其间，由于 1998 年底开始实施积极财政政策的关系，致使 1999 年投资性支出占一般预算支出的比重达到 26.5% 的历史高点。这样的话，投资性支出占购买性支出的比重还要高于 40%。

因此可以说，中国投资性支出占财政支出的比重近年来虽然略有下降趋势，但仍徘徊在较高的水平上（20% 左右）。而与之相比，欧盟 15 国多年来一直稳定在 8% 左右，其中大多数国家低于这一水平。例如，丹麦仅为 4% 略高一点，德国为 7% 左右，法国为 5% ~ 6%，比例最高的西班牙，也仅在 14% 上下波动（参见图 4－7）。同样作为新兴市场经济国家，中东欧转型国家的政府投资性支出自 1995 年以来一直在下降，虽然目前普遍地高于欧盟 15 国的水平，但总体上低于我国的水平（参见图 4－8）。捷克由 1995 年的 37%，下降到 2009 年的 15%。匈牙利大多数年份保持在 10% ~15% 之间，个别年份高于 15%，但不超过 20%，2009 年降到了 9%。此外，作为发达市场经济国家“小政府”典型代表的美国，其水平比较稳定，维持在 15% ~20% 上下；韩国在 20 世纪 90 年代中期以前，曾经高达 20% 以上，随后一直稳定地下降，目前已经下降到 5% ~10% 这一区间。

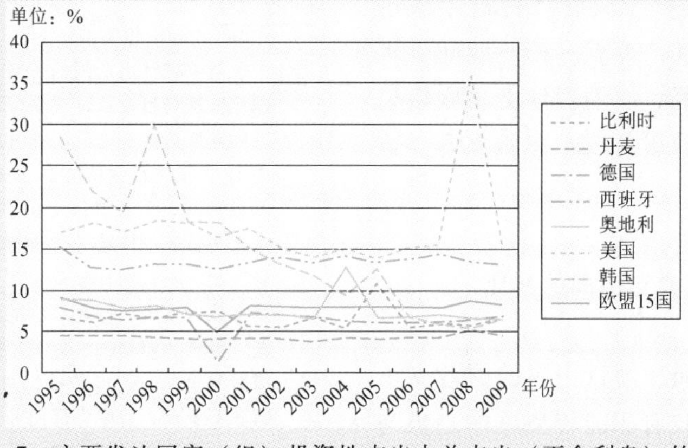

图 4－7　主要发达国家（组）投资性支出占总支出（不含利息）的比重

资料来源：EU Commission, AMECO.

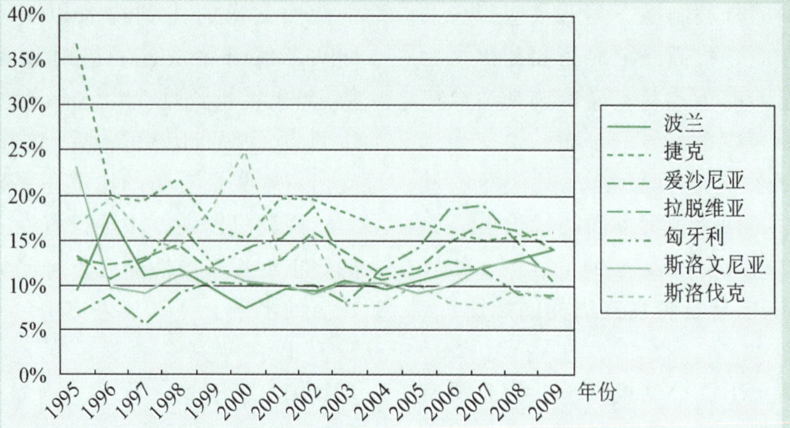

图 4－8 主要中东欧转型国家投资性支出占总支出（不含利息）的比重

资料来源：EU Commission，AMECO.

从图 4－3 中的数据可以看出，对“十一五”期间购买性支出增长最主要的贡献因素是消费性支出。我们知道，消费性支出主要由两项构成：（1）商品和服务；（2）工资、薪金以及其他有关项目，通常被看作是政府所提供的公共服务的核心价格。这就意味着，2000 年以来，可以观察到中国公共服务价格的相对上升势头。然而，在这些消费里面，哪些是用来向居民提供教育、卫生等公共物品和服务的，哪些是用于政府部门自身的消费（也就是行政管理费），从可得的数据上难以辨别。因此，对于广受关注的“中国的行政管理费过高”一说，目前的统计数据不支持进行国际比较和判断。[①] 无论如何，行政管理费近年来迅速攀升却是不争的事实。“十一五”期间资本性支出的比重趋于下降，而消费性支出则略呈升势，表明公共物品与服务成本有所上升。这一趋势值得关注。

4.2.4 一般支出与社会支出间的配比

按交易的经济性质来解读中国的财政支出结构，可以了解中国政府职能转型总体趋势与方向。结合按功能分类的财政支出结构来观察的话，则更有利于细化对这一进程的认识。

以 2008 年中国按功能分类的财政支出为例，（参见表 4－1）按由高到低顺序排名前三位的分别是：经济事务支出（含农林水事务、交通运输、工业商业金融等事务，占 23.1%）、一般公共服务支出（含外交，占 17.7%）、教育支出（占 15.9%）。而根据 OECD 国家 2004—2007 年平均数据，排名前三位的支出分别为：社会保护支出、医疗卫生、教育支出（韩国和美国例外，前者的第一大支出为经济事务，后者为医疗卫生）。（Dewan Sabina 和 Michael Ettlinger，2009）

也就是说，平均而言，OECD 国家政府的前三项主要支出均为投资于人力资本的社会性

① 为了能够统计出全国的行政成本规模，目前财政部开始深化预算科目改革，设立反映行政成本的支出科目。改革的主要内容是增设了支出功能分类目级科目 22 个，其中 10 个反映行政单位支出和参照公务员管理、财政补助及经费自理事业单位支出。此次财政部将“行政成本”定义为行政单位履行行政管理职能开支的基本支出和项目支出，不包括行政单位离退休支出、住房改革支出和基本建设支出。行政单位的范围包括中国共产党各级机关、审判、监察各级机关、人大和政协各级机关以及各级行政机关，还包括各民主党派和工商联的各级机关。财政部要求，各中央部门和地方政府财政部门自行确认属于行政成本的支出及项目，然后上报 2001 年到 2010 年的行政成本数据。资料来源：凤凰网，http://finance.ifeng.com/news/20100121/1736161.shtml。

表 4-1 部分 OECD 国家（2006 年）与中国（2008 年）按功能分类财政支出结构比较 单位:%

支出功能	美国	法国	德国	英国	日本	韩国	北欧三国	转型三国	中国
一般公共服务	13.5	13.3	12.5	11.0	14.0	13.2	12.2	15.1	17.7
国防	11.5	3.4	2.3	5.7	2.6	9.2	3.4	3.4	7.4
公共安全	5.7	2.4	3.6	5.8	3.9	4.7	2.2	4.7	7.2
经济事务	10.0	5.4	7.2	6.3	9.9	21.3	8.1	11.0	23.1
环境保护		1.7	1.4	2.3	3.4	3.2	1.1	1.6	2.6
城乡社区事务	1.9	3.6	1.9	2.1	1.8	3.9	1.3	2.4	7.4
医疗卫生	21.1	13.7	14.3	16.0	19.6	13.5	14.6	11.8	4.9
文化体育传媒	0.9	2.9	1.6	2.0	0.4	2.9	2.5	2.8	1.9
教育	16.9	11.2	8.8	13.0	10.6	15.7	13.7	12.0	15.9
社会保护/社会保障与就业	18.6	42.4	46.5	35.9	33.9	12.4	40.9	35.2	12.0

注：OECD 国家数据由汪德华博士提供。北欧三国分别为瑞典、丹麦和挪威。三个转型国家分别为匈牙利、捷克和波兰。在合并时均采用了先计算各国财政支出比重，然后简单平均的方法。

资料来源：OECD Figure in 2009.

支出。而我国前三位的财政支出主要是用于经济事务和一般公共服务的，其中，经济事务占全部财政支出的比重超过 1/5，与 OECD 国家相比均偏高，后者的这一比重普遍在 10% 以下，只有韩国例外，其经济事务支出占财政总支出的比重与中国相当。社会领域中唯有教育支出，在总支出中占有较大份额，但其占 GDP 的比重仍处于较低的水平上。1994 年以来大多数年份都低于 3%，平均在 2.26%。这不仅远低于世界发达国家 6% 的平均水平，也低于一般发展中国家 4% 的平均水平。而且，中国财政教育资金的运用效率相对较低，其人员经费占教育支出的比重大大高于其他国家，并且一半的人员经费用于非教育人员。（贾康、郭文杰，2002）

相比之下，我国的社会保障与就业排在各项支出的第 4 位，占全部财政支出的 12%。虽然位次不低，但与 GDP 相比很有限。2004—2008 年间，其占 GDP 的比重平均仅为 2% 或者略高一些，2008 年为 2.1%。一般而言，凡是总支出占 GDP 比重较高的国家，其社会保护支出占 GDP 的比重也较高。OECD 社会支出占 GDP 的比重（2000—2005 年），平均在 20% 左右。捷克和波兰虽然是转型国家，但也基本都达到这一水平。韩国传统上就是小政府的国家，其社会支出占 GDP 的比重相对较小，不到 10%，而瑞典则高达 30% 以上（参见图 4-9）。

人们十分关注的医疗卫生支出，在所有 OECD 国家的财政支出中都位居前三位，而在中国各项功能支出中排名（2008 年）倒数第二。1994—2008 年，中国政府医疗卫生支出占全部财政支出的比重平均仅为 4.4%，大大低于 OECD 国家 10% ~ 20% 的水平，占 GDP 的比重更不足 1%，仅为 0.69%，OECD 国家的这一平均水平则为 5.5%。在世界卫生组织发布的《世界卫生报告 2006》中公布，中国政府卫生支出占 GDP 的比重，在 196 个国家中居第 156 位，排名比很多低收入国家还要靠后。

正如按功能分类的中国财政支出结构所显示的那样，社会性支出的低比例，与经济事务支出的高比例密切关联。图 4-10 显示了 1994—2008 年，中国按功能分类的部分财政支出结构。无论是从占财政支出的比重来看，还是从占 GDP 的比重来看，中国财政用于固

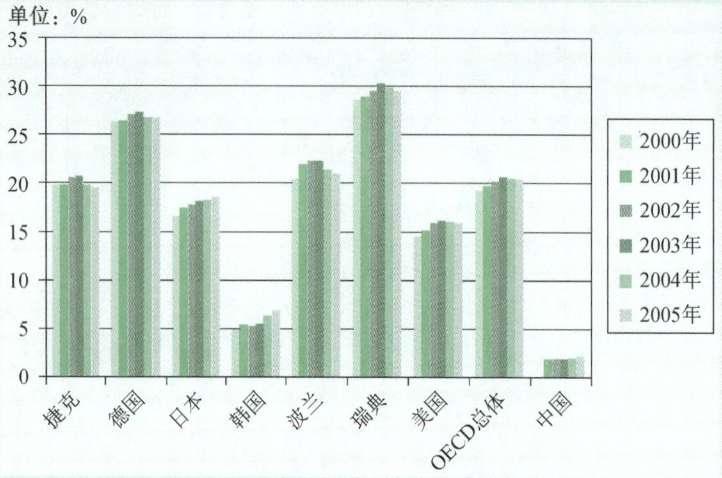

图 4-9 中国与某些 OECD 国家的社会支出

资料来源：*OECD Factbook 2009：Economic，Environmental and Social Statistics*，各国为 2000—2005 年数据；中国为 2004—2008 年数据，资料源自财政部网站。

定资产投资和城市维护建设的支出都远高于医疗卫生、社会保障与就业、农业和科技支出。这表明，中国财政支出结构的实质性转型才刚刚开始，其“重经济发展和基建投资、轻社会发展和人力资本投资”的传统特征仍然十分明显。

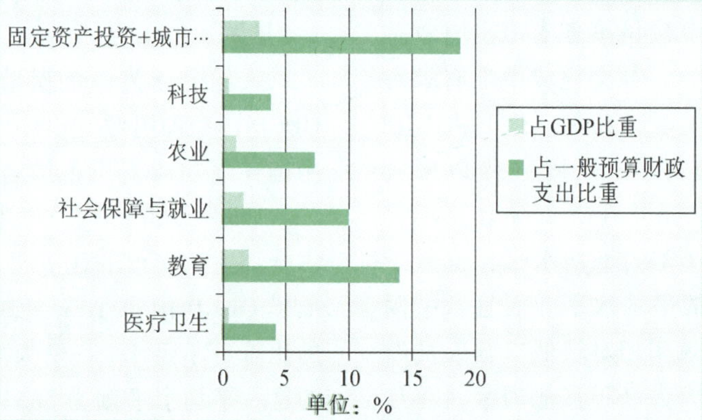

图 4-10 中国的固定资产投资支出和社会支出

注：图中所用的数据由汪德华博士提供。GDP 采用当年价数据。医疗卫生财政支出来自于《中国卫生统计年鉴》，但采用新的政府收支分类标准核算。城市维护建设数据为“中国历年城市维护建设资金收入统计”中的财政性资金，来自于《中国城市建设统计年鉴 2007》。需要注意，这些财政性资金中的部分来自于预算外和土地出让金。

资料来源：各年《中国财政年鉴》、《中国卫生统计年鉴 2009》、《中国城市建设统计年鉴 2007》，以及财政部公布的 2007 年、2008 年一般预算决算资料。

根据联合国开发计划署（UNDP）的定义，经济发展体现在总体经济规模、人均收入和增长的结构平衡等方面；社会发展指标则包括人口、教育、卫生、科技、文化、环境、基础设施、人类发展等。经济发展是社会发展的前提和必要条件；另一方面，世界历史经验证明，在其他条件相同的情况下，社会发展指标记录良好的国家和地区，往往更具有经济发展方面的优势。（胡鞍钢、邹平，2000）尽管经济发展与社会发展之间存在紧密的联系，但没有足够的事实证明，二者之间存在着明显的因果联系。经济增长能否促进主要社会发展指标不断改进和提高，有赖于其他经济因素和政策因素的共同作用，例如，财政支出是否有利于社会发展。

中国财政支出结构上的偏离，即重视经济服务（特别是经济建设事务）和一般公共服务，而忽视社会性支出的现状，是造成中国社会发展严重落后于经济发展的关键原因之一。在中国经济持续增长30余年之后，社会发展滞后已经成为经济结构转型和人民福利改善最大的制约因素。因此，“十二五”时期财政支出结构向“社会发展和人力资本投资”转型的任务仍然十分艰巨。

4.3 探索“十二五”时期的财政支出结构改革

历经30年曲折发展，中国政府已经深刻地认识到科学发展和和谐发展的意义，认识到转变经济增长方式、以人为本、关心弱势人群等理念对于促进中国人民长远福祉的价值。如果说“十一五”时期中国政府的执政理念及其公共政策体系实现转型并开始付诸实施，那么，“十二五”则是中国人民在过去30多年以来经济成就的基础上，续写社会和谐与公平正义的新起点。

尽管国家财政收入持续增长，为中国公共政策转型奠定了经济基础，但是中国毕竟是一个发展中的大国，仍将在很长的时期内受制于资金稀缺性的约束。要在不增加宏观税负和政府支出的前提下，更好地满足社会公共需求和实现宏观调控的目标，“十二五”期间必须探索如何进一步优化财政支出结构的改革，使财政支出各部分的比例适中、重点突出，保证财政资金的运用既符合最广大人民群众的长远利益，又能满足公共政策灵活调整的需要。

4.3.1 改革的基本原则

可以明确的一个基本原则是：着眼于“十二五”时期的经济社会形势及其发展过程中的深层次问题，探索中国财政支出结构改革之路。

财政政策是现代政府履行资源配置、宏观调控和收入分配职能的主要政策工具之一。而财政支出结构的调整又是运用财政政策的重要方式。在任何情况下，财政政策的运用都应服务于当时的经济社会形势，更长远地，还应当着眼于经济社会中的深层次问题及其解决之道，“十二五”期间中国财政支出结构的改革也应当遵循这一原则，为经济社会的和谐有序和科学发展服务。

从短期因素看，自2008年年底重新启动积极的财政政策和适度宽松的货币政策以来，2009年下半年我国宏观经济已率先走出全球金融危机的阴影，实现复苏。2010年年初以来，受大范围雪灾天气的影响，通货膨胀预期加大，虽然今年我国继续实行双宽松的财政和货币政策，但财政政策应当思考退出的问题。为避免过度的投资需求造成今后供给过剩，引发经济大起大落，新增财政支出的投向应更多投到最终需求，而不是中间需求上，也就是要弱化新增的投资性支出，重点强化在建的投资性项目和消费性支出，为积极财政政策的转型创造有利条件。

从中长期来看，适当的财政支出政策和支出结构的调整，比单纯的支出规模调整，更有利于解决经济社会中长期存在的深层次矛盾与问题。“十二五”期间，中国政府将在收入分配、结构转型、资源环境、政府服务等诸多方面面临严峻挑战。（参见第2章的内容）这一时期的公共政策将围绕两条主线而展开，经济政策方面就是考虑如何科学发展，社会政策方面则是建立和谐社会。财政支出结构的改革必然要围绕这两大政策焦点来谋划。

从科学发展的角度，“十二五”时期是我国经济增长方式初步转变的实现期。面对进一步增强的经济结构转型压力和环境资源约束，中国财政支出结构改革，一要稳步退出一般性竞争领域和生产流通环节；二要加大对具有公共物品属性的研究开发和技术创新等环节的投入，以促进自主创新和经济发展方式转变；三要通过支出政策促进资源节约和环境保护，实行有利于“资源节约型”、“环境友好型”社会建设的财政支出体制。

从建立和谐社会的角度，“十二五”时期又是通过体制机制改革，建立保障民生、实现和谐发展的关键期。面对不合理的国民收入分配格局，中国政府急需转换发展思路，扩大居民部门参与国民收入分配的份额及其消费能力，促进我国经济由外需驱动、投资驱动向内需驱动、消费驱动转型，让老百姓真正享受到改革开放的物质成果。因此，在财政支出结构的改革上，一要按统筹经济社会发展的要求，科学确定财政支出的范围和结构，缩减用于行政管理的政府投资与消费支出，加大以对民生为主的社会建设的财政投入。二是要按统筹城乡发展、推动社会主义新农村建设要求进一步扩大财政支出的覆盖范围，让公共财政的阳光普照城乡各地。通过调整财政支出结构，加大对“三农”的财政投入，加大中央财政对农村教育、医疗、社会保障和基础设施的补助力度，切实改变城乡基本公共服务差距。三是考虑到社会转型期居民收入差距拉大的现实，继续完善有利于社会弱势群体的财政投入机制，通过加强对教育、健康等人力资本的投入，为弱势人群向上流动创造条件。

4.3.2 改革的基本内容

着眼于满足社会公共需要，合理界定政府职能及各级财政支出责任的范围

在一定程度上，财政支出结构改革是“果”，而政府职能转变才是“因”。因此，中国财政支出结构的改革应以政府职能的合理定位为前提，要根据满足社会公共需要的要求，科学界定财政支出责任的范围与层次。

（1）政府—市场—社会的分工。

现阶段中国政府仍处于职能转型的过程之中，在很多领域尚未探索出稳定的“政府—市场—社会”间的分工模式，在不同的领域中“过度市场化（政府缺位）”与“过度干预（政府越位）”的问题并存。虽然依各国社会经济状况及其所处发展阶段的不同，各项职能的配比并无一定之规，但依然存在一些基本底线是所有市场经济国家都能够认可的，那就是：①政府的基本职责，应当定位在那些为市场活动界定规则、并维护市场公正和社会正义的层面，而不是参与市场活动本身；②虽然政府是公共物品与服务的主要提供者，但市场和社会组织依然可以在融资、生产和监管等方面发挥特定优势。

就中国而言，人们的注意力一直集中在如何减少政府所参与的市场活动上，最近，扩大社会支出的问题又得到了重视。长期以来被忽略的一点是，政府的注意力应首先集中于规则的制订和为市场活动设定框架等核心活动上；其次才是为了矫正市场失灵的目的，而有限度地参与经济活动；第三是要为社会力量在公共物品与服务的供给中发挥作用而创造有利环境。

（2）不同级次政府间的分工。

政府职能合理与否，在于它们是否着眼于满足社会公共需要。社会公共需要并非某个抽象的共同体的需要，而是社会中单个人的具体需要，在受益范围和相应的成本分担上，有着很明显的地域特征。若要有效地满足这些公共需求，必须适应公共需求的不同层次，在各级政府之间合理划分其财政支出的责任与范围，并使财力在各级政府间的配置与支出责任的配置相协调。

中国在政府间的分工方面存在的问题，

一是缺乏关于政府间支出责任划分的清晰的法律规定。稳定的支出责任划分是建立可持续的政府间财政关系的基础，否则将不可能建立可持续的政府间税收分享制度以及转移支付制度。虽然存在关于支出责任划分的一般理论，（Shah，1994）但是在实践中并不存在一套普遍最优的划分方式。各国如何划分支出责任往往与其传统以及体制惯性密切相关。（McLure 和 Martinez – Vazquez，2000）因此，在现实中各级政府职能重叠、混乱，有悖于支出划分的一般理论原则的情况并不鲜见，而且往往不易改变。（沙安文，2006）然而，这并不意味着在特定时期，以及既定的政府目标下，不存在一种相对合理的划分方式。

二是责任安排不符合效率原则。在这方面目前中国最大的问题是许多社会支出责任由地方政府承担。地方政府因为接近公共服务的消费者，因此由他们来负责递送公共服务是合适的，但由他们来融资未必可取。而在中国的行政性分权改革战略下，一度将原来由中央政府履行的社会保护和福利职责（例如教育、医疗、社会保障、资源环保等）提供下放到地方，同时并没有伴随财力的下放和补偿。地方政府在力所不能的情况下，要么导致大量的预算外行为，要么导致无力供给公共服务，造成公共服务的地区间差异。这恰恰有悖于帮助弱势群体的目标。

到目前为止，中国的财政分权依然具有很强的非规范色彩，为了保证分权框架的可信度和必要的弹性，“十二五”期间中国应当在法律层面上建立正式的支出责任划分。有些国家通过宪法来明确各级政府支出责任的归属，也有很多国家在与预算和地方政府相关的法律中加以明确。无论以哪种方式，都应考虑到技术条件、经济发展、社会观念等的变迁，以相对确定的方式，划分各级政府的支出责任。

在此基础上要重新界定某些支出责任的划分。有些责任的划分应当是很清晰的，比如，如外交、统一市场、竞争政策、货币政策、国防、对外事务等应属于中央政府的责任。地方政府同样也有完全属于自己的责任范围，比如地方性的基础设施。但是对于那些交给地方的社会福利支出责任，尤其是在社会服务、基础设施和与环境保护相关的那些方面，应当纠正支出责任过度下移的现状，这类服务的递送可以继续由地方政府实施，但中央政府应在不同程度上负起融资责任。当然，有某些领域，需要政府间相互配合、共同承担责任才能完成，就应考虑如何分担责任才最合理，事实上环境保护、教育和医疗等都程度不同地存在这些问题。

根据政府职能转型和满足社会公共需要的要求，合理安排各项支出的相对比重

前面我们谈到中国财政支出结构的现状及其问题，并注意到了其显著的经济性与建设性，而社会性与再分配性相对欠缺的特征。从平衡财政职能和满足社会发展要求的角度，中国政府在“十二五”时期应当更多地关注再分配问题，相应收缩购买性支出、扩大转移性支出的比重，并使财政支出向人力资本和社会资本倾斜。

然而，财政支出的收缩和扩张并不只是一个总量上的要求，结构性调整相当重要。理想的政策是找出生产力最低的支出类别以削减，而那些对促进居民收入改善和国内消费、激励私人部门投资和有利于改革全社会人力资本与社会资本的支出类别，应该是财政支出的保障重点。

在处理投资性支出与消费性支出的关系时，一方面要控制并调减投资性支出的规模，另一方面要注意投资性支出要有保有压。严格控制公共资本流向一般竞争性领域和行政事业部门的基本建设，保证社会对基本公共设施的投入需求。在消费性支出上，从严控制行政性公共消费，突出预算保证重点，使有限的资金用于教育、医疗、社会保障与就业、“三农”、自主创新、环境保护等社会发展的薄弱环节和与民生有关的支出上。

在既定的财力约束下，确立财政支出的目标人群和重点投向

到目前为止，还没有哪种经济理论或是经验证据，能够提出一套清晰的、可执行的原则，告诉人们财政支出如何结构，以达到想要的政策目标。（Paternostro，Rajaram 和 Tiongson，2005）如果每个国家的政府都有能力实现国内公共物品与服务的充分供应与均等化，当然就不会提出这个问题了。实际上政府在安排支出时往往受财力所限，这是几乎所有的政府都经常遭遇的难题。中国也不例外，在既定的财力约束下，要想兑现政府“加大对民生领域和社会事业支持保障力度，增加对‘三农’、科技、教育、卫生、文化、社会保障、保障性住房、节能环保等方面和中小企业、居民消费、欠发达地区支持力度，支持重点领域改革”等一系列承诺，就必须注意突出财政政策的实施重点，确立财政支出的目标人群和重点投向。

“十二五”时期财政支出的目标人群和重点投向的决定，依赖于这一时期的发展战略及其所要实现的目标。在这样一个大的战略下，针对所要实现的政策目标，政府部门的角色将会有一个比较准确的定位。为此，政府将综合运用支出政策、税收政策以及管制的手段，以确保该目标的实现。就支出政策而言，除了调整支出规模之外，支出结构的调整也是很重要的政策手段。

不过，这一框架适于从大的方面，或者说从原则上，界定哪些社会群体（如老年人、失业者）、哪些事项（如环境保护、科技创新）应作为重点支出对象，通过扩大何种类别的支出（如社会保障和就业支出、环境保护支出、科技支出等）或相应缩减何种类别的支出（如一般公共服务支出、固定资产投资支出等）来达到目标。仍然不能详细地指导在各项具体的支出上如何确定服务对象和优先保证财政资金的供给。特别是在那些财政资金极端紧张的发展中国家，即使确定了战略上的重点支出，限于财力，也不可能在该领域内向所有人提供完全的服务。

Baltussen（2006）为此发展了一套旨在提高公共支出效率和效果的“两步分析法”。第一步，确定该项财政支出（如，卫生支出中预防 HIV 母婴传播的支出）的受益对象，即向什么人（向全体人，还是只针对穷人）提供这一服务。其判断标准即是公共经济学“外部性”、“公共物品”等。如果符合标准，则进入第二步，确定是否优先提供财政资金保障。在这一阶段，决策者依据该领域内的专业标准或其他非专业的技术标准做出判断。若答案为“是”，则应拨款或提供补贴，若答案为“否”，则不拨款。“两步分析法”的运用，有利于避免以撒胡椒面的方式来运用有限的财政资金，也有利于避免在某些不应当支出的方面安排过多的资金。

中国在很多财政支出上，由于事先未根据政策目标对目标受益对象进行认真的评估，资金的运用效果往往不尽如人意。因此，如何从程序上完善财政支出的执行过程，也是“十二五”时期财政支出结构改革的重要内容。

改善公共治理机制，提高财政支出的效率与效果

“十二五”时期财政支出结构的改革，除了要求根据社会经济发展需要，调整财政投入的重点方向之外，还必须考虑到财政投入的效率与效果。很多的文献都已经关注到了这个问题。但是，实证研究的结果往往总是冲突的。例如：Easterly 和 Rebelo（1993）的研究表明，发展中国家用于交通通讯的公共投资有很高的正向经济增长效应，而 Devarajan（1996 编）利用 43 个发展中国家 20 年的数据检验证明，公共投资尤其是交通通讯投资与人均实际 GDP 的增长负相关。一些在教育和医疗领域的研究结论之间，也同样存在相互冲突的现象。之所以出现这种现象，在很大程度上是因为财政支出的效果不仅取决于数量，还取决于治理的质量。（Rajkumar 和 Swaroop，2007）

所谓“治理”，是指政府官员和公共机构

取得并运用权力，制订公共政策和提供公共物品与服务（包括提供基础服务、基础设施以及安全的投资环境等）的方式。高质量的治理往往表现为：公开、透明、可预期的公共政策的制订；恪守职业道德的行政系统；得力而负责任的执行机构；公民社会广泛参与公共事务；以及上述各方行为的法治环境。（World Bank，2007）大多数的经验研究表明，良好的治理有利于提高公共支出的效果。然而，由于简单地增加支出比改善治理更易于实施，一些旨在改革公共支出结构的努力常常忽略了后者。Rajkumar 和 Swaroop（2008）对发展中国家教育和医疗财政支出绩效的考察表明，治理质量的高低对财政支出的效果起到至关重要的作用。仅靠增加教育支出和医疗支出，而缺乏良好的治理，并不能有效改善教育和卫生状况。

完善的公共治理机制包含公共支出的决策、融资、生产、监督与问责的全过程。政府的责任是，要为公民获得基本公共服务提供制度保证，并作为基本公共服务的最后出资人。这不是说所有的公共物品服务，必须由政府出资或生产。有能力的政府将会灵活运用监管、融资和生产三种角色，充分发掘社会其他主体的潜力，以最小的成本、最能发挥非政府主体积极性的方式，达到这一目的。在当前中国政策界的主导思路中，政府的责任仍存在着不明晰和不恰当之处。“十二五”时期，中国政府应努力克服公共服务供给的这一制度缺陷，并推动建立一个负责任的个人与负责任的政府良性互动的公共物品与服务治理框架。

4.3.3 改革的制度保障

财政支出结构的改革在任何情况下都将是一次利益格局的调整，是公共利益的重新分配，也是相关成本分担方式的重新安排，如果没有可靠的制度保障，那么，不可能使改革得到全部利益相关方的支持。

改善财政支出决策机制　显示公共物品与服务需求

政府财政支出的目标，是要最大程度上满足社会对公共物品的需要，因此，财政支出结构改革是否符合经济社会发展的需要，根本上取决于公共需要及其结构是否被正确揭示。但公共需要及其结构的揭示，历来是财政理论上的难题。事实上，对于执政者来说，不应当期望去“设计”公共物品与服务的需求结构，这一结构也是不可能“被设计”的，不存在具备这一能力的全知全能者。

现代民主制度发展了一套投票制度来解决这一理论难题。即使是这一制度，也不可能“先见性地”确知公共物品与服务的需求结构，但是它的优点在于，能够通过事后排除那些不合格的方案与政治家、并代之以新的议案或新的政治家的方式，使现有结构获得改善。民主制度提供了一个大众可以表达意愿的、允许试错的公共需求揭示机制。

中国的政治体制改革虽然滞后于经济体制改革，但是近 30 年以来决策民主化的重大进步也是有目共睹的事实。政治民主化是一个渐近的过程，“十二五”时期我们的目标不是仿效西方的选举式民主，而是着眼于促进议程设置的多元化、合理化，使公共物品与服务的需求结构、特别是弱势群体的声音，能以合法而有效的渠道被表达。

我国传统的议程设置主要是“关门模式”、“动员模式”，辅之以“内参模式”以及“上书模式”。前两种模式在当今形势下已经式微，改革开放以来，各类官方及民间的智库兴起，内参模式风行，由于政治自由度提高，“上书模式”也起到很大作用。近年来，得益于传媒、网络、非政府组织等的发展与推动，“借力模式”和“外压模式”成为新的议程设置模式。“关门模式”和“动员模式”下一般是决策层说了算。“内参模式”和“上书模式”就能够体现社会精英与大众个体的关切点，“借力模式”和“外压模式”更在以上两种模式的基础上，使精英与个别大众意识到的重大问题迅速引起公共和舆论注意，直至进入决策者视野。公共政策议程设置模式的变化，虽然还未触动决策过程本身，但是能够通过影响决策对象，达到影响决策过程之目标。（王绍光，2008）

加快公共财政制度建设，保障财政支出的资金需求

目前为止，我们一直将主要的注意力集中在财政账户的支出一方，而有意识地忽略了满足支出需求的收入来源。但是，没有财力保障的支出结构改革将是脆弱的，谈财政支出结构的改革，最终不可能回避相应的财政资金如何得到满足的问题。这要求在整个“十二五”期间：（1）我国的宏观税负水平保持在与公共支出改革要求相适应的水平上；（2）宏观财力的政府间分配按与事权配置相适应的方式做出安排。

根据我们的估计，为了完成“十二五”时期财政支出结构改革的目标，我国的宏观税负水平至少应达到 GDP 的 25%。这一点需要结构性的税制改革和其他收入制度改革来实现，第 5 章和第 6 章将有详细阐述，在此略去不谈。同时，要保障合理的财力政府间分配，还必须完善地方税收体系和政府间转移支付制度，使地方财力与事权相匹配。

我国现行税制安排不仅在收入归属上、而且在收入归属的决策机制上都具有高度的集权性。这一税制安排的集权特征又与政府职能的分权化形成了冲突。现行财政体制下，地级市和县级市是提供社会安全网的主体，县乡两级政府则负责提供基础教育和公共卫生，此外，地方政府还负责为那些对推动经济增长和发展至关重要的基础设施投资提供资金。可以说，省级以下政府（市、县、乡/镇）负责提供所有重要的社会支持或几乎所有的公共服务，相对于这种职责的分配格局，地方政府的税收收入规模显得过于拮据，甚至无法维持。（黄佩华、迪帕克等，2003）

上述地方财力困境决不是中国的特例，而是一种全球普遍的现象。长期以来，各国解决这一问题的重点，主要放在政府间转移支付方面，即，力图通过中央对地方的财政转移支付弥补地方财力不足。虽然这样做能够缓解地方财力之困，但是却未能在增加地方财力的同时，同等程度地提升地方政府对地方性公共事务的回应性和责任心。20 世纪 90 年代以后，为弥补分权体制下地方政府收入与其支出责任不对称的差距，各国开始在理论和实践上转向探索健全、完善的地方税体系建设的问题。（Bird，1999）

和世界其他国家一样，中国最先也是试图以扩大转移支付规模的方式，解决地方财力困难。但是鉴于我国的转移支付制度具有很强的过渡期特征，可用作一般性财力转移的资源有限，其弥补地方一般性财力失衡的作用并不显著。与此同时，地方税体系建设进展缓慢，以至于地方高度依赖“土地财政”，由于非税收入相对来说易于操控、自主性强，致使地方对正规的地方税体系建设缺乏兴趣。

当前中国要在继续完善转移支付制度的同时，加快规范的地方税体系的建设步伐。解决地方税问题的核心，是要以地方政府职能的确认为出发点，培育地方主体税种为核心，使地方政府具有稳定的取得收入的能力，以回应地方居民的公共服务需求，并给予地方适当的税政自主权，在这个基础上循序渐进地使整个税制体系朝向与中央—地方职能分工相一致的方向发展。

改进公共行政激励机制，促进服务型政府的建立

自改革开放以来中国保持了长达 30 年的高速增长，另一方面，伴随经济高增长的诸多负面问题也长期积累、程度惊人，比如粗放型增长问题、收入不平等、环境恶化问题、市场秩序紊乱与政府职能错位问题等等。（周黎安，2007）经济高增长的同时，财政收入以更快的速度攀升，与此同时，公共物品供给不足的矛盾亦十分突出。这说明，假如缺乏相应的行政

激励，国民经济和财政收入的双双增长，未必直接导致公共物品与服务供给的增加。中央层面由生产建设型政府向公共服务型政府转型的自主性增强，转型的步伐也较快。但地方层面的进展仍然缓慢。

多数观点认为地方财力不足，是导致地方公共物品供给不充分的主因，但近年来随着转移支付制度的不断完善，地方政府实际支出了全部财政支出的70%左右。再加上地方政府预算外生财有道，其掌控的资源规模无论是从绝对量上还是从相对量上都已大大膨胀。据估计，2004年中国地方政府可支配财力为30 367.17亿元，是当年中国中央政府财政7 894.08亿元的3.85倍，是2004年中国GDP总额（调整后数字为159 878.3亿元）的19%。（平新乔，2006）这种情况下却出现了地方公共物品供给不足的现象，其原因不在于地方财政规模不够，而在于现行体制对地方的激励出了问题。

由于地方官员的晋升由上级任命，而考核的主要指标则是GDP增长率和招商引资的数额，导致地方政府相互竞争经济增长非公共服务，成为地方财政“重基本建设、轻人力资本和公共服务”的体制根源。（傅勇、张晏，2007）一般而言，地方政府由于接近公共物品与服务的消费者，更有条件了解居民的需求信息，能够更好地提供公共物品与服务，以满足本地区民的公共需求。然而，越来越多的研究关注到，在中国特殊的官员晋升机制下，地方政府对经济增长率的热衷导致了财政支出结构的扭曲和政府作为公共物品提供者角色的缺失。并且这种结构偏向并不会因为地方财力状况的改善而根本性地扭转。

既然官员晋升的行政机制是造成地方财政支出结构偏离的重要原因，因此，相应的改革思路有两条：一是改革现有的政府绩效考评机制，弱化基于经济增长的单一激励。例如，由单一的增长率指标改为更具综合性的指标体系，纳入环境质量及其他相关因素，如绿色GDP指标，以减少对行政官员的激励扭曲。再如，将地方居民满意度纳入地方官员的考核体系。二是加大力度推动基层民主建设，强化地方人大对政府官员的监督与问责，引入差额选举的方式，让居民有能力影响地方官员的仕途，以引导地方政府有效配置公共资源，更好地满足民众对公共服务的需求。（周黎安，2007；龚锋、卢洪友，2009）

完善财政支出监督问责机制，制约财政贪腐与浪费

几乎所有的公共政策都具有或强或弱的“非中性”特征，尤其是那些分配性较强的政策。而财政资金的配置是一种再分配行为，由于政策结果的非中性特征，各利益相关者也会从自身利益出发，通过各种方式——游说决策部门、请主管领导打招呼、动员社会舆论、甚至直接的贿赂——来引导财政部门最终采用对其有利的那种支出方式。这又刺激决策者在选择支出方式的过程中通过创设租金以谋取不正当的利益。以上两种因素相互作用，有可能使政策结果严重偏离事先设定的良好目标。

因此，仅仅通过政府间职责的划分，不足以使公共部门自动实现公共物品和服务的有效供给。一个有效监督和可问责的政治体系对于财政支出结构改革的成败是至关重要的。如果缺乏可问责任性，那么，高强度的经济激励将导致官员的腐败、省际间的保护主义和政府为既得利益集团所掳获。（Enikolopov 和 Zhuravskaya，2004）

“财政腐败”是指财政领域中的公职人员利用某种垄断权（包括行政权和资源配置权）对财政管理程序和规则 施加非法影响而导致财政资金流失和使用无效的行为。（吴俊培、吴莲芳，2008）由于在不同类型的公共支出中，腐败存在的难易程度不同，因而，腐败在一定程度上能够影响财政支出结构。Delavallade（2006）发现了腐败行为致使预算资金偏离社会部门的证据。吴俊培、吴莲芳（2008）利用1995—2004年的统计数据，对中国财政腐败与公共支出结构关系的检验结果表明，腐

败整体上降低了社会文教支出的比重，包括教育支出和医疗卫生支出的比重。这说明，要在一个可持续的基础上来改进公共支出结构，必须加大对财政腐败的治理。

随着体制改革进程的深入，中国的财政分权越来越需要走向制度化。制度建设的重心应当是，使决策单位面临硬预算约束，培养财政决策的可问责性，制约财政贪腐与浪费。为此，“十二五”时期中国政府应继续深化财政与预算管理制度改革，提高各级政府预算的完整性、强化其法治性，加强立法机关对各级财政及政府部门的监督。

4.4 小　　结

现代市场经济体制下各国政府履行的主要职能有三项：资源配置、收入分配和宏观稳定。越是市场经济发达的国家，其资源配置的职能则越小，表现为购买性支出比例的较低。中国的购买性支出所占的比重，无论与发展中国家相比，还是与发达的市场经济国家相比，都属偏高。这表明中国各级政府仍在很大的程度上参与市场营利性活动。政府过多涉入市场活动，既占用了私人生产和消费的资源，同时，由于政府是规则的制订者，易于造成不公平的竞争，妨碍市场和社会健康发展。因此，中国政府职能的转型仍是“十二五”的一项重要任务。

从平衡财政职能和满足社会发展要求的角度，中国政府在“十二五”时期应当更多地关注再分配问题，相应收缩购买性支出、扩大转移性支出的比重，并使财政支出向人力资本和社会资本倾斜。在处理投资性支出与消费性支出的关系时，一方面要控制并调减投资性支出的规模，另一方面要注意投资性支出要有保有压；在消费性支出上，从严控制行政性公共消费，突出预算保证重点，使有限的资金用于教育、医疗、社会保障与就业、“三农”、自主创新、环境保护等社会发展的薄弱环节和与民生有关的支出上。并通过财政支出决策机制、资金保障机制、公共行政激励机制、财政支出监督问责机制等方面的完善，为财政支出结构改革提供制度保障。

主要参考文献

傅勇、张晏：《中国式分权与财政支出结构偏向——为增长而竞争的代价》，《管理世界》，2007 年第 3 期。

贾康、郭文杰：《财政教育投入及其管理研究》，中国财政经济出版社 2002 年版。

黄佩华、迪帕克等：《中国：国家发展与地方财政》，中信出版社 2003 年版。

龚锋、卢洪友：《中国公共支出结构、偏好匹配与财政分权》，《管理世界》，2009 年第 1 期。

OECD：《中国公共支出面临的挑战》，清华大学出版社 2006 年版。

平新乔、白洁：《中国财政分权与地方公共品的供给》，北京大学中国经济研究中心 2005 年讨论稿系列，No. C2005006。

平新乔：《中国地方预算体制的绩效评估及指标设计》，北京大学中国经济研究中心 2006 年讨论稿系列，No. C2006018。

沙安文、乔宝云：《地方财政与地方政府治理》，人民出版社 2006 年版。

维托·坦齐、卢德格尔·舒克内希特：《20 世纪的公共支出》，商务印书馆 2005 年版。

王绍光：“从经济政策到社会政策的历史性转变”，载周建明、胡鞍钢、王绍光主编：《和谐社会构建：欧洲的经验与中国的探索》，清华大学出版社 2007 年版。

王绍光：“中国公共政策议程设置的模式”，《开放时代》，2008 年第 2 期。

吴俊培、吴莲芳：“腐败与公共支出结构偏离”，

《中国软科学》，2008 年第 5 期。

中国发展研究基金会：《公共预算读本》，中国发展出版社 2008 年版。

周黎安："中国地方官员的晋升锦标赛模式研究"，《经济研究》，2007 年第 7 期。

W. Adema and M. Ladaique. 2009. "How Expensive is the Welfare State?" Gross and Net Indicators in the OECD Social Expenditure Database (SOCX), OECD Social, Employment and Migration Working Papers No. 92. [http: //www. oecd. org/els/social/expenditure].

Baltussen, R. 2006. "Priority Setting of Public Spending in Developing Countries: Do Not Try to Do Everything for Everybody." *Health Policy*. Vol. 78 (No. 2/3).

Bird, R. 1999. "Rethinking Subnational Taxes: A New Look at Tax Assignment." IMF – Working Paper (WP/99/165, December).

Delavallade, C. 2006. "Corruption and Distribution of Public Spending in Developing Countries." *Journal of Economics and Finance*, Vol. 30, No. 2. pp. 222 – 239.

Devarajan, S., Swaroop, V., Zou, H. 1996. "The Composition of Public Expenditures and Economic Growth." *Journal of Monetary Economics*, Vol. 37, No. 2. pp. 313 – 344.

Dewan S and Ettlinger. 2009. "Comparing Public Spending and Priorities Across OECD Countries." [http: //www. americanprogress. org/issues/2009/10/pdf/oecd_ spending. pdf].

Easterly, W., Rebelo, S. 1993. "Fiscal policy and economic growth." *Journal of Monetary Economics*, Vol. 32, No. 3. pp. 417 – 458.

C. McLure and Martinez – Vazquez. 2000. "The Assignment of Revenues and Expenditures in Intergovernmental Fiscal Relations." World Bank Institute, Washington, D. C.

Paternostro, rajaram and Tiongson. 2005. "How does the Composition of Public Spending Matter?" World Bank Policy Research Working Paper 3555, March 2005.

Enikolopov Ruben and Ekaterina V. Zhuravskaya. 2004. "Decentralization and Political Institutions." Centre for Economic Policy Research (CEPR) Working Paper.

Rajkumar A. S. and V. Swaroop, 2008. "Public Spending and Outcomes: Does Governance Matter?" *Journal of Development Economics*. Vol. 86, No. 1. pp. 96 – 111.

Schuknecht Ludger and Vito Tanzi. 2005. "Reforming Public Expenditure in Industrialised Countries: Are There Trade – Offs?" European Central Bank Working Paper Series No. 435/ February 2005. [http: //www. ecb. int or from the Social Science Research Network electronic library at http: //ssrn. com/abstract_ id = 647947].

Shah, A. 1994. "The Reform of Intergovernmental Fiscal Relations in Developing & Emerging Market Economies." Policy and Research Series No. 23, World Bank.

World Bank. 2007. "Strengthening World Bank Group Engagement on Governance and Anticorruption." World Bank, Washington, D. C. [http: //siteresources. worldbank. org/EXTPUBLICSECTORANDGOVERNANCE/Resources/GACStrategyPaper. pdf].

5

“十二五”时期的政府收入体系改革

- 随着现代国家政府职能的扩张，履行公共责任的主体和政府收入形式逐步复杂化、多样化
- 在中国目前政府收入结构中，非税收入的比重偏高，专款专用性质的收入比重偏高，土地出让收入在地方政府收入中的比重偏高
- 在进一步推进事业单位改革的基础上，应对公立机构各种类型的收入进行分类，合理界定政府收入的统计范围
- 应稳定宏观税负水平，提高税收收入、社会保障收入、国有资本经营收益、国有资产（资源）使用收入在政府收入中的比重，相应降低行政事业性收费、各种专项收入和政府性基金在政府收入中的比重；应适度提高财政统筹资金的比重，相应降低专款专用收入的比重；完善地方政府收入体系
- 在“十二五”时期，应将所有政府收入纳入预算，实施分类预算管理

Government Revenue System Reform in the Period of 12th Five-Year Plan

- With the expansion of modern government functions, the revenue forms of government and entity that perform its public responsibilities are complicated and diversified gradually
- The proportions of non-tax revenue and earmarked revenue are higher in China's current government revenue structure, and the proportion of land conveyance fees revenue is higher in local government revenue structure
- On the basis of further promoting the reform of public institutions, the revenue forms of public entities should be classified and the scope of government revenue statistics should be reasonable defined
- The level of macro tax burden should be stabilized, the proportions of tax revenue, social security revenue, state-owned capital operating earnings and state-owned assets (resources) use income should be raised, and the proportions of administrative fees, various earmarked revenues and government funds revenue should be lowered, the proportion of fiscal over-all planning funds should be appropriately raised and the proportion of earmarked revenues should be lowered accordingly in the government revenue system. The local government revenue system should be improved
- In the period of 12th Five-Year Plan, all government revenues should be integrated into the budget and implemented with classification of budget management

5. “十二五”时期的政府收入体系改革

现代国家政府职能的扩张，使政府肩负了越来越多的公共责任。履行这些公共责任的主体，不限于传统意义上的政府机构。非营利非政府组织、国有企业，乃至私营部门，也广泛地参与到公共服务的供应和生产过程中。政府履行公共责任的方式，也不限于传统意义上财政资金的收支。社会保障基金、使用者付费、政府贷款和担保、税式支出等方式，在履行公共职能过程中也发挥了越来越大的作用。对于中国这样一个国家拥有或控制土地（城市土地的所有权及农村集体土地实质上的控制权）、资源所有权，并直接控制大量国有企业的政府而言，国有资产、资源的出让，国有经营性资本的管理，也必然导致政府控制下的复杂而多样的资金收支行为。[①]

中国政府收入形式具有多样化、复杂化的特征。2008 年，中国的 GDP 为 314 045 亿元，各项政府性收入合计为 95 842.95 亿元，占 GDP 的比重为 30.52%，其中，税收收入为 54 223.79亿元，占 GDP 的比重为 17.27%，不包括债务收入的各类非税收入为 41 619.16 亿元，占 GDP 的比重高达 13.25%，是税收收入的 76.75%。其中，社会保障缴费收入 12 259亿元，占 GDP 的比重为 3.9%；一般预算中的非税收入 7 106.56 亿元，占 GDP 的比重为 2.26%；政府性基金收入（不含地方土地出让收入）5 261.07 亿元，占 GDP 的比重为 1.68%；预算外收入 6 617.25 亿元，占 GDP 的比重为 2.11%；地方土地出让及新增建设用有偿使用费收入为 10 375.28 亿元，占 GDP 的比重为 3.30%。[②] 对中国当前政府收入体系及“十二五”时期的改革进行分析，不仅有助于全面、客观地认识政府收支规模和结构在政府履行各项公共职能中的作用，更是进一步完善政府预算制度、推进预算公开透明的基础。

温家宝总理在 2010 年 3 月 23 日国务院第三次廉政工作会议上明确指出：“要把政府所有收支全部纳入预算管理，建立健全政府公共预算、政府性基金预算、国有资本经营预算和

---

① 高培勇：《实行全口径预算管理》（中国财政政策报告 2008/2009），中国财政经济出版社 2009 年版，第 218 页。

② 数据来源：参见本报告第 3 章的相关内容。

社会保险预算制度，形成覆盖政府所有收支的预算体系。”① 因此，进一步完善政府收入的结构、加强对各项收入的管理是“十二五”时期财税体制改革重要的内容。

5.1 政府收入体系：范围、分类与管理

政府收入体系研究面临的基本问题主要有三个：一是政府的范围，即究竟哪些机构的收入应当计为政府收入；二是政府收入的分类，即什么性质的收入应当视为政府收入，不同性质的收入应当如何区分；三是不同类型政府收入的特征及其适用的管理模式。我们以国际货币基金组织《2001 年政府财政统计手册》、《财政透明度手册（2007 年）》的相关内容为基础，结合中国现行的政府收支分类体系对上述三个问题进行简要的分析。

5.1.1 政府的范围

《2001 年政府财政统计手册》中将公共部门分为各级政府部门和公共法人机构。其中公共法人机构主要分为两类：非公共金融法人机构与公共金融法人机构，后者包括货币主管当局（中央银行）和非货币金融公司。②（参见图 5－1）

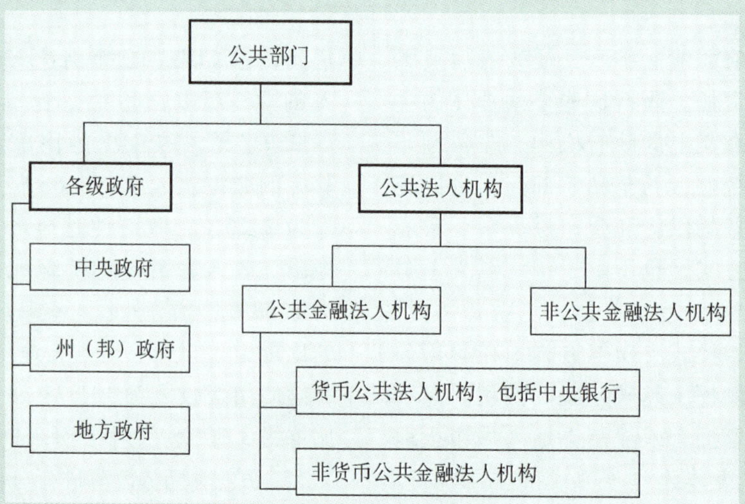

图 5－1 公共部门

各级政府部门包括由政府控制，并主要由政府提供资金的所有政府单位和所有非市场非营利性机构（NPI）。政府部门是不在市场生产者之列的所有公共机构单位，它不包括公共法人机构。联合国 1993 年《国民账户体系》中将各级政府定义为下述常设机构单位：

（1）中央、州（邦）或地方政府的所有单位；

（2）所有预算外资金单位，包括各级政府的社会保障基金；

（3）由政府单位控制，并主要由政府单位提供资金的所有非市场非营利机构。

---

① 资料来源：http：//www.gov.cn/ldhd/2010－03/23/content_1562864.htm。

② 国际货币基金组织：《财政透明度手册（2007 年）》，第 16 页。

其中，非市场非营利性机构被定义为：为生产非市场货物与服务而设立的法人或社会实体，这些法人或社会实体不得为那些设立和控制它们以及为其提供主体资金来源的单位获取收入、利润或其他经济利益。如果其绝大部分产出不是按照具有显著经济意义的价格出售，那么就属于非市场生产者。①

公共法人机构是由政府拥有或控制，从事货物或服务生产并按具有显著经济意义的价格在市场上出售其产品的法人。公共法人机构是市场生产者。

根据上述定义，在我国与各级政府部门对应的是各级政府组成机构及其所属事业单位。然而，将我国现行的事业单位与 NPI 的定义相对比，许多传统意义上的事业单位实际上是按照“具有显著经济意义”的价格在提供产品和服务，如实施企业化改革之前各部门所属出版社、设计院，广电部门所属的电台、电视台的广告业务等。（参见专栏 5－1）

专栏 5－1　非市场非营利机构

有时，确定政府实体的性质是一件很难的事。如，有些实体可能具有独立的法定身份、具有很大的行政自主权（包括自主确定支出构成）、税收来源直接来自转移或专项收入。但这些实体如果从事非市场活动，以税收（或其他强制性转移）为其主要资金来源，和/或受政府实体的控制，那么事实上属于政府实体，应将其纳入政府活动的正式定义中。这些实体属于非市场非营利机构，应将其纳入各级政府活动中。

政府可能通过非市场非营利机构，而非政府机构从事某些活动，因为这些机构可能更独立、更客观和更少受到政府压力的影响。例子包括：研发机构，负责制定和维护卫生、安全、教育或环境标准的机构。有时，可能会设立非市场非营利机构，这是出于效率方面的考虑——包括：如果不设立这类机构，有关政府的法律要求可能会阻碍其活动的进行。在判断一个政府是否对某个实体的活动进行控制时，实际上要根据该实体决定一般政策的能力——要么根据该实体对非营利性机构任命管理官员的权力，要么根据财政手段。根据《2001 年政府财政统计手册》的规定，非营利机构主要由政府提供资金，而其大多数活动资金由政府单位提供或通过专项税收获得。

财政透明度要求将所有非市场非营利机构（有时又称自治实体）都纳入有关各级政府活动的预算文件和报告中。财政《标准与守则遵守情况报告》方面的证据显示，目前，很多国家都没有达到这一要求。在其中一些国家中，这类实体从事着很多财政活动，如果有关各级政府的统计忽略了它们，那么将会严重扭曲人们对政府规模和范围的理解，并可能低估政府对重要领域（如卫生与教育）的介入。此外，由于非市场非营利机构和自治实体从事的活动可能是混杂的（有些为市场活动，有些为非市场活动），所以不同政府机构对各级政府的正式定义通常不同。这样，在对不同统计报告进行解释和调整时，可能非常困难。

资料来源：国际货币基金组织：《财政透明度手册（2007 年）》，第 17 页。

同时，许多事业单位需要向其所属部门上交部分事业收入，这一点也明显不符合“这些法人或社会实体不得为那些设立和控制它们以及为其提供主体资金来源的单位获取收入、利润或其他经济利益”的要求。

此外，许多公共法人机构（国有企业）承担有按较低价格向社会提供基本公共服务的职能，某些公共基础产品和服务的价格往往并

① 具有显著经济意义的价格指那些对生产者愿意提供的数量或者购买者愿意购买的数量，产生显著影响的价格。

不具有“显著经济意义”。

还有许多产品和服务的价格是否具有“显著经济意义”则难以进行准确判断，如义务教育阶段的学费和非义务教育阶段的学费、公立医院的诊疗费收入等。相应的义务教育阶段的学校和非义务教育阶段的学校是否应分属政府部门和公共法人机构。而且，如果同一机构按照两种价格提供相同或不同的产品或服务也存在着界定的困难。如质量监督检验机构履行法定职能进行商品检验和应特定厂商或消费者要求对送检商品进行检验并出具鉴定报告的价格就可能存在差异。

5.1.2 政府收入的分类

《2001年政府财政统计手册》将收入分为税收、社会缴款、赠与和其他收入四类（参见表5-1）。

表5-1 收入分类

1	**收入**
11	**税收**
111	对所得税、利润税和资本收益征收的税收
112	对工资和劳动力征收的税收
113	对财产征收的税收
114	对商品和服务征收的税收
115	对国际贸易和交易征收的税收
116	其他税
12	**社会缴款**
121	社会保障缴款
122	其他社会缴款
13	**赠与**
131	来自外国政府
132	来自国际组织
133	来自其他广义政府单位
14	**其他收入**
141	财产收入
142	出售商品和服务
143	罚金、罚款和罚没收入
144	除赠与外的其他自愿转移
145	杂项和未列明收入

资料来源：国际货币基金组织：《2001年政府财政统计手册》，第56页。

我国2007年的政府收支分类改革后出台的《2007年政府收支分类科目》将收入分为税收收入、社会保险基金收入、非税收入、贷款转贷回收本金收入、债务收入、转移性收入共6类。其中非税收入包括政府性基金收入、专项收入、彩票资金收入、行政事业性收费收入、罚没收入、国有资本经营收入、国有资源（资产）有偿使用收入、其他收入8款。

对比国际货币基金组织和我国2007年起实施的政府收支分类标准，可以看出，国际货币基金组织采用的是权责发生制原则；我国则在借鉴国际通行分类标准的基础上，根据现阶段国情采用的是收付实现制原则。从现金流的角度来看，债务收入是政府当期可使用的资源，但其实质是政府负债的增加，因此国际货币基金组织没有将债务列为收入项目。

根据不同的分析角度，我们还可以将政府

收入进行以下分类：

按照收入依据

按照收入的依据，理论上可以将政府收入划分为凭借公权力获取的收入和凭借财产所有权获取的收入。前者包括税收、财政专营利润[①]、政府基金等专项收入、罚金罚款和罚没收入、中央银行货币发行收入等；后者包括国有企业利润、国有土地资源有偿使用收入、租金收入、财政资金的利息收入等。但在现实中，这两者的界限并不清晰，如行政性垄断国有企业的利润就难以分清是基于公权力还是财产权、国有垄断土地供应的制度背景下的土地出让收入也难以区分基于市场的竞争性财产收益和公权力垄断产生的超额利润。

从资金使用角度

从资金使用的角度，可以将政府收入分为可以统筹使用的收入和专款专用的收入。专款专用的收入即可以是特定的税收收入[②]，但更多地表现为各种形式的非税收入，如我国一般预算收入中的排污费收入[③]、各种性质的政府性基金、社会保障基金等。

从资金来源可持续性角度

从资金来源的可持续性角度，可以将政府收入分为经常性收入和非经常性收入。如政府出售国有资产的收入往往是一次性的非经常性收入。对中国现阶段而言，土地批租制下的国有土地出让收入是否具有可持续性是社会各界关注的热点问题。

按照政府收入预算管理模式

按照政府收入的预算管理模式，可以将政府收入划分为预算收入和预算外收入。世界各国对预算外收入的界定差异较大，通常所说的预算外收入是指不需要立法机构进行年度预算审议的收支项目，这些项目往往根据特定法律设立，具有指定的资金来源和用途，专款专用。许多国家这类项目需要在年度预算表外来进行列示和披露，但不进行年度审议。立法机构如果要对这些项目进行调整，则需要修订其所依据的法律。[④]

5.1.3 政府收入的管理模式

在市场经济国家，税收收入是政府收入最主要的形式，但各种形式的非税收入，如行政事业性收费（行政司法规费）、罚金罚款和罚没收入、国有资源性收入均普遍存在。[⑤] 更为重要的是，随着现代国家政府职能的扩张，履行公共职能主体的多元化和政府收支行为的复杂化，对传统的政府预算管理原则和模式产生了重大冲击。越来越多的政府收入被分割为各种形式的专项基金，脱离了年度预算审议的范围，预算外收支的膨胀成为世界各国都普遍面临问题。在这一背景下，寻求与不同类型政府收入相匹配的信息披露机制和管理模式，提升财政透明度，加强对政府收支行为的监督成为亟待解决的重要问题。

综合考虑不同的政府收入分类标准，与政府收入管理模式相关的问题主要有以下几个方面：

行政事业性收费与非市场非营利机构

按照财政部的定义，行政事业性收费是指国家机关、事业单位、代行政府职能的社会团

---

① 国际货币基金组织将财政专营利润、出口或进口专营利润分别属于对商品和服务征收的税收和对国际贸易和交易征收的税收。参见《2001 年政府财政统计手册》，第 56 页。

② 《2001 年政府财政统计手册》中认为，一项税收用于特定用途并不影响其分类。但工资和劳动力税是例外，如果工资和劳动力税指定用于社会保障计划，则被视为社会保障缴款。

③ 根据《排污费征收使用管理条例》第 5 条第 1 款的规定：排污费应当全部专项用于环境污染防治，任何单位和个人不得截留、挤占或者挪作他用。

④ 关于国外预算外资金的情况请参见高培勇：《实行全口径预算管理》（中国财政政策报告 2008/2009）第 2 章的相关内容，中国财政经济出版社 2009 年版。

⑤ 发达国家非税收入的情况请参见本报告第 3 章的相关内容。

体及其他组织根据法律、行政法规、地方性法规等有关规定，依照国务院规定的程序批准，在向公民、法人提供特定服务的过程中，按照成本补偿和非盈利原则向特定服务对象收取的费用。

行政事业性收费是按照受益原则，为特定对象提供特定服务收取的成本补偿。但是，如何界定特定对象及特定服务，许多政府部门本身就是为提供某些特定公共服务设立的，如质量技术监督、安全生产监管，其运行的费用应当由财政拨款安排，而不应由特定服务对象承担。此外，成本补偿的标准应如何确定？这涉及到行政事业性收费的标准，机构运转的固定成本是否应纳入成本补偿范围进行核算？如果以补偿全部成本作为行政事业性收费的标准，这是否构成了“具有显著经济意义”价格，从而使政府部门演变为事实上的“市场生产者”？

政府的资源性收入

政府的资源性收入不仅包括矿产资源等自然资源，还包括国有土地、海域以及各种形式的特许权（如出租汽车经营权、汽车牌号使用权、无线电频率使用权等）。国有资源开发使用过程中的利益分配是政府收入管理中的特殊问题。直接将资源的开采权或使用权赋予国有企业，则资源收益的大部分会转化为国有企业的利润。而如果采用特许权拍卖的方式将资源开采权或使用权赋予私人企业，则政府的资源性收入表现为国有资源有偿使用的收入。[①] 如何建立完善、科学、公开、透明的国有资源收入管理模式，处理好政府、国有企业和社会公众三者之间的利益关系是政府收入管理的重要课题。IMF 发布的《资源收入透明度指南》值得我们借鉴，其对资源收入中政府职能和责任的表述参见专栏 5 - 2。

专栏 5 - 2　《资源收入透明度指南（2007 年）》对政府职能和责任的表述

2005 年，针对一些以自然资源为主要政府收入来源的国家面临的独特问题，国际货币基金组织公布了《资源收入透明度指南》，2007 年对该指南进行了修订。其中，该指标对政府的职责和责任表述为：

A. 资源收入的法律框架。

应在法律中明确规定政府对地下资源的所有权，并在涵盖资源开发各个阶段的法律、法规和程序中明确规定政府授予资源开采权、生产权和出售权的权利。

B. 财政体制。

应明确和全面地公开政府与资源公司达成的税收或产量分成协议的政策框架和法律基础。

C. 对收入流和借款的管辖权。

在法律中明确规定对资源相关收入和借款的财政管辖权。法律应要求充分披露所有与资源有关的收入、贷款收入和负债以及资产持有等方面的信息。

D. 股本参与。

应充分披露政府通过参股对资源行业的参与，并向公众解释所造成的影响。

E. 国家资源公司。

应明确界定国家资源公司的所有权结构，以及国家资源公司相对于资源部和财政部所起的财政作用。

① 财政部将国有资源有偿使用收入定义为：包括土地出让收入，新增建设用地土地有偿使用费，海域使用金、探矿权和采矿权使用费及价款收入、场地和矿区使用费收入、出租汽车经营权、公共交通线路经营权、汽车牌号使用权等有偿出让取得的收入，政府举办的广播电视机构占用国家无线电频率资源取得的广告收入，以及利用其他国有资源取得的收入。

专栏 **5-2**（续）

应清楚地将商业责任与政府、监管、社会责任区分开来。

F. 资源公司的准财政活动。

在预算文件中，应明确定义和描述国际或国家资源公司在无明确预算支持的情况下承担社会或环境支出或向生产者或消费者提供补贴的各种安排。

G. 地方政府和资源收入。

应明确界定中央政府与各级地方政府之间分配或共享资源收入的安排，这些安排应明确体现国家财政政策和宏观经济目标。

资料来源：国际货币基金组织：《资源收入透明度指南（2007年）》。

国有资本经营收益

国家作为企业所有者由国有资本分享的企业税后利润，国有股权出售、拍卖、转让收益等是政府收入的重要形式。如前所述，如果政府将国有资源划拨或低价转让给国有企业开发使用，则国有企业利润中实质上包含有国有资源性收入。当其他投资者在国有股份制企业中也占据股份时，相当于政府将部分国有资源性收入变相转让给了这些投资者。如果国有企业由公权力无偿或低价赋予了经营的特殊权，使其获得行政性垄断地位，则同样存在上述问题。国有资本经营收益的分配和管理也是当前中国政府收入体系改革面临的重要课题。

专款专用收入

在政府收入中，普遍存在着各种类型被指定用途的收入，如社会保障基金、各种政府性基金、专项收入。在政府财政资金的分配过程中，以满足特定支出项目需要建立起来的各种类型封闭运行的基金往往具有多种收入来源，同时某一特定政府收入也被要求按一定标准向一个或多个基金或支出项目划拨资金。如中国的土地出让收入就被要求净收益的一定比例用于廉租住房保障资金。

以各种形式存在的专款专用收入在保障特定支出项目资金需求的同时，也分散了政府的财力，大大弱化了立法机构年度预算审议对政府资金的控制力度，增加了预算审议的难度。如何处理专款专用收入与政府统筹收入的关系，即能够保障重要政府职能履行的资金来源，又能够保持政府在调整支出结构方面的灵活性是完善政府收入体系的重要问题。

5.2 中国政府收入体系的现状及存在的主要问题

在中国由计划经济向市场经济转轨的初期，在财力有限的情况下，为鼓励各政府部门和地方政府采用各种形式筹集收入，政府出台了各种非税收入政策。这些收入措施为缓解政府职能部门和地方政府财力缺口，促进各项经济社会事业发展起到了重要作用，但也造成了政府收入体系和国民收入分配秩序的混乱，“费大于税”、“乱收费、乱摊派、乱罚款”的情况愈演愈烈。随后，政府开始进行治理“三乱”、费改税、对预算外收入实行“收支两条线”管理等一系列治理措施，加大政府收支分类改革、国库集中支付、部门预算改革的力度，政府各项收入管理开始走向规范化。然而，近年来土地财政、国有企业利润分配、社会保障等新问题逐步显现，社会公众对预算公开化、透明化的呼声也越来越高，政府收入体系的改革仍然任重而道远。

5.2.1 中国政府收入体系的现状

按照中国现行的政府收支分类，政府收入分为税收收入、社会保险基金收入、非税收入、贷款转贷回收本金收入、债务收入、转移性收入等6类。专栏5-3列示了非税收入的具体内容。

专栏5-3 政府非税收入

政府非税收入（以下简称非税收入），是指除税收和政府债务收入以外的财政收入，是由各级政府、国家机关、事业单位、代行政府职能的社会团体及其他组织依法利用政府权力、政府信誉、国家资源、国有资产或提供特定公共服务和准公共服务取得的财政资金。具体包括行政事业性收费、政府性基金等十类，社会保险基金、住房公积金不纳入非税收入管理。针对不同类别和性质的非税收入，国务院和财政部制定了相应的管理政策和制度。

（1）行政事业性收费。是指国家机关、事业单位、代行政府职能的社会团体及其他组织根据法律、行政法规、地方性法规等有关规定，依照国务院规定程序批准，在向公民、法人提供特定服务的过程中，按照成本补偿和非盈利原则向特定服务对象收取的费用。

（2）政府性基金。是指各级政府及其所属部门根据法律、行政法规和中共中央、国务院有关文件规定，为支持某项特定基础设施建设和社会公共事业发展，向公民、法人和其他组织无偿征收的具有专项用途的财政资金。

（3）国有资源有偿使用收入。包括土地出让收入，新增建设用地土地有偿使用费，海域使用金、探矿权和采矿权使用费及价款收入、场地和矿区使用费收入、出租汽车经营权、公共交通线路经营权、汽车号牌使用权等有偿出让取得的收入，政府举办的广播电视机构占用国家无线电频率资源取得的广告收入，以及利用其他国有资源取得的收入。

（4）国有资产有偿使用收入。包括国家机关、实行公务员管理的事业单位、代行政府职能的社会团体以及其他组织的固定资产和无形资产出租、出售、出让、转让等取得的收入，世界文化遗产保护范围内实行特许经营项目的有偿出让收入和世界文化遗产的门票收入，利用政府投资建设的城市道路和公共场地设置停车泊位取得的收入，以及利用其他国有资产取得的收入。

（5）国有资本经营收益。包括国有资本分享的企业税后利益，国有股股利、红利、股息，企业国有产权（股权）出售、拍卖、转让收益和依法由国有资本享有的其他收益。

（6）彩票公益金。是指政府按彩票销售额的一定比例提取的专项用于支持社会公益事业发展的资金。2008年以前，彩票公益金纳入财政专户管理，从2008年起按政府性基金管理办法纳入预算，实行“收支两条线”管理，专款专用，结余结转下年继续使用。

（7）罚没收入。是指国家司法机关、依法具有行政处罚权的国家行政机关、法律法规授权的具有管理公共事务职能的组织等依据法律、法规和规章规定，对公民、法人或者其他组织实施处罚所取得的罚款、没收的违法所得、没收的非法财物及其变价收入等。

（8）以政府名义接受的捐赠收入。是指以各级政府、国家机关、实行公务员管理的事业单位、代行政府职能的社会团体以及其他组织名义接受的非定向捐赠货币收入，不包括定向捐赠货币收入，不代行政府职能的社会团体、企业、个人或者其他民间组织名义接受的捐赠收入。

（9）主管部门集中收入。主要指国家机关、实行公务员管理的事业单位、代行政府职能的社会团体及其他组织集中的所属事业单位收入。

（10）政府财政资金产生的利息收入。是指国库和财政专户中的财政资金，按照中国人民银行规定计息产生的利息收入。

资料来源：财政部：《中国财政基本情况（2008）》，经济科学出版社2009年版。

按照预算管理模式，中国现行的政府收入分为一般预算收入（包括税收收入和一般预算非税收入）、政府性基金收入（含土地出让收入）、纳入财政专户管理的预算外收入、未纳入财政专户管理的预算外收入四类。其中一般预算收入和政府性基金通常被称为纳入预算管理的政府收入。①

政府收支分类中各类收入有不同的预算管理模式，如税收收入全部在一般预算收入中，社会保险基金收入纳入财政专户管理。非税收入的情况则比较复杂，一般预算、政府性基金预算、财政专户和未纳入财政专户管理四种模式同时存在。本节主要按照预算管理模式对中国现行的非税收入体系进行介绍。

一般预算中的非税收入

表 5－2 列示了一般预算中非税收入的主要项目，其中，专项收入大多属于专款专用的收入，列入财政支出预算，固定用于特定政府部门履行特定公共职能的支出，不能用于平衡预算，具有政府性基金的性质。如排污费收入全部用于环境污染防治，教育费附加教育部门统筹安排②，探矿权、采矿权价款收入全部用于国土资源部门的相关业务支出。③

表 5－2　一般预算中的非税收入（2008 年）　单位：亿元

收入项目	总额	中央	地方
一、税收收入（略）	54 223.79	30 968.68	23 255.11
二、非税收入	7 106.56	1 711.88	5 394.68
专项收入	1 554.10	200.65	1 353.45
其中：排污费收入			
水资源费收入			
教育费附加收入			
矿产资源补偿费收入			
探矿权、采矿权使用费及价款收入			
国家留成油收入			
行政事业性收费收入	2 134.86	372.88	1 761.98
罚没收入	898.40	31.72	866.68
其他收入	2 519.20	1 106.63	1 412.57
其中：国有资本经营收入			
国有资源（资产）有偿使用收入			
石油特别收益金专项收入			

数据来源：《中国统计年鉴 2009》。

① 政府收入体系中各类收入的结构及其占 GDP 的比重情况请参见本报告第 3 章的相关内容。此外，在政府收入中，我们没有考虑所谓“制度外收入”。制度外收入因是政府部门违反规定获取的收入，难以进行准确的估计，应予以彻底取缔。

② 《征收教育费附加的暂行规定》第八条规定：地方征收的教育费附加，按专项资金管理，由教育部门统筹安排，提出分配方案，商同级财政部门同意后，用于改善中小学教学设施和办学条件，不得用于职工福利和发放奖金。铁道系统、中国人民银行总行、各专业银行总行、保险总公司随同营业税上缴的教育费附加，由国家教育委员会按年度提出分配方案，商财政部同意后，用于基础教育的薄弱环节。地方征收的教育费附加，主要留归当地安排使用。省、自治区、直辖市可根据各地征收教育费附加的实际情况，适当提取一部分数额，用于地区之间的调剂、平衡。

③ 如《关于黑龙江省探矿权采矿权价款收入管理暂行办法》中第九条明确规定，每季度末，由省财政部门核实省级探矿权、采矿权价款收入后，按规定比例将资金分配下达资源所在地的各级财政部门，列入地方财政支出预算，专款专用，不得用于平衡预算。省级留用部分专项用于矿产资源勘查、矿山地质环境治理、地质遗迹保护、地质公园能力建设、自然灾害形成的地质环境破坏的恢复治理以及探矿权、采矿权价款的管理及成本费用支出，也可以用于解决国有重点矿山企业的各种历史包袱问题。返给市（地）或县的价款收入专项用于矿山环境治理、地质遗迹保护、地质公园能力建设、自然灾害形成的地质环境破坏的恢复治理以及支持矿业经济发展支出。

但是，各类专项资金长期由特定政府部门安排使用在确保这些部门履行公共职能资金需求的同时，也造成了政府收入分配格局的固定化和部门化。专项资金在部门中的使用规定过于笼统，如探矿权、采矿权价款收入的使用几乎涵盖了矿产资源和地质管理的所有业务，并且可以用于“探矿权、采矿权价款的管理及成本费用支出”。而且，大量专项收入固定用于特定政府部门的支出规定依据的仅仅是政府行政规章，这实际上分割了立法机关的预算审议权。某些政府职能应根据财政支出重点的变化进行年度调整，由公共预算支出统筹安排。

从一般预算非税收入的结构来看，2008年包括国有资本经营收入、国有资源（资产）有偿使用收入在内的其他收入占非税收入的比重为35.45%，行政事业性收费的比重为30.04%。考虑到中国国有企业及国有资源的实际状况，国有资本经营收入和国有资源（资产）有偿使用收入的比重偏低。

政府性基金

政府性基金是为支持某项特定基础设施建设和社会公共事业发展，向公民、法人和其他组织无偿征收的具有专项用途的财政资金。与行政事业性收费不同，政府性基金并不是向特定服务对象收取的费用，而是凭借公权力无偿征收的专项资金。与一般预算中的专项收入相比，政府性基金的支出项目更为具体，许多政府性基金有明确的征收期限，原则上项目完成了即停征。

从专栏5-4中可以看出，2008年全国政府性基金收入15 636.35亿元，其中地方政府性基金收入13 110.69亿元，占政府性基金收入的83.85%。地方政府性基金收入中土地出让及新增建设用地土地有偿使用费收入10 375.28亿元，占地方政府性基金收入的79.14%。

专栏5-4　2008年、2009年政府性基金收支情况

2008年，全国政府性基金收入15 636.35亿元，增加4 467.2亿元，增长40%。全国政府性基金支出14 984.7亿元，增加5 300.26亿元，增长54.7%。

中央政府性基金收入2 525.66亿元，增长78%，增幅高主要是彩票公益金收入纳入预算管理及中央财政外汇经营基金财务收入增加较多。其中：三峡工程建设基金收入202.59亿元，铁路建设基金收入555.04亿元，民航机场管理建设费收入96.21亿元，港口建设费收入91.48亿元，大中型水库移民后期扶持基金收入148.70亿元，彩票公益金收入348.14亿元，中央财政外汇经营基金财务收入684.91亿元。加上上年结转收入559.87亿元，可安排使用的收入总量3 085.53亿元。中央政府性基金本级支出2 056.72亿元，增长94.5%。其中：三峡工程建设基金支出204.59亿元，铁路建设基金支出621亿元，民航机场管理建设费支出53.13亿元，港口建设费支出101.85亿元，彩票公益金用于社会福利、体育、教育等社会公益事业支出205.47亿元，中央财政外汇经营基金财务支出682.87亿元。加上补助地方的大中型水库移民后期扶持基金等支出464.89亿元，以及结转下年支出563.92亿元，支出总量合计3 085.53亿元。

地方政府性基金收入13 110.69亿元，增长34.5%，增幅高主要是土地出让收入全额纳入预算管理。其中：土地出让及新增建设用地土地有偿使用费收入10 375.28亿元，养路费收入1 184.88亿元。地方政府性基金支出12 927.98亿元，增长49.9%。其中：土地相关支出10 172.5亿元，包括征地、拆迁补偿以及补助征地农民支出3 778.15亿元（增长113%，增长多主要是各地普遍提高了对失地农民的征地补偿标准），土地开发和耕地保护支出

专栏 **5 -4**（续）

1 286.22亿元，廉租住房支出 141.65 亿元，农村基础设施建设、基本农田建设和保护支出 369.88 亿元，城市建设支出 3 035.32 亿元，破产或改制国有企业土地收入用于职工安置等支出 1 561.28 亿元。养路费支出 1 173.44 亿元。

2009 年全国政府性基金收入 18 335.04 亿元，全国政府性基金支出 16 118.79 亿元。其中，中央政府性基金收入 2 507.67 亿元，中央政府性基金支出 2 426.54 亿元，结转下年支出 655.71 亿元。地方政府性基金收入 15 827.37 亿元，其中国有土地使用权出让收入 13 964.76 亿元，占地方政府性基金收入的 88.2%；地方政府性基金支出 14 291.55 亿元，其中用国有土地使用权转让收入安排的支出 12 327.1 亿元，占地方政府性基金支出的 86.3%。

资料来源：财政部：《关于 2008 年中央和地方预算执行情况与 2009 年中央和地方预算草案的报告》，《关于 2009 年中央和地方预算执行情况与 2010 年中央和地方预算草案的报告》。

财政专户管理的政府收入

改革开放以来，预算外收入的范围发生了数次重大变化。近年来，财政部门在“收支两条线”管理的基础上，加大了对财政专户资金的改革力度。随着大量行政事业性收费项目被取消或纳入一般预算和政府性基金预算管理，彩票公益金、土地出让收入全额纳入政府性基金管理，财政专户管理的预算外资金项目逐步减少。财政部制订了到 2011 年将非税收入全部纳入预算管理的计划。对仍在预算外管理的全国性及中央部门和单位的行政事业性收费，2009 年全部纳入预算管理；[①] 对仍在预算外管理的地方审批设立的行政事业性收费，2009 年大部分纳入预算管理，其余部分在 2011 年前全部纳入预算管理。[②] 需要指出的是，各级政府的社会保险基金大多按照财政专户模式管理，但不属于预算外资金的范围。

目前，尚在财政专户管理的预算外资金主要是各类教育收费、中央电视台的广告收入等提供公共服务机构的收入，这些机构是否属于“非市场非营利机构”，收费标准是否具有“显著的经济意义”，从而需要进一步研究是否计入政府部门收入。如果公立教育机构的学费收入应计入政府部门收入，那么公立医院的诊疗费和药费收入是否也应纳入政府部门收入呢？

未纳入财政专户管理的政府部门收入

在编制部门预算时，某些政府部门还存在着其他收入形式，如政府部门闲置用房的出租收入、安置广告牌的收入等，这部分收入属于行政事业单位利用国有资产获取的收入。此外，高校事业收入及附属单位上缴收入、广电部门广告等收入、林业局各林场经营收入等已纳入了部门预算。这些收入从获取收入的单位性质看，大多数属于政府部门所属事业单位，但大多属于事业单位的经营性收入，其是否属于政府性资金也有待进一步明确。

5.2.2 “十一五”时期与政府收入体系有关的改革措施

“十一五”规划中与政府收入体系改革有关的要求有两条：一是在健全国有资产监管体制中明确提出建立健全国有资本经营预算制度；二是在完善财政体制中明确提出“完善非税收入管理制度，规范对土地和探

① 如 2009 年 12 月 4 日出台的《关于将按预算外资金管理的全国性及中央部门和单位行政事业性收费纳入预算管理的通知》（财预［2009］79 号）将 13 个政府部门 35 个收费项目纳入预算管理。仍在财政专户未纳入预算管理的主要是教育收费项目。

② 参见财政部：《中国财政基本情况（2008）》，经济科学出版社 2009 年版，第 16 页。

矿权、采矿权出让收入的管理”。2006年以来，按照“十一五”规划的要求，财政部门实施的与政府收入体系有关的改革主要有以下几个方面：

政府收支分类改革

财政部自2007年1月1日起实施政府收支分类改革。政府收支分类改革后，“收入分类”比较全面地反应了政府收入的来源和性质，不仅包括预算内收入，还包括预算外收入、社会保险基金收入等应属于政府收入范畴的各项收入。此次政府收支分类改革对完善政府收支统计体系，促进政府收支的透明化和管理的科学化具有重要意义。

清理取消非税收入，加强对非税收入的征管①

近年来，各级财政部门全面清理取消不合法、不合理的收费、基金，切实规范和加强非税收入管理。2008年，在全国统一停征了个体工商户管理费和集贸市场管理费，涉及金额约170亿元；在全国统一取消和停征了100项行政事业性收费，涉及金额约190亿元；各省、自治区、直辖市取消和停征了1 207项省级审批的行政事业性收费，降低170项收费标准，涉及金额约103亿元。

各级财政部门在全面清理非税收入项目、取消执收部门和单位收入过渡账户、规范执收行为的基础上，推行了“单位开票、银行代收、财政统管”的非税收入征管方式改革。

推进部门预算和综合预算，增强政府资金的统筹力度

“十一五”以来，各级财政部门加快推进部门预算和综合预算改革。以部门预算为基础，将政府部门及其所属事业单位的所有收入纳入了部门预算，在不改变政府部门行政事业性收费及各种专项资金性质的情况下，通过综合预算的调整间接增强了财政资金在各部门统筹使用的力度。

通过将预算外资金纳入预算管理和税费改革调整政府收入结构

如前所述，在财政专户管理的政府资金方面，财政部近年来大力推进其纳入预算管理的力度，土地出让收入、彩票公益金纳入政府性基金管理，大量行政事业性收费项目纳入一般预算或政府性基金管理，并制订了2011年将非税收入全部纳入预算管理的计划。

此外，2009年1月1日起实施的成品油税费改革，通过提高成品油消费税单位税额，相应取消了公路养路费、航道养护费、公路运输管理费、公路客货运附加费、水路运输管理费、水运客货运附加费等六项收费，并规定逐步有序取消政府还贷二级公路收费。此项税费改革措施将非税收入转变为税收收入，促进了政府收入结构的完善。

国有资本经营预算与国有资本经营收益的收取

在计划经济时期，国有企业利润上缴是政府收入的重要来源。改革开放以来，随着两次利税改革的推行，1994年开始国有企业不再上缴利润。近年来，随着国有及国有控股企业利润的大幅度增长，建立健全国有资本经营预算和收取国有资本经营收益的工作被提上议事日程。

2007年9月，国务院发布了《关于试行国有资本经营预算的意见》（国发［2007］26号）。2007年12月，财政部、国资委发布了《中央企业国有资本收益收取管理办法》（财企［2007］309号），将国有资本收益具体划分为国有独资企业应交利润，国有股股利、股息，国有产权转让收入，企业清算收入和其他国有资本收益五项。办法按行业将中央企业划分为三类，按不同比例上缴红利：第一类为烟草、石油石化、电力、电信、煤炭等具有资源型特征的企业，上交比例为10%；第二类为钢铁、运输、电子、贸易、施工等一般竞争性

① 参见财政部：《中国财政基本情况（2008）》，经济科学出版社2009年版，第16页。

企业，上交比例为5%；第三类为军工企业、转制科研院所企业，暂缓三年上缴或免缴红利。

中央代发地方债券

2009年，由财政部代理地方政府通过国债发行渠道代理发行2 000亿元地方政府债券。尽管这是在金融危机背景下，为缓解地方财政困难进行的特殊安排，但从长期来看，积极探索建立地方政府规范化的融资渠道，是完善地方政府收入体系，控制地方各种隐性债务和或有债务风险的有效举措。

5.2.3 中国现行政府收入体系存在的主要问题

“十一五”期间一系列改革措施的推行，对于提高政府收入统计的质量，加强政府收入管理、完善政府收入结构发挥了重大作用。然而，与推进预算公开透明，实现社会公众对政府收支进行有效监督的要求相比，现行的政府收入统计和预算管理体系还有较大的距离。具体来说，现行政府收入体系存在的问题主要有以下几个方面：

政府收入与政府资产负债统计

现行的政府收入统计依据的是现金收付制，而不是权责发生制。大量政府收入，如债务收入属于负债增加导致的现金流入，国有资产、国有资本转让收入实际上是资产变更导致的现金收入，在土地批租制下的土地出让收入实质是政府一次性收取的数十年的租金收入。现行的以现金收付为基础进行的收入统计，缺乏政府总体资产负债状况统计信息，难以对政府收入进行中长期合理预测，也难以准确判断政府的偿债能力和债务风险。

此外，对于公立机构的收入，如公立学校的学费收入、电台电视台的广告收入、公立医院的诊疗费收入是否应计入政府收入，如何区分非市场非营利机构和公共法人机构也是当前中国政府收入统计时面临的重要问题。

政府收入中非税收入的比重偏高，但社会保障收入的比重较低

如前所述，2008年，中国税收收入占GDP的比重为17.27%，不包括债务收入的各类非税收入占GDP的比重约为13.25%，是税收收入的76.75%。如果扣除社会保障缴费，非税收入占GDP的比重约为9.35%，远高于发达国家的平均水平。

非税收入中社会保障缴费的比重相对较低，2008年社会保障缴费收入占GDP的比重为3.90%，与发达国家2007年约10%左右的比重相比相对偏低。面对老龄化进程的加快和政府调节收入分配职能的日益增强，社会保障收入应有显著上升。

地方政府收入结构不合理，隐性债务风险较大

在各项非税收入中，地方政府收入比重偏高。从表5－3中可以看出，1997年到2008年，预算外收入中地方政府所占比重一直在90%以上。

一般预算收入和政府性基金收入中，2008年全部一般预算非税收入中地方政府所占的比重为75.91%；政府性基金收入中，地方政府的比重为83.85%。其中，地方政府性基金收入中土地出让及新增建设用地土地有偿使用费收入10 375.28亿元，占地方政府性基金收入的79.14%。当年，地方政府税收收入23 255.11亿元，一般预算非税收入5 394.68亿元，两项合计为28 649.79亿元（参见表5－2）。地方政府性基金收入是地方税收收入的56.38%，地方一般预算收入的45.76%；其中土地出让收入是税收收入的44.62%，地方一般预算收入的36.21%。土地出让收入在地方政府收入中比重偏高是地方政府收入体系存在的突出问题。

表 5－3 中央地方预算外收入情况（1997—2008 年）

年份	预算外收入（亿元）			比重（%）	
	全国	中央	地方	中央	地方
1997	2 826.00	145.08	2 680.92	5.1	94.9
1998	3 082.29	164.15	2 918.14	5.3	94.7
1999	3 385.17	230.45	3 154.72	6.8	93.2
2000	3 826.43	247.63	3 578.79	6.5	93.5
2001	4 300.00	347.00	3 953.00	8.1	91.9
2002	4 479.00	440.00	4 039.00	9.8	90.2
2003	4 566.80	379.37	4 187.43	8.3	91.7
2004	4 699.18	350.69	4 348.49	7.5	92.5
2005	5 544.16	402.58	5 141.58	7.3	92.7
2006	6 407.88	467.11	5 940.77	7.3	92.7
2007	6 820.32	530.37	6 289.95	7.8	92.2
2008	6 617.25	492.09	6 125.16	7.4	92.6

数据来源：《中国财政年鉴 2009》。

中国目前处于城市化、工业化加快推进的过程中，这一时期地方各项公共基础设施建设的规模较大，仅仅依靠地方经常性收入难以满足基础设施建设的资金需求。但是，长期以来受《预算法》的约束，地方政府没有规范的渠道进行举债，也不能对企业债务进行担保。在这种背景下，土地出让收入和以土地为基础的各种地方融资平台通过商业银行融资成为地方政府获取基础建设资金的主要渠道。地方融资平台的债务实质上是地方政府的隐形负债，如果不能有效规范，会导致地方政府债务风险和商业银行金融风险的增加。

政府收入中专款专用的收入比重偏高

在现行的政府体系中，各种形式的专款专用的政府收入，包括一般预算中各种专项收入、政府性基金、财政专户管理的政府资金大多归属于特定政府部门用于指定用途的资金，能够用于一般公共支出的统筹性收入的比重偏低。

2008 年，各项政府收入合计为 95 842.95 亿元，政府性基金、社会保障收入（扣除财政补贴）、预算外收入、一般预算中专项收入合计为 36 066.7 亿元，[①] 占政府收入的比重为 37.63%，占 GDP 的比重为 11.48%。

实际上，在税收收入中也存在着指定用途的情况，如城市建设维护税被指定用于城市的公用事业和公共设施的维护建设。[②] 此外，还存在着以某些税收收入作为依据安排预算支出用于特定政府性基金的做法。如 2010 年 1 月 1 日起实施的《道路交通事故社会救助基金管理试行办法》（财政部 保监会 公安部 卫生部 农业部令第 56 号）中第六条明确规定救助基金的资金来源包括：地方政府按照保险公司经营交强险缴纳营业税数额给予的财政补助。这种做法以政府部门行政规章的方式固定了一部分税收收入的用途，实质上减少了可以统筹使用的资金数量。

专款专用收入与统筹使用收入的背后是各政府部门对财政资金的分割使用。从静态角度

① 政府性基金收入 15 636.35 亿元，一般预算中专项收入 1 554.10亿元，社会保障收入（扣除财政补贴）为 12 259亿元，预算外收入为 6 617.25 亿元。

② 《中华人民共和国城市维护建设税暂行条例》第六条规定：城市维护建设税应当保证用于城市的公用事业和公共设施的维护建设，具体安排由地方人民政府确定。

看，财政部门可以通过部门预算对部门所有收入进行综合平衡，相应抵消或减少财政资金部门之间分配的不均衡问题；但是，如前所述，从动态角度看，大量专款专用收入的长期存在不利于随着政府职能调整而适时进行财政支出结构的调整，形成了财政资金分配固定化、部门化的倾向，这是当前中国政府收入体系中存在的严重问题。

国有资本、国有资产（资源）收入有待加强

在非税收入中，土地出让收入、行政事业性收费的比重偏高，而国有资本经营收入、国有资产（资源）有偿使用收入的比重偏低。表5-4是1998年至2008年全国国有企业的部分财务指标，从表中可以看出，从1998年到2007年，企业户数由23.8万户下降至11.2万户，所有者权益从50 370.7亿元增加到144 595.6亿元，中央企业的所有者权益2007年达到了82 739.6亿元，占57.22%。利润总额1998年仅有213.7亿元，2007年则达到了17 441.8亿元，其中盈利企业盈利额则达到了21 220.4亿元。

表5-4　全国国有企业部分指标（1998—2008年）　单位：亿元

年份	企业户数（万户）	所有者权益总额	其中		利润总额	盈利企业盈利额
			中央企业	地方企业		
1998	23.8	50 370.7	23 774.4	26 596.3	213.7	3 280.2
1999	21.7	53 813.2	26 109.3	27 703.9	1 145.8	3 290.7
2000	19.1	57 975.6	29 432.3	28 543.3	2 833.8	4 679.8
2001	17.4	61 436.2	32 189.9	29 246.3	2 811.2	4 804.7
2002	15.9	66 543.1	36 058.8	30 484.3	3 786.3	5 588.8
2003	14.6	70 990.8	38 976.2	32 014.6	4 769.4	7 589.1
2004	13.6	76 763.2	42 645.1	34 118.1	7 368.8	10 429.4
2005	12.6	87 386.9	49 018.9	38 368.0	9 579.9	29 275.0
2006	11.6	98 014.4	54 998.0	43 016.4	12 193.5	15 701.1
2007	11.2	144 595.6	82 739.6	61 856.0	17 441.8	21 220.4
2008	11.0	166 210.8	92 023.9	74 186.9	13 335.2	19 863.7

数据来源：《中国财政年鉴2009》。

根据财政部2008年、2009年国有及国有控股企业经济运行情况的显示，非金融国有企业2008年实现利润11 843.5亿元，其中中央企业实现利润8 261.8亿元，地方国有企业实现利润3 581.7亿元；2009年实现利润13 392.2亿元，其中中央企业实现利润9 445.4亿元，地方国有企业实现利润3 946.8亿元。但是，2009年中央收取的中央企业国有资本经营收益为388.74亿元，仅占当年中央企业利润的4.12%。[①]

同时，国有资产（资源）使用收入偏低，大量矿产资源和特许经营权收入未能通过公开拍卖的方式转化为政府财政收入，而通过划拨或低价转让的形式流入企业，而以划拨方式获取资源开采权的国有资源类企业，其利润中包含了大量国有资源租金。此外，部分政府部门利用非经营性国有资产进行经营活动（如出租闲置办公用房）获取的收入，也需要通过进一步完善部门预算加强管理。

① 财政部：《关于2009年中央和地方预算执行情况与2010年中央和地方预算草案的报告》。

因此，应加强国有资本、国有资产（资源）收入的管理，逐步形成覆盖经营性国有资产（金融与非金融国有企业）、非营利性国有资产、所有类型国有资源的收入管理体系。

政府各项收入的预算管理模式有待完善

尽管财政部门制订了 2011 年全部政府收入纳入预算管理的计划，为“建立健全政府公共预算、政府性基金预算、国有资本经营预算和社会保险预算制度，形成覆盖政府所有收支的预算体系”奠定了较好的基础。但须注意的是各项政府收入尤其是非税收入，所依据的法律层次过低，各项政府性基金、专项收入仅依据国务院、甚至某些政府部门的行政规章设立，大量政府收入被各政府部门分割使用，这大大限制了各级人大作为立法机构在审计预算、监督政府收支中发挥的作用。

5.3 “十二五”时期的政府收入体系改革：目标与建议

“十二五”时期是中国经济社会结构调整的关键时期，政府收入体系改革不仅对于完善政府收入结构、有效控制政府债务风险，提高财政资金对政府履行各种公共职能的保障能力具有重要意义，更是进一步完善政府预算制度、推进预算公开透明的基础。

5.3.1 “十二五”时期政府收入体系改革的目标

我们认为，在“十一五”时期政府收支分类、非税收入管理及部门预算等改革的基础上，“十二五”时期的政府收入体系改革的目标主要包括以下三个方面：

完善政府收支统计体系

“十二五”时期，应在进一步完善现行的政府收支分类体系同时，借鉴国际货币基金组织《2001 年政府财政统计手册》对政府收入的划分，探索建立以权责发生制基础的政府收支及资产负债统计体系，推进政府资产负债表等重要基础报表的编制。

稳定宏观税负，调整政府收入结构

2008 年，中国的宏观税负水平约为 30%，在稳定宏观税负水平的同时，我们认为应着重调整政府收入的结构。应提高税收收入、社会保障收入、国有资本经营收益、国有资产（资源）使用收入在政府收入中的比重；相应降低行政事业性收费、各种专项收入和政府性基金在政府收入中的比重。应适度提高财政统筹资金的比重，相应降低专款专用收入的比重。完善地方政府税收体系建设、建立规范的地方政府债务融资渠道，降低地方政府的土地出让收入的依赖。

完善政府收入的分类预算管理制度

“十二五”时期，应形成覆盖政府所有收支的预算体系，建立健全政府公共预算、政府性基金预算、国有资本经营预算和社会保险预算制度。根据政府收入的不同性质，建立分类预算管理制度。同时，应逐步提高政府收入项目的法律级次，切实落实各级人民代表大会的预算审议和监督权力。

5.3.2 “十二五”时期政府收入体系改革的政策建议

以上述三个方面的改革目标为基础，我们认为，“十二五”时期政府收入体系改革措施具体建议为以下几个方面：

在事业单位改革的基础上，合理界定政府收入统计范围

借鉴国际货币基金组织对政府部门和公共法人机构的界定标准，在进一步推进事业单位改革的基础上，对教育、医疗卫生、广播电视等领域的公立机构各种类型的收入进行分类，合理界定政府收入的统计范围。同时，完善政府和事业单位会计制度和政府收支统计体系，推进政府资产负债表等重要报表的编制。

调整政府收入结构的政策措施

进一步加强对行政事业性收费项目和收费标准的审查，取消不合理收费项目、切实按照成本补偿和非盈利的原则审定收费标准。

审核和完善各类专项收入和政府性基金的征收标准、支出范围及征收期限，应当由一般预算保障的支出应及时纳入一般预算进行统筹安排，适度减少专款专用收入、提高财政统筹收入的比重；有必要长期存在、专款专用性质的政府非税收入，如社会保险缴费、排污费等，在适当时候应通过开征社会保障税、环境保护税实施“费改税”改革。

进一步完善国有土地出让、国有资产（资源）有偿使用制度，在编制国有资本经营预算的基础上，建立规范的国有资本收益收取制度。适度提高国有资产（资源）、国有资本收益在政府收入体系中的比重。

完善地方政府收入体系

应重视地方政府收入体系的建设，降低地方政府对土地出让收入的依赖，通过开征物业税等措施完善地方税体系，加强对地方债务及地方融资平台的监管，建立规范的地方债务融资渠道，有效控制地方债务风险。

政府收入的分类预算管理

将所有政府收支纳入政府公共预算、政府性基金预算、国有资本经营预算和社会保险预算的同时，各项预算之间应建立规范、明确、透明的资金往来渠道。应根据政府收入的性质，对不同类型的政府收支进行分类预算管理，如除社会保障资金外，对专款专用性质的政府收入应尽可能在政府性基金预算中反映。

加强对政府收入的预算管理，首先需要设计符合分类预算管理要求的预算报告体系，对不同性质政府收支项目在预算报告中的具体报送形式和内容，应作出明确而详尽的规定。在通过分类预算报告体系提高政府收支透明度的同时，应逐步提高各类政府收入的法律级次，落实各级人民代表大会作为立法机构对政府收入项目的审批权，实现对政府所有收支项目的有效监督。①

主要参考文献

国际货币基金组织：《2001年政府财政统计手册》。

国际货币基金组织：《财政透明度手册（2007年）》。

国际货币基金组织：《资源收入透明度指南（2007年）》。

财政部：《中国财政基本情况》，经济科学出版社2009年版。

高培勇：《实现全口径预算管理》（中国财政政策报告2008/2009），中国财政经济出版社2009年版。

高培勇：《世界主要国家财税体制：比较与借鉴》（中国财政政策报告2009/2010），中国财政经济出版社2010年版。

① 关于实施分类预算管理的内容可参见高培勇主编：《实现全口径预算管理》（中国财政政策报告2008/2009）第9章的相关内容，中国财政经济出版社2009年版。

6

“十二五”时期的税收改革

- “十一五”时期的税收改革，从总体上看，其未能如期完成的事项，集中体现于两个直接税税种（个人所得税与物业税）上
- 中国现行税制的“软肋”就在于直接税，“十二五”时期中国经济社会所面临的一系列重大挑战，几乎剑剑指向直接税
- “十二五”时期税收改革的总体目标，可以定位于“建立一个融收入与调节、稳定功能于一身的‘功能齐全’的税制体系”
- “十二五”时期税收改革的重点项目应当锁定于增值税、个人所得税、物业税和环境税等几个税种

Tax Reform in the Period of 12th Five-Year Plan

- Overall, the tasks of tax reform in the period of 11th Five-Year Plan which were not completed on schedule are best embodied in tow direct taxes-personal income tax and property tax
- The weakness of China's current tax system is the direct tax. A series of major economic and social challenges faced by China in the period of 12th Five-Year Plan almost point to the direct tax
- The overall objective of the tax reform in the period of 12th Five-Year Plan may be set as "constructing a 'complete functions' tax system that includes revenue function, adjustment function and stability function all in together"
- The key projects of tax reform in the period of 12th Five-Year Plan should lock up VAT, personal income tax, property tax, environmental tax and so on

6.“十二五”时期的税收改革

作为现实中国政府收入体系中的一个相当重要且位居第一的收入来源，税收改革的动向历来为人们高度关注。本章将在回顾“十一五”时期税收改革的基础上，立足于“十二五”时期的经济社会背景，对“十二五”时期的税收改革命题做出前瞻性分析。

6.1 “十一五”时期的税收改革：一个大致盘点

前瞻、谋划“十二五”时期的税收改革，自然要从“十一五”规划进展情况的盘点入手。本节就来完成这一任务。

6.1.1 10项改革

于2006年3月份举行的十届全国人大四次会议，将“十一五”期间拟议实施的税制改革内容明确为10个项目，并写入了《中华人民共和国国民经济和社会发展第十一个五年规划纲要》第32章第2节：

在全国范围内实现增值税由生产型转为消费型；

适当调整消费税征收范围，合理调整部分应税品目税负水平和征缴办法；

适时开征燃油税；

合理调整营业税征税范围和税目；

完善出口退税制度；

统一各类企业税收制度；

实行综合和分类相结合的个人所得税制度；

改革房地产税收制度，稳步推行物业税并相应取消有关收费；

改革资源税制度；

完善城市维护建设税、耕地占用税、印花税。

6.1.2 进程盘点

不妨按照上述规划，对迄今为止发生在

“十一五”期间的税收改革进程做一个大致盘点。

增值税

增值税的改革方向，被界定为由所谓“生产型”改为“消费型”，简称为“增值税转型”。

生产型和消费型增值税之间的差异，说到底，就是对企业当期购入固定资产所付出的款项，在计征增值税时，是计入征税基数从而不准予抵扣，还是不计入征税基数从而准予抵扣。准予抵扣，即是消费型增值税。不准予抵扣，则是生产型增值税。故而，前者系对企业购进固定资产的支出免征增值税，因而体现着对企业固定资产投资的一种激励。后者则对企业购进固定资产的支出照征增值税，因而体现着对企业固定资产投资的一种抑制。

这项改革，先是作为支持东北老工业基地的一个政策安排，从2004年7月起，在东北地区的“三省一市”的8个行业开始试点。到2007年7月，试点范围被扩大至中部地区六省份26个城市的8个行业。2008年7月和8月间，内蒙古东部5个市（盟）和四川地震受灾严重地区又被纳入第三批试点的范围。

经过四年多的试点和经验积累，在2008年全球性金融危机迅速蔓延的背景下，基于保持经济平稳较快发展系当前压倒一切的首要任务的判断，2008年11月5日召开的第34次国务院常务会议，批准了财政部、国家税务总局提交的增值税转型改革方案。于是，从2009年1月1日起，增值税转型改革得以在全国范围内推开。其主要内容包括：（1）自2009年1月1日起，全国所有增值税一般纳税人新购进设备所含的进项税额可以计算抵扣。（2）购进的应征消费税的小汽车、摩托车和游艇不得抵扣进项税。（3）取消进口设备增值税免税政策和外商投资企业采购国产设备增值税退税政策。（4）小规模纳税人征收率由5%降低为3%。（5）将矿产品增值税税率从13%恢复到17%。

消费税

消费税的改革内容，被界定为“适当调整征收范围，合理调整部分应税品目税负水平和征缴办法”。

从税理上讲，消费税并非独立的税种，而系一种附加税。它是作为政府直接调节消费结构、间接调节收入分配、引导理性消费的一种手段，对在一定时期内特定的消费品和消费行为开征的税收。故而，根据形势的变化需要，与时俱进地对其进行相应调整，是十分必要的。

在“十一五”期间，涉及消费税制的调整，先后进行了两次：

2006年3月20日，调整了消费税税目、税率及相关政策。其主要内容为：（1）新增高尔夫球及球具、高档手表、游艇、木制一次性筷子、实木地板税目。（2）取消汽油、柴油税目，增列成品油税目。汽油、柴油改为成品油税目下的子目（税率不变）。另外新增石脑油、溶剂油、润滑油、燃料油、航空煤油5个子目。（3）取消护肤护发品税目，将原属于护肤护发品征税范围的高档护肤类化妆品列入化妆品税目。（4）调整小汽车税目税率。取消小汽车税目下的小轿车、越野车、小客车子目。在小汽车税目下分设乘用车、中轻型商用客车子目。（5）调整摩托车、汽车轮胎和白酒税率。

2008年11月5日，经国务院第34次常务会议审议，修订了《中华人民共和国消费税暂行条例》，并于2009年1月1日实施。涉及的内容包括两个方面：将1994年以来出台的消费税政策调整内容，更新到新修订的消费税条例中，即上升了法律层级。如：部分消费品（金银首饰、铂金首饰、钻石及钻石饰品）的消费税调整在零售环节征收、对卷烟和白酒增加复合计税办法、消费税税目税率调整等；与增值税条例衔接，将纳税申报期限从10日延长至15日，对消费税的纳税地点等规定进行了调整。

燃油税

从20世纪90年代开始，燃油税费改革一直被同时赋予两个方面的改革任务：通过费改税，规范政府收入行为及其机制；通过加大燃油消费负担，降低燃油消费量并实现节能减排。

这项改革，在经历了十几年的周折后，围绕前一个任务的改革，终于从2009年1月1日起得以启动。改革方案的基本路径，可作如下概括：在取消公路养路费等相关收费的同时，在现行消费税的框架内，通过提高其中的汽油、柴油等成品油的单位税额，将来自原有公路养路费等相关收费的收入转换为现行消费税的收入，从而实现原有公路养路费等相关收费与现行消费税的“对应调整”。

其具体内容为：（1）将无铅汽油的消费税单位税额由每升0.2元提高到每升1.0元；将含铅汽油的消费税单位税额由每升0.28元提高到每升1.4元。（2）柴油的消费税单位税额由每升0.1元提高到每升0.8元。（3）将石脑油、溶剂油和润滑油的消费税单位税额由每升0.2元提高到每升1.0元。（4）将航空煤油和燃料油的消费税单位税额由每升0.1元提高到每升0.8元。

营业税

营业税的改革内容，被界定为“合理调整征税范围和税目”。

牵涉它的改革，是在应对国际金融危机的背景之下，围绕配合增值税转型改革的需要而进行的。2008年11月14日，国务院公布了修订后的《中华人民共和国营业税暂行条例》；其后，2008年12月15日，财政部、国家税务总局又公布了修订后的《中华人民共和国营业税暂行条例实施细则》。这两个新条例和细则，均从2009年1月1日起施行。

新的营业税暂行条例及其实施细则，主要作了以下四个方面的修订：（1）扩大营业税纳税人范围。不仅在境内提供劳务的单位或个人需要缴纳营业税，而且接受劳务的单位或个人在境内的，提供劳务方也是营业税纳税人。（2）拓宽视同销售范围。居民个人将不动产或者土地使用权无偿赠送其他单位或者个人，也被纳入营业税征税范围。（3）调整部分项目征税范围。对过去符合缴纳营业税条件但未纳入征收范围的行为，明确征收营业税并对其中部分项目仍给与免税照顾。（4）对于营业额的规范、兼营和混同销售行为征税的划分、申报纳税期限和纳税地点的表述作了相应修订。

出口退税

完善出口退税制度的基本方向，在于调整定位——将其从以往的所谓出口退税零税率制度转移至政府所掌控的一种宏观经济政策工具上来。

围绕这一线索，在“十一五”期间，根据经济形势的变化，出口退税政策的调整大致可划分为三个阶段：

第一阶段，为2006—2008年上半年。以下调出口退税率和取消出口退税为主要内容，即取消了部分产品的出口退税政策，下调了部分产品的出口退税率：（1）2006年1月1日起，取消多项皮革类原材料的出口退税政策，并下调了部分产品的出口退税率。（2）从2006年9月15日起，142个税号的钢材、部分有色金属材料、纺织品、家具等产品的出口退税率下调；重大技术装备、部分IT产品和生物医药产品以及部分国家产业政策鼓励出口的高科技产品、部分以农产品为原料的加工品出口退税率上调。（3）2007年4月15日，将进出口税则（2007年版）第72章中的部分特种钢材及不锈钢板、冷轧产品等76个税号出口退税率降为5%；型材、盘条等另外83个税号的钢材产品则取消出口退税。（4）从2007年7月1日起，进一步取消了553项“高耗能、高污染、资源性”产品的出口退税，降低了2 268项容易引起贸易摩擦的商品的出口退税率。并且，将包括花生果仁、油画、雕饰板、邮票和印花税票等10项商品的出口退税改为出口免税政策。（5）从2007年12月20日起，取消了小麦、稻谷、大米、玉米、大豆等84类原粮及其制粉的出口退税。（6）从2008年6月13日起，又取消了部分植物油的出口退税。

第二阶段，为2008年下半年—2009年。以刺激经济增长为着眼点，先后7次上调出口退税率。其中，比较主要的是：（1）从2008年8月1日起，部分纺织品、服装的出口退税率由11%提高到13%；部分竹制品的出口退税率提高到11%；取消红松子仁、部分农药产品、部分有机肥产品、紫杉醇及其制品、松香、白银、零号锌、部分涂料产品、部分电池产品、碳素阳极的出口退税。（2）从2008年11月1日起，部分纺织品、服装、玩具出口退税率提高到14%；将日用及艺术陶瓷出口退税率提高到11%；部分塑料制品出口退税率提高到9%；部分家具出口退税率提高到11%、13%；艾滋病药物、基因重组人胰岛素冻干粉、黄胶原、钢化安全玻璃、电容器用钽丝、船用锚链、缝纫机、风扇、数控机床硬质合金刀、部分书籍、笔记本等商品的出口退税率分别提高到9%、11%、13%。（3）从2008年12月1日起，部分橡胶制品、林产品的退税率由5%提高到9%；部分模具、玻璃器皿的退税率由5%提高到11%；部分水产品的退税率由5%提高到13%；箱包、鞋、帽、伞、家具、寝具、灯具、钟表等商品的退税率由11%提高到13%；部分化工产品、石材、有色金属加工材等商品的退税率分别由5%、9%提高到11%、13%；部分机电产品的退税率分别由9%提高到11%、11%提高到13%、13%提高到14%。（4）从2008年12月1日起，对黑大豆（税则号为1201009200）出口免征增值税。

第三阶段，为进入2010年以来。在国内外经济呈现回升向好势头的背景下，又较大幅度下调了乃至取消了部分产品的出口退税率或出口退税政策。从2010年7月15日起，取消部分钢材；部分有色金属加工材；银粉；酒精、玉米淀粉；部分农药、医药、化工产品；部分塑料及制品、橡胶及制品、玻璃及制品等6类行业406种商品的出口退税率。

企业所得税

企业所得税的改革，被放入“统一各类企业税收制度”的范畴。作为其中最重要的一个税种，它的改革方向，被界定为“两法合并”——将内外资企业分别适用的不同企业所得税制合并为一个统一的企业所得税制。

这项改革，几经周折。2007年，《中华人民共和国企业所得税法》终获通过，统一的新企业所得税制在2008年开始实施。其主要目标可归结为实现所谓“四个统一”：统一税法，统一税率，统一税前扣除和统一税收优惠。在新的企业所得税制下，企业不分内外资，适用同一套税制，税率统一为25%，新税制统一了税前扣除标准。对内资企业而言，在工资费用扣除上，以前只能相应扣除计税工资部分，而现在执行和外资企业相同的标准，只要是企业发生的合理的工资薪金支出，可以全额扣除，其他的如职工福利费、工会经费、职工教育经费也实行税前扣除，减轻了企业的纳税负担。新企业所得税制堵住了一些税制漏洞，业务招待费支出按照60%扣除，且最高不得超过当年销售（营业）收入的5‰；对特别纳税调整方面也作了许多具体规定，企业所面临的税收环境将更加平等。

个人所得税

个人所得税的改革方向，被界定为“综合与分类相结合”——将现行的“分类所得税制”改为实行综合和分类相结合的“混合所得税制”。

这项改革，从2006年以来，没有什么实质性的进展，只是根据生活费用上涨和宏观调控的需要对税制作了适当的调整，同时加强了税收征管工作。可以称之为“小步微调”。

其中，比较重要的改革主要有：（1）提高工资薪金所得费用扣除标准。2006年1月1

日起，该标准从800元调高至1 600元；从2008年3月1日起，该标准再次调高至2 000元。工资薪金所得费用扣除标准确定的主要依据是个人的基本生活费用。两次调高都是应对个人基本生活费用增加的举措。（2）对储蓄存款利息所得减轻进而暂免征收个人所得税。2007年8月15日，将税率下调为5%。从2008年10月9日起，又暂免对储蓄存款利息所得征收个人所得税。（3）开展个人自行纳税申报工作。2007年首次要求2006年所得在12万元以上的个人自行纳税申报。个人自行申报纳税有利于加强税收征管，对纳税人来说，税制会更加公平。（4）其他调整。承包承租经营所得必要费用扣除额调整为2 000元，外籍人员等纳税人的附加减除费用调整为每人每月2 800元。此两项调整主要是和工资薪金所得费用扣除标准调整配套实施的。

房地产税

关于房地产税收改革的完整表述是，"改革房地产税收制度，稳步推行物业税并相应取消有关收费"。

这项改革，迄今为止，基本没有任何进展。而且，一个日渐清晰的基本事实是：开征物业税的脚步声，并非离我们越来越近。在某种程度上，甚至有越来越远之嫌。虽然在媒体的轮番炒作和社会大众的一片瞩目之中，曾有那么一段时间，物业税好似山雨欲来风满楼，大有一触即发之势。然而，经过了一番"干打雷、不下雨"的磨砺之后，物业税便被推上了雾里看花之路。不仅至今尚未完成，而且，也不可能指望于年内有启动。这意味着，围绕这个税种的改革行动，起码要拖至"十二五"期间来完成了。

资源税

资源税的改革方向，被界定为三点：即扩大征税范围、转行从价计税和提高征税标准。很显然，如此的资源税改革到位之后，我们将看到的是一种全新的资源税。

起码自2009年以来，有关资源税改革的脚步声便成越来越近之势。的确，资源和能源短缺现状的约束，已经越来越成为中国经济迅速发展的不可承受之重。并且，资源和能源耗用的低价甚至无偿状态，更使得其补偿机制的建立尤为紧迫。然而，由于它所带来的冲击力，特别是对既得利益格局的冲击力，并不亚于开征一种新税，围绕资源税改革的推进，我们遭遇到了几年前类似于两个企业所得税法合并时曾经遇到过的阻力。于是，这项方案本已成熟、应在2010年年初启动的改革事项被拖延下来，直到今天，除了在新疆地区有了试点的动作之外，在总体上仍处于"谋划方案"阶段。

城市维护建设税

城市维护建设税与教育费附加连在一起，它们的改革，是在"统一各类企业税收制度"的棋盘上谋划并推进的。在经济全球化的今天，包括税收制度在内的各种经济制度由"内外有别"走向"内外并轨"，无论从哪个方面看，都是一个势在必行的潮流。

然而，它们的进展相对迟缓。时至今日，包括企业所得税在内的其他几个方面的税种已经完成了"内外并轨"。只有城建税和教育费附加，因其规模相对较小、所占份额较低，牵动的利益面相对不大，这些年始终未能摆到重要位置，而演变为"内外并轨"工程系列的"烂尾"项目。

其他税种

在"十一五"期间，在统一各类企业税收制度方面，还启动并完成了如下改革项目：

（1）原分别适用于内外资企业的"车船使用税"和"车船使用牌照税"，合并为统一适用于内外资企业的"车船税"；

（2）原对外资企业免征的"城镇土地使用税"，改为统一对内外资企业征收；

（3）原对外资企业免征的耕地占用税，改为统一对内外资企业征收。

（4）原分别适用于内资企业的房产税和外资企业的城市房地产税，改为统一征收房产税。

6.2 功能齐全：“十二五”时期税收改革的目标定位

对于“十二五”时期税收改革的前瞻与谋划，当然要从其目标定位开始。这要结合“十一五”规划进展情况的盘点，在立足于当前以及“十二五”时期国际国内经济社会形势的基础上而展开。

对于“十一五”规划的盘点，聚焦点可放在改革的“未尽事项”上——哪些项目难以或不能如期完成？难以或不能如期完成的背景或原因是什么？对于这些“未尽事项”，如系当前制约中国经济社会发展的重要因素，要采取“搬家”之法——将其移至“十二五”规划中之中，寄希望于在“十二五”时期得以完成。

对于当前以及“十二五”时期国际国内经济社会形势的分析，聚焦点可放在“重大挑战”上——已经或将会发生哪些新变化？已经或将会呈现哪些新特点？当原有的问题与矛盾和新的问题与矛盾汇集在一起之后，又将会使我们在税收领域面临哪些新的重大挑战？对于这些“重大挑战”，要采取“直面”之态——将其纳入“十二五”规划之中，作为“十二五”时期必须实现的改革目标。

将须“搬家”的项目和须“直面”的项目相叠加并融入同一个棋局，所折射出来的，我们体会，便是“十二五”时期中国税收改革所须攻克的重要“山头儿”——目标取向。

6.2.1 “十一五”时期的“未尽事项”集中体现于直接税

从“十一五”时期税收改革进展状况的系统盘点中，可以看到，包括增值税、消费税、燃油税、营业税、出口退税、企业所得税在内的几个税种的改革，或是已经全面完成，或是已经部分完成。资源税、城市维护建设税等几个税种的改革，或是已经开始试点，或是已经有了成型的方案，甚至可望于近期启动。但是，除此之外的两个税种——个人所得税和物业税的改革，不仅至今尚无启动的时间表，而且几乎没有多少实质性的进展。作为“十一五”时期税收改革的两个“未尽事项”，围绕它们的改革行动，起码要拖至“十二五”时期去着手了。

颇有趣味的是，上述的两个税种在税理上，都属于直接税。而且，都属于针对居民个人纳税人征收的直接税。相对而言，已经全面或部分完成、有望于近期启动改革的税种，则属于间接税。或者，即便属于直接税，也系针对企业而非针对居民个人纳税人征收的直接税。

在中国的现行税制体系中，直接税占比低而间接税占比高，两者间的配置极不均衡，这既是一个基本国情，也是一个基本矛盾。因而，改革开放以来的历次税制改革，几乎都将逐步提高直接税占比、相应降低间接税占比，从而实现税类或税种配置上的大致均衡，作为一个重要议题。但时至今日，以 2009 年为例，在全国 63 103 亿元的税收收入中，包括个人所得税和企业所得税在内的直接税收入占比，不过 28%。其中，真正针对居民个人征收的个人所得税收入占比，仅为 7%。

进一步的观察还可发现，现行的个人所得税，尽管以居民个人为纳税人，但是，由于它实行分类所得税制且采用间接的征管办法——代扣代缴制，故而也只具有部分而并非完全意义上的直接税品质。拟议开征的物业税，实质是财产税系的一个税种。针对居民个人征收的财产税，又是现行税制体系中的“空白”之地。在中国，开征物业税即意味着开征财产税。这实际上告诉我们，在中国的现行税制体系中，基本没有完全意义上的直接税。

鲜有直接税或基本没有完全意义上的直接税，既是中国现行税制的一个“软肋”，又是本应在“十一五”治愈的“心腹之患”。那么，无论从哪个方面看，它都属于“十二五”时期亟待攻克的“山头儿”——以个人所得税和物业税的改革为入手处，构建中国的直接税体系。

6.2.2 “十二五”时期的“重大挑战”聚焦于直接税

“十一五”时期的税收改革，是在国内外环境发生了一系列深刻变化的背景下谋划和推进的。从基本层面来看，相对于经济的快速增长，社会发展滞后的现实越来越严峻，社会矛盾爆发和激化的可能性大大提高，是早在“十五”期间就被高度关注到的问题。只不过，由于经济增长和社会就业的压力，社会发展滞后的问题一直未能成为优先的政策议题。在此条件下形成的税制改革方案，其主要的着眼点，自然是完善1994年新税制实施以来的税制体系，而不是对这一体系的根本性改革。

然而，到了“十一五”后期、特别是2008年下半年以来，随着国际金融危机的爆发并波及中国，不仅长期以来被高速经济增长所掩盖的结构问题、社会问题、环境问题等都一一凸显出来，而且，从本报告第2章的讨论中可以看到，经过了这轮国际金融危机的洗礼之后，中国面对的国内外经济社会环境都发生了进一步的深刻变化。

从国际上看，全球经济将长期处于“后危机”时代。经济回升态势基本形成，但波动风险犹存；低碳经济的兴起以及资源供求形势的变化，表明资源、能源以及环境对各国发展的约束作用日益增强；全球再平衡的需要将制约我国外需增长的空间；全球化的发展已进入新的发展阶段，以“金砖四国”为代表的新兴经济体将会发挥更多的主导作用。

从国内情况来看，我国面临着社会结构的深刻调整。收入分配结构以及相应的需求结构需要改善；人口老龄化逐步加快，且劳动力供给结构悄然改变；资源与环境形势日益严峻，结合国际环境将对我国的工业化进程形成有力约束；城镇化将进入大发展阶段，但其相应的挑战也不容忽视。

将所有的这些变化、这些挑战归拢起来并同现行的税收制度格局相对接，还可以发现，在“十二五”时期，无论是基于国内外一系列经济社会环境变化而形成的重大挑战，还是围绕这些重大挑战的应对而须拿出的一系列改革与发展项目的规划，举凡涉及现行税制的改革诉求，几乎剑剑指向直接税。

比如，在谈到当前以及“十二五”时期的收入分配形势时，人们总会谈到发挥税收调节居民收入分配的作用，总会提及存在于现行个人所得税身上的种种不尽如人意之处，也总会把调节居民收入分配的希望寄托于现行个人所得税的改革上。鉴于现行个人所得税的根本缺陷就来源于其所实行的分类所得税制，现行个人所得税的改革目标就在于变分类所得税制为综合与分类相结合制，一旦实行综合制便意味着直接针对居民个人征收且由居民个人直接缴纳时代的来临，故而，围绕个人所得税改革目标的谋划和追求，就在于让具有部分意义的现行个人所得税“变身”于完全意义上的直接税。

又如，在遇到诸如遏制房价过快增长、拉近贫富差距等方面的命题时，人们总会指望开征以物业税为代表的财产税，寄希望于通过对财产存量的征税来添加住房投资者的成本，并实现对包括收入、消费和财产等多个层面所形成的贫富差距的全面调节。鉴于物业税实质是财产税系中的特种财产税——对居民个人拥有的住宅征收的房产税或房地产税，它的开征意味着中国财产税“缺失”状态的终结。并且，物业税等财产税的计征，又只能建立在税务机关直接征收和居民个人直接缴纳的基础上，故而，开征以物业税为代表的财产税的过程，也就是让完全意义上的直接税融入于中国现行税制体系的过程。

再如，在谋求加快城镇化发展进程的策略时，人们总会说到现行税制对于城镇化进程的种种制约作用，也总会把调整现行税制当作推动城镇化进程的一个重要举措。鉴于现时的税收收入主要来源于企事业单位而非居民个人的缴纳，也鉴于城镇化的核心内容在于从农民到市民的身份转换以及相伴而生的人口在全国范围内的大规模流动，加快推进城镇化的一个关键之处，就在于让居民个人直接缴纳的税收与政府特别是基层政府提供的公共服务相对接，故而，围绕城镇化与现行税制之间关系命题的讨论，也可归结于增加直接税，尤其是增加完全意义上的直接税在整个税收收入中的份额问题上。

另如，在分析推进经济发展方式转变所面临的一系列体制性障碍时，人们总会把现行增值税拎出来，当作现行税制体系制约服务业发展的一个例证。也总会把增值税“转型”之后所引发的制造业和服务业之间的税负失衡，当作启动增值税“扩围”行动的一个重要理由。鉴于增值税“扩围”遇到的难题之一便是其块头儿陡增，块头儿过大的增值税肯定会对税收收入或财政收入的安全性构成挑战，故而，增值税“扩围”，必须辅之于包括相应调减增值税税负、相应调增其他税种税负等相关的配套动作。在这一此减彼增的税制调整中，能够进入调增视野的，自然是目前份额偏低的直接税，特别是基本不存在的完全意义上的直接税。

6.2.3 “十二五”时期税收建设的核心目标在于“功能齐全”

上述的这些情形，不过是其中的几个突出的例子。可以立刻得到的一个重要判断就是：今天的中国税收，已经越来越同市场经济体制紧密对接并越来越被推至破解一系列重大经济社会问题的前沿地带。鲜有直接税或基本没有完全意义上的直接税的现行税制格局，已经不适应于当前的经济社会形势，更不适应于越来越趋于完善的社会主义市场经济体制。

现代税收的功能已经被高度概括三个：组织收入、调节分配和稳定经济。税收的基本功能当然是为政府取得收入。但是，在它介入GDP分配并为政府取得收入的过程中，事实上亦改变着原有的GDP分配格局以及原有的国民财富分配格局。所以，税收的另外两个十分重要的功能，就是调节居民之间的贫富差距和熨平经济的周期性波动。

税收的基本原理告诉我们，现代税收的上述三个功能，是分别由不同的税种来担负的。由诸个税种所构成的税制体系就像是一个交响乐队。虽然每个税种的共同任务都是取得收入，但相对而言，直接税较之间接税，具有更大的调节分配和稳定经济作用。间接税较之直接税，则具有更大的组织收入作用。在现代经济社会中，随着调节分配和稳定经济的税收功能日趋重要和愈益凸显，打造一个融收入与调节、稳定功能于一身的“功能齐全”的税制体系，已经成为各国税制建设的共同目标。过去两年来的旨在反金融危机的全球性税收政策实践，便是一个突出的例证。也正因为如此，迄今为止，人类税收发展所呈现的一个基本轨迹是——由简单原始的直接税到间接税，再由间接税过渡到发达的直接税。

说到这里，作出如下的判断可能是适当的：在经历了30多年的改革开放进程以及这一轮国际金融危机的洗礼之后，中国的税收改革又到了一个重大转折的“关口”。有别于“十一五”时期，在当前一系列重大经济社会问题的高调挑战之下，“十二五”时期的税收改革，应当也必须立足于税制体系总体格局的调整或重构。据此，可以将“十二五”时期税收改革的总体目标定位于：

以实行综合与分类相结合的个人所得税制和开征物业税并结束财产保有层面的无税状态为突破口，构建起适合中国国情的直接税体系。以此为基础，逐步增加直接税并相应减少间接税在整个税收收入中的比重，最终实现直接税与间接税的均衡布局。从而，建立起一个融收入与调节、稳定功能于一身的“功能齐全”的税制体系。

6.3 “十二五”时期税收改革的重点项目

以“功能齐全”作为总体目标定位，“十二五”时期的税收改革，可以在兼顾其他方面改革需要的同时，重点寻求如下几个项目的突破：

6.3.1 进一步完善增值税

在既有增值税转型改革的基础上，参照所谓现代增值税的特点（专栏6-1），通过如下两个方面的行动，求得增值税制的进一步完善。

专栏6-1 现代增值税的八个特点

第一，征税范围覆盖商品经营全领域。无论是欧洲的增值税，还是现代增值税，一个共同特点，是把增值税的实施范围扩大到了商品经营全领域。无论是农业、制造业、商业还是服务业，无论是货物供应品还是劳务供应品，都统一征收增值税。

第二，有一个连贯、严密和完整的征扣税运行机制。实行完善的增值税制的国家，都建立了一个连贯的、严密的、完整的增值税征扣税机制与税制相依托，以保障增值税特有的运行机制能够顺畅安全地运行。

第三，建立了纳税人非负税人的新型征纳关系。实行现代增值税的国家，建立了一种与旧的间接税制完全不同的新型税收征纳关系，使增值税税负实现了向最终消费者转移的目标，是增值税的纳税人与负税人分离，流转环节的税转化为消费行为税。也即是说，增值税的纳税人不再是增值税的最终负税人。

第四，形成了税收与企业成本核算相分离的新的税收计算公式。即税收的计算方式，由原来与成本挂钩的极为复杂的计算方式，转为与成本分离的单独计算方式。而且，无论是增税还是扣税，都是以法定的凭证为依据，这就使税金的核算更为简单、更为准确。

第五，实行单一（不包括零税率）增值税的税率结构。实行现代增值税的国家，对增值税实行了单一税率结构（不包括零税率），不再设低税率，这就使增值税变成了不分消费何种货物和劳务的一般消费行为税了。而且，进一步解决了因增值税区分不同税率所带来的复杂性。

第六，实行与世贸组织规则相接轨的进口全额征税、出口税率为零的征退税制度；实行现代增值税的国家，是把增值税与关税严格区分开来的。这两种税，虽都在进出口环节征收，却是截然不同性质的两个税种。关税属于对进出口起调节作用的税种，它通过征税或不征税、高税或低税对进出口起调节作用。增值税则属于国内税，无论是进口还是出口，都要求体现中性。

第七，对增值税纳税人实行有效的管理制度。在实行现代增值税的国家中，只要具备条件的，才能成为增值税纳税人。如经营者必须达到一定规模，必须具备依法履行增值税纳税人职责的能力等。

第八，对纳税人规定了行之有效的税务发票制度。不打乱原来已有的企业商务发票制度，在原有商务发票制度之上，统一规范和增加一部分用于国家征税的相关内容，使它在满足商务需要的同时兼顾满足纳税的要求。

资料来源：摘自韩绍初的“增值税的八大特点及三大优势”，载中国国际税收研究会“研究要报”，2010年第6期。

全面“转型”

严格说来，经过所谓“转型”改革之后的现行增值税，还不能算作完全意义上的消费型增值税。因为，通过“转型”，被允许进入抵扣范围的，并非是企业外购的全部固定资产支出款项，而只是其中的设备投资部分。除此之外，作为企业外购固定资产支出的另一重要项目——房屋和建筑物投资，尚未进入抵扣范围。就此而论，迄今为止的增值税“转型”改革，不过是其抵扣范围的扩大，而并非是全面的“转型”。正因为如此，这一项旨在激励企业固定资产投资意义的改革，其作用并未能如所期望的那样充分发挥出来。

鉴于当前经济形势仍离不开积极财政政策的支撑，在“十二五”时期，企业又面临着自主创新与产业结构升级的强大压力，很有必要在既有“转型”改革的基础上，启动增值税的全面“转型”——将房屋、建筑物投资纳入抵扣范围，从而实行完全意义上的消费型增值税。事实上，从增值税制的发展规律看，这一步迟早要走。认识到这是一个不可回避的基本趋势，积极创造条件，尽快地迈出这一步，应当成为我们在“十二五”时期的选项。

实施“扩围”

从1994年启用现行税制的那一天起，增值税的改革就被赋予了两个互为关联的目标：“转型”与“扩围”。在前一个目标实现之后，后一个目标自然要随之纳入视野。事实上，自2009年启动的增值税“转型”改革，已经戏剧性的把“扩围”行动推到了前台。

作为并行于商品和服务流转环节的两个一般流转税——增值税和营业税，本来是按照“中性税”来设计的——两个税种之间的税负水平彼此照应、大致相当。当增值税通过“转型”改革实现了税负水平的削减之后，仅仅是因为参照系发生变化，营业税的税负水平便一下子呈现出偏重状态。按照现行税制的大致划分，增值税主要适用于第二产业，其中又以制造业为主；营业税主要适用于第三产业，其中又以服务业为主。故而，随着增值税税负的相对减轻和营业税税负的相对加重，在不同产业之间、特别是在制造业和服务业之间，已经引发了税负失衡现象：相对于制造业税负水平的下降，服务业的税负水平趋于上升。

毋庸赘言，在整个社会都在致力于转变经济发展方式的宏观背景下，因税负失衡而障碍产业结构的调整，无论从哪个角度看，都属于绝对不可容忍的问题之列。

问题是如何改变？瞻前顾后，从总体上看，能够拿出的最佳办法无非是或让增值税吃掉营业税，从而在整个商品和服务流转环节统一征收增值税。换言之，在“转型”改革完成之后，理应相机启动“扩围”行动。

配套动作：破解相关难题

全面“转型”和实施“扩围”，这两个方面行动的付诸实施，要辅之于一系列配套动作。特别是“扩围”行动，如下的三个障碍，应当首先进入视野并寻求破解之策：

其一，营业税是地方政府的主体税种，而且，是几乎唯一的主体税种。将营业税并入增值税的前提条件之一，就是为地方政府寻找并设计好新的主体税种。在现行税制的框架内，这样的税种，或并不存在，或难有变更归属关系之可能。几乎唯一的可行方案，就是按照既有的税制改革方案，开征以物业税为代表的财产税并以此作为地方政府的主体税种。问题是，开征物业税或其他财产税，在眼下还处于“雾里看花”阶段，而并非中国的现实。我们毕竟不能把未来可能拥有的东西当作现实的税源分配给地方政府。

其二，前面说过，将营业税并入增值税，若其他税种不做相应调整，那么，“扩围”后的增值税份额，便会一下子跃升至60%左右。增值税的块头儿过大，肯定会对税收收入或财政收入的安全性构成挑战。因此，实施增值税的“扩围”，必须同时辅之于诸如相应调减增值税税率、调增其他税种税负以及开征新的税种等配套措施。这又涉及到现行税制体系框架以及既有税制改革方案的一系列变动。它们的变动，对于现行税制体系框架和既有税制改革方案而言，无疑具有颠覆性的影响。

其三，现行的财政体制以“分税制”冠名。所谓分税制，其实主要分的是两种（类）共享税。其中，增值税 75∶25 分成，75% 归中央，25% 归地方；所得税 60∶40 分成，60% 归中央，40% 归地方。之所以是这样的分成比例，一个十分重要的基础条件，便是营业税作为地方税，除了少许的例外，其收入完全划归地方。当营业税并入增值税之后，原来的地方税便成了共享税。随着营业税归属关系的变动，上述分成比例的基础条件便不复存在了。只要基础不再，分成比例自然要重新谈判，随之调整。只要分成比例发生了变化，便意味着，实施了 17 年之久的现行分税制财政体制要推倒重来、重新构建了。这在当前的中国，绝对是一件大事。它不仅需要相当的魄力，而且，要在反复推敲和周密调研的基础上才能推进。

6.3.2 实施“综合和分类相结合”的个人所得税制

应当说，迄今为止，有关个人所得税的几乎所有的调整动作，都未真正触及个人所得税改革的实质内容。作为个人所得税的改革目标，“综合与分类相结合的个人所得税制”可以追溯至“十五”规划。从那时起到现在，这项改革，已经有两次“搬家”经历——跨越了两个五年规划。基于当前以及“十二五”时期的国内外经济社会形势，应当采取一切可能的措施和行动，确保将这项改革在“十二五”期间付诸实施。换言之，要避免其出现“第三次搬家”。

致命的缺陷

花些笔墨重申一下现行个人所得税制的缺陷，从而坚定我们对于实行“综合与分类相结合”制度重要意义的认识，可能是非常必要的。

现行的个人所得税，实行的是分类所得税制。名义上是一个税种，实质上分作 11 个征税项目：工资薪金所得、个体工商户生产经营所得、企事业单位承包（承租）经营所得、劳务报酬所得、稿酬所得、特许权使用费所得、利息（股息、红利）所得、财产租赁所得、财产转让所得、偶然所得和其他所得等。对于上述不同的征税所得项目，采取的是不同的计征办法、适用的是不同的税率表格。这样的税制安排格局，其优点是便于征管，可以从源征税，代扣代缴，有助于防范偷漏税。但它也有一个致命的缺陷，这就是不利于其除组织收入之外的另一个重要功能的发挥——调节收入分配差距。

比如，人与人之间的收入差距，本来是综合而非单一项目的收入差距。在不计算综合收入水平的条件下，分别就居民的每一个单项收入征税，其所能达到的调节作用，至多只限于单一项目收入本身。除非人们的收入来源单一化，否则，针对单一项目而非加总求和之后的综合性收入的调节，无异于瞎子摸象。

再如，即便在单一项目收入如工薪收入的视野内，由于不同纳税人的负担状况不同，扣除负担之后的经济境遇便有很大的差异。在不计算差异颇大的负担账的条件下，仅着眼于居民的工薪收入账并随之征税，其所带来的调节效应，只会加剧既有的不公平而非有助于社会公平目标的实现。

又如，现行个税本无所谓起征点的设计。人们所说的起征点，其实是扣除额或对扣除额的一种误读。作为扣除额，其最重要的特征，应当是差异化——不同经济境遇的人适用不同的扣除规定，从而体现净所得征税原则。在中国，人们之所以习惯于将扣除额误读为起征点，恰是因为，现行个税实行了标准化的扣除额——让不同经济境遇的人适用了统一的扣除标准。在忽略人与人之间的费用开支差异条件下所进行的个税调节，当然不符合净所得征税的原则，有悖于社会公平。

着眼于做“大手术”

要在个人所得税改革上取得突破性的进展，不能满足于“小步微调”，还得下大决心，着眼于做“大手术”。这就是：瞄准“综合和分类相结合的个人所得税制”改革目标，采取实质性的举措，尽快增大综合计征的分量，加速奠定实行综合计征的基础。

具体而言，除一部分以个人存款利息所得为代表的特殊收入项目继续实行分类所得税制之外，将其余的收入统统纳入综合所得税制的覆盖范围。以此为契机，在整体上构建一个适应有效调节收入分配差距需要的现代个人所得税制格局。

这样做，进入其调节视野的居民收入，便不再限于单一项目，而是综合性收入。鉴于收入来源日趋多元化的现实背景，建立在综合性收入基础上的个税调节，无疑是更贴近居民收入分配差距现实的调节。

这样做，先算账、再征税，便不再是一句空话。在计算纳税人综合收入账的同时，由于赡养人口不同、居住区域不同、身体状况不同而形成的负担差异，便有了据实核算、相应扣除并再予征税的可能。

这样做，个税计征中的扣除额，就有了实行差异化的可能。不同经济境遇的人，便可以脱出标准扣除额的局限而适用差异化的扣除规定，从而使得按净所得征税成为现实。由此，扣除额也就不再会被人们误读为起征点。

转换聚焦点

在个人所得税改革未能循着既有改革方案的轨道如期向前推进的背景下，人们围绕个人所得税而形成的诸如家庭联合申报、基本医疗医药费用扣除、住房贷款利息扣除、子女教育费用扣除等多方面的诉求，越来越凝聚到其可以看得见、摸得着的线索上——提升“工薪所得减除费用标准”。人们对于现行个人所得税的不满或抱怨，也越来越集中于其可以直接感知、立竿见影的项目上——“工薪所得减除费用标准”过低。于是，便有了近些年来围绕提高所谓个人所得税起征点问题而掀起的一轮又一轮的声浪。

问题在于，“工薪所得减除费用标准”的调整，不过是个人所得税改革或调整中的一个细小的事项。在综合与分类相结合的个税改革进程未取得突破进展的情况下，一味地提升它的数量标准，不仅于整体改革目标的实现无补，而且可能会为未来的改革添加不必要的难题要素。而且，进一步说，从提高居民收入水平和拉动最终消费需求的目的出发，综合考虑，提高工薪所得减除费用标准，可能并非唯一、更非决定性的办法。

所以，看起来，围绕个人所得税改革的几乎所有的问题，还是要在“综合和分类相结合的个人所得税制”的框架内加以解决。人们围绕个人所得税改革问题的争论，似有转换聚焦点的必要——从提高“工薪所得减除费用标准”转换到“综合与分类相结合的个人所得税制的实现”上，从而形成一股加快推进综合与分类相结合的个人所得税制的强大的社会力量。

6.3.3 开征物业税

从2003年10月间被写入中共十六届三中全会文件，我们已经在开征物业税的道路上行走了7年之久。特别是在其有了第一次“搬家”的经历之后——由“十一五”规划移至“十二五”规划，“难产”的物业税能否在“十二五”时期得以开征，已经能够成为万众瞩目的大事。

新税与老税

从我们第一次见到物业税字眼的那一天起，牵涉物业税的表述，都是伴随以“开征”二字的。之所以使用“开征”二字，是因为，物业税是被严格界定为对居民个人所拥有的房产或房地产所征的税。而居民个人的房产或房地产，在我国的现行税制体系中，是被列入免税范围的。所以，对居民个人的房产或房地产征税，绝对属于要通过“开征”才可施行的“新税”。

然而，当前为人们所谈及的物业税以及围绕物业税的改革，已经不限于上述的专指对居民个人房产或房地产“开征”的“新税”。除此之外，现行的、根据1986年国务院发布的《中华人民共和国房产税暂行条例》并于当年施行的“老税”——房产税，也被当作物业税或物业税的改革事项而进入到人们的视野之中。

新税和老税，尽管都是以房产或房地产作为征税对象，但比较一下两者所覆盖的纳税人，就会发现，只有新税才属于本来意义的物业税，才是牵动千家万户心弦的物业税。新税和老税之所以被混同在一起，除了其征税对象一致之外，另一个重要原因就是，现行税制体系中的房产税也面临着调整的必要。新税需要开征，老税面临调整，在差异颇大的两种税被同时纳入视野之中的情况下，围绕开征物业税的讨论和谋划，当然要在把握物业税特性的基础上并在厘清新税和老税的界限之后，方可有针对性地加以推进。

定位物业税

开征物业税，肯定要首先明确其定位：为什么要开征物业税？关于开征物业税的理由，迄今为止，先后被摆上桌面的大致有抑制房价、为地方政府拓展财源和调节贫富差距等几个方面。

物业税七年之久的难产经历已经告诉我们，无论是将其作为抑制房价的手段，还是将其作为地方政府的主体税种，都难以成为开征物业税的充足理由，都难以撼动开征物业税道路上的种种障碍。可以说，它们都是开征物业税的理由，但并非最基本、最重要的理由。只有在将其置于呈尖锐化之势的收入分配矛盾之中，并且，将其作为拉近贫富差距的工具加以使用之时，物业税才有可能获得广泛的支持，在中国这片土地上生根、开花。

作出如此判断的一个重要背景在于，中国现行的税制体系没有真正意义上的财产税。缺失财产税的现行税制，难以实施对作为构成贫富差距的基础环节（财产存量）的调节。故而，开征物业税意味着中国财产税缺失状态的终结，意味着中国政府握有了可对包括收入、消费、财产等多个环节实施税收调节的相应手段。这对于当前的中国，至关重要。所以，将开征物业税与调节贫富差距相对接，方会获得开征物业税的明确定位。也只有在握有无法替代的开征物业税的基本理由的条件下，开征物业税才会真正提上议事日程。

绕不开、躲不过的命题

与个人所得税实行综合与分类相结合的情形相似，开征物业税也面临着种种难题。诸如既得利益格局、房地产价值评估、不同性质房产区分等等，都是人们常常挂在嘴边的内容。但是，本着宜粗不宜细、先简后繁、先易后难等被历史证明行之有效的原则，脱出上述这些表面因素的局限而深入到问题的实质层面，便会发现，在开征物业税问题上，真正难以跨越且躲不开、绕不过的一道坎儿，还在于物业税的征管机制。

现实中国的税收征管机制，从总体而言，尚停留于“间接+截流”的水平。所谓“间接”，指的是，它基本上只能征间接税，而不能征直接税。所谓“截留”，指的是，它基本上只能征以现金流为前提的税，而不能征存量环节的税。拟议开征的物业税，既是直接税，又是存量税。显而易见，让尚处如此水平的税收征管机制去担负征收物业税的任务，肯定会力不从心。搞不好，便会纸上谈兵，甚至伤及税务机关和政府的公信力。所以，税务机关能征直接税和存量税，是开征物业税的基本条件。

然而，鉴于当前贫富差距的持续拉大已经成为构建社会主义和谐社会的最大障碍，鉴于政府调节手段的缺失已经成为拉近贫富差距的主要“瓶颈”，也鉴于税收是最适宜于市场经济环境的调节贫富差距的手段，那么，在“十二五”时期，采取一切可以采取的举措，着力于破解上述的难题，结束中国财产保有层面的无税状态，从而构建起一个能够有效拉近贫富差距的税制体系，是我们终究绕不开、躲不过的一个重要课题。

6.3.4 实行环境税制度

伴随可持续发展理论的政策化过程，与可持续发展密切相关的环境与资源问题日益受到社会关注并得到政府的极大重视。近年来，随着世界能源价格的上涨及环境污染等情况的加重，我国环境与资源领域存在的问题和矛盾日益凸出。税收政策作为国家实行宏观经济调控的重要政策手段之一，在促进能源节约及可持续发展方面具有其他经济手段难以替代的功能。因此，环境税与资源税的确立及改革开始日益受到重视。

环境税、资源税与能源税的内涵

目前学界对环境税没有明确统一的概念，实践中经常与能源税、生态税、资源税、绿色税收等各种名目的相关税种混合使用，容易造成使用上的混淆和理解上的偏差。明确概念是完善税收和相关立法的基础，也将为研究和交流提供统一的话语平台。

环境税收，源自于英国“福利经济学之父”庇古的外部性理论。税收作为政府主要的经济手段，是保护环境不可或缺的措施，并具有特殊优势。在相关研究中，有学者将环境税收称为绿色税收，是指为了保护环境、合理开发利用资源、推进清洁生产、实现绿色消费而进行的税收。有学者将环境税称为生态税。还有学者认为环境税是以环境中的物为征税对象的一种税。内容广泛，可看作一个广义的概念。它下面还可分为污染物税、环境能源税、环境资源税、环境关税等。而且，每一个名称下面还可再分，如污染物税可分为噪声税、垃圾税、二氧化碳税、硫税、有毒化学品税等。但“环境税”的名称范围过大，包罗万象，立法中难以界定其具体内容，实践中也不好操作。总之，环境税是一个广泛笼统的概念，并非单一的税种，而是一个综合的税系。

资源是指一切能够直接开发为人类社会所需要的用其作为生产资料和生活资料来源的、各种天然的和经过人工加工改造的自然物质要素，即通常所说的物质资源。通常指的资源就是这种狭义的物质资源。具体包括自然资源（土地、水、矿物、生物等）；人工物质资源（原料、材料、能源）；废弃物质资源（废旧物资、可利用废弃物）。能源属于一种人工物质资源，即能源就是指能够转换成为热能、机械能、光能、电能、电磁能、原子能等各种能量的物质资源。但两者的划分是相对的。许多既可以利用其能量功能，又可利用其物质功能，如石油，即是近代工业广泛使用的一种主要能源；又是有机合成工业的主要原料，可用以生产药品、染料、肥料等。资源税通常是指对自然资源课征的税收。

综上所述，环境税、资源税与能源税是具有紧密联系又相互区别的概念，容易混淆，造成用语上的混乱，应对其加以概念上的厘定。环境税从广义上理解是一个涵义宽泛的概念，基本包括了传统意义中的资源税和能源税等内容，但是在学术研究和立法过程中，应统一概念的使用，取消绿色税收、生态税等更为笼统模糊的用语，同时有必要将“环境税”这一概念具体化、规范化。如使用环境排污税、环境噪声税等具体化的税种名称。在此意义上，具体的狭义的环境税与资源税、能源税之间是并列关系。关于资源税与能源税之间的关系，如同资源与能源的关系也是相对的一样，两者之间不是必然的包含关系，建议将资源区分开来，资源税与能源税成为并列的税种。即当自然资源直接作为能源使用的，在能源税中进行规制；如果作为劳动对象时，则是资源税的征收对象。

环境税的改革方向

关于环境税这一议题，在我国已经讨论10多年了，2005年松花江水污染事件之后，环境税真正地提上议事日程。2007年6月，中国政府明确提出要开征环境税。2009年5月25日，国务院批转发展改革委《关于2009年深化经济体制改革工作意见的通知》，明确提出“加快理顺环境税费制度，研究开征环境税”。

环境税迫近，其背后的动力是我国急需转变经济发展方式，实现2020年的单位GDP碳减排目标，以及与之相关的资源价格改革等。一直以来，对我国环境税制的设计主要有独立型环境税、融入型环境税和环境税费这三种环境税征收方案。

独立环境税方案包括一般环境税、直接污染税和污染产品税。融入环境税方案并不设立单独的环境税税种，主要通过对消费税、资源税、城市维护建设税、耕地占用税以及车船税等部分现有税种的改革和完善，加上环境收费制度的配合，达到保护环境的目的。环境税费方案是通过环境税和环境收费的共同作用来影响污染者的生产和消费行为，主要建议是维持现行环境收费制度，将污水处理收费、二氧化硫排污收费等目前环境收费中几个大的收费项目转为环境税，并重点考虑制定二氧化碳税、生态税和臭氧耗损物质（ODS）税。

可以看出，在环境税制整体设计中，关键在于新的独立环境税种的设计。目前独立的环境税有如下的选择：以“污染者”付费为征收原则的“污染排放税”（如二氧化硫税）、以“受益者”付费为征收原则的“一般环境税”（如环境保护税）和以“使用者”付费为征收原则的“污染产品税”（如能源税）。鉴于我国目前严峻的生态环境状况和能源使用状况，新的环境税不应该仅定位于筹集收入的一般环境税，以税收手段调控环境污染则具有更为重要的意义。因此，可以选择污染排放税和能源税。由于水污染控制、大气污染防治、固体废物污染防治等一方面将是我国未来一段时期环境保护工作中的重点，另一方面具有征收对象稳定、征收比较容易的特点，可以将其由现在的收费改为征税形式。因此，我国环境税的征收范围应设定为包括废水、废气、固体废弃物等在内的污染物排放和二氧化碳排放。二氧化碳税是对产生二氧化碳的煤、石油、天然气等化石燃料征收的环境税种，对缓解我国能源紧张的局面也是很好的选择。环境税的设计关键在于税率。环境税的开征应先易后难、逐步推进。①

资源税改革

相对而言，我国对资源开发利用的税收比对环境污染的税收要重视，未来资源税改革主要有以下几个方面：

第一，扩大资源税征收范围。我国征收的资源税仅限于矿产品和盐，并未对水资源、森林资源、草原资源、土地资源、海洋资源、野生动植物资源等征收资源税；

第二，将资源税和环境成本以及资源的合理开发、养护、恢复等挂钩，根据资源的稀缺性、人类的依存度、不可再生资源替代品开发的成本、可再生资源再生成本、生态补偿的价值等因素，合理确定和调整资源税的税率；

第三，在新疆石油天然气资源税改革试点的基础上，完善资源税计征方式，由从量计征改为从价或从价与从量相结合的征收方式。

第四，建立配套的减免税和加征措施，应制定国家资源开采标准，对某种资源的开采应提出具体回收率等方面的要求，要将资源的储量和实际的开采量进行对比，要考虑资源的综合利用等因素。

---

① 邢丽：“开征环境税：结构性减税中的‘加法’效应研究”，《税务研究》，2009年第7期。

6.4 税收改革的制度保障：完善相关配套措施

6.4.1 文明对价：塑造良好的税收环境

纳税人权利义务意识的培养

作为一个特殊的、专司提供公共服务之职的产业部门，政府征税的全部理由就在于：作为消费者的纳税人有着对公共服务的需求。企业和居民之所以要纳税，就在于换取公共服务的消费权。税务机关之所以要代表政府部门征税，就在于为政府部门筹措提供公共服务的资金来源。纳税人的根本权益，存在于政府所提供的各种公共服务之中。由此出发，纳税人权益保护的着力点，应当是包括税务机关和所有政府职能部门在内的、由作为一个整体的政府部门所提供的“全方位”的公共服务。

服务型税务机关的建立

建设服务型政府机关，是全面落实科学发展观，转变政府职能、构建社会主义和谐社会的重要举措。对于税务机关来说，就是要充分发挥税收在调节经济和公共管理方面的职能作用，为广大纳税人提供优质高效、方便快捷的服务。

首先要转变纳税服务理念。纳税人是市场经济的主体，是社会财富的直接创造者，也是国家税收收入的源泉。因此，税务机关必须牢固树立纳税人主体观念，把工作的主导方向由以满足自身的征税管理需求为主转变为以服务纳税人的纳税需求为主，在税收制度的制定、管理流程的设置和纳税方式的提供等方面，相信纳税人、尊重纳税人、服务纳税人，在管理过程中充分体现纳税人权利和尊严，切实维护纳税人权益。

其次要完善纳税服务手段，提高纳税服务能力。进一步推行“一窗式”服务，简化办税流程、办税环节和审批程序，最大限度地为纳税人提供方便。拓宽为纳税人提供税法宣传、纳税咨询等服务的途径。丰富纳税服务手段，提高纳税服务效率。进一步推广多元化申报方式和缴款方式。建立纳税人洞察体系，提供个性化服务。要了解纳税人的实际需求，就必须建立纳税人洞察体系，实现纳税人洞察的个性化。

建立健全纳税服务考核、监督体系。在建立纳税服务质量考核评价体系时，要根据事前制定的纳税服务计划，建立一个综合的业绩管理制度，并将考核与奖励措施挂钩。具体来讲，当前应该重点落实好以下几项制度：公开办税制度、纳税服务责任制度、纳税服务承诺制度、纳税服务质量考核制度、纳税服务责任追究制度。

6.4.2 必备要件：建立快捷的电算系统

强化税收征收管理的一个必要条件就是要优化税收信息化建设，具体内容有如下几个方面：

第一，完善申报程序服务系统。建立税收信息网络服务中心，利用互联网进行有针对性的税法咨询和税法辅导，帮助纳税人及时、完整、准确地掌握税法信息。同时整合现有征管软件，规范涉税服务程序，重点是开发推广多元化的电子申报纳税系统、税收业务综合管理信息系统、纳税评估管理信息系统，为纳税人提供多种简便、快捷的纳税申报方式，减少纳税人纳税遵从的成本。

第二，建立信息共享系统。尽快建立和完善覆盖国家税务总局、省级、市级和县级国、地税的全国税务系统纵向计算机服务网络，建立与财政、银行、工商、海关等部门的信息共享，从而拓宽税收信息的共享渠道，提高税收信息利用率，最大限度发挥税收信息服务作用，在《税收征管法》中要明确类似外部信息的有效性与信息交流的方式。

第三，建立纳税人权益保护系统。利用现代信息技术，将税务机关执法依据、执法程序、执法责任、处罚结果向全社会公开，接受社会监督，同时维护纳税人利益，使纳税人切实感受到自己的权利和地位，增强其自觉纳税意识。在《税收征管法》修订时，对原有的知情权、保密权进行完善，并增加其纳税人对税收政策制定的参与权。

6.4.3 法治保障：完善相应的法律制度

为了积极稳妥地推进税制改革，就必须要有法治保障作后盾，修改完善有关税收政策、法律法规规定。

首先，强化税收立法，提高法律级次。在已经修改通过的《个人所得税法》、《企业所得税法》、《征管法》等的基础上，提请中共中央、国务院、全国人大及其常务委员会，尽快研究制定《环境保护税法》、《增值税法》、《资源税法》等相关法律，不断提高税收政策、法律法规的法律级次，使其更具执行性、权威性和公信力。

其次，强化税收执法监督，保证各项税收政策，法律法规正确贯彻执行到位。树立税收法治观，打造规范有序的法治环境。依法治税是税收工作的灵魂，规范有效的执法是依法治税的关键，也是最基本的服务。规范执法行为：严格界定执法权限，完善执法程序，统一执法文书。改进税务检查：改进检查方式，实行税务检查准入制并与国税局实行检查信息共享，避免多头检查和交叉检查。

再次，加强协调配合，大力整顿和规范税收秩序。一是加大大案要案的查处和打击力度，继续严厉打击虚开和故意接受虚开增值税专用发票、运输发票等骗取税款的行为，以及纳税人利用做假账、两套账或三套账、账外经营、跨范围经营等方式偷税的行为；二是采取有效措施，对征管薄弱的房地产、建筑安装、餐饮娱乐、金融保险、邮电通信、石油石化、食品药品生产、私人办学和医疗机构、连锁经营超市、官商勾结的垄断行业、代收代扣代缴等进行专项检查，并进行专项整治；三是加强同工商、公、检、法、司、银行、纪检、监察等单位的协调配合，从重从快打击各种形式的涉税违法犯罪行为。在税务机关内部设立集立案、侦察、审判等涉及公安、检察、法院等部门权力的税务警察，减少涉税案件的查处流程，保证涉税案件查处的及时性、准确性和提高税务机关执法的权威性。

主要参考文献

胡怡建："企业所得税改革对财政经济的影响"，《涉外税务》，2008 年第 11 期。

辛 华："个税起征点再上调，茅于轼称应提至 8 000元"，《信息时报》，2008 年 11 月 14 日。

史耀斌："全面认识和正确理解我国的燃油税费改革"，《税务研究》，2009 年第 1 期。

韩绍初："现代增值税的八大特点及三大优势"，中国国际税收研究会"研究要报"，2010 年第 6 期。

高培勇："新一轮税制改革评述内容、进程与前瞻"，《财贸经济》，2009 年第 2、4 期。

白重恩、钱震杰："中国的国民收入分配：事实、原因和对策"，《比较》，2009 年第 45 辑。

邢丽："开征环境税：结构性减税中的'加法'效应研究"，《税务研究》，2009 年第 7 期。

7

“十二五”时期的预算管理改革

- “十一五”时期的预算改革，总体上承袭了“十五”时期的改革思路，并在夯实基础、确保前期改革成就中继续深化，不断有所突破。
- “十一五”时期的预算改革，在立法与行政层面积极推进并取得明显成效的同时，行政主导是这一时期的主要特点。
- 行政主导的预算改革需要立法层面的体现与确认，否则，预算改革的权威性不足，不利于预算法治化建设与预算民主化进程。
- “十二五”时期深化预算改革，既是预算管理本身的需要，更是加快经济发展方式转变的要求；改革既要解决长期以来预算管理中固有的问题，也要体现经济活动的复杂性带来的预算管理创新。
- 深化预算改革，需逐步提高立法机构在预算管理中的主导地位，构建由公共财政预算、国有资本经营预算、政府性基金预算和社会保障预算组成的四位一体的有机衔接的政府预算体系，实现政府预算体系的完整性与全面性。

Budget Management Reform in the Period of 12th Five-Year Plan

- The budget reform in the period of 11th Five-Year Plan followed the thought of budget reform in the period of 10th Five-Year Plan in general, continued to deepen and achieved some breakthroughs constantly in the progress of laying a solid foundation and maintaining the achievements of early reform
- The budget reform in the period of 11th Five-Year Plan was actively promoted in the legislature and the executive level, some remarkable results have been achieved, and meanwhile, the executive-led budget reform was the main feature of this period
- The executive-led budget reform need to be legislated to reflect and confirm, otherwise the authority of budget reform lacks so as to hinder legal construction and democratization process of budget
- The budget reform in the period of 12th Five-Year Plan is the need of budget management itself, but also the requirement of accelerating the transformation of the pattern of economic development. The reform must address the long-standing problems inherent in budget management, but also reflect the budget management innovation caused by the complexity of economic activities
- Deepening the budget reform need to gradually increase the dominance of legislation in budget management, construct government budget system which consists of public budget, state-owned capital management budget, government funds budget and social security budget with four in one and appropriate Linking-up, and realize the integrity and comprehensiveness of government budget system

7. “十二五”时期的预算管理改革

“十一五”时期的预算改革，继续按照“十五”时期预算改革的思路，在部门预算、国库集中收付、政府采购以及政府收支分类改革的推动下，在行政层面和立法层面都不断有所突破、有所深化。不过，这些改革的推动和改革措施的实施，立法机构固然发挥了积极的作用，但行政主导的色彩依然浓厚。预算立法的相对滞后，不仅使立法机构对预算活动的监管得不到有效保障，也使改革成果难以得到法律上的确认，造成权威性不足。“十二五”时期是中国经济社会发展的又一重要时期，预算改革需要法治的强力推动。在其他改革举措的配合下，既要解决长期以来预算管理中的固有问题，也要着眼于加快经济发展方式转变的重大主题，逐步建立起由公共财政预算、国有资本经营预算、政府性基金预算和社会保障预算组成的有机衔接的政府预算体系，以预算改革推动整个公共财政制度的进一步完善。

7.1 “十一五”时期的预算改革：一个简要回顾

作为“承前启后的重要时期”，“十一五”时期预算改革的预期目标和调整步伐基本延续了“十五”的思路，并在夯实基础、确保改革成就中继续深化，稳步前行中不断有所突破。

7.1.1 预算改革的目标

2006 年 3 月第十届全国人大四次会议表决通过了《关于国民经济和社会发展第十一个五年规划纲要的决议》。其中第二十三章中明确将“改革预算编制制度，提高预算的规范性和透明度。继续深化部门预算、国库集中收付、政府采购和收支两条线管理制度改革。建立国库现金管理和国债余额管理制度，推进政府会计改革。加强预算执行审计，提高预算执行的严肃性。建立财政预算绩效评价体系，提高财政资金使用效率”等作为推进财税体制、深化预算改革的重要目标。这是国家层面对“十一五”时期预算改革方案最为明确的表述和定位。

2007年10月党的十七大报告同样也把“深化预算制度改革，强化预算管理”作为“深化财税、金融等体制改革，完善宏观调控体系”的主要内容。

由此可见，整个“十一五”时期，预算改革始终坚持“稳步推进、逐步深化”的思路和基调。“制度改革与管理规范并举”是预算改革的主线和方针；强化预算“规范性、透明度、严肃性”是改革的目标和导向；预算编制、执行、评价则成为改革的重点和着力点。

7.1.2 预算改革的基本成就

以“十一五”规划纲要为改革导向，2006年以来，中国的预算改革在行政层面以及立法层面渐进渐行，稳步推进。

从大部分预算外资金先后纳入预算管理到部门预算的实施与深化；从综合预算的提出到“全口径预算管理”概念的推广；从财政预算专户管理到国库集中收付制度向基层推进、“政府收支分类改革”的全面实施等等。一系列预算改革措施在大大推进中国预算完整性、规范化以及公开性的同时，也让启动于1999年并延续至今的公共预算改革在方向选择、制度设计以及框架建设方面形成了更为鲜明、清晰和完整的改革蓝图：即“十一五”时期，以“控制取向”为主导的现代公共预算在中国进一步得以确立和完善：一方面，政府内部建立了集中的预算行政控制。由一个核心机构（财政部门）负责行政体制内部资金的分配，监管其他政府职能部门的收支活动，使得政府各部门对政府行政领导（首脑）负责；另一方面，加强权力机构和公众的外部控制。通过立法机构对行政部门提交预算的审查、批准和监督，确保整个政府部门对全体公民负责。

预算管理制度改革在行政层面积极推进

（1）部门预算改革向纵深发展，进一步强化了预算约束性。从政府职能部门到各级党委、人民代表大会、政协等各部门，行政体制内部从中央到省、市甚至是县级等基层地方政府所有收支，包括一般预算、政府性基金以及其他预算外资金原则上都以部门形式逐步进入本部门的预算之中，报同级财政部门审批，公共部门预算——“政府大预算”的局面正在逐步形成。

部门预算制度规定了部门预算“两上两下”的编制程序，兼顾了职能部门现实需求，也在一定程度上确立了财政部门在行政体制内部的预算控制性。同时，细化预算主体（包括财政部门、组织业务司局、部门财务司局）在预算编制、执行中的权责，明确预算编制责任主体，树立了部门预算管理观念，增强了部门预算管理的严肃性。

（2）政府收支分类改革是“十一五”时期预算改革的重要内容。作为预算管理的信息主线和核心，政府收支分类反映了政府收支活动的具体细节。它不仅是政府预算编制、执行、核算、决算、分析的重要依据，也是权力机构以及社会各界清楚了解政府活动，实施科学监督、民主决策的基础。

2007年，政府收支分类改革开始全面实施。新的政府收支分类克服了原分类“体系不合理、内容不完整、分类不科学、反映不明细”等弊端，适应了公共财政框架下政府职能的调整以及部门预算改革对于政府信息全面性和科学性的要求；在实现与国际接轨的同时，通过对政府收入和支出分类的调整和细化，加强了预算的全面性，提高预算的透明度，是“十一五”时期预算管理改革的重要内容。

（3）规范政府资产管理，将国有资产管理纳入预算管理范畴。2006年7月《行政单位国有资产管理暂行办法》和《事业单位国有资产管理暂行条例》开始实施。明确了国有资产管理过程中具体的责、权、利划分，结束了以往国有资产管理“所有人”缺位的现象，形成从资产配置、资产使用、资产处置等全过程的监督体系；将资产管理与预算管理相结合，规定了国有资产在出租、出借、出售中形成的有偿收益均需纳入财政专户，支出由中央财政按照批准计划从财政专户中拨付，实现"收支两条线"管理。自此，行政事业单位相关国有资产收益也纳入了预算监管的范畴。

预算监管从行政控制走向立法控制

（1）预算立法的积极探索。在中央层面，2005—2010 年历年的全国人大常委会的立法计划中均把《中华人民共和国预算法》修订列为提案。尽管由于部门利益以及现实技术原因导致修订迟迟未出台，但预算根本大法修订的紧迫性和必要性已在全社会范围内形成了共识。

在地方层面，各地各级人大机关在积极探索和推动相关预算立法工作，预算监管法治化有条不紊地在推进之中。据不完全统计，全国（不包括港澳台）绝大多数省级人大根据《中华人民共和国宪法》、《中华人民共和国地方各级人民代表大会和地方各级人民政府组织法》和《中华人民共和国预算法》以及有关法律、法规的规定，结合当地实际情况，以条例、决定等形式制定并实施了地方性预算管理法规；省以下地方各级人大也不同程度地制定并实施了类似的法规。"十一五"时期，有的省份，如，安徽、青海、甘肃省，根据新情况，还对以前通过的预算管理法规做了相应的修订。

（2）权力机构预算监督权的实质性增强。部门预算改革以来，人大预算监督权获得实质性加强，主要体现为：报送权力机构审议的部门透明度不断增加。从 2000 年预算年度所有中央一级预算单位开始试编部门预算起，农业部、科技部等 4 个部门的部门预算即被要求作为试点报送全国人大审议。近年来，报送全国人大审议的部门预算逐年增加，2007 年为 40 个，2008 年增加到 50 个。这 50 个部门将在预算编制阶段接受全国人大的监督和建议。

报送权力机构审议的预算信息量大大增加，涵盖内容越来越完善，编制的项目越来越细化。报送全国人大审议的部门预算内容不断细化，将中央财政用于农业、教育、科技、医疗、社保等方面涉及人民群众根本利益的重大支出总量和结构情况报全国人大审议，对年初不能列入部门预算由中央总预算作预留安排的项目的详细安排情况，也向国务院报告并转送全国人大备案。

地方层面，随着部门预算改革的稳定推进，各地逐步开始将包括基本支出与项目支出明细项目情况在内的综合预算报告给人大审查。2006 年年底截止，全国已有半数省级部门向省级人大报送部门预算，其中河北、黑龙江、江苏、宁波等地已经向同级人大报送省级全部部门预算；大部门省市还向同级人大报送包括基本支出与项目支出明细在内的综合预算。此外，30 多个省本级把超收安排、中央财力性转移支付以及中央专款和预算调整情况也列入报送内容。

预算民主化进程加快

民主政治要求预算成为公共政治话题的一部分。（乔纳森·卡恩，2008）而预算信息的公开以及公民的预算参与程度则是实现预算民主的前提和重要保证。

（1）预算公开性增强。"公开是责任的关键，预算不得不广而告之。"（乔纳森·卡恩，2008）这样，公民才有可能利用相关信息客观评判公共部门（或官员）使用公共资金的效果和效率。

预算公开披露分为三个层次：第一个层次是预算信息向行政体系中的预算核心部门（一般为财政部门）公开，便于财政部门在行政体系内部合理分配和安排财政资源；第二个层次是向立法机构公开。这是选民代表实现监管职能的前提和基础；第三个层次则是向全体社会公众公开披露，这也是预算公开的最终目标。整个"十一五"时期，政府预算公开性在以上三个层次上都有所进展。部门预算以及预算法治化改革强化了财政部门和立法机构的预算知情权，而近些年，来自于民间自发的预算公开诉求以及政府所推行的预算信息公开制度改革则是推动预算第三个层次上的公开披露，实现了标志性的突破。（参见专栏 7 - 1）

专栏 7 - 1 上海区县将试点公开部门预算

上海市财政局日前专门发文要求地方区县推进部门预算信息公开试点工作。此前，深圳"公共预算观察志愿者"组织成员之一李德涛曾在 10 月 6 日同时向上海和广州提出了公开财政预算信息的申请。10 月 16 日，广州市接受了李德涛的申请并将本级 114 个部门预算全部放到广州财政网上提供下载，此举为广州市财政局赢得了广泛的赞誉。

10 月 19 日，上海市财政局下发了这份名为《关于进一步推进区县预算信息公开的指导意见》的文件（下称《意见》）。《意见》称，要提高区县预算面向人大和社会公众的公开性和透明度，在以往工作的基础上要以"规范预算报告、实行预算披露"为突破口，从细化预算报送内容和提高预算公开程度两方面着手，进一步促进预算编制和执行环节的透明。

资料来源：摘自熊剑锋："上海区县将试点公开部门预算"，《第一财经日报》，2009 年 10 月 30 日。

（2）自下而上的预算公开诉求。预算规范是中国政治经济发展的必然，是中国从一个"自产国家"演进为"税收国家"再迈向"预算国家"过程中，国家生产模式转变对国家政治体系以及公民预算民主产生的必然要求。（马骏，2005）

自 1994 年税制改革之后，中国逐步实现向税收国家的转变。政府收入大都来源于纳税人缴纳的税收，财政资金"取之于民"理应"用之于民"，以履行其公共职能，完成政府的受托责任。因此，全面了解政府的实际收入规模，了解政府支出是否高效、公平，是否体现了公众的公共意志成为一个税收国家中公民理应享有的基本权利。

从 2006 年"公共预算观察志愿者"向政府提出公开预算的申请到 2007 年中国预算网站（www.budgetofchina.com）的建立，再到广州市财政局公布 114 个部门预算，因过高点击率而导致网站一度瘫痪等标杆性事件，都说明了近些年来，中国公众维护自身预算知情权的意识以及参与公共预算讨论的热情都在逐步增强，公众了解公共预算的途径以及平台也日益增多。并且，随着法治化与民主化进程的加快，这股自下而上的预算权力的诉求正转化成推动政府预算提高公开性、增强透明度的自发动力。

（3）自上而下的预算公开改革。除了自下而上的公民预算自觉意识之外，中国预算公开性的推动还源于社会主义法治化和民主化进程中政府自上而下的改革力量。

公共预算数据的公开是政府践行信息公开承诺、接受社会预算监督的重要途径和表征。预算信息公开充分，不仅有利于公众民主参与意识的增强，加快推进社会主义的民主建设进程，也有利于提高预算透明度，强化政府的受托责任，更有助于提高政府执政的效率，提升公众的认可度和满意度。

2008 年 5 月，中国开始施行《中华人民共和国政府信息公开条例》（国务院令第 492 号）。《公开条例》明确规定县级以上政府及其部门的财政预算、决算报告，是需要主动公开的"重点政府信息"，必须向社会公众开放。同年，财政部配合国务院《公开条例》，出台了《财政部关于进一步推进财政预算信息公开的指导意见》，详细规定了财政预算信息公开的原则、信息公开的主要内容和方式以及财政预算信息公开工作的要求等。这些法规、条例让各级政府、各部门公开公布各自预算成为一种法律责任和义务，也有效保证了公民获取预算信息的权力。

2009 年 12 月，国务院在向全国人大常委会做的落实审议意见报告中，提出将继续推动中央部门预算公开，争取再经过两三年的努力，使所有的中央部门预算都向社会公开。另外，包括广东、上海、深圳、南京等多地地方政府也在积极探索推动地方部门预算向公众公开。如广州市财政局对外公布 114 个部门预算，开创预算公开先河，获得社会的广泛好评；上海市财政局发布《关于进一步推进区县预算信息公开的指导意见》，要求区县财政部门公开财政预算、部门预算、转移支付、政府采购等方面信息。

（4）公众预算参与度的提高。利益相关者的参与特别是预算受益人需求在预算中的表达和体现，将增强财政资源的使用效果、增强政府支出的目的性和针对性，推动科学理财、民主理财。表现在实践中则是公众预算参与度的增强。

“十一五”时期，中国多个地区在基层开始推行预算参与式改革的试点，公众预算参与预算民主决策的积极性大大提高。（参见专栏 7－2）

专栏 7－2　“参与式预算”：预算民主化的先声

所谓“参与式预算”，是让公众了解预算的过程和内容，并让公众提出自己的意见。“参与式预算”在国际上有多种形式。如最早实行“参与式预算”的巴西通过公众的直接参与和议会来决定预算。在巴西，部分与公众关系密切的预算项目如市政项目由公众讨论决定后直接交由政府执行，其他预算内容则由议会审查批准。在美国，则是通过专业预算研究机构及议会的参与来实现的。政府编制的预算草案交给议会讨论和听证，一些非政府的研究预算的智库机构，代表社会对预算进行专业评估，其意见通过媒体、议会对政府施加影响，使政府的预算更符合社会的需要。但无论是巴西式的公众直接参与型还是美国式的通过社会专业机构参与的“参与式预算”，虽有借鉴的意义，却不宜直接复制。因此，尽管“参与式预算”符合中国市场经济发展、经济体制改革和民主政治发展对公共预算的需要，但必须符合中国的国情和政情。

目前中国也在多方推动“参与式预算”，进行各种探索，有上海市、哈尔滨市自上而下的推进，而温岭的“参与式预算”是中国最早的、从下而上的、沿着曾获“地方政府创新奖”的“民主恳谈”的逻辑而自发产生的。它在新河镇尝试与人大审查监督财政预算相结合，一诞生就引发多方关注。不仅因为它是中国最早的“参与式预算”，更因为其符合公共预算的改革方向，即民主化方向，并因其乡土性、原创性而备受重视，它是中国特色基层民主创新的产物和体现。

温岭“参与式预算”的程序分会前初审、大会审议和会后监督。在镇人大开会前，由镇人大财经小组组织人大代表和自愿参与的公民对镇政府细化了的预算草案进行“民主恳谈”，形成初审报告。镇人大开会期间，镇政府负责人向人大代表作预算报告，人大财经小组长向大会陈述预算初审情况，然后代表与政府对话、协商。代表对修改后的预算报告还不满意，可以 5 人以上联名提出预算修正议案。最后由大会投票表决通过经修改的预算案和预算修正案。镇人大会后，镇人大财经小组负责监督预算的执行，镇政府在每季度向镇人大财经小组汇报执行情况。

“阳光是最好的防腐剂”，“参与式预算”使政府在预算草案编制之初，就必须牢记财“取之于民，用之于民”，公众及其代表对财政预算的知情权、表达权，特别是修正权，改变

专栏7-2（续）

了"取之于民"易、"用之于民"难的现状，真正做到"还权于民"，使老百姓能够"以管钱来管权"，更好地体现社会主义民主法治精神。尽管温岭的"参与式预算"仍在探索之中，形式并非完美，程序尚待完善，但代表了财政预算发展的民主化方向，表现为公民权利对政府核心权力之一——财政权的刚性约束，是基层民主的一个创新。

资料来源：丁小萍："'参与式预算'：基层民主的创新"，《浙江日报》，2008年7月28日。

7.2 现行预算管理制度格局的问题：预算立法滞后

在公共财政的导向下，"十一五"时期中国公共预算沿既定的框架进一步巩固和深入。大量的预算外资金已进入预算管理，散落于行政部门的预算权不断集中的同时，预算利益相关者在中国整个预算过程中的地位和角色发生了变化，完全行政主导型的预算模式正在弱化，公众、公众利益代表权力机构对预算影响力越来越显著，表现为：（1）预算外部监督机构——权力机构对预算监管的范围、力度、深度逐步加强；（2）作为行政体系内部核心预算机构——财政部门的预算监督地位日益巩固；（3）预算过程逐步向公民开放，公众预算参与性提高。（马骏，2007）预算权的分配开始由行政体系内部的集中和规范，逐渐推进到立法（权力机构）层面的主导和强化；整个预算过程逐渐从内部行政控制走向公共责任的外部政治控制的阶段。

改革推进至此，如何克服和突破既得利益者对预算改革形成的阻力，将预算改革形成的预算分配权力重构以法律加以确立和实现成为深化预算改革亟待解决的问题。而体制中存在的深层次矛盾也成为了"十二五"时期继续强化预算"法治化、完整性、统一性"的制度障碍。

7.2.1 预算立法滞后：人大监管权得不到法律保障

从"十一五"时期的改革措施可看出，预算改革措施更多是集中在行政层面的推进，改革目标和措施集中在重构预算编制以及执行过程。如部门预算改革、国库集中收付制度等的成果只是以行政部门的规范而订立，并未在预算立法层面加以法律的确认和保障。

《预算法》是保障权力机构实施有效监督的制度基石，是确立预算权力在权力机构、行政机关以及其他预算参与者之间的分配的法律框架。作为新中国成立以来的第一部预算管理基本法，1994年《预算法》以及《预算法实施条例》的先后出台明确规定了中国预算管理的基本制度，对于规范政府行为，依法理财、依法治财提供了重要的法律依据。然而，现行《预算法》及其《实施条例》脱胎于计划经济体制向市场经济体制转轨之时，其内容不可避免地带有计划经济体制时代的烙痕；当时分税制财税体制改革才刚刚启动，市场与政府之间、中央与地方政府之间的关系逐步理顺之中；公共财政体制改革的大幕尚未拉开，全面的预算改革走向何方仍处于探索阶段，这导致1994年《预算法》在改革调整之初就有一定的局限性。并且，在历经十余年预算改革，特别是行政层面所启动的部门预算、国库集中收付以及政府采购等预算改革后，现行的《预算法》在诸多方面已不适应现实形势的发展，与预算管理现状也多有冲突。

预算改革成果无法在立法层面上得到体现和确认

当前的预算改革仍多停留在行政层面，改革成果也多以行政性法规、部门法规、规范性文件、通知等形式加以确立。如推广部门预算是以财政部颁布的《中央部门基本支出预算管理实行办法》和《中央部门项目支出预算管理试行办法》等部门通知为依据；实施国库集中收付制度则是以财政部、中国人民银行印发的《财政国库管理制度改革试点方案》通知为指导等等。这在一定程度上印证了行政权力在中国预算法治化过程中发挥主导作用的观点。同时，行政层面推动的预算改革由于缺少全国人大或其常委会通过的法律确认，法律级次较低，使得权力机构在实现预算审批和监管权限过程中难以获得实质性的法律保障，更不利于预算民主化和法治化的建设。

《预算法》部分内容已不合时宜

现行《预算法》以及《实施条例》关于政府收支范围采用了列举方法，界定过于笼统，具体列举却没有原则性或概念性的规定，容易导致预算不能涵盖政府全部收支，为部分政府收支预算外循环提供了空间。此外，《预算法》对于政府收支的划分仍带有比较浓重的计划经济色彩，无法适应和充分体现公共财政框架下政府职能以及收支结构的转变和调整。如《预算法》第十九条中列举了“税收收入、国有资产收益、专项收入、其他收入”等四类政府收入，划分标准笼统且存在交叉；而政府支出则是按功能预算下粗放型标准加以分类，粗放笼统，细化度不高，无法全面和完整反映政府所有的收支活动。其中，“经济建设支出”依然被列为政府第一大支出，这与政府公共职能的转变并不相符。另外，《预算法》未对审批程序作明确规定，对于采用综合审批还是分项审批也未作规定。

《预算法》审批时间错位：预算严肃性无法保障

“合法性”是预算需遵循的基本原则之一。它意味着政府的年度收支只有经过权力机构的年度审批、授权通过后方能从政府的行为计划上升为全体公民的共同意志，才具有法律的效力。

按照现行《预算法》第一章第十条规定，中国预算年度自公历 1 月 1 日起至 12 月 31 日止。即年度审批的政府收支计划的法律效力持续一个自然年。而中国每年“两会”审议下一年政府预算报告的时间一般在第二年的 3 月初；经审批的预算一般要从 4 月起或更晚一些才能发生法律效力。但政府收支又是一个持续性的过程。这就意味着每年 1—3 月份内，政府预算在尚未被权力机关授权批准的情况便已开始执行了，而实际编制出的 1—3 月的预算失去其应有的约束力和意义。这不仅有悖于《预算法》作为预算根本大法的严肃性，更无法保证未经授权的预算执行和监督的有效性。

《预算法》编制、审批时间仓促：难以实现有效预算监管

充足的预算编制、审批时间是确保行政机关充分反映支出需求，保证权力机关详实了解政府收支情况，实现有效预算监督的基础。

《预算法》规定，各级政府、各部门、各单位应当按照国务院规定的时间编制预算草案；国务院应当及时下达编制下一年预算草案的指示。国务院于每年 11 月 10 日前下达编制下一年预算草案的指示；中央各部门于每年 12 月 10 日前报财政部审核；省、自治区、直辖市于下一年 1 月 10 日前报财政部审核。这样，各基层部门编制预算的时间仅一两个月左右。目前，尽管财政部将预算编制的时间提前到九月初，但从预算编制到表决通过也仅 6 个月左右的时间。由于时间太仓促，制定的预算内容粗略、不准确、不具体的现象难以避免。

另外，预算初审时间过短。根据《预算法》的规定，各级政府财政部门应在本级人代会议召开前一个月将本级预算草案的内容提交人大进行初审。在短短的一个月里，权力机关既要开展预算草案的实质性审查，还需形成审查意见。审查意见送财政部后还要经历一个请示、汇报、研究的过程。一个月时间非常仓促，这使得预算初审往往流于形式。

《预算法》与其他法律制度不协调

《预算法》与其他法律之间互不衔接。部门法律冲击或肢解了《预算法》。（李杰云，2005）现行《预算法》明确规定“地方各级预算按照量入为出、收支平衡的原则编制，不列赤字。”但同时，《教育法》、《农业法》、《科技进步法》等法律法规对教育、农业、科技等投入占财政支出增长比重都有明确规定。就省级政府来说，每年仅教育、农业、科技三项按法律要求安排的支出增长就要占当年新增财力的80%以上（参见专栏7－3）。

专栏7－3　政府的强制性三大法定支出

（1）教育支出。

《中华人民共和国义务教育法》第十二条规定：“国家用于义务教育的财政拨款的增长比例，应当高于财政经常性收入的增长比例。”

《中华人民共和国教育法》第五十五条第2款规定：“各级人民政府教育财政拨款的增长应当高于财政经常性收入的增长，并使按在校学生人数平均的教育费用逐步增长，保证教师工资和学生人均公用经费逐步增长。”

（2）农业投入。

《中华人民共和国农业法》第三十八条第1款规定：“国家逐步提高农业投入的总体水平。中央和县级以上地方财政每年对农业总投入的增长幅度应当高于其财政经常性收入的增长幅度。”

（3）科技投入。

《中华人民共和国科学技术进步法》第四十五条规定：“国家财政用于科学技术的经费增长幅度，高于国家经常性收入的增长幅度。”

对于中西部的贫困地区而言，地方每年新增财力就十分有限。若按照上述法律、法规，每个预算年度，用于农业、教育、科学等方面增加的财政支出往往已超过当年地方财政新增加的财力。这种情况下，年度预算安排既要保证本地基本社会事业发展和行政事业单位职工工资发放，又要符合相关法律的规定，还要实现《预算法》规定的财政平衡，致使财政部门往往陷入“有法难依”的境况。《预算法》作为财政预算主导性法律的地位受到冲击和挑战。

《预算法》缺乏可诉性的规定：法律约束力弱化

一部不能进入司法诉讼领域的法律，在相当大程度上只能被看作政治宣言而不是有约束性的法律。（刘守刚，2008）

现行《预算法》第十章规定违反《预算法》所需承担的法律责任：“第七十三条，各级政府未经依法批准擅自变更预算，使经批准的收支平衡的预算的总支出超过总收入，或者使经批准的预算中举借债务的数额增加的，对负有直接责任的主管人员和其他直接责任人员追究行政责任。第七十四条，违反法律、行政法规的规定，擅自动用国库库款或者擅自以其他方式支配已入国库的库款的，由政府财政部门责令退还或者追回国库库款，并由上级机关给予负有直接责任的主管人员和其他直接责任人员行政处分；第七十五条，隐瞒预算收入或者将不应当在预算内支出的款项转为预算内支出的，由上一级政府或者本级政府财政部门责令纠正，并由上级机关给予负有直接责任的主管人员和其他直接责任人员行政处分。”法律责任规定过于简单，只有区区三条。且原则性太强，责任不明晰，现实中缺乏具体操作的指导性。除了行政层面的处罚外，并未引进司法诉讼的途径，法律约束力弱，起不到应有的约束作用。

7.2.2 脱离预算监管的预算外收支依然存在：预算全面性有待加强

尽管中国推行了多年的预算外资金规范改革，脱离监管的政府预算外收支行为依然存在，并且方式更为隐蔽。

按照监管层次，上述预算外收支可分为：一是已进入部门预算，但未纳入人大监管的收支；二是既不在人大预算草案中反映，也不进入财政部门的监督视野的资金；三是作为政府变相支出手段的广义政府预算外收支行为。

部分政府收支依然未依法进入人大监管视野

预算“全面性”是权力机构实现预算监管的前提和基石。中国《预算法》规定所有政府收入都必须纳入政府预算，接受人大监督。然而在现实执行过程中，由于预算编报技术原因或是受部门利益的肢解而脱离人大的监管，预算“全面性”无法得到切实落实和保障。

从中国预算报告的实际情况看，中央政府每年向全国人民代表大会以及向社会公众提交和公开的预算草案中仅包括了公共预算以及政府性基金预算情况。这与实际政府收支数据存在着较大的缺口。诸如国有资本经营预算①、社会保障预算等重要政府收支内容均未在提交的预算草案中反映和体现。

当然，上述两部分重要预算数据的缺失有多重原因，其中：

一是由于相关改革的滞后。以国有资本经营预算为例，社会主义公有制为主体的特殊国情决定了中国面临着其他国家前所未有的财政类型。政府代表国家拥有土地、国有资源资产，所有或控制着大量的国有企业。国有资产、资源出租、出让，国有经营性资本管理导致政府收支行为复杂而多样化。（张斌，2009）如何反映基于国家所有权而产生的政府收支行为，如何将其同基于社会管理者角度的政府收支行为相区别，并实现有效控制和监管是政府预算实现“全面性”需解决的现实难题。

尽管早在2002年党的十六大就提出了关于建立国有资本经营预算的决定，开始了规范国有经营收支的探索，但直到2007年国有资本经营预算才破冰而出。并且时至今日，在推进国有资本经营预算改革方面仍存在着法律政策、技术操作层面的诸多障碍。法律政策层面的问题可归纳为：（1）现行《预算法》及其《实施条例》缺乏明确针对国有资本经营预算监管主体的规定，造成监管主体的法律真空，责权难以明晰；（2）国有资本经营预算执行主体缺少法律依据。技术操作层面的问题有：（1）国有资本经营预算制度是依据现收现付的政府会计基础，还是推行企业的权责发生制会计准则？（2）国有企业利润上缴的比例如何做到科学、合理性？（3）如何处理好国有资本经营预算管理部门之间以及预算管理部门和国有企业之间利益的博弈关系等。（王晓洁，2009；杨志勇，2009）

而在地方层面，由于各地预算改革的进度不一，针对国有资本经营收支的预算管理模式也有所区别。目前典型的国有资本经营预算可归纳为北京模式，江苏、云南模式，深圳模式以及湖北模式等四类。不同模式下，有关国有资本收支是否提交本级人大审查、批准以及接受监督的程度是不相同的。其中，深圳模式，国有资产收益预算与公共预算依然分离；北京模式下，国有资本经营预算资金开始纳入财政专户储存，但仍不列入人大审批范围；而江苏、云南模式，国有资本收益则完全进入公共

① 按照全国人大要求，中央本级国有资本经营预算于2010年首次提交全国人大审查。

预算管理，全面接受人大的监督。

社会保障预算改革也面临同样的局面。2009年12月，国务院通过《关于试行社会保险基金预算的意见》，决定先将企业职工基本养老、失业、城镇职工基本医疗、工伤、生育5项社会保险基金分别纳入2010年预算编制范围。而在此之前，根据《国务院关于加强预算外资金管理的决定》（国发［1996］29号）规定在国家财政建立社会保障预算制度以前，社会保障基金先按预算外资金管理制度进行管理，专款专用。

与国有资本经营预算改革类似，由于各地经济、财政状况、历史遗留问题等因素，推动社会保障预算进入综合预算的改革在地方层面也呈现出差异性。在渐进式的改革思路下，目前各地社会保障基金既有预算内，也有预算外管理方式，形成典型的分散性分项预算。以辽宁、陕西为例，辽宁省已将包括抚恤和社会福利救济费、行政事业单位离退休经费、社会保障补助支出等由政府使用一般税收安排，纳入政府一般预算；陕西省尽管仍未构建社会保障预算总框架，但在部门预算中已包含了社保相关的预算科目，并且把公共卫生支出、城镇青年就业补助费、城乡居民最低生活保障资金等纳入财政预算安排的范畴。进入政府一般预算也就意味着上述社保收支活动需要接受同级人大的审查和批准。除此之外，大多数省份仍按照中央规定将社会保障预算纳入预算外财政专户管理，专款专用。如陕西省设立五大社会保险基金；辽宁省建立七类12个专户；北京市则单独编制社会保障基金预算，把基本社会保险、补充社会保险项目的基金收支全部纳入其中。在此基础上，各省份对预算外专户管理的社会保障预算是否提交同级人大，具体规定也不尽相同。部分省份没有出台相关的具体规定；而部分省份则要求现有的社会保障预算需提交同级人大，人大具有知情权，但仍无实质意义上的审批权。

改革的滞后使国有资本经营预算以及社会保障预算编制的规范性、合法性在一定程度上受到质疑，也给不同类型预算衔接制造了困难，政府预算实现"全面性"目标推进缓慢。因此，积极推动社会保障以及国有资产经营管理等配套改革，并提出切实可行的预算衔接方案是推动上述预算外资金实现综合预算管理的前提。

二是由于目前预算编制形式不符合《预算法》的规定，造成技术层面上预算数据的全面性难以保证。依据《中华人民共和国预算法实施条例》规定，政府预算按照复式预算编制，由政府公共预算、国有资本经营预算、社会保障预算和其他预算构成。不同类型的预算反映了政府以不同身份支配和控制社会资金的收支情况。其中，政府公共预算也称一般预算，主要涉及政府公共性质收支，反映政府以社会管理者身份，为社会提供公共物品或服务而进行的成本弥补过程。国有资本经营预算则是国家以所有者身份依法取得国有资本收益，并对所得收益进行分配而发生的各项收支预算。社会保障预算也是政府预算的重要组成部分。目前中国社会保障基金主要包括城镇基本养老保险基金、城镇基本医疗保险基金、失业保险基金、工伤保险基金、生育保险基金等五项。只有完整报告以上三类具有勾稽关系的政府预算才能全面综合反映政府资金活动全貌。

而现实中，中国预算编制是以一般预算收支、基金预算收支、债务预算收支等形式分列。这种模式既不同于传统的单式预算，也不同于《预算法》意义上依据性质不同明确划分预算收支的复式预算。由于预算编制类别在性质上相互交叉，对政府不同类型活动无法做到清晰划分和全面评估，因此，难以从技术层面上保证预算清晰地反映政府收支的全貌以及结构特点。

此外，除了国有资本经营收支、社会保障收支等重要的政府活动尚未完整进入权力机构的审查监管视野之外，还有部分预算外资金也没有在提交人大的预算草案中体现。典型例子就是纳入财政专户管理的公立学校学费收入。尽管公立学校学费收入财政专户管理，进入到财政预算范畴，名义上实现了政府部门内部的监督，但实质上这部分资金使用权仍属于各公立学校，具有专款专用性质。该部分资金在年度预算审批时是不需要报送同级人大审批的。这意味着依赖于公共教育资源获取且属于政府部门或公共部门掌握的资金，人大既无审批权也被剥夺了知情权。

部分预算外收支既未纳入人大审批，也未进入财政监管视野

据实地调研，这部分资金主要包含以下两部分：一部分是未纳入财政专户管理的预算外资金，以政府部门及其所属事业单位的经营性收入，如广播电视机构的广告费收入、公立医疗机构的诊疗费等为典型。由于当前政府职能转变尚未完全到位，事业单位改革滞后，部分政府部门及其所属事业单位承担部分公共职能的同时兼具经营性功能。这些事业单位（包括公立的广播电视机构、公立医疗机构等）既有政府性拨款资金也有经营性收入来源。除政府性拨款收入纳入预算管理外，上述部门经营性收支是否属于政府性收支以及如何对其进行预算管理仍存在争议，管理也相对松散和模糊。因此，尽管这些事业单位经营性收入或多或少与其所隶属政府部门的行政权力有关，在资金管理中，这些经营性资金大多在各自单位内自行循环，并未纳入财政专户管理，属于典型的未接受财政监管的预算外资金。

除此之外，在既有制度框架之外，特别在省以下地方政府还存在由各个政府部门、各个地区通过“自立规章，自收自支”而征集的各种行政性收费、罚款、集资、摊派收入以及由此而形成的支出。这部分收支纯系制度外，目前尚难以精确统计。（张斌，2009）

尚未引起重视的广义政府预算外活动

税收优惠、政府担保等形式的政府广义预算外活动在中国广泛存在。但这部分政府性收支活动及其对宏观经济和政府财政收支的影响目前并未受到足够重视。

以税收优惠为例，出于促进高科技产业、扶持中小企业发展目的，中央政府在制定税收政策时对这些企业实施倾斜性税收优惠政策；而在地方政府层面，为吸引资金到本地投资，拉动地区经济的发展和就业，违规减免各种税收的情况也常有发生。这些优惠政策在某种程度上替代了政府的直接投资行为，实现了政府引导、干预微观经济主体投资、消费的调节功能。

政府担保也兼具上述功能。伴随中国经济发展和城镇化进程，对公路、城市轨道交通、供水供热等城市基础设施需求呈爆发式增长。面对巨额城建资金缺口以及《预算法》规定地方政府不可举债的法律限制，各地方政府或是构建地方政府融资平台或是尝试引入私人投资者。作为资本密集型公共物品，公共基础设施固有的高风险性成为国有企业或其他举债人进入的障碍。为突破这一瓶颈，地方政府以授信函、承诺等方式提供显性或隐性担保，全部或部分承担公共基础设施项目未来可能出现的支付义务，由此产生大量政府或有负债，对地方财政可持续构成巨大威胁。

然而根据中国现有预算管理办法，上述政府性活动对政府财政收支的影响并不在提交人大的预算报告中反映，在政府的财政收支计划也无法完全得到体现。这就意味着政府部门变相利用其可控社会资源替代了传统的财政支付方式，绕过预算部门、甚至是财政部门的审查来实现其影响社会经济的功能。而随着政府使用税式支出（tax expenditures）、政府担保（government guarantee）等非常规政策手段的频繁和规模的增加，立法机构实际审议和控制预算的真实地位下降。

7.2.3 预算外资金预算权的分割：行政主导与零碎分散化

与政府预算内资金类似，预算外资金在收支过程中同样面临预算权分配问题。从中国现状分析，预算外资金预算权分散化以及行政主导倾向非常明显。这种出于推动渐进式市场改革目的而保留各部门、地区既得利益所形成的预算外收支权限分配局面，反过来却成为当前进一步推动预算外收支规范化的重要阻力。

预算权在立法与行政机构间分配：行政部门占主导

预算权行政主导最突出的表现是行政部门实质性地控制了基金以及部分专项的审批权。

与国际通行的“预算外基金”项目类似，中国的基金预算也是“预算上单独编列，专款专用，自求平衡”。其设立、运行多依据事先设定的法律、法规而定。除非更改相应条款，否则具有自动赋权和延续性特征。但与国际上接受严格立法监管的“基金预算”不同，目前中国基金项目审批权分散于各级行政部门。依据授权立法原则，大量基金的设立、具体征缴标准和使用均是以行政机构或主管部门颁布的行政法规。权力机构对基金预算仅有知情权并不具有实质意义上的审批权。这不仅导致人大预算监管以及立法权限的弱化，同时也加强和固化了各行政部门的利益，成为深化预算改革的阻力。

另外，在一般预算项目（年度拨款预算）中包含了大量的专项项目，立法机构对这部分政府收支并无实质意义上的预算审批权限，使得年度预算难以实现综合性的授权分配。

一般预算收支也称“年度拨款预算”，往往是指利用政府一般性收入，依据竞争性原则而进行的年度审批和授权分配，在中国理解为“狭义的预算内”概念。但与国际通行的年度拨款预算不同，目前中国政府提交同级人大年度审批的“一般收支预算”中包含了诸多“专款专用”性质的项目，如车船使用税、教育费附加、排污费等。这些项目不同于政府“一般性收入”，往往具有使用者付费性质，具有专门用途。如教育费附加专项用于当地教育投入；排污费明文要求作为环境保护的专项资金使用。这样，以上部分政府收入实质上并不能完全在预算层面综合使用、统筹安排。此外，这些项目设立、收支范围和标准往往依行政机构或主管部门颁布的行政法规，并未经立法机构直接立法审批，人大也很少对这些项目的支出范围和标准进行年度审议。

预算权行政主导还体现为行政机构拥有较大的预算调整权

“预算调整”是政府为了应对现实中突发或应急事件，在一定程度上背离预算年度性和严肃性原则而进行的预算收支增减行为。疏于监管的预算调整极有可能导致政府自由裁量权过大，权力机构审核预算流于形式。因此，有必要以法律形式规范预算调控，使其在适应预算“灵活性”现实需求的同时，维护预算的严格性。

可是，中国现行《预算法》规定只有其定义的预算调整才需要人大审批。而对于其他非《预算法》定义的预算调整（包括动用预备费、预算划转和经费留用以及预算追加追减引起的收支平衡或者收支盈余）都无需人大审批。这说明现行《预算法》赋予人大对预算调整的真正权限只有对赤字总量控制，而对预算结构的调整和其他情况没有任何的监督权力。（徐曙娜，2008）很多属于预算调整的行为没有纳入预算调整的法定程序，导致现实中脱离人大监管的预算调整频繁，法律严肃性降低。另外，《预算法》第五十五条规定“未经批准调整预算，各级政府不得做出任何使原批准收支平衡的预算总支出超过总收入或者使原批准的预算中举借债务数额增加的决定”。条款针对政府预算调整的规定主要集中在“总支出超过总收入”以及增加赤字的情况，而对可能造成“收大于支”、“收支平衡”的预算调整是否提交人大审批，规定并不明确。法规的模糊性容易给预算执行者造成误导和幻觉，即只要在预算执行过程中，能保证“政府财政总支出不超过总收入”，政府就无需报人大审批，政府实质上也就获得了无限的机动权。法理上确立的权力机构“预算调整”审批权力在现实操作中丧失了必要性。

预算分配权在行政部门内部的分割：二次分配权的问题

将预算分配权在行政层面上集中是十余年来预算管理改革的核心内容之一。部门预算改革要求将原由各政府行政部门控制的预算外资金逐渐纳入预算管理，并实现预算内外资金的统筹安排和调剂。其目的就是为了将市场经济转型过程中，散落于各行政支出部门的预算支配权统一到核心的预算机构——财政部门手中。与改革前相比，部门预算改革一定程度上削弱了行政支出部门对本部门资金的控制力度，部门绝大部分资金开始进入财政部门的监督视野；"收支两条线"和国库集中收付制度推行也一定程度上切断了本部门经济利益与所控预算外资金规模的关联性。

但即使如此，现阶段财政部门对部门预算的监督程度与提出的综合预算目标仍有距离，预算分配权在行政体系内部二次分割问题并未在行政层面上得到彻底解决。表现为在某些部门和领域，支出部门的决策行为仍未发生根本性的转变。如发改委、科技部等部门对项目资金的分配仍有相当大的决策权和影响力。某些部门的预算外资金即使进入了部门预算，财政部门仍不可能将之视为一般性收入来统筹安排和使用。在某些情况下，财政部门对某些部门的预算外资金仅有知情权，而资金具体的使用和安排仍是由各行政部门控制和支配。

此外，从法律角度，部门预算改革形成的行政体系内部预算权力的新格局仅以行政法规加以确立，缺乏《预算法》的支持和保障。现有关于预算管理权限规定只是在《预算法》第十六条、十七条和十八条中分别对财政部门、其他部门及其下属单位的预算管理权限进行了模糊和笼统的规定，既没达到支出部门财权与事权相分离的目的，也未保证预算分配权集中到财政部门，因而不可能完全消除财政部门代其他支出部门以及部门代其下属单位编制预算的现象。

7.2.4 预算外资金收支脱钩：约束与激励的冲突

长期以来，预算外资金都是由执收部门直接控制，多收则多支，这无形之中成为各个部门扩大预算外收支规模的激励因素。因此，在预算外资金的规范化改革中，政府明确了预算外资金"国家所有、政府调控、财政管理"的性质和管理方式，并推行了收支脱钩的资金征缴方式以切断政府预算外收支与执收部门的直接经济利益关系。

从实际运行效果来看，预算外资金收支脱钩措施尽管在一定程度上约束了部门单位存在的违法乱纪、乱收乱支行为，但由此产生了激励不足的问题。由于预算外资金征收仍由具体部门单位直接负责，收入征缴规模与执收部门的积极性有很大的关联性。一旦彻底实现预算外收支的脱钩，完全切断这种经济利益关系，难以对执收部门形成有效的征收激励，从而无法保证筹集足够的财政资金。并且，某些部门一般性财政拨款无法满足其机构运转、人员开支的需要，部门预算外资金成为其补充正常开支的重要资金来源。为了保证这些政府部门的正常需要，目前财政部门也往往对执收部门的预算外资金依旧采取全部或部分返还的方式，收支脱钩丧失了真实的约束力。可见，如何实现收支脱钩下，对执收部门行为形成约束与激励的平衡将是深化预算外资金管理改革面临的一个挑战。

7.2.5 预算衔接问题造成财政资金的预算外管理

预算衔接的问题涉及到不同层级政府之间以及不同预算类型的关联、配合和协调。

上、下级政府预算的衔接问题

在一个多层级国家中，不同层级政府之间总会存在财政资金的流动和转移。特别是对于中国这样一个疆域广袤、地区差异显著的集权制国家，对地方政府的转移支付是从中央政府实现全国性公共服务均等化的重要手段。“十一五”时期的数据显示，中央政府对地方政府的转移支付比例占到地方财政支出总额的36%左右。体现为中国地方政府的财政收支安排中不仅包括地方一般预算收入（地方税收和地方收费），还有大量来自于上级政府的转移资金。如何在地方政府的预算中对这部分资金加以体现，并实施有效审查是地方人大预算监管中面临的棘手问题。

政府的转移性资金分一般性转移支付和专项转移支付。一般性转移支付属于财力性转移支付的一种，目的是缩小地区间财力差距，实现地区间基本公共服务能力均等化。此类转移支付不规定具体用途，由接受拨款的下级政府自主安排使用。从调研情况看，这部分财力性一般性转移支付已实现公式化的规范拨款，按统一公式便可确定下一个预算年度资金拨付情况。纳入地方统一预算加以综合分配和统筹安排没有技术难度。因此，这部分转移支付资金大都能在年初提交地方人大的预算草案中反映。

相反，为实现特定宏观政策目标以及对委托下级政府代理的事务进行补偿而设立的专项补助资金，除了延续性的项目外，下级政府往往难以在年初事先确定具体项目、资金下拨渠道以及拨付时间。这些专项经费既可能在年中拨付，也可能年末结余下拨；既可能通过财政部门下达，也有来自于其他部门（包括农业、发改委、教育、科技部门等等）。项目不明、金额不定，自然难以在年初提交地方人大的预算草案里体现。这样，上、下级政府预算的衔接问题直接造成了下级政府部分财政资金预算外运作的局面。

不同类型预算的衔接问题

中国《预算法》规定完整的政府预算由一般公共预算、国有资本经营预算、社会保障预算及其他预算构成，由此全面地反映政府不同角色下承担不同社会经济功能的资金收支活动。

目前，体现政府社会公共管理职能的一般公共预算已基本实现行政层面及立法层面的预算规范化管理。而国有资本经营预算以及社会保障预算由于改革滞后，加上编制主体交叉、监管责权不清以及预算技术的衔接障碍等因素，导致财政部门、权力机构对上述财政资金依然无法形成有效的监督，以“全口径预算管理”为核心目标的政府多元复式预算体系难以在立法和行政层面上实现。

7.3 进一步深化预算管理制度改革的背景与挑战

深化预算改革，既是预算管理本身的需要，也是“十二五”时期加快经济发展方式转变的要求；既能够反映预算管理演进的一般规律，也要体现日益复杂的经济活动所带来的对原有预算管理的创新需要。

7.3.1 全球化下经济波动增强对预算灵活性的要求

市场经济中，经济周期的存在以及政府在应对经济波动中所应承担的稳定职能在西方社会已取得基本共识。加之在世界经济一体化背景下，国与国经济关联度增强，国际突发性政治经济事件都可能会对本国经济形成冲击或引起联动效应。因此，为应对来自于国内、国际的波动因素，各国政府往往会出台应急性宏观经济政策，主动或被动性地调整政府收支规模和结构。政府收支不可预知性增强。政府经济稳定功能的加强导致政府应急性财政支出项目和内容增加。早在前一个预算年度审批和通过的预算很难完全体现其“事前性”和“全面性”，成为预算不可控的另一重要因素。

经济全球化虽使中国经济受益匪浅，但与全球经济的联系越密切，越易受到外部经济的冲击。为了应对由美国次贷危机所引发的全球性金融危机，中国实施了积极的财政政策与适度宽松的货币政策，启动了四万亿元的投资计划，并首次允许地方政府发行2000亿元的地方债，这些由外部经济冲击所导致的宏观经济政策的调整，对预算的可控性形成了挑战。在国内外经济发展不确定性下，如何兼顾预算的可控性与灵活性、实现事前性与全面性，是“十二五”时期中国预算管理制度改革不得不面临的问题。

7.3.2 社会保障等赋权项目的日益膨胀增加预算的非可控性

随着国家职能的改革，政府职能远远突破行政国家的范围，由此影响政府收支的方式、规模和结构，并对在行政预算下形成的预算管理模式和经典预算管理原则形成了巨大挑战：

（1）预算的对象不再仅限于政府的行政活动，预算的外部性增强。在行政预算（administrative budgeting）下，预算主要记录政府行政运作过程中的成本与支出（如公务员工资、政府办公费用等等）。某一政府部门欲增加本部门行政支出，采取的措施往往是与上级资金分配部门“讨价还价”，大多为政府内部行为。而在政府职能扩展的过程中，私人部门成为政府财政资金直接的接受者和使用方。这样，政府预算所囊括的就不再局限于政府的行政活动，越来越多的公私边界模糊地带、甚至是私人部门的支出必然涉及其中，由此颠覆传统行政预算严格记录政府活动的观点。预算外部性的增强在一定程度上削弱了政府预算的可控性。

（2）“行政预算”向“转移支付预算”的转变挑战传统预算年度性、全面性原则，增加了预算的不可预知性（budgetary unpredictability）。随着公共部门与私人部门在公共物品供给与消耗方面互动性的加强，政府预算不仅包括了政府直接支出和消耗的“行政性预算”，“转移支付预算”（transfer budgeting）也成为日渐重要的内容。与需要年度审批的“行政预算”不同，转移性预算等长期性预算承诺往往依据事先通过的法案和固定公式计算，其规模受宏观经济形势、受益人口数量及部门、不可改变的上年决策等多种不可控因素的影响。因此，现实中这部分预算每年也都在调整，规模变得越来越难以预测。（Caiden，1989）这部分预算与年度性、全面性的经典预算原则相背离，极易成为预算管理意义上的预算外资金。

（3）权益性（entitlement）项目的出现造成预算决策权的零碎化（budgetary fragmentation）。为体现权益性资金支付的公正和合理性，权益性项目多由分散性的授权委员会或组织负责，它的设立以及拨款标准更多地受到外部公众或相关利益集团的影响。（Schick，1986）一旦通过实施，可不经年度审批直接划拨到符合标准的人群和地区账户上。这样，每年立法机构审批的预算被各种项目预算割裂，预算完整性和全面性无法得到保障。

7.3.3 政府干预经济方式的调整，政府显性支出向隐性支出转变

随着政府经济功能增强以及公共部门的转型，公共部门与私人部门的关系发生改变，使得政府以经济、政治等激励方式，通过非营利组织或是私人部门实现其公共政策目标成为可能。而与以往传统的政府直接支出不同，为影响或引导家庭、企业和其他私人资金的消费和投资行为，政府非传统支出（包括税式支出、政府贷款、政府担保等方式）正成为各国常见的支出模式。（Schick，1986）据GAO（2004）的估算，美国在1996—2002年间，政府税式支出以年均460亿美元的规模递增，并且连续八年（1996—2003年）超过政府自主性支出规模。2004年，美国税式支出和可返还税收抵免（tax credits）的折算合计高达8 530亿美

元。加拿大财政部的数据也显示，在2003—2008年间，占税式支出比重最大的个人所得税税式支出规模保持稳定增长趋势。以上数据说明私人部门使用了越来越多的公共资金用于实现公共或是公私混合目标。

贷款援助（credit assistance）、税式支出（tax expenditure）等更为隐蔽的政府支出方式具有与政府直接支出类似的效果。但由于这些项目并不满足传统公共预算的标准模式，因此常被排除在正常预算之外。此外，与政府直接支出相比，非政府部门提供公共物品或服务产生的社会成本往往并不在或难以在政府预算内账户上反映，由此也刺激了大量政府预算外行为的产生。（Schick，2007）

7.3.4 预算改革是公共财政制度进一步完善与加快经济发展方式转变的需要

现行的预算制度，诞生于中国公共财政制度建立之前，虽在多年的运行中按照公共财政的理念进行了一定程度的改革，但从根本上讲，仍不免带有计划经济体制向市场经济体制转轨的色彩。近些年财政管理制度的改革，如部门预算、国库集中收付、政府采购制度的改革，一方面为预算制度的改革奠定了坚实的基础，另一方面也成为积极的推动因素。

"十二五"时期又是中国经济社会发展的一个重要时期，加快经济发展方式的转变是这一时期的重大主题。正如中国改革开放以来历次重大改革措施都需要公共财政进行"铺路搭桥"一样，实现经济发展方式的尽快转变，亦需要公共财政有力支撑。预算管理制度是公共财政制度的重要一环，经由它，既可以解决收支规模问题，更能够调整收支结构，使收支结构更加着重于促进经济发展方式的加快转变，实现经济发展由数量型向质量型转变，甚至还能够相应带动政府职能的进一步转变，促进政府绩效的提高。

7.4 "十二五"时期预算改革的思路与政策建议

"十二五"时期将是中国经济社会发展产生重大变化的时期，加快经济发展方式转变是这一时期的主题，而经济发展方式转变不单单具有经济层面的意义，它所带来的其他方面的变化，如行政体制、社会和谐、民主法治、低碳社会等，都将是深刻和深远的。这些诸多变化，都需要公共财政去推动，需要预算去调整既有的经济社会格局。

政府预算收支改革从某种意义上讲是预算权力架构的重新分配与调整，是一项涉及财政经济体制，甚至攸关政治改革的问题。相比经济发展程度较高、法治相对完备的发达国家，处于经济转轨以及法治完善进程中的中国而言，与之相配合的政治、经济改革仍处于不断推进之中。（王家林，2005）预算收支规范改革所牵涉的利益格局错综胶着，面临的制度、法律、技术等方方面面更为多元复杂。在这种形势下，势必需要将相关预算主体（包括政府与立法主体、政府体系内部横向与纵向间关系、民众与政府等）的行为放置于中国整个政治、经济以及行政体制配套改革的过程中进行考量，以此为思路，制定出切实可行方案，以循序渐进的方式继续推动"十二五"时期预算规范化的前行和深入。

7.4.1 预算收支管理改革需要与政治经济体制改革同步推进

预算改革本质上是一个政治学命题。虽然公共预算与政治并不是完全一回事，但公共预算是高度政治性的。（鲁宾，2001）此外，中国的预算外收支管理改革又是在市场化转轨的特殊背景下，适应政治经济形势变革而进行的预算格局调整。包括政治形势变化、政府职能调整、国有企业市场化改革、中央与地方政府间财政体制、事业单位改革以及社保制度等重要体制变革等等都会对预算外收支改革产生影响。

因此，预算外收支的规范化需要与其他政治经济改革同步推进、统筹协调。例如在推动中国法治建设中，应坚持依法理财，及时以法律形式对体制改革中出现的预算问题加以规范，将有利于强化预算法律的严肃性和时效性；在政治体制改革中，不断增强立法机构的权威性，能确保权力机构在预算监督中的主导地位，强化预算的问责性；在调整政府职能过程中，实现地方财力与事权的相互匹配，可一定程度上防止因为事权、财力失衡而导致预算外收支的制度性膨胀；而在推进事业单位改革中，进一步明晰市场与政府的边界，将有助于减少行政权责的模糊而造成政府收支不规范的行为等等。

7.4.2 加快《预算法》修订，以法律形式重构和确立预算分配权

在一个民主法治的国家中，法律是最终规范和确立社会经济活动中利益相关者权利和义务划分的正式方式，也是避免人治、公权滥用的重要手段。作为财政领域的一部核心法律，《预算法》通过设计预算程序、规则以“法”的形式确立预算参与者在公共资源分配中的地位和角色，规范其各自的博弈行为，在众多的预算参与者之间（包括公众与公共部门、权力机关与政府机构以及政府体制内部横向与纵向）形成相对稳定的责权分配关系。

基于此，其一，应尽快启动《预算法》的修订，并以《宪法》基本大法为准，确立《预算法》在财政经济法律、法规中母法的地位，以此为基本原则来处理其他经济法律与之相冲突和矛盾的条款。只要涉及各支出部门预算收支问题时，凡与《预算法》不相一致的法定支出（包括《农业法》、《教育法》、《环保法》等的规定）均应以修订和完善后的《预算法》作为其他法规或法律的规定基础。

其二，加快《预算法》相关条款的修订，以法律方式确立重构之后预算权的分配（包括审查权、编制权、调整权等）架构，明确和细化各级权力机关、各级政府、财政机关以及预算支出部门的预算管理权限以及相应的受托责任：（1）确认权力机构在预算监管中的主导地位，保障其预算的审查权，适时赋予其预算修订权，并扩展预算审批范围，实现预算审查的“全面性”；细化具体审批程序，力求程序公正、合理；提前审批时间，以保证审查过程充分、完整；（2）确认部门预算改革后，财政部门在行政体系内部预算综合控制和监督的权限，以法律形式正式确立部门预算编制方法、编制时间和程序；（3）确认各行政执行部门为具体预算编制的主体，以达到发挥其信息优势，保证部门职能需要的目的；（4）在划分权利的基础上，细化和落实违法后所应承担的法律责任。以可诉性条款以及明确的惩罚措施来确保《预算法》及其《实施细则》的法律严肃性。通过合理、合法地在各预算主体之间分配各项预算权限，将有利于形成监督有效、运行高效、执行公平的预算运行格局。

7.4.3 进一步加强政府预算外收支管理：立法控制下的分类管理

实现预算全面性和综合性是保证预算“可问责”的基石，（Meyers，1996）这也正是中国实施部门预算改革的目标以及最为突出的成效之一：即将分散于各行政管理部门的预算外资金统一纳入部门预算，通过与预算内资金进行综合预算安排来增进预算的全面性和综合性，并以此积极推动预算监管权从行政层面的集中向立法层面的统一。可是如前分析，预算内外资金推行统一的“综合预算”模式在现实中既存在一定难度，又会因某些支出项目的特殊性而在操作上效率低下或并不可行。这一观点在国际预算改革经验和趋势中也得到证实。

由此，要实现预算立法层面的“全口径”目标，中国现阶段首先需要确立立法机构在预算中的主导地位，并以此为前提推行预算分类管理模式。这种模式是年度拨款预算模式和基于特别法律的预算外资金管理的综合。其中，年度拨款预算模式也称传统预算拨款控制。即权力机构依据社会公众对公共需求的偏好排序，每年就来源于一般税收的财政资源在各个竞争性项目间进行分配。只有获得权力机关审批通过，政府部门才能执行相应预算安排。而基于特别法律的预算外资金（权益预算模式）不同于每年年度拨款预算模式，它往往具有专款专用特征，基于法律而具有延续性，除非更改相关法律，否则相关的财政资金可自动拨付到相关受益人账户。对此类不需要进行年度审批的收支项目及行为，立法机构的控制主要体现为设定、修改、终止相关法律条款，从而影响财政资金拨款范围、标准以及条件。这样，政府行为上升为公众意志，使其合法化的方式除了年度拨款授权外，还可采用立法授权的形式。分类的预算监管模式不仅能够兼具预算的全面性和综合性，让所有政府行为实现立法层面的统一监管，也让预算的审查过程更为高效和公平。

在此思路的指导下，目前中国显著带有“专款专用”性质的社保资金、国有资本收益以及存在于财政专户的公共资金将面临不同的改革方向。社保资金带有权益项目的性质，实施预算外资金模式（权益预算模式），利于筹资，并能确保未来的支付。因此，对于当前社保资金的预算管理改革而言，面临问题是如何实现与一般预算的衔接？如何统一进入同级人大的预算审批视野？国有资本收益属于国家因其国有股权投资收益而获利，其所有权属于全体人民，收益也应由全体人民分享。所以国有资本预算尽管可以进入年度预算审批过程，但与一般预算也应所有区别，宜实施单独管理的模式。另外，财政专户管理的公共资金本身就是一种非规范向规范的过渡状态，理应纳入预算内管理，最终可依据是否具有权益性项目的性质划归一般预算和权益预算模式进行管理。

除此之外，对于包括税式支出、政府担保等广义预算外政府收支行为，尽管依然面临难以量化、难以融入综合预算等技术方面的困难，但可按照立法机构的要求，以预算报告附录的形式专门加以列示和说明，以求全面、完整反映政府各类行为活动。

7.4.4 进一步推动全口径预算：实现预算的完整性

从预算编制的范围看，完整的预算应包括政府公共预算、社会保障预算以及国有资本经营预算和其他预算。其中，公共预算反映政府以公共管理者身份提供公共物品或服务而进行的收支活动，资金来源为一般税收，纳入人大年度预算审批的范畴；带有权益性项目性质的社会保障预算如前所述应纳入基金预算独立管理；国有资本经营预算宜实施独立管理的模式，但其收益可进入年度预算审批。这样，尽管适用的预算管理模式存在差异，不同类别的政府收支从理论上讲都分别能够实现行政以及立法层面的预算监管。

此外，通过稳定、透明、合理的资金流动，解决三类预算之间的衔接的问题，继而构建起相互勾稽、相互关联的完整预算体系。以社保为例，养老保险、医疗等社会保障资金是政府为保障社会稳定功能，强制公民当期缴纳却在未来某时刻或时期需要履行支付义务的行为。因此从本质上，这些资金的所有权仍属于缴纳人所有，政府承担保管及增值功能。随着老龄化社会来临，养老保险支付义务对政府财政而言更将形成压力。所以，社会保障预算应独立管理、封闭运营，其收支情况每年定期接受人大的审查，并向社会公众公开。以“独立性”保证公民未来的“养老钱”不被任意挪用；以“公开性”让公众清楚了解政府未来支付义务和自身的权益。相反，一般公共预算和国有资本经营预算对社会保障预算以及两者之间资金的流动就属于开放性的。公共预算以及国有资本经营预算的年度结余可以用于补充社会保障基金的不足；一般公共预算与国有资本经营预算间资金的流动则反映了政府以投资人身份对国有资本的注资、扶持以及获取收益的行为。

针对由于专项资金拨付时间与下级政府预算审查时间的错位导致部分上级专项成为预算外收支，则可通过编制滚动项目预算、编制跨年度预算以及中央政府提前设定项目等方式加以解决。

7.4.5 预算外收支改革需要其他具体配套制度的保障和支持

作为一个系统性的工程，预算外收支规范化改革还需诸多具体制度和技术措施的保障和支持。相关制度包括政府会计制度和报告体系、国家审计审查制度、预算报告程序设计、预算机构设置等等。如在合适的时机，推动权责发生制的政府会计原则或是实施现收现付与权责发生制相结合的会计制度，可在一定程度上解决目前现收现付会计制度下无法真实、全面反映政府未来债务的问题；加强审计监督制度，健全预算的外部控制机制，将有利于进一步强化预算的问责；重视预算机构的设置，加强立法机构预算人才的配备，从而确保权力机构预算监督的能力和实力等等。

以上相关配套制度的建立和完善将有力地促进中国政府预算外收支改革进一步顺利推进。

7.5 小　　结

“十一五”时期中国预算的改革，基本上延续了“十五”时期的思路，在“十一五”规划的指导下，预算改革在行政、立法层面稳步推进。部门预算、国库集中收付制度、政府采购制度的深化改革、“全口径预算管理”理念的提出与综合预算的践行、政府收支分类改革的全面实施以及《中华人民共和国政府信息公开条例》的实施，促进了中国预算的完整性、规范性与公开性、推动了预算民主化的进程。

不过，从“十一五”中国预算改革的全貌看，具体的改革措施多是集中在行政层面，侧重于预算编制与执行过程的重构，并没有从立法层面上进行法律上的确认，使改革措施缺乏了一定的权威性，比如诞生于计划经济体制向市场经济体制转轨之际的《预算法》，虽明确提出要修订，但因种种原因而未能付之实现，导致预算法律与当前的预算改革实践脱节。

“十二五”时期，进一步深化预算改革，既是预算管理本身的需要，也是“加快经济发展方式转变的要求；部门预算、国库集中收付、政府采购、政府收支分类等的实施，为预算制度改革奠定了坚实的基础，也是预算制度改革的积极推动因素。

正如中国改革开放以来历次重大改革措施都需要公共财政进行“铺路搭桥”一样，“十二五”时期加快经济发展方式的转变，亦需要公共财政的强力保障。作为公共财政制度的重要内容的预算制度，是合理确定政府收支规模、大力调整政府收支结构利器，也是政府收支结构更加着重于促进经济发展方式加快转变的重要途径。

预算改革是一项系统工程，它必然受到政治体制与其他经济体制改革的制约。因此，“十二五”时期的预算改革，需要政治经济体制改革的同步推进，逐步提高立法机构在预算活动中的主导地位。以《预算法》的修订为契机，逐步理顺预算分配权在立法机构与行政机构之间、财政部门与其他部门直接的合理分配，将政府财力都归口于财政部门的管控之下，构建由公共财政预算、国有资本经营预算、政府性基金预算和社会保障预算组成的有机衔接的政府预算体系，将全部的政府资金都纳入预算，实现政府预算体系的全面性与完整性。

主要参考文献

财政部财政科学研究所“关于完善《预算法》问题”课题组：“修订和完善《预算法》的若干建议”，《经济研究参考》，2004年第26期。

财政部预算司：《中央部门预算编制指南》（2008年），中国财政经济出版社2007年版。

财政部预算司：《预算管理国际经验透视》，中国财政经济出版社2003年版。

陈小洪：“日本特殊法人制度的介绍及其启示”，《管理世界》，1997年第4期。

冯静：“政府预算外收支管理：美国经验值得借鉴”，《中国社会科学院报》，2009年1月22日。

高培勇：“我们期待一部怎样的预算法?”，《经济》，2004年第5期。

高培勇：《实行全口径预算管理》（中国财政政策报告2008/2009），中国财政经济出版社2009年版。

黄佩华：“费改税：中国预算外资金和政府间财政关系的改革”，《经济社会体制比较》，2000年第6期。

黄然：“美国的非税收入和预算外资金”，《经济研究参考》，2004年第18期。

贾康、白景明：“中国政府收入来源及完善对策研究”，《经济研究》，1998年第6期。

贾康、刘军民：“非税收入规范化管理研究”，《华中师范大学学报》（人文社会科学版），2005年第443期。

贾康、闫坤：《中国财政：转轨与变革》，中国财政经济出版社2000年版。

焦建国：“重建预算制度：建立公共财政的根本途径”，《社会科学辑刊》，2000年第5期。

景彦勤：“部门预算中预算外资金的管理与思考”，《林业财务与会计》，2002年第9期。

李俊生：“关于我国预算外资金性质的几点认识”，《城市金融论坛》，1997年第4期。

李燕：“中国政府预算改革：从理论到实践的探索创新”，《中央财经大学学报》，2008年第10期。

刘国光：《中国十个五年计划研究报告》，人民出版社2006年版。

刘尚希、杨灿明等：“规范化：地方预算外资金管理的基本思路”，《管理世界》，1997年第4期。

刘守刚：“将《预算法》修订为真正的法律”，《上海财经大学学报》，2008年第3期。

楼继伟：《税式支出理论创新与制度探索》，中国财政经济出版社2003年版。

马蔡琛：“基于国家审计视角的全口径预算管理改革”，载《光华财税年刊》，西南财经大学出版社2007年版。

马海涛等：“我国预算外资金管理的目标及对策探讨”，《中央财经大学学报》，1997年第11期。

马骏、侯一麟、林尚立：《国家治理与公共预算》，中国财政经济出版社2007年版。

马骏、侯一麟：“中国省级预算中的非正式制度”，《经济研究》，2004年第4期。

马骏：《中国公共预算改革：理性化与民主化》，中央编译出版社2005年版。

牛美丽、马骏：“预算民主：离我们有多远？——温岭预算民主恳谈案例研究”，载马骏、侯一麟、林尚立主编：《国家治理与公共预算》，中国财政经济出版社2007年版。

童适平：《战后日本财政和财政政策研究》，上海财经大学出版社2002年版。

王朝才：《日本财政法》，经济科学出版社2007年版。

王家林：“《预算法》修订的几点意见”，《中国财政》，2005年第4期。

王骐骥：“关于预算外资金的性质、存在的问题及对策”，《经济评论》，1997年第2期。

王绍光：《美国进步时代的启示》，中国财政经济出版社2002年版。

王雍君：“中国《预算法》的修订：精神、理念和核心命题”，《经济社会体制比较》，2009年第2期。

吴敬琏：《当代中国经济改革》，上海远东出版社2003年版。

项怀诚：《中国预算外资金管理与实践》，黑龙江出版社1992年版。

项怀诚：《中国政府预算改革五年1998—2003》，

中国财政经济出版社 2004 年版。

徐珣、陈剩勇：“参与式预算与地方治理：浙江温岭的经验”，《浙江社会科学》，2009 年第 11 期。

余小平、贾康、王玲：“预算外资金的历史、现状分析及改革建议”，《财经问题研究》，1996 年第 8 期。

袁星侯：《中西政府预算比较研究》，博士论文，2002 年。

詹姆斯·W. 费斯勒、唐纳德·F. 凯特尔：《行政过程的政治——公共行政学新论》（第二版），陈振明、朱芳芳等校译，中国人民大学出版社 2002 年版。

张均平：“国外预算外活动及对我们的启示”，《湖北经济》，1996 年第 12 期。

张梦中、马克·霍哲：“重塑中央与地方财政政策的构想——预算外资金问题研究”，《中国行政管理》，2003 年第 11 期。

中国发展研究基金会：《公共预算读本》，中国发展出版社 2008 年版。

8

“十二五”时期的财政管理改革

- “十一五”时期，从继续深化既有的改革措施、推出新的改革措施和积极研究探索新的改革措施等三个方面推进财政管理改革
- 部门预算、国库集中收付、政府采购等主要的财政管理制度得到了继续完善，制定并实施了新的政府收支分类，建立了国库现金管理制度，开展了预算支出绩效考评试点工作，对政府会计改革做了前期的研究准备，“收支两条线”管理、财政监督、财政信息化建设也都有相应的进展
- 财政管理改革是一项系统工程，具体的改革措施，都是相互联系、互为促进的。因此，必须强调改革的整体性与系统性，否则，难以取得满意的改革成效
- “十二五”时期，财政管理改革应遵循渐近性的改革思路，按照规范化、透明化、科学化、精细化的改革原则，以公共财政建设的主题为中心，整体上分步骤、渐近性地推进

Fiscal System Management Reform in the Period of 12th Five-Year Plan

- In the period of 11th Five-Year Plan, China pushed forward the fiscal management reform in three aspects of continuing to deepen existing reform measures, introducing new reform measures and actively studying innovative reform measures
- The principal fiscal management system, such as departmental budget, centralized collection and payment of treasury and government procurement, has been continued to improve. The new categorization of government revenue and expenditure has been implemented. The treasury cash management system has been established. The pilot performance evaluation of budget expenditure has been launched. The preliminary study on government accounting reform has been made. Separate management between revenue and expenditure, fiscal supervision and fiscal informationization has also had a corresponding progress
- The fiscal management reform is a system engineering that specific reform measures may be interrelated and mutually reinforcing. As a result, the integration and systematicness of reform must be emphasized, otherwise it is difficult to achieve satisfactory reform results
- In the period of 12th Five-Year Plan, according to the standardized, transparent, scientific, fine principles of reform and following the gradual reform thought, China should focus on the construction of public finance and promote reform step by step on the whole

8. “十二五”时期的财政管理改革

“十一五”时期，总体上看，财政管理改革主要从三个方面进行推进，一是继续深化已有的改革，如部门预算、国库集中收付、政府采购和“收支两条线”管理制度改革等；二是推出新的改革措施，如政府收支分类改革、建立国库现金管理制度等；三是研究探索新的改革措施，如研究政府会计制度改革等，以预算支出绩效考评作为尝试探索建立公共财政预算绩效评价体系等。这三个方面的改革，反映了中国财政管理改革的渐进性的一贯思路。

“十二五”时期，财政管理改革也应秉承渐进性的思路，按照规范化、透明化、科学化、精细化的改革原则，在研究的基础上开展试点工作，积累经验，逐步推广、待条件成熟时，实施全国性的改革。财政管理改革应紧紧围绕“十二五”时期继续深化公共财政建设这一重大主题，在继续深化已有的改革措施的情况下，着手解决财政管理中所面临的重大急迫问题，实现承前启后、平稳过渡。

8.1 “十一五”时期的财政管理改革回顾

在“十一五”规划中，对财政管理改革的基本要求是：“改革预算编制制度，提高预算的规范性和透明度。继续深化部门预算、国库集中收付、政府采购和“收支两条线”管理制度改革。建立国库现金管理和国债余额管理制度，推进政府会计改革。加强预算执行审计，提高预算执行的严肃性。建立财政预算绩效评价体系，提高财政资金使用效率”。以这些要求为衡量标准，对“十一五”时期的主要财政管理改革进行系统梳理。

8.1.1 政府采购

中国于1996年开始政府采购的试点工作，并自1998年开始全面推行政府采购制度，经过十多年的探索发展，极大地推动了中国的财政管理改革。作为财政管理改革的重要内容，政府采购在中国的“十五”计划和“十一五”规划中都得到了相当的重视：“十五”计划提出“规范政府采购行为，全面推行政府采购制度”；“十一五”规划强调继续深化政府采购制度改革。从1996年至今，中国政府采购规模扩大到几千亿元，采购范围从中央扩展到县级，从简单的货物采购发展到工程、服务类采购，不仅节约了大量的财政资金，也有意识地配合政府财政政策的实施，并有助于从源头上防止腐败的发生。

采购规模和采购范围不断扩大

在采购资金规模上，从1998年的31亿元起，每年都在逐渐扩大规模，到2008年达到5 990.9亿元，是1998年采购资金的193倍之多，采购规模的增长是显著的，如图8－1所示。

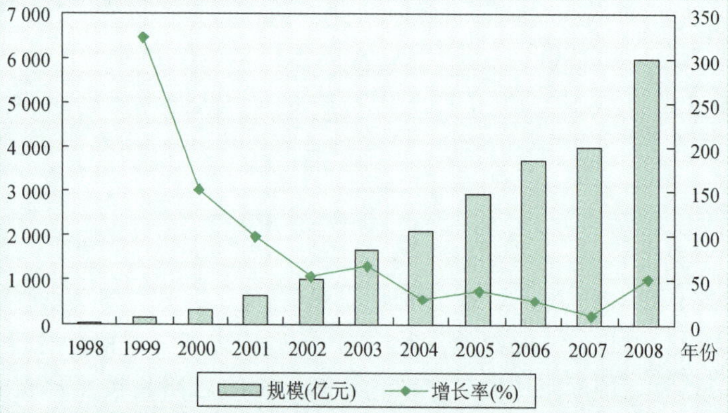

图8－1 中国政府采购规模及增长率（1998—2008年）

资料来源：中国政府采购网，www.ccgp.gov.cn。

如图8－1所示，政府采购制度实施初期，因其基数较小，所以采购资金的增长率较高；随着采购规模的不断扩大，采购资金的增长率虽逐渐呈现平稳态势，却带来了明显的资金节约效果。根据财政部的统计，从2000年到2008年，通过政府采购已累计节约财政资金达2 879亿元，财政资金平均节约率在11%以上，如表8－1所示。

表8－1 中国政府采购资金节约情况

年份	采购预算（亿元）	实际采购规模（亿元）	节约资金（亿元）	节约率（%）
2000	380.5	328.0	52.5	13.8
2001	731.6	653.2	78.4	10.7
2002	1 135.4	1 009.6	125.8	11.1
2003	1 856	1 659.4	196.6	10.6
2004	2 406.9	2 135.7	271.2	11.3
2005	3 307.7	2 927.6	380.1	11.5
2006	4 122.2	3 681.6	440.6	10.7
2007	5 211.4	4 660.9	550.5	10.6
2008	6 749.4	5 990.9	758.5	11.2

资料来源：根据中国政府采购网有关数据整理计算，www.ccgp.gov.cn。

从采购范围上看，一是从初期的简单的货物采购，扩大到工程、服务类采购，形成以货物类、工程类采购为主，服务类采购为辅的政府采购格局；二是从初期的政府采购试点扩展到全面实施，目前政府采购的实施范围已覆盖所有中央部门和省、市、县级政府的采购单位。

政府采购制度建设不断加强

在政府采购制度全面实施的第二年，即1999年，财政部颁布了中国第一部政府采购法规——《中华人民共和国财政部政府采购管理暂行办法》；2002年《中华人民共和国政府采购法》由九届全国人大常委会通过并于次年1月1日起施行。《政府采购法》的正式实施，标志着中国政府采购迈入了规范化、法制化的轨道。“十一五”时期，财政部以及会同其他部委制定了一系列的政策文件；（参见专栏8－1）指导、规范中国政府采购制度的实施，形成了以《政府采购法》为主导、相关规章制度为配套的政府采购法律制度体系，推动了中国政府采购制度建设。

专栏8－1 “十一五”时期财政部以及会同其他部委颁布的政府采购政策法规（部分）

2006年6月13日，财政部印发《财政部关于实施促进自主创新政府采购政策的若干意见》（财库［2006］47号）。

2006年10月24日，财政部、国家环保总局联合印发《关于环境标志产品政府采购实施的意见》（财库［2006］90号）。

2007年1月10日，财政部同时颁布了《关于加强政府采购供应商投诉受理审查工作的通知》（财库［2007］1号）、《关于加强政府采购货物和服务项目价格评审管理的通知》（财库［2007］2号）和《中央单位政府集中采购管理实施办法》（财库［2007］3号）。

2007年4月3日，财政部颁布了《自主创新产品政府采购预算管理办法》（财库［2007］29号）、《自主创新产品政府采购评审办法》（财库［2007］30号）和《自主创新产品政府采购合同管理办法》（财库［2007］31号）。

2007年12月5日，财政部和国家发展改革委印发了《关于调整节能产品政府采购清单的通知》（财库［2007］98号）。

2007年12月27日，财政部发布《财政部关于印发〈政府采购进口产品管理办法〉的通知》（财库［2007］119号），规范进口产品政府采购行为，推动和促进自主创新政府采购政策的实施。

2008年7月3日，财政部、环境保护部联合印发《财政部、环境保护部关于调整环境标志产品政府采购清单的通知》（财库［2008］50号），对已发布的“环境标志产品政府采购清单”进行了调整。

2008年7月9日，财政部办公厅印发《关于政府采购进口产品管理有关问题的通知》（财办库［2008］248号），进一步规范采购进口产品行为。

2009年1月16日，财政部、国家发展改革委印发《关于调整节能产品政府采购清单的通知》（财库［2009］10号），对已发布的“节能产品政府采购清单”进行了调整。

2009年7月31日，财政部、国家发展改革委印发《关于调整节能产品政府采购清单的通知》（第6期清单）（财库［2009］102号），再次对已发布的“节能产品政府采购清单”进行了调整。

专栏 **8-1**（续）

2009年8月31日，财政部、环境保护部印发《关于调整环境标志产品政府采购清单的通知》（第4期清单）（财库［2009］111号），对已发布的“环境标志产品政府采购清单”进行了调整。

2010年2月20日，财政部、国家发展改革委印发《关于调整节能产品政府采购清单的通知》（第7期清单）（财库［2010］17号），再次对已发布的“节能产品政府采购清单”进行了调整。

2010年3月30日，财政部、环境保护部印发《关于调整环境标志产品政府采购清单的通知》（第5期清单）（财库［2010］31号），再次对已发布的“环境标志产品政府采购清单”进行了调整。

资料来源：中国政府采购网，www.ccgp.gov.cn。

根据《政府采购法》以及其他法律规章的规定，中央及地方各级政府对政府采购实行了采购管理职能与采购执行职能的分离，财政部门负责管理监督，集中采购机构负责实施采购活动。当前从中央到省、市级，政府采购基本都采取了“管采”分离的做法，中央级预算单位分设了中央国家机关政府采购中心、中共中央直属机关采购中心和全国人大机关采购中心三个集中采购机构，省级和大部分市级政府也设立了政府采购中心。管采分离、机构分设、政事分开、相互制约的政府采购实施机制基本形成，有助于政府采购活动的规范和高效。

为了确保政府采购活动的公开、公平与公正，中央与地方各级政府相继建立了政府采购的信息发布制度，不仅有专门的政府采购信息发布网站，如中国政府采购网和地方各级政府建立的地区性政府采购网，也指定相关媒体，如《中国政府采购》、《中国财经报》等作为政府采购信息的发布平台。通过这种信息发布平台，各级政府在货物类、工程类和服务类政府采购中实行了广泛的招投标制度，形成以公开招投标为主、其他采购方式相结合的政府采购方式组合。

政府采购服务于公共政策

政府采购已不再单纯地只重视可以节约多少财政资金，可以保证采购到价廉物美的商品和服务，而是随着这些年政府采购的实践，借鉴政府采购比较发达的国家的经验，开始重视把政府采购作为一种公共政策工具来运用，成为政府调控经济、实现经济社会发展目标的手段。在“十一五”规划中，中国政府首次将政府采购与财税、金融放在一起，同时作为进行宏观经济调控的政策工具，表明越来越注重政府采购的政策效应。在当前的政府采购中，开始具有向支持本国企业发展、鼓励中小企业发展、促进自主创新、保护环境、扶持落后地区和少数民族地区经济社会发展等方面进行适度倾斜的特征，这不仅丰富了政府采购的内涵，也有利于充分发挥政府采购的政策导向功能，成为当前及今后政府采购制度不断深化的重要立足点。

启动了政府采购的国际化进程

中国在加入WTO时承诺有意成为《政府采购协议》的参加方，将自加入WTO时成为《政府采购协议》观察员，并将尽快通过提交附录出价，开始加入该协议的谈判。2002年2月中国申请成为《政府采购协议》观察员，标志着中国开始了政府采购的国际化进程。

《政府采购协议》并不属于WTO成员必须接受的“一揽子”协议的范畴，WTO成员有权自主决定是否加入该协议。不过，鉴于中国政府采购市场潜力巨大，一些发达国家非常想通过《政府采购协议》这一渠道进入到中国政府采购市场，所以它们强烈希望中国签署《政府采购协议》。

2007 年 12 月，财政部代表中国政府签署了中国加入 WTO《政府采购协议》申请书，并将加入《政府采购协议》初步出价清单递交给 WTO 秘书处，由此中国正式启动了加入 WTO《政府采购协议》谈判；2008 年 2 月，中国与《政府采购协议》成员方开始了首轮会谈。此外，中国政府早在 1996 年向亚太经合组织提交的单边行动计划中明确表示最迟于 2020 年向各亚太经济合作组织成员对等开放政府采购市场。政府采购的国际化，是经济全球化、各国经济联系日益密切的必然结果，既有利于中国企业开拓国外政府采购市场，同时也使国内企业不得不面临国外同行的激烈竞争。

8.1.2 部门预算

部门预算改革始于"九五"时期。当时，社会主义市场经济体制的不断深化以及公共财政框架的建立，使传统预算的缺陷日益突显，表现在预算编制内容不完整、不细化、不透明以及预算资金使用效益不高。1999 年 7 月，财政部向国务院报送了《关于落实全国人大常委会意见，改进和规范预算编制工作的请示》，提出了编制部门预算的构想；经国务院批准，财政部制定了《关于改进 2000 年中央预算编制的意见》。由此，部门预算改革拉开了序幕。启动于"九五"时期的部门预算制度改革，经过"十五"时期的全面推进，在"十一五"时期取得了明显进展。

增强了预算的完整性

作为一种综合预算，部门预算要求部门的所有收支都按照统一的编报内容和形式在一本预算中得到反映，不得在部门预算之外存在任何形式的部门收支。

通过部门预算改革，既有利于摸清部门"家底"，较为全面反映部门的各项收支来源及用途，也有利于财政部门对政府财政性资金进行全面管理，初步实现了财政性资金由分散预算、多头管理到统一预算、集中管理的转变。尽管某些财政性资金，如预算外资金，其收支反映在部门预算中，暂时还是由部门安排使用，但通过部门预算这种形式和深化"收支两条线"改革，基本改变了过去这些财政性资金由部门自主自行安排使用的做法，为以后彻底实现全部财政性资金完全由财政部统筹安排使用奠定了基础。

细化了预算

部门预算将部门支出划分为基本支出和项目支出两部分。基本支出包括人员经费和日常公用经费两部分，其预算编制实行以定员定额为主的管理方式，同时结合部门资产占有情况，通过建立实物费用定额标准，实现资产管理与定额管理相结合。在项目支出中，根据预算编报要求，将项目分为国务院已研究确定项目、经常性专项业务费用项目、跨年度支出项目和其他项目 4 种。

2007 年，为进一步完善预算编制方法，细化项目预算编制，财政部选择农业部、水利部、全国社保基金理事会、银监会、国家测绘局等 14 个中央部门进行项目支出预算按支出经济分类编制试点，以便为下一步全面实行按经济分类编制项目支出预算打好基础。[①] 通过这种预算编制的安排，使部门预算既反映了每个部门的所有收支预算情况，也反映了收支按单位和项目的具体构成情况，以及单位及项目的收支按功能分类的具体构成情况。

加大了预算的透明度

各部门的基本支出，依据事先确定的定员定额标准，由财政部门进行合理分配，将预算经费来源与分配办法公开，以零基预算代替传

① 资料来源：财政部预算司：《中央部门预算编制指南》（2008 年），中国财政经济出版社 2007 年版。

统的“基数法”预算，避免了以往传统预算下各部门之间经常性支出苦乐不均的情况，使各部门的基本支出有法可依、有章可循。对于部门的各种项目支出，在部门预算下，要求建立项目库，经过科学论证，根据择优原则确定项目的优先程度，分为必保项目与备选项目，并按照轻重缓急以及财力情况进行项目拨款，短期规划与长期规划相结合，确保项目资金的支出能够符合经济社会发展的需要，从而使预算分配透明化，最大限度地减少了预算分配中的“暗箱操作”。

同时，随着政府收支分类改革的实行，使部门预算能够较为清晰地反映政府收支的内容与方向，便于社会公众通过部门预算能够了解、掌握政府职能在不同时期的侧重点，也有利于各级人大的审查监督。随着部门预算改革的深化，向各级人大报送部门预算的部门数也在不断增加。例如，“九五”最后一年的2000年，中央一级有4个部门的部门预算报经全国人大审议，到了“十一五”时期，2006年增加到40个，2007年保持40个，①2008年增加到50个，2009年更是增加到107个。②

提高了预算资金使用效率

实行部门预算后，结合国库集中收付改革，对于直接与财政部门有经费领拨关系的一级预算单位，作为预算管理的直接对象，财政部门能够直接将预算批复到这些单位，既保障了经费的落实，更提高了预算资金的使用效率，减少了经费拨付的中间环节。

另一方面，在推进部门预算改革的同时，各级财政部门加大了预算资金使用绩效的考评力度。2006年，中央财政对“农业科技跨越计划”等4个支出项目进行绩效考评试点，2007年选择对农业部“农业生态环境保护”等6个项目进行绩效考评试点以及以后年度各中央预算均选择一个支出项目进行绩效考评试点，也推动了地方财政部门预算支出绩效考评工作的开展，在“十五”和“十一五”时期，一些地方相继推出了适合本地的部门预算支出考评管理办法，如《湖北省省级部门预算项目支出绩效考评管理办法》（试行）、《内蒙古自治区本级部门预算支出绩效考评管理暂行办法》、《青海省省级部门项目支出绩效预算及考评管理实施意见》、《北京市市级部门预算支出绩效考评管理暂行办法》等。这些考评管理办法的实行，有助于强化对预算资金使用的监督。

推动了预算管理水平的提高

作为市场经济国家预算管理的基本形式，部门预算制度改革，将部门所有的全部收支都纳入到一本预算中，初步实现了预算编制的完整性；部门预算将部门的全部收支分为基本支出和项目支出，分别采取定员定额和项目库管理方式进行编制，以“零基预算”取代传统的“基数法”预算编制方法，初步实现了预算资金管理的规范性；部门预算意味着对预算资金从“重分配”向“重管理”转变，通过绩效考评的方式对于预算资金的使用进行全过程的追踪与监督，各预算部门也日益关心本部门预算资金的使用效益，有助于预算资金使用效率的提高；预算编制时间进一步延长，编制方式从财政部门代编预算转变为预算部门主动编制预算，减少了预算编制上的随意性，增加了预算编制的准确性；财政部门主导的“收支两条线”管理改革、国库集中收付制度改革、政府采购制度改革、政府收支分类改革、金财工程等措施，为部门预算改革的顺利实施并取得成效提供了条件，也对财政部门自身管理水平提出了更高的要求，部门预算改革因此也是“财政自我革命”。

8.1.3 国库集中收付

国库集中收付制度改革始于“十五”时

① 资料来源：财政部预算司：《中央部门预算编制指南》（2008年），中国财政经济出版社2007年版。

② 资料来源：“预算透明化在推进 被公开内容很多是无用信息”，《瞭望新闻周刊》，2008年9月，http://news.sohu.com/20080924/n259719008.shtml。

期，在“十五”规划中明确指出“改革国库制度，建立以国库单一账户体系为基础的现代国库集中收付制度”。2001 年，经国务院批准，财政部会同中国人民银行联合印发了《财政国库管理制度改革方案》，决定从当年起在中央实施国库管理制度改革试点，选择水利部、科技部、国务院法制办、财政部本级、中科院、国家自然科学基金会 6 部门作为首次改革的试点部门，由此启动了中国国库管理制度改革的进程。2002 年，中央改革试点部门增加了人事部、外经贸部等 37 个部门，同时在河北、黑龙江等地方实行改革试点。

经过“十五”与“十一五”时期多年的努力，中国在构建国库单一账户体系方面取得了重要进展，初步建立了以国库单一账户体系为基础、以国库集中收付为主要特征的现代国库管理制度。国库单一账户体系的建立，使财政性资金的收支都能够在账户体系内运行，为预算执行管理、监控和信息反馈提供了机制保障，为有效控制和管理国库现金提供了手段。①

初步构建了符合公共财政要求的现代国库集中收付制度

公共财政的主要特点是政府收支行为的规范化，强调来自于社会成员缴纳的财政收入与面向社会成员提供公共物品或服务的财政支出，都应纳入法治的轨道，这对财政收支管理提出了更高的要求。国库集中收付制度的构建正是适应了这一要求。在此制度下，通过建立国库单一账户制度这一国际普遍采用的做法，在收入上，是将各种财政资金都集中存入一个银行账户中；这些收入，不仅包括税收收入，也包括非税收入与债务收入。而在支出上，避免了多账户多环节支出的情况，而是由国库单一账户直接支付给商品供应或劳务提供者。因此，通过国库单一账户制度，初步实现了财政资金的集中收付，从而使财政收支活动得到基本规范。

提高了财政资金的收付效率

国库集中收付制度依托相应的财政管理信息系统，使财政资金的收付都通过国库单一账户体系来完成。实行国库集中收缴改革后，财政收入的入库工作皆可在相应的信息管理系统上完成，改变了过去落后的手工半手工操作方式，大大加快了财政收入的入库速度，提高了缴库效率。经过国库集中支付改革后，既规范了支付程序，使预算单位花钱不见钱，也方便了用款单位使用实行财政直接支付的资金，能够从国库单一账户直接支付到用款单位或收款人账户；实行授权支付的资金，也只有在实际发生支付行为时资金才会流出国库，将资金支付到收款人账户。通过国库集中收付制度，财政收支都避免了层层流转、环节多的弊端，提高了财政资金的收付效率。

增强了财政资金使用的透明度

在国库集中收付制度下，财政部门能够利用信息网络系统对预算单位的财政资金收支活动实行全过程的有效监控。通过信息网络系统，收入缴纳信息能够通过这个系统直接获取，税收收入信息可直接从纳税环节得到，非税收入信息可直接从缴款环节得到，方便了对收入信息的动态监控。对于支出信息，也能够实现实时监控，可以完整记录预算单位每一笔的支付具体信息，并及时反馈给财政部门及有关预算单位。通过国库集中收付，以电子化的动态监控体系为技术支撑，初步形成了对财政收支的事前、事中和事后无缝隙的全方位监控机制，并且使财政监督从事后监督向事前和事中监督的前移，提高了财政收支的透明度，较好地防止了挤占、挪用、转移财政资金等违法违纪行为的发生，有利于杜绝腐败现象的发生。

有助于财政政策与货币政策的有机结合

国库集中收付制度，改变了传统国库管理制度下财政资金大量分散于预算单位各种自有

① 张通：“关于当前进一步加强财政国库管理的几个问题”，《预算管理与会计》，2009 年第 6 期。

账户的做法，使所有财政资金收支都能够集中到一个单一账户内运行，由财政部门统一管理，各预算单位的账户不再有资金的滞留与沉淀，使政府以及财政等宏观调控部门可以及时准确地掌握财政资金的总体情况。通过掌握一定时期内国库现金余额的真实情况，财政部门可以实行积极的资金调度，并根据国库现金余额等情况确定国债发行的数量、频率与周期，使国债发行建立在真实可靠的基础上，从而提高财政资金的使用效率，并为制定并实施财政政策和货币政策以及实现财政政策与货币政策的有机结合提供重要的参考变量，有利于实施有效的宏观调控，把握宏观调控的力度，提高宏观调控的成效。

推动了其他财政管理改革的实施

财政管理改革是一项系统工程，国库集中收付制度、部门预算制度、政府采购制度是其中的重要内容。国库集中收付制度改革与其他财政管理改革密切相关，离不开部门预算制度、政府采购制度、财政管理信息化等具体财政管理业务的积极配合，否则，单兵推进，就无法取得令人满意的效果。同时，国库集中收付制度改革必须以规范的预算制度为基础，因此对预算编制的细化与执行提出了更高的新要求；因将财政资金全部集中于国库，减少了财政资金的多环节流转，减少了推行政府采购制度的阻力，有力地推动了政府采购制度的全面实施；国库集中收付制度改革，也为“收支两条线”改革提供了制度保障，推动了该项改革向纵深发展；政府会计制度改革，因国库集中收付制度的实施而提上了议事日程，建立与国库集中收付制度相适应的政府会计制度是下一阶段财政管理改革的新目标；国库集中收付制度改革，也有力地推进了财政管理信息系统的建立，促进了财政信息化的建设与发展。

8.1.4 “收支两条线”管理

“收支两条线”管理制度改革始于1990年。“收支两条线”的基本含义是：(1) 必须依法取得收入；(2) 收入必须全额收缴国库或财政专户；(3) 单位账户必须根据国家规定开设；(4) 单位财务收支由财务部门统一归口管理；(5) 部门和单位支出由财政部门统筹安排。其中，依法取得收入、收入全额上缴国库或财政专户、支出由财政部门统筹安排、收支脱钩是“收支两条线”管理制度的核心内容。

从时间上看，“收支两条线”管理制度改革先于政府采购制度改革、国库集中收付制度改革与部门预算制度改革，可以认为是中国财政管理制度改革的先声，有力地推动了中国公共财政制度的建立。从其改革启动至今，经历了近20年的实践，在“十一五”时期“收支两条线”管理制度改革得到了继续深化。

从预算外资金管理向非税收入管理转变

随着财政管理改革的推进，预算外资金出现逐渐淡化乃至逐渐消失的趋势，当初以预算外资金为目标的“收支两条线”管理制度改革，在这种趋势中，开始了向以非税收入为管理目标的过渡。

非税收入是指中央部门和单位按照国家有关规定收取或取得的行政事业性收费、政府性基金、罚款和罚没收入、彩票公益金和发行费、国有资产经营收益、以政府名义接受的捐赠收入、主管部门集中收入等属于政府非税收入。从“收支两条线”管理的角度，这些非税收入的取得必须按照法律、法规和规章规定来执行，收入按照“单位开票、银行代收、财政统管”原则必须全额上缴国库或财政专户，实现收支脱钩。

实行收支脱钩

收支脱钩是“收支两条线”管理的核心内涵。对于按规定收取的所有预算外收入全部纳入预算从而全额上缴国库的政府部门，其支出由财政部门按该部门履行职能的需要核定，保证其经费供给；对于其预算外收入缴入财政专户的政府部门，财政部门按核定的综合定额标准，统筹安排该部门的年度财政支出，纳入本级综合财政预算安排满足其履行职能的需要。收支脱钩使执收部门的资金收缴与支出使用分开运行，可以让其收支活动置于财政部门的直接全面监管之下，有助于防止执收部门出于自身需要而滥收乱支。

严格行政事业性收费和政府性基金审批

中央部门和单位设立行政事业性收费项目，必须报财政部会同国家发展改革委审批；中央部门和单位制定或调整行政事业性收费标准，必须报国家发展改革委会同财政部审批；重要的行政事业性收费项目由财政部、国家发展改革委报国务院审批，重要的收费标准由国家发展改革委、财政部报国务院审批。中央部门和单位征收政府性基金，必须具有法律、行政法规和中共中央、国务院文件依据，并按照规定统一报财政部会同有关部门审批；重要的政府性基金，由财政部报国务院审批。严禁越权设立行政事业性收费和政府性基金项目、扩大征收范围、提高征收标准。地方上的行政事业性收费，要依据法律、法规以及国务院、省人民政府或者省级以上人民政府财政、价格部门的规定收取；政府性基金依据法律、行政法规以及国务院或者国务院财政部门的规定收取。

8.1.5 政府收支分类

2007 年，中国启动了政府收支分类改革，这是继 1994 年分税制改革、2000 年部门预算改革后中国在公共财政管理方面的又一次重大调整，是中国财政收支分类统计体系最为重大的一次调整，也是中国公共财政建设的又一重要环节。新的政府收支分类在很大程度上克服了旧的政府收支分类与市场经济条件下政府职能转换不匹配，不能清晰反映政府职能，内容不完整、不透明，分类不科学，与国民经济核算体系和国际通行做法不相适应的弊端，实现与部门预算、国库集中收付、政府采购制度等其他公共财政管理改革同步，对不断提高中国公共财政管理的科学化、民主化、规范化和精细化水平，将产生深远的影响。[①]

设计原则

新的政府收支分类体系设计主要遵循三个基本原则：一是公开透明。确保按新科目编制的预算符合市场经济条件下公共财政的基本要求，既要说得明白，也要让一般老百姓看得懂。二是符合国情。既要合理借鉴国际经验，实现与国际口径的有效衔接与可比，又要充分考虑中国目前的实际情况，尽可能满足各方面的管理需要。三是便于操作。科目设计在内容和层级设计上既要充分满足管理的要求，又要尽可能简化，不能太复杂。

改革内容

收支分类改革包括两个方面的内容：一是扩大收支分类范围。原来的预算科目分类范围只包括纳入预算管理的政府收支，不包括预算外收支、社会保险基金收支。改革后，政府收支分类范围包括政府预算收支、预算外收支和社会保险基金收支。分类范围较以前完整、全面。二是调整分类办法，建立新的收支分类体系。也就是将政府预算收支、预算外收支、社会保险基金收支并在一起，按新的标准分类，设置收入分类、支出功能分类和支出经济分类。

收支分类体系构成

根据《财政部关于印发政府收支分类改革方案的通知》（财预［2006］13 号），改革后的政府收支分类体系包括“收入分类”、“支出功能分类”、“支出经济分类”三部分。

（1）收入分类：收入分类主要反映收入的性质和来源。新的收入分类没有再按资金管理的要求分一般预算收入、基金预算收入、债务预算收入等设置科目，而是将上述收入纳入

① 以下内容摘自财政部网站，http：//yss. mof. gov. cn/zhuantilanmu/yusuanguanligaige。

统一的收入分类体系，并具体采用了两种分类方法，一种是按收入形式分类，如税收收入、非税收入，以及税收收入下的增值税、消费税、营业税，非税收入下的行政性收费、罚没收入等，说明收入以何种方式取得。二是按来源分类，有的按所有制结构划分，如增值税下的国有企业增值税、集体企业增值税；有的按部门结构划分，如行政性收费下的文化行政性收费，公安行政性收费，罚没收入下的文化罚没收入、公安罚没收入，说明收入从哪里取得。

（2）支出功能分类：支出功能分类主要根据政府职能进行分类，说明政府做什么。按联合国《政府职能分类》，一国财政支出的职能分类大体包括四个部分，一是一般政府服务，主要反映政府需要、且与个人和企业劳务无关的活动，包括一般公共管理、国防、公共秩序与安全等；二是社会服务，主要反映政府直接向社会、家庭和个人提供的服务，如教育、卫生、社会保障等；三是经济服务，主要反映政府经济管理、提高运行效率的支出，如交通、电力、农业和工业等；四是其他支出，如利息、政府间的转移支付。

收支分类改革后设置的政府支出功能分类，一方面参考了国外支出的职能分类办法，同时也考虑了中国政府职能构成和财政管理的实际需要。需要说明的是，支出功能项级科目没有完全按政府职能分类，而是根据预算细化和财政支出统计分析的需要，采用了按职能设置、按活动设置、分行业设置和按资金用途设置四种不同的办法。

（3）支出经济分类：支出经济分类主要反映政府支出的经济性质和具体用途。从形式上看，各项财政支出，虽然都表现为资金从政府流出，但最终的经济影响是存在差异的。有些表现为政府的商品和服务购买，直接对社会的生产和就业产生影响，并最终影响资源配置；有些表现为资金的无偿转移，关系到收入分配，最终对社会生产和就业产生间接影响。支出按功能分类后再按经济分类，除了要细化预算，说明政府各项职能的具体支出差别，如，是发了工资，购置低值易耗的办公用品，还是购置资本性资产外。重要一点，就是方便对政府的支出进行经济分析。

8.1.6 财政监督

财政监督贯穿于财政管理的整个过程，只要存在着财政，必须有财政监督相伴随。中国的财政监督，经历了从监督的单一主体向多元主体、从财政部门对财政的监督向财政与非财政部门对财政的监督的发展过程，财政监督的内容也发生了实质的变化。

以往的财政监督，往往是财政部门一家对财政活动的监督，凡是财政资金存在的地方，不论是存在于财政部门还是非财政部门，都会列入财政部门进行财政监督的范围，这是一种狭义上的财政监督。

随着中国公共财政制度的建立，财政监督的主体不仅限于财政部门，也包括了非财政部门，诸如人大监督、审计监督、纪检监察监督、社会监督等监督主体；财政监督的内容也发生了变化。财政监督不仅仅是对预算资金的监督，也包括了对预算外资金甚至是制度外资金的监督，也就是说，财政监督的对象是政府资金。这种内涵下的财政监督，是一种广义上的财政监督。

8.1.7 绩效预算

简单地讲，绩效预算是一种以结果为导向的预算，自20世纪50年代初发端于美国以来，在50多个发达国家得到了应用。党的十六届三中全会通过的《中共中央关于完善社会主义市场经济体制若干问题的决定》，明确提出了要“建立预算绩效评估体系”，尽管预算绩效与绩效预算有所区别，[①] 但发达国家对绩效预算的实践推动了中国开展绩效预算的尝

① 绩效预算与预算绩效不完全等同，绩效预算是个大系统，它包括了预算绩效这一概念。

试，并选择预算绩效考评作为切入点。

从2003年起，财政部开始制定部分行业的绩效考评管理办法；2005年，为了规范绩效考评工作，财政部制定了《中央部门预算支出绩效考评管理办法（试行）》，各地财政部门也分别制定了符合本地特点的绩效考评管理办法；2006年，财政部选择农业部"农业科技跨越计划"等4个项目进行绩效考评试点；2007年，财政部选择教育部"高校建设节约型社会修购"等6个项目继续进行绩效考评试点。一些走在预算管理制度改革前面的地方政府，如广东、河北、北京等，也纷纷开展了对预算支出项目资金使用情况的绩效考评工作。纵观"十一五"时期，中国通过对预算支出绩效考评的尝试与完善，逐步探索如何建立适合中国国情的绩效预算制度。

8.1.8 政府会计

中国目前的政府会计制度框架，是1998年1月1日开始实施的《财政总预算会计制度》、《行政单位会计制度》、《事业单位会计制度》等制度，基本上是以收付实现制为记账基础。[①] 随着时间的推移，这种收付实现制的会计制度已明显不适应形势发展的需要。

"十一五"规划提出"推进政府会计改革"，目标是按照社会主义市场经济条件下公共财政管理的要求，建立规范、统一的政府会计准则体系、制度体系和政府综合年度财务报告。按照"总体规划、先易后难、重点突破、逐步推进"的原则，从政府单位范围、政府会计制度体系和准则体系、政府年度财务报告制度和实施权责发生制等方面开展深入研究。[②] 整个"十一五"时期，中国政府会计制度改革处于积极的研究、探索阶段。2009年8月，财政部公布了《高等学校会计制度》与《医院会计制度》的征求意见稿，从非营利组织会计制度的重构入手，标志着中国政府会计制度开始迈出了改革的步伐。

8.1.9 政府财务报告

政府财务报告是政府会计制度的组成部分，它是一种通用的、全面系统反映政府财务状况和运行情况的、规范化的信息披露方式。"十一五"时期，财政部将其列为重点深入研究的内容之一。当前，中国政府财务报告的编制依据还是沿用了1998年开始实行的《财政总预算会计制度》、《行政单位会计制度》、《事业单位会计制度》和《事业单位会计准则》（试行），[③] 其基本框架如图8-2。

由这三张表组成的当前中国政府财务报告在很大程度上反映的是政府预算收支的执行情况，对于政府财务状况并没有提供更多的信息；其他报告，如《政府工作报告》、《国民经济与社会发展计划执行情况报告》、《中央和地方预算执行情况与中央和地方预算草案的报告》，尽管提供了某些政府财务信息，也因各报告的侧重点不同而未能系统全面地披露政府财务状况。总的来看，当前政府财务报告所提供的信息还仅限于为各级政府提供预算收支信息之用，适用于政府宏观经济管理和各级政府对财务管理的需要，还算不上一种全面完整的政府财务报告。

8.1.10 金财工程[④]

按照党中央、国务院关于深化财政体制改革，建立社会主义市场经济体制下公共财政体

---

① 《事业单位会计准则》（试行）第十六条规定：会计核算一般采用收付实现制，但经营性收支业务核算可采用权责发生制。

② 陈乐忧："中国政府会计60年变迁"，《财会通讯》，2009年第12期。

③ 在这"三制一则"中，其具体称谓分别是总预算会计报表、行政单位会计报表和事业单位会计报表，虽与严格意义上的政府财务报告有所不同，但也具备了政府财务报告的雏形，故在本书中泛称为政府财务报告。

④ 以下内容摘自于财政部网站，http://xxzx.mof.gov.cn/jcgc/。

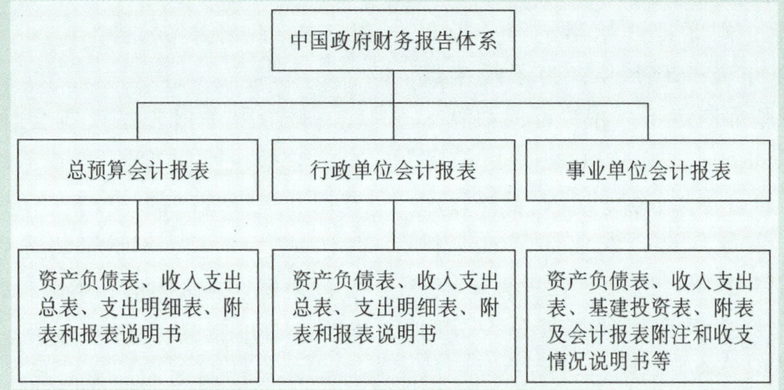

图 8－2　中国政府财务报告体系

资料来源：根据《财政总预算会计制度》、《行政单位会计制度》、《事业单位会计制度》和《事业单位会计准则》（试行）整理。

系框架的总体要求，财政部在推进部门预算、国库集中支付改革的同时，自 1999 年下半年开始着手规划建立“政府财政管理信息系统”，并于 2000 年成立了专门工作小组。工作小组在考察了主要发达市场经济国家和东欧转型国家政府财政管理信息系统运行模式和建设经验的基础上，于 2001 年，初完成初步设计，下半年开始试点。2002 年年初，国务院决定将财政部规划建立的“政府财政管理信息系统”定名为“金财工程”，在《中共中央办公厅、国务院办公厅关于转发〈国家信息化领导小组关于我国电子政务建设指导意见〉的通知》（中办发［2002］17 号）中，将金财工程列为国家电子政务十二个重点工程之一。2006 年 4 月 18 日，国家发展和改革委员会《关于金财工程（一期）项目建议书的批复》（发改高技［2006］664 号）批准金财工程（一期）建设立项。

金财工程的总体目标

金财工程，即政府财政管理信息系统，简称 GFMIS。金财工程的总体目标是：构建一个应用支撑平台（即数据库）、二级数据处理（即中央与地方分级数据处理）、三个网络（即内部涉密网、工作专网和外网）、四个系统（即预算编制系统、预算执行系统、决策支持系统和行政管理系统）、五个统一（即统一领导、统一规划、统一技术标准、统一数据库和统一组织实施）为特征的，管理与技术有机融合的公开透明、服务便捷、安全可靠的政府财政管理信息系统。进一步提高财政资金使用管理的安全性、规范性和有效性，保障和推动财政改革与发展。

金财工程的主要建设内容

金财工程的主要建设内容是，研究制定统一的业务和技术标准与规范，构建统一的应用支撑平台，设计开发财政管理信息系统，建立覆盖全国各级财政管理部门和财政资金使用部门的网络系统、信息安全保障体系和 IT 服务管理体系。

（1）研究制定标准规范体系。标准化工作是信息化的基础，是各业务系统实现互联互通、信息共享、业务协同、安全可靠运行的前提条件。按照金财工程建设目标，一是制定总体标准，主要包括术语、主题词表、标准化体系和标准化工作指南等；二是制定业务和技术标准，主要包括财政业务基础数据标准、数据交换标准、应用支撑标准、运行维护标准、网络标准、安全标准等；三是管理制度，包括项目建设有关管理办法、资金管理办法、系统开发和应用管理办法等。基本构建一套完整的标准制度体系，提高财政信息化建设管理水平。

（2）构建统一的应用支撑平台。建立财政业务系统整合与统一以及信息交换和共享的平台和机制，为财政信息系统一体化建设、实现财政业务“三个贯通”（即本级财政内部业务贯通、上下级财政之间业务贯通以及财政和预算单位之间业务贯通）奠定基础。它包括数据字典组件、总账及控制表组件、交易令组件、报表组件、规则组件、交易凭证组件、权限管理组件、工作流组件、安全组件、数据交换组件。

（3）建设财政管理信息系统。金财工程建设的财政管理信息系统主要包括预算编制、预算执行、决策支持和行政管理四类系统。预算编制系统、预算执行系统、决策支持系统共同构成财政核心业务系统，具体包括预算管理、国库支付管理、收入管理、财政工资发放、现金管理、债务管理、政府采购、资产管理、财政监控管理系统、财政经济景气预测与分析等系统。行政管理系统包括办公自动化、人事管理、党务管理、财政法规数据库等系统。

（4）建设网络系统。建成支撑涉密业务处理的内部涉密网；以各级财政局域网为中心，辐射到所有财政部门和预算单位（纵向连接各级财政部门，横向连接预算单位、国库、银行、税收等相关职能部门），支撑财政核心业务系统运行的财政工作专网；与互联网相连、面向社会公众服务的财政信息外网。

（5）建设信息安全保障体系。建立由网络安全基础、数据备份与容灾、信任系统构成的信息安全保障体系，确保物理安全、网络安全、系统安全、应用安全和数据安全。逐步建成中央、省、地市三级集中监控、分级管理、上下畅通的网络安全监控和管理系统平台。同时建立健全信息安全规范与标准、管理办法、运行维护与监控机制。

（6）建设 IT 服务管理体系。按照 IT 服务管理（ITSM）理念与标准，结合财政系统实际和金财工程建设需要，遵循“统一规范、分级建设、分级管理”的原则，通过建立统一的运行维护、客户服务模式和规范，制定科学有序的管理流程、方法和规章制度，实现集网络管理、系统管理、资产管理、数据库管理、应用系统管理、安全管理等为一体的综合管理系统，逐步建立一套科学有效的运营维护管理体系。

8.2 “十一五”时期的财政管理改革评价

“十一五”时期的财政管理改革，以延续“九五”和“十五”时期的财政管理改革为主，并在此基础上继续深化。其中，部门预算、国库集中收付和政府采购制度改革的深化，是中国财政支出管理改革的“三驾马车”。1994 年的分税制改革，从收入方面初步理顺了中央与地方的财政关系，提高了财政收入占 GDP 和中央财政收入占整个财政收入的比重，“十一五”时期侧重于支出方面改革的财政管理改革，则相当程度上平衡了长期以来重收入、轻支出的情况，将财政支出管理与财政收入管理置于同等重要的地位。

这种侧重于支出方面的财政管理改革，具有明显的整体性的特点。部门预算、国库集中收付与政府采购，三者相辅相成，只有整体推进，才能取得实效，“十一五”时期财政管理改革的实践就证明了这一点。“收支两条线”管理制度改革的时间比较早，它的继续深化，为上述三项改革奠定了基础，也是这三项改革应有的基本内容。政府收支分类改革，实现了与部门预算、国库集中收付、政府采购制度等其他公共财政管理改革同步，是公共财政管理方面的又一次重大调整。国库现金管理可以认为是国库集中收付制度改革的产物，成为财政政策与货币政策链接的纽带。财政监督在财政管理改革的作用不容忽视，财政监督不仅意味着财政部门的监督，也意味着非财政部门对财政的监督，任何改革措施的实施与效果都会成为其监督的对象。以预算支出绩效为契入点的对绩效预算的探索是“十一五”时期建立预算绩效评价体系的积极尝试，为今后建立绩效预算制度积累了经验。包括政府财务报告在内的政府会计制度改革在“十一五”时期虽仍处于研究探索阶段，但却为今后的改革启动夯实了基础。以金财工程为主要内容的财政信息化建设，为财政管理改革提供了必要的技术支撑，从一定意义上讲，它的水平如何将直接决定了财政管理改革的进程与成效。

当然，任何改革都不是尽善尽美的，多多少少都会存在一些问题，而这些问题，自然为“十二五”时期财政管理改革提供了素材，一方面要对既有改革措施的进一步完善，另一方面要着手探索新的改革措施。这些问题，具体说来主要包括以下几个方面。

8.2.1 政府采购需深化改革

政府采购的规模有待进一步扩大

政府采购涉及了货物类、工程类和服务类三大领域，虽然从采购金额的绝对值上看增长显著，如2008年政府采购规模为5 990.9亿元，比2007年增长28.5%；其中，货物类采购规模为2 559.5亿元，工程类采购为2 978.4亿元，服务类为453亿元，分别比2007年增长29.7%、37%和26.9%，[①] 但总体规模仍显偏小。从国际经验上看，西方国家政府采购规模一般占GDP的10%以上或占财政支出的30%左右，以此衡量，2008年中国政府采购占当年GDP的2.0%、占当年财政支出的9.6%。从近些年的情况看，如图8－3所示，中国政府采购规模占GDP与财政支出的比重呈逐年递增趋势，其中这两项比重以2008年的为最高，但无论是占GDP比重还是占财政支出比重，仍然处于低水平，说明中国政府采购还有很大的发展空间。

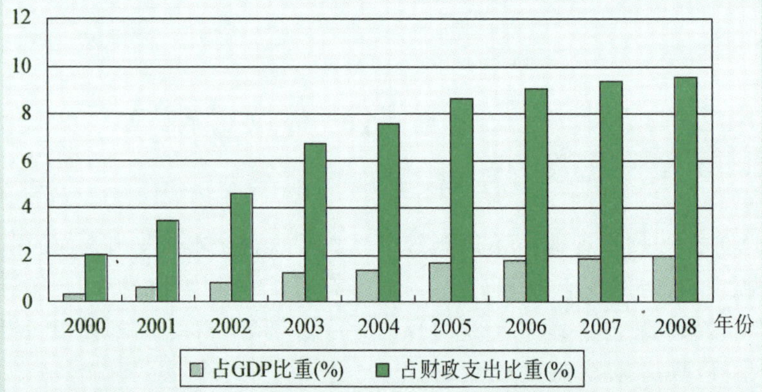

图8－3 中国政府采购占GDP与财政支出的比重（2000—2008年）

资料来源：根据《中国统计年鉴》（2009）与中国政府采购网有关数据整理计算。

① 数据来源：“2008年全国政府采购信息统计分析”，中国政府采购供应商网，http://www.zfcg.com/ministries/2009－12－14/A129810.html。

政府采购的政策功能有待进一步发挥

政府采购能够成为公共政策工具，在于它占 GDP 或占财政支出的比重大。比重大意味着采购规模大，政府就可以通过有目的地调整政府采购的结构或方向，配合政府当前公共政策的实施。正如上文所分析的，虽然中国政府采购规模有较大的增长，但占 GDP 或占财政支出的比重与先进国家相比差距不小，这就限制了政府采购政策功能的发挥。尽管近年来注意到在政府采购中发挥其政策功能，但由于政府采购规模总体偏小，占 GDP 或财政支出的比重偏低，导致取得的效果并不特别显著。另一方面，政府采购政策目标也有待于扩充，促进经济发展方式转变、经济结构调整、基本公共服务均等化等方面，都可作为政府采购政策功能发挥作用的领域。

政府采购面临国际化的挑战

面对要求开放中国政府采购市场的压力以及为了让中国企业对等地加入到国外政府采购市场的考虑，中国逐步开放政府采购市场将是一个必然的趋势。

当前中国政府采购市场基本上是面向国内的，政府采购的制度建设与操作规范与国际通行做法有较多不一致的地方。比如在《政府采购法》中规定“政府采购是指各级国家机关、事业单位和团体组织，使用财政性资金采购依法制定的集中采购目录以内的或者采购限额标准以上的货物、工程和服务的行为”，对于国有企业和国有控股企业使用财政性资金进行采购，在法律上并没有明确的规定，而国外许多国家的政府采购却包括了一定数量的垄断国有企业的公共采购。其他方面，如政府采购的机构设置、审批程序、信息发布、招标机制、人员素质等方面也与国际先进做法存在一定距离。此外，国内产业、企业的竞争力不强，政府采购市场对外开放后，在促进国内产业、企业尽快提高竞争力的同时，还应把握好开放的程度，并实施一定的适度保护措施，在对等的基础上避免政府采购市场的利益流失到国外。

8.2.2 部门预算有待进一步完善

财政部门在预算管理中的主导地位仍有待于加强

财政部门与其他部门之间因职能分工的差异，导致了信息不对称问题。财政部门人员有限，预算管理的技术支撑手段也不完备，因此对于其他部门的资金状况与资金需求，财政部门往往很难有清晰的了解，而其他部门很可能从部门利益出发，编制高于自身实际需要的部门预算，以期获得更多的预算资金。即便财政部门根据经验规则，对提交上来的部门预算进行压减，但不排除因信息不对称问题使压减后的预算仍高于部门的实际需要，造成预算资金的浪费。

更为重要的是，部门预算改革所体现了预算分配权的统一未实现实质性的成效。在旧体制的影响下，财政部门能够统筹安排的仅是部门预算中的预算内资金，政府性基金、预算外财政专户资金等其他形式的资金，虽反映在部门预算中，但支配权在很大程度上仍属于部门，财政部门只不过是账面管理。某些部门，沿袭了旧体制的做法，对一些预算资金的分配仍具有决定权，并没有实现部门预算体制下预算分配权的统一，造成大量预算资金仍然游离于财政部门的监控之下，不利于预算资金的统筹安排。

定额标准体系有待完善

从目前来看，部门工作量如何进行科学的量化、需要安排多少预算资金才会有利于部门工作量的高效完成仍是一个难题。因此，在实际操作过程中，不少部门的定额标准不是根据部门的实际工作量和财力来确定，而往往是依据历史数据，将过去的支出情况作为编制现行部门预算的基础，这不仅达不到“零基预算”的目的，使过去部门间支出水平不均衡的格局继续存在下去，也带来预算资金使用上的低效率。

一般而言，政府级次越高财力状况越好；越到基层，财力状况越差，财力的保障水平就越低。定额标准体系如果定得高，有些地方就可能出现财政预算供给不足的问题；如果定得低，就可能出现与部门所要履行的职能不匹配的问题。因此，在财力状况的制约下，应适时修订定额标准体系。不过，定额标准体系不仅复杂，而且涉及面广，需保持相对的稳定性，即便修订，也需要一个过程，这就很容易影响到部门预算的编制与执行质量，也影响到部门履行职能的成效。

预算资金绩效评价体系有待健全

当前中国预算资金绩效评价工作还处于试点阶段，尚未全面实施。预算资金的分配与绩效之间未建立起直接联系，因此部门关心的是如何获得尽可能多的预算资金，而非放在如何利用有限的预算资金实现最大限度的成效上。在预算资金使用上，仍然存在“重投入、轻产出”、“重分配、轻管理”的倾向，至于使用预算资金是否达到预期效果，提供公共物品和公共服务的质量如何却重视程度不够。

在部门预算绩效评价中，项目支出是重点。但是，部门之间职能不同，项目支出不仅因部门而异，而且种类多而杂，所需的预算资金数额也不一样，不仅有可以量化的绩效，也有难以量化的绩效，很难用一个统一的标准绩效评价体系去对每个部门及其每个项目的绩效实施全面评价。此外，在项目支出绩效评价中，财政部门不是专业部门，对各个部门的各种项目缺乏专业知识的了解，而是往往依靠各个部门，让它们在绩效评价中的发挥主体作用，对于绩效评价结果，财政部门只能“被动”地接受，这在一定程度上影响了绩效评价的质量。

资产管理与部门预算的有机结合有待强化

预算资金支出后，相当一部分会转化成部门的资产。这部分国有资产，又会成为以后部门预算编制的参考依据之一，资产占有多的，从实际需要出发，相应这方面的预算支出就应减少。但是，部门资产的清查与管理工作与部门预算的改革要求不能同步，存在“重资金管理、轻资产管理”的现象，从而在确定定额标准及部门预算编制过程中，缺乏资产占有方面的基础数据，造成定额标准的确定不实、部门预算编制不准确。

部门预算加强了预算资金的管理，但资产管理存在与之相脱节。部门资产到底有多少，许多都处于“说不清、道不明”的状况，不知道“家底”有多少，财政部门更难以准确掌握部门资产的占有情况。在这种情况下，一些资产占有较多的部门，出于部门利益，往往编列超出实际需要的支出计划，以期获得更多的预算资金，形成更多的资产占有，造成预算资金的浪费，并使其他有资产合理需要的部门失去及时配备资产的机会，导致预算资金的分配不公。

预算执行机制有待完善

中国的预算年度按照《预算法》的规定采用历年制，对预算草案要等到各级人代会批准完才能成为正式的法律文件，然后财政部门依法批复各部门预算。这就意味着从每年1月1日起，有不短的时间里执行的是没有法律依据的部门预算。尽管预算年度开始后、预算草案在各级人代会批准前，部门预算可以按照上一年度同期的预算支出数进行支出，但这种做法使预算约束流于形式，不仅弱化了部门预算作为法律文件的严肃性，也影响了年度预算执行的正常进行，造成年度预算执行在时间上的不均衡，易造成预算执行进度上半年慢、下半年快的局面。

此外，有些部门在编制预算时，未经过科学缜密的充分论证，对来年工作安排缺乏系统考虑，而是抱着先把钱要下来的心理来编制部门预算，造成部门预算编制不准确。当来年部门预算批复下来后，则会因为一些支出编制不细不实或工作安排不当，导致有资金却没有相应支出项目，或有资金也有项目但因项目论证不周一时难以执行，使预算资金不能按照预期安排支出，造成预算支出进度前慢后快，导致越到年底越突击花钱的现象。

8.2.3 国库集中收付需继续完善

在国库集中收付制度改革实施过程中，预算制度的改革也在进行中，但与国库集中收付制度改革的进展相比，预算制度改革的不充分，比如预算编制、审批、执行中长期存在的问题，预算外资金的存在以及财政信息化建设的相对滞后，影响了国库集中收付制度改革的成效。

在国库集中收付制度实施中，各项预算收支因进度不均衡造成国库收入与支出的现金流不能完全相符，预算实际执行数与计划数存在差异等出现的未支付的财政性资金都会保留在国库，就会出现国库现金余额。如果没有国库现金管理，这部分现金余额就成为闲置资金。因此，如何管理好这部分国库现金，是国库集中收付制度实施中面临的问题。自 2006 年开始，通过商业银行定期存款、买回国债等市场操作方式，对国库现金实施积极管理，也为中央财政带来了一定的收益。不过，从目前看，国库现金管理才刚刚起步，一些问题，诸如国库现金管理操作规模够大、投融资工具不多、运行机制还需进一步规范、如何保障国库资金安全、地方国库现金管理如何运作、预算执行的分析预测能有不足等问题，制约着国库现金管理的实施，需要今后在国库集中收付制度深化改革中加以认真研究解决。

8.2.4 财政监督的成效有待提高

财政监督的时效性不强

财政监督是一种复合监督活动，因其是对财政活动的全面监督应是事前、事中与事后全过程的监督。不过，从当前的财政监督实践来看，事后监督仍是主要形式。这种事后监督，具有明显的被动性和滞后性，虽有助于通过对违法违纪财政活动的惩处而对以后的财政活动有警示作用，但由于事前、事中监督的弱化，难以建立起有效的防范机制，不可避免地影响到财政资金的规范性、安全性和效益性，也助长了部分单位或个人从事违法违纪活动的侥幸心理，导致财政活动中的违法违纪事件屡屡发生。

财政监督的手段有待多样化

公共财政框架下的财政监督，是一个覆盖整个财政活动的广泛的、多层次的、全方位的监督，其监督手段也应是多样化。不过，由于受长期以来财政监督传统做法的影响，财政监督的手段常常采取专项治理的方式进行，根据中央及地方各级政府的统一部署，对“小金库”等某一专项领域或财政收支的某一环节进行特定的监督检查。其表现为：突击性、专项性检查多；日常性监督少，集中性、非连续性的监督多；局部性、环节性监督多，全方位、全过程的监督少等。

财政监督的威慑力不够

财政监督的目的在于防患于未然、以儆效尤，但当前财政监督的权威性与严肃性不足，对一些违反财经法规、随意改变财政资金支出用途或管理不善造成的浪费损失，查处力度不大，起不到惩前毖后的作用。比如，近些年审计署每年都能查出不少中央部门在预算执行中存在的挤占挪用和转移财政资金、多报多领财政资金以及违规收费等问题，年年查、年年有问题，这很大程度上说明了财政监督的威慑力不足，对财政管理的促进作用不够。

8.2.5 绩效预算面临的难点问题需要解决

绩效预算制度实质是以预算为载体的对政府绩效的评价制度

绩效预算的理论依据之一是 20 世纪七八十年代兴起的新公共管理理论。在该理论的指导下的新公共管理运动，都是对公共部门行政运行体系的改造。绩效预算既是新公共管理运动的产物，也是推动这一运动向纵深发展的重要手段，旨在提高公共部门的行政效率，强化其责任意识。

从美国绩效预算改革的实践来看，整个绩效预算过程，分为了人力资本战略管理、竞争激励、改进财务业绩、扩大电子政务、统一预算与绩效五个方面。这可以看出，绩效预算制度，不单单是预算制度的改革，更是政府行政体制的改革，是行政体制改革的重要内容，也必须与行政体制改革为前提。因此，推进中国绩效预算制度，需要行政体制改革为先导才行，而中国行政管理体制改革是要比预算制度改革更艰巨的任务。

绩效预算制度的实施需要强有力的政治支持

绩效预算改革是对传统行政治理方式的改革，是政府进行的自我改革，因此改革必然会遭遇到许多困难与阻力。一些单位或个人，出于自身利益的考虑，可以想象，会对这种改革有某种抵触或以某种变通策略进行应对，这就需要领导层的强力支持和大力推动，绩效预算改革才能实现。美国绩效预算改革曾经停滞了许多年，究其原因，在于几届政府不重视绩效预算的推行。

因此，中国若要推行绩效预算制度，必须有来自政府高层的政治支持与推动。中国近些年各地由财政部门牵头的预算支出绩效考评实践，与当地政府的大力支持分不开，因为绩效考评虽可以由财政部门负责，但需要其他政府部门的密切配合才行。党的十六届三中全会提出“建立预算绩效评价体系”，这有助于推动绩效预算制度在中国的实施，不过从大环境来看，中国行政管理体制改革较之公共财政管理改革的相对迟缓，制约了绩效预算在中国的实施与推广。

绩效预算的评价结果需要有一定的约束力

绩效预算是政府绩效的反映，但如何使绩效预算与政府绩效相挂钩，即财政资金的分配多寡与政府部门的行政努力相联系，是实施绩效预算面临的一个难题。许多实施绩效预算的国家正因为不好解决这一难题，所以尚未把支出预算与部门绩效挂钩。不过从绩效预算实施的初衷来看，如果不挂钩，那么必然影响到绩效预算的实施效果，弱化了绩效预算的约束力。而一旦实施挂钩的话，就会面临着如何挂钩的问题。因为，各种政府部门千差万别，其职能的履行也是不一样的，难有一个统一的绩效评判标准，而若有一个统一的绩效评判标准，则又可能忽视不同部门履行职能的差异。

绩效衡量指标的设置应具有科学性

绩效衡量指标可以分为定量指标和定性指标，定量指标使绩效评价有个清晰的依据和测度，而定性指标往往是从主观认识出发，使衡量标准缺乏精确性。政府部门履行其职能的效果，既可以带来可量化的经济效益，如投资形成的道路、桥梁等，也会产生无法量化的社会效益，如投资兴建博物馆、加大基础研究投入等。如何科学地衡量这些无法量化的政府绩效，是各国普遍面临的难题。鉴于此，中国在开展预算支出绩效考评过程中，基本上集中在“项目支出”本身可量化部分的绩效考评上，忽略了对其产生的社会效益的考评，还避开了对“基本支出”的绩效考评。

8.2.6 政府会计仍以收付实现制为基础

无法反映政府的债务风险

在收付实现制下，政府负债只核算政府当期实际收到现金的直接显性负债，如政府债券和政府借款，而对当期业务已发生而资金尚未支付的直接隐性负债，如社会保障基金缺口，以及未来可能引发财政支出的政府或有负债，如政府担保型债务，却得不到真实的反映。这些脱离于会计核算之外的大量的直接隐性负债和或有负债，导致低估了政府面临的各种债务风险，相应地片面夸大政府可支配的真正财力，既不利于防范财政风险，也不利于政府宏观政策的制订。

不利于绩效评价

在收付实现制下，会计核算只反映预算收支情况，而且只在款项实际支付发生时才确认为支出，对那些费用已经发生而款项尚未支付的项目，则因不能确认为当期支出而得不到反映，这就导致成本费用核算不完整、真实，人为缩小当期成本费用，不能准确反映政府部门提供公共物品和服务的实际成本费用水平。由于绩效评价的依据大多来自于会计信息资料，现收现付制的这种缺陷，导致无法评价财政资金投入与产生的效益，因此难以满足开展绩效评价的需要，这对于跨年度按项目进度分次拨款的支出项目尤其如此。

不能满足经济分析与绩效分析的需要

在收付实现制下，预算收支是按当期国库实际收缴数和支出数分别确认和核算预算收支的，在这种情况下，一些跨年度的分属不同会计时期的收支项目，因只有当它们实际发生时才予以记录反映，会造成不同会计期间相关数据的不可比，明显的例子如一次性还本付息形成的大额支出，导致了纵向的不可比。而就不同预算单位而言，以实际收支来记录核算的现收现付制，因不同单位不同时期的收支规模不一样，无法以权责发生制的方式在不同会计时期进行合理平摊，造成各预算单位之间难以做横向的对比分析。

政府会计目标定位有欠缺

根据现行的政府会计制度，会计信息往往是满足政府自身的财政管理需要，在很大程度上忽视了政府受托责任的履行。总预算会计制度只是强调会计信息要满足各级政府宏观管理的需要，而行政事业单位会计信息仅是反映行政事业单位的预算执行情况，为政府进行预算管理提供信息。这种以政府需求为导向的会计制度，与构建公共服务型政府和公共财政理念存在着距离。政府基于社会公众的受托责任来行使其职能的，只重视会计信息的政府需要而忽视社会公众的需要，给政府受托责任的履行以及社会公众的监督带来了一定的困难。

8.2.7 政府财务报告依然具有传统体制的特征

目标定位有局限

当前政府财务报告相当程度上是服务于政府预算管理的需要。比如，总预算会计报表是各级预算收支执行情况及其结果的定期书面报告；行政单位会计报表是反映行政单位财务会计状况和预算执行结果的书面文件；事业单位会计报表是反映事业单位财务状况和收支情况的书面文件。由此可以看出，这种目标定位无法反映当前愈来愈受到重视的受托责任观，使社会公众不能全面了解政府完整的财务状况，与构建公共服务型政府的行政体制改革不相适应。

内容不完整

总预算会计报表、行政单位会计报表和事业单位会计报表分别自成体系、分别编报，没有一套完整的、能够反映各级政府资源状况、负债和净资产全貌的合并报表，并缺少了一些与预算收支没有直接关系、但具有重要意义的财务信息，如国有资源、国有资产、政府债权债务以及政府管理的社会保障基金等。这样，不仅政府无从清楚地了解政府自身的资产负债情况，也增加了立法机构和社会公众进行监督的难度，不利于对政府绩效和受托责任情况进行完整的确认、评价和分析。

会计确认基础不恰当

这与中国政府会计制度有密切联系。由于当前的政府会计制度仍是收付实现制，因此其政府财务报告的编制是建立在收付实现制基础上的。这种会计确认基础的缺陷是不能真实地进行成本费用核算、不利于防范债务风险以及政府绩效评价。由于收付实现制的这些不足，造成政府财务报告提供的财务信息不真实、不准确，不利于提高政府的财政财务管理水平，也导致对政府的绩效评价缺乏有效的财务信息，从而使政府的受托责任得不到全面的履行。

信息披露有欠缺

以预算收支为主要内容的政府财务报告，主要面向于立法机构对预算收支的审核监督，适用于各级政府用于预算编制、执行和宏观经济调控，面向于行政事业单位用于自身的核算和管理，也面向于审计部门的审查监督。因此，政府财务报告信息基本上是以向这些机构单位披露为重点，忽视了社会公众等外部机构、人员对此类信息披露的需求。尽管近年来开始重视对外界的信息披露，但与国际上的通行做法还相差较远。

8.2.8 财政信息化建设水平需进一步提高

部门预算、国库集中收付、政府采购、财政监督、政府会计、政府财务报告等财政管理措施，都离不开财政信息化的建设与发展。以国库集中收付为例，国库集中收付制度改革，因涉及面广、工作量大，而需要先进高效的财政管理信息系统。财政部设计开发了国库支付信息管理系统，随后这一系统根据需要不断进行优化和完善，同时开发了收入收缴管理信息系统。不过，由于各种条件的限制，与国库管理相关的财政信息管理系统建设还需进一步加强，国库管理的信息化程度较低，财政、税收、国库、银行之间横向计算机联网程度不高，运行技术不稳定，数据信息共享程度低；尚未建立起高效的银行资金清算系统，影响了国库资金的及时有效支付；国库集中收付过程中产生的大量数据信息，还有待于相应的软件开发对这些数据信息进行综合分析；与中央财政相比，地方财政的国库管理信息建设相对薄弱，某些业务免不了手工、半手工操作，增加了工作量，降低了工作效率，也制约了国库集中收付制度改革在地方一级的深化。

8.2.9 法治建设相对滞后

根据法律规范的效力等级，中国财政法律体系由宪法有关财税的规定、全国人大及其常委会制定的财税法律、国务院制定和发布的财税行政法规、国务院财税主管部门发布的财税规章以及地方人大及其常委会与地方政府制定、发布的地方性财税法规和规章构成。总体上看，由全国人大及其常委会制定的财税法律数量较少，而行政法规、部门规章及其他规范性文件占较大份量，尽管这些法规、规章的制定、修改、废止在操作上较法律灵活，但法律上的严肃性和权威性不足，也缺乏稳定性和约束性，而且不同法律、法规和规章相互之间还易存在抵触的问题，当对同一事项规定不一致时，就造成有法难依。比如，为了规范政府采购行为，颁布实施了《政府采购法》、《招标投标法》，但除此之外，大都是行政部门颁布的部门规章。既便如此，《政府采购法》与《招标投标法》的关系尚未理顺，两部法在各自的适用范围与管理职责方面的规定还存在差异，给政府采购的具体操作带来困难。

8.3 “十二五”时期的财政管理改革展望与重点突破

“十二五”时期是中国公共财政建设的重要时期，作为公共财政建设必然内容的财政管理改革，必须从服务于公共财政建设这一前提出发，把公共财政建设的具体内容落实到财政管理改革中，以此推动公共财政建设的深入。

这一时期的财政管理改革，需要紧紧围绕“十二五”时期公共财政建设的主题，遵循渐近性的总体改革思路，按照规范化、透明化、科学化和精细化的基本原则，从三个层次上整体推进。第一个层次，是对既有改革措施的进一步完善，如部门预算、国库集中收付等；第二个层次，是对“十一五”时期的改革尝试总结经验，待各方面条件成熟时将改革措施由尝试状态转变为全国推广，进而形成常态的财政管理制度，如“十一五”时期预算支出绩效考评的局部试点，“十二五”时期可将此推广到全国各级政府，形成常态化；第三个层次是积极研究探索新的改革措施，并酌情开展试点工作，如政府会计改革。

8.3.1 深化政府采购改革

注重发挥政府采购的政策功能

政府采购不仅是一种重要的财政支出管理的形式，因其是一种对商品和服务的购买行为，对市场会产生一定的影响，所以它还具有相当的政策功能，完全可以充当政府实现其经济社会发展目标的政策工具。

“十二五”时期，将是中国大力转变经济发展方式的重要时期。加快转变经济发展方式，不仅意味着经济增长方式的转变，也涉及到环境保护、可持续发展、文化建设、人与人的关系等各种非经济方面，它包括了“加快推进经济结构调整，加快推进产业结构调整，加快推进自主创新，加快推进农业发展方式转变，加快推进生态文明建设，加快推进经济社会协调发展，加快发展文化产业，加快推进对外经济发展方式转变”①，这 8 个“加快”，应成为“十二五”时期政府采购政策功能发挥作用的重点领域。

具体地说，在政府采购中，通过有意识的采购倾向，积极支持企业的自主创新，促进经济结构的调整；处理好内需与外需的关系，实现内外需的均衡发展；实行绿色采购，鼓励发展低碳经济；促进落后地区和农村地区的经济发展，缩小地区和城乡差距；促进中小企业发展；加大着眼于实现基本公共服务均等化的政府采购等内容。

进一步扩大政府采购规模

政府采购规模尽管这些年有较快增长，但总体上与先进国家相比仍处于较低水平，这不仅影响到财政支出管理的进一步完善，也影响到政府采购政策功能的发挥。因此，逐步扩大政府采购规模应是一个趋势。

一方面，根据实际需要，进一步扩大货物类、工程类、服务类的采购项目，由此逐步将绝大部分政府的购买性支出列入政府采购范围，提高工程类和服务类采购在政府采购中的比重。另一方面，研究考虑扩大政府采购中采购人的范围，可以以财政性资金为标准，除了使用财政性资金进行采购的国家机关、事业单位、团体组织是政府采购的当然采购人外，对于非竞争性国有企业，诸如供电、供水、城市交通运输等公益性企业，航天、军工等关系到国防和国计民生的国有企业等，如果这些企业利用了财政性资金提供公共服务，原则上都应成为政府采购的采购人。② 中国非竞争性国有企业不算少数，研究考虑将这部分企业列为政府采购的采购人，将对进一步扩大政府采购规模具有积极意义。

推进电子化政府采购

电子化政府采购是电子政务的重要形式，它有助于显著降低人力、物力、财力和时间消

---

① 任仲平：“决定现代化命运的重大抉择——论加快经济发展方式转变”，《人民日报》，2010 年 3 月 2 日。

② 非竞争性国有企业列入政府采购的主体范围内，可以参考国际上确立的一些范围标准：（1）政府是否向该实体提供了大量公共资金，是否为了确保与采购合同有关的实体履行付款义务而提供担保或其他保证，或以其他方法确保采购实体履行合同义务；（2）该实体是否由政府管理或控制或政府是否参与该实体的管理或控制；（3）政府是对该实体销售货物或提供服务而给予独家经销特许、垄断权或准垄断权；（4）该实体是否负责向政府或财政部报告赢利情况；（5）是否有国际协议或国家的其他国际义务适用于该实体从事的采购；（6）该实体是否经由特别法议定，以便开展活动，促进法定的公共目的；（7）正常适用于政府合同的那类公法是否适用于该实体的采购合同。（邹彧，2002）

耗。目前，中国电子化政府采购正处于发展初期，各级政府都不同程度上开发了适合本身需要的电子化政府采购系统，在发挥一定作用的同时，也存在着这些系统标准不统一、程序不一致、内容不完整、各系统互不连接等问题。

积极推进电子化政府采购的前提，是构建全国统一的电子化政府采购交易平台，这种交易平台应由财政部统一领导和规划，科学制定电子化政府采购建设计划，以避免重复建设和方便集中监管。利用这一交易平台，可涵盖采购单位、代理机构、供应单位、评审专家、监管部门等政府采购的多个参与者，覆盖政府采购的全部流程，具有采购信息汇总、整理、分析功能，并与各级政府建设的自有交易平台实现无缝衔接，从而实现统一标准下的多层次、信息共享、交易公开透明、操作规范、管理功能完善、安全可靠的全国范围内的电子化政府采购系统。

循序渐进地开放政府采购市场

与发达国家相比，中国政府采购制度起步较晚，还存在若干不完善的地方，如果贸然一步到位地开发政府采购市场，很可能得不偿失。因此，在开放战略上，应以我为主，渐进地实现对外开放，以降低由此可能带来的风险。

从国际经验上看，各国也都是根据本国国情，采取渐进的方式逐步开放政府采购市场的，以避免对国内政府采购市场的巨大冲击。中国政府采购市场的开放，亦应如此。按照对等的原则逐步加入一些双边和多边政府采购协议；开放的产业，可以先考虑那些具有一定国际竞争力的产业部门，以保护国内的幼稚产业；考虑到政府采购管理水平的差异，中央一级政府机关的政府采购市场可以先于地方各级政府开放。

在开放的同时，应积极利用《政府采购协议》中关于发展中国家的特别条款，争取以发展中国家的身份享受该特别条款带来的特殊和差别待遇，通过规定国际采购的本地含量、价格优惠、禁止购买外国产品和贸易补偿等措施，对国内产品和服务实行优先的政府购买政策。而在另一方面，应注重大力提高中国相关产业和企业的国际竞争力，支持它们积极开拓国外政府采购市场，以实现“引进来”与“走出去”的同步双向开放。

8.3.2 深化部门预算改革

理顺财政部门与其他部门在预算管理中的关系

公共财政建设的客观要求是政府财政部门总揽预算收支，行使统一的预算分配权。这要求部门所有的全部收入都完整地反映在一本预算中，实现全口径预算收支管理，进一步提高部门预算的综合性，强化财政部门在部门预算编制中的主导地位，避免被动性；而且，在条件成熟时候，使财政部门能够统筹安排所有的政府财力，使分散的预算分配权确实统一到财政部门手中。

从长远看，一些具有一定预算分配权的部门，如基本建设投资由计划部门负责分配，科技三项费用由科技主管部门负责分配，都应将其这种权力集中到财政部门，使预算资金的多头管理变为集中统一管理。但从短期看，由于政府部门间职能的调整需要一段时间，短期内将这些部门的资金分配权一步到位地归结到财政部门也不现实，因此，较为合适的做法是在部门预算审核中，财政部门加大同这些部门沟通力度，取得这些部门的支持，并清晰各自的预算资金管理权限。这些部门也应增强预算资金分配的规范性，及时编制有关支出计划，从而使其他部门的部门预算更加完整。

进一步完善基本支出和项目支出预算改革

基本支出是部门预算的重要构成。基本支出预算改革，要在合理界定部门职能的前提下，按照公共财政建设的要求，在财力可能的范围内，提供能够满足部门履行其职能、维持正常运转所需要的合理财力保障，使财力可能与部门需要实现有机结合。在制定定额标准体系时，要加强部门人员、资产、编制等基础数据的搜集，健全部门预算基础数据库，使定额标准体系的确定有可靠的依据；要规范公共资源的配备标准，根据实际状况及时更新已有的公共资源配备标准，对于暂时未明确的公共资源配备标准，应在深入调查的基础上，根据财力可能与实际需要，加快制定相应的配备标准，推进实物费用定额标准体系的建立，完善公共资源占用与费用定额相结合的合理规范的预算管理体系；根据事业单位的总体改革进程，将政府部门预算管理的做法推广到参照公务员法管理的事业单位，建立并完善这些事业单位的部门预算制度。

对于部门预算中的项目支出，要按照综合预算的编制原则，将预算内外资金统筹起来安排使用，切实提高预算管理水平。财政部门参与到其他部门的项目支出预算编制工作中，改进编报项目支出预算的实施规则，做好预算申报项目的论证工作，根据项目的重要程度进行审核排序，按照轻重缓急的原则明确重点项目支出与一般项目支出并据此统筹安排相应的预算资金；对于列入项目库的项目支出，应尽可能细化到每个部门的每项具体开支以及具体开支内容，各项支出都应有详细的立项论证过程，避免项目因前期论证不周、无法开展下去而造成预算资金的浪费，一般预算资金、政府性基金、预算外资金以及其他资金都要纳入项目库中进行管理；在项目预算执行过程，除非特殊事项，未纳入项目库管理的支出项目，不仅年初预算不予安排，而且年度执行过程中也不予追加，以维护预算执行的严肃性。

建立与完善科学的预算绩效评价体系

根据公共财政建设的总体布局，按照统一规划、积极稳妥、先易后难、分步实施的原则，以实现绩效预算为目标，经过试点实践并不断总结经验，逐步建立与完善符合公共财政理念的科学的预算绩效评价体系，以绩效来衡量预算资金的使用效果，将绩效评价结果作为编制以后年度预算的重要参考，以此实现预算编制、预算执行与预算执行结果三者有机的衔接。在此基础上，探索绩效预算的运行机制，创造条件，由点到面地逐步推广实施绩效预算。

在全面推行绩效预算的条件不成熟的情况下，应先从实施科学的预算绩效评价体系入手。对于项目支出，在试点的基础上，不断推进预算绩效评价体系的覆盖面，逐步扩大试点范围，最终应将所有的项目支出全都纳入预算绩效评价体系的评价范围，使项目支出有事前的科学论证，有事中的严格执行，有事后的满意效果，以确保有限的预算资金分配到有价值的项目上，并产生良好的使用效果，使预算绩效评价成为判别部门是否履行职能以及履行职能不同努力程度的重要标尺之一。

8.3.3 积极推进国库现金管理改革

提高国库现金流量预测水平

对国库现金流量进行较为准确的预测，是开展国库现金管理、做好国库现金余额保值增值的必要前提和基础。在科学预测的基础上，根据国库现金头寸以及宏观经济运行情况，适时进行国库现金管理，在流动性过剩时收回国库现金，反之则投放国库现金。国库现金流量预测，从微观上讲，是国库现金自身管理的需要；从宏观上看，是政府实施财政政策与货币政策的重要参考依据，通过国库现金管理，将财政政策与货币政策紧密的衔接起来。

提高国库现金流量预测水平，完善国库基础数据是基础。只有详细、完整的国库现金收支流量数据以及其他相关数据，才能够预测准确，才具有国库现金管理操作的参考价值，因此，对国库基础数据的收集、分类、整理、保存等是国库现金流量预测水平提高的重要基础。其次，选择适合的预测方法是关键。预测方法应将预测人员的经验判断与经济预测模型的计量分析相结合，并参考税务、海关等其他部门的预测信息。由于国库现金流量预测尚处起步阶段，因此应根据情况尝试各种方法，通过实践检验逐步形成适时的预测方法。第三，充分运用先进网络技术是重要保证。通过财、税、库等多部门的联网信息系统及时获得收支信息，以提高国库现金流量预测的实效性与准确性。

逐步丰富国库现金管理的操作方式

由国库现金流入与流出的时间差所形成的临时性闲置资金，即国库现金余额，在较短的时期后都有特定支出用途的，因此，国库现金余额的投资运作，必须按照安全性、流动性和效益性的原则，防止发生本金损失，以不影响正常的预算支出需要为前提，在此基础上，通过利用一系列金融市场的投资工具，实现国库资金的保值增值，并注意防范可能面临的市场风险、信用风险、内控风险等各种风险。

国库现金余额投资可以与债务管理相结合，充分利用国债市场筹措资金与金融调控的双重功能。根据国库资金余额情况，将国债发行规模与国库收支联系起来，视国库现金出现余额或缺口及其规模的大小，选择发行或回购各种期限的国债。一般而言，短期国债筹资成本要低于中长期国债，因此当国库现金出现缺口时，保持适当的短期国债余额，能显著降低政府的债务筹资成本。当国库现金出现余额时，可考虑定期从二级市场买回或提前赎回中长期国债，这既可避免债务平均期限变长，减少政府债务余额，又有利于国库现金管理和债务管理的协调配合。

商业银行存款收益稳定，因此以各种期限作为选择将国库现金余额存入银行，是国库现金实现保值增值的重要工具。可以通过招标形式，选择实力雄厚、服务水平高、存款利率相对较高的几家商业银行作为存款开户银行。由于定期存款比活期存款可以获得更高的利息收入，因此可以将比较稳定的国库现金余额存为定期，其余为活期。除商业银行存款外，货币市场其他的金融产品，如央行票据、同业拆借市场等，根据国库现金管理的水平情况，都可选择作为国库现金管理的投资工具。

探索地方国库现金管理的运作方式

当前的国库现金管理一般指的是中央国库现金管理，但有些经济发达的地区，地方国库现金余额规模较大，如何管理使用好这部分国库现金，是地方政府十分重视的一个问题。不过，无论是资金规模还是管理水平以及人员素质上，地方各级国库与中央国库都有较大差别，而且，中央国库现金管理，既重视自身资金的保值增值，更注重财政政策与货币政策的协调与宏观经济调控，而地方国库现金管理，往往只追求单一的经济效益目标。因此，对于地方国库现金管理，应在中央的统一领导下，采取稳步推进的原则，先制定规章制度后改革或试点，由点到面，逐步推广。

在推行地方国库现金管理时，要把安全性放在第一位，明确规定地方国库现金管理的层级为省级，并把省级国库库存现金规模、管理水平、人员素质、数据网络建设等列入是否允许开展国库现金管理的硬性指标。在初期，可选择地方自主操作与中央代为操作相结合的模式，以中央国库现金管理的水平带动地方国库现金管理的水平提高，并防止地方国库现金管理失控。在地方自主操作的国库现金管理中，中央应明确可以投资的范围与使用的工具，禁止投资风险较高的股票、期货等金融产品；进行债券投资，必须有明确的比例限制；将国库现金余额以定期方式或协议存款方式存入商业银行的，必须有100%的抵押品。

8.3.4 渐进性地实施绩效预算

实施绩效预算是一个渐进的过程

绩效预算不仅仅是一种预算制度的变革，它也涉及到行政管理体制、政府会计制度的改革。根据国际经验，从传统的预算制度向实施绩效预算制度，需要一个较长的过程，如法国1998年颁布《预算组织法》，但直到2007年才推行绩效预算；新加坡从1978年开始准备到1996年实施绩效预算，总共用了18年时间。因此，实施绩效预算是一个循序渐进的过程，在其他改革尚无配套的情况下，是无法做到单兵突进的。“十一五”时期开展的预算支出绩效考评，可以认为是实施绩效预算前的探索阶段，有助于积累经验，夯实基础；“十二五”时期，在各种条例若不具备的情况下，仍可以视为实施绩效预算的探索阶段，将绩效评价的重点放在预算支出绩效考评上并进一步完善之，为向绩效预算的过渡奠定基础。

逐步拓宽绩效考评范围

当前中国进行的项目支出绩效考评尝试，是绩效预算这个大系统中的一个子系统。从发达国家绩效预算的演变轨迹看，一般是先后经历了项目绩效评价、经常性支出绩效评价和部门绩效评价，反映了绩效预算改革具有的渐进性特点。这种演变轨迹，体现了先易后难、稳步推进的原则。因此，对中国而言，其改革轨迹应是先试点后推广；先从项目支出绩效考评入手，再尝试进行基本支出绩效考评，最后过渡到部门绩效考评，编制绩效预算。在试点过程中，尤其应鼓励地方政府进行绩效预算改革尝试的创新，它们的改革经验，是中国未来实施绩效预算不可或缺的经验积累。

建立健全科学的绩效考评体系

绩效考评体系应包括以下内容：（1）评价主体是谁。绩效考评是专业性很强的工作，可以由财政部门牵头组织，吸收相关政府部门人员和外部的专业人士组成，也可根据需要，吸纳社会公众参与，以使绩效考评更具广泛性。（2）制定考评指标。考评指标应以定量指标为主、定性指标为辅，基本指标、专业指标与评议指标相结合，既考评预算支出项目的合规性，更要考评其带来的成效。（3）考评结果不仅要向人大、政府等部门公布，也应适时通过报刊、网站等媒体向社会披露，并作为下一年度预算安排的参考依据，以增强绩效考评的约束力。

8.3.5 着手改革政府会计制度

研究制定政府会计基本准则

借鉴国际公共部门会计准则委员会（IPSAB）有关研究制定公共部门会计概念框架相关内容，结合中国实际，研究制定适用中国政府会计领域的统一的、规范的政府会计基本准则。政府会计基本准则在内容上，应就政府会计主体确认、会计核算基础、会计要素、会计政策等，做出原则性规定。[①]

探索引入权责发生制记账基础

权责发生制的优点在于能够强化政府的受托责任，通过提供更全面的会计信息资料，真实地反映政府运行中的成本、资产、负债情况，为提高公共财政管理的绩效、增强财政透明度提供基础性信息。中国正处于经济社会发展的转型时期，受各方面条件的限制，不可能在近期一步到位地将政府会计制度由现收现付制转变为权责发生制，而应根据中国的现实条件，借鉴一些国家实施权责发生制的经验，可以考虑在单项领域引入权责发生制，如对政府发行的国债及其利息这类的显性直接债务，采取权责发生制会计核算，将目前的现金收付制转变为修正的现金收付制，待条件成熟后逐步推广变为修正的权责发生制，并根据情况考虑是否采用全面的权责发生制。

进行政府会计制度改革的试点

政府会计制度改革涉及面广，影响范围大，可以考虑同其他公共财政管理改革一样，采取先行试点的作法，选择有一定代表性的地方政府作为试点单位，将政府会计制度改革方案付诸小范围的实践。这样一来，能够在试点过程中考察新方案的实用性、科学性和有效性，并能够及时发现问题，有助于补充完善新制度中不足的地方，积累经验，为以后大范围平稳地推广新制度创造条件。

8.3.6 探索完善政府财务报告制度

转变政府财务报告的会计确认基础

以政府会计制度的改革为先导，与政府会

① 财政部国库司：“积极研究推进政府会计改革”，《中国财政》，2008年第15期。

计确认基础的转变同步，研究逐步引入权责发生制的会计确认基础。在条件不成熟的情况下，可以先考虑在某些领域，如政府负债，率先引入权责发生制，以避免一步到位式地实行权责发生制所可能带来的各种风险。

完善政府财务报告体系

随着市场经济的发展以及公共财政管理水平的逐步提高，建立更为全面的、符合国际惯例的政府财务报告制度将是一个必然的趋势。《国际公共部门会计准则第1号——财务报表的列报》指出，一套完整的政府财务报告体系应包括：（1）财务状况表（又称资产负债表）；（2）财务业绩表（又称收益表、收入与费用表等）；（3）净资产/权益变动表；（4）现金流量表；（5）会计政策和财务报表附注。为了能够完整的反映政府财务状况，可以考虑根据上述所列内容，结合中国实际，形成包括资产负债表、财务业绩表、现金流量表等在内的政府财务报告体系，从而能够全面真实地反映政府财务状况。

合理确定政府财务报告主体

当前，各级政府与行政事业单位构成了政府财务报告的主体，这种多个财务报告主体的存在，难以准确地反映政府的受托责任。原则上，与政府存在预算缴拨款关系的行政事业单位都应是政府财务报告的组成单位。①此外，国有资产、国有企业也是政府财务报告主体的构成部分。这样，政府财务报告的主体可以有三部分构成：第一部分是各级政府；第二部分是与政府直接发生预算缴拨款关系的行政事业单位；第三部分是包括国有独资企业、国有控股（参股）企业等的政府相关单位。在此基础上，汇总形成统一的政府财务报告。

改进政府财务报告目标

政府财务报告不仅是一定时期政府财务状况的总结，更是社会各界了解、评价政府履行职能重要依据。因此，政府财务报告目标，应从服务于政府的宏观经济管理的定位向更广泛的目标转变。（1）政府财务报告提供的信息能够让使用者了解、评价政府预算的执行情况；（2）能够帮助使用者对政府的总体财务状况做出全面的判断；（3）能够有助于使用者据此评价政府履行职能的绩效；（4）能够便于进行国际比较。这样，也就由此扩大了政府财务报告的使用者的范围，除了政府财务报告主体是当然的使用者外，还会包括立法机构、司法机构、审计监察机构以及社会公众等其他对政府财务报告感兴趣的单位和个人。

8.3.7 进一步加强财政信息化建设

财政管理改革的深入必须依赖高科技的财政信息化建设水平，因此，围绕“十二五”时期财政管理改革的总体布局，按照统一领导、统一规划、统一技术标准、统一数据库和统一组织实施的原则，进一步完善财政管理信息化系统。

一是要加快财政、税务、人民银行、代理银行和预算单位之间横向联网的硬件与软件建设进程，加快一体化信息网络的建设，实现数据共享，提高互联互通的水平，避免各部门各自为政、重复投入，并通过信息网络技术，满足办理财政管理无纸化、电子化的运行模式；二是财政管理信息化建设应立足于易操作性，与财政管理实际密切结合，使相关人员能够经过一定的培训就可熟练操作，既要解决当前工作的需要，同时又要保证以后的可持续发展；三是在满足财政管理具体业务需要的同时，大力开发数据信息搜集分析技术，能够为预算编制与执行提供全面的查询、监控与分析业务，也能够为政府相关部门的宏观经济决策提供重要依据；四是应注重财政管理信息化系统的安

① 随着事业单位改革的深入，有些事业单位转制成为企业，自然应将其纳入企业会计核算体系。

全建设，保证网络安全稳定，防范“黑客”等计算机网络犯罪活动，确保系统安全，使之能够在安全的状态下进行运转。

8.3.8 积极推动财政法制化建设

在法治建设过程中，首先应正确处理现实需要与适度超前的关系，既要与实现情况相结合，也应有一定的前瞻性，防止法律法规在出台后不久就可能滞后于形势发展的局面；其次要注意各相关法律法规之间的有机衔接，使之互为配合，具有可操作性，避免具体规定之间产生矛盾而无所适从；第三要切实推进财政法治化建设进程，形成由基本法律规范、行政法规与部门规章相互配套的多层次的法律体系，对于行政法规与部门规章，在条件成熟时应适时提高它们的法律层次，以实现法律的权威性，从法治上保障财政管理改革向纵向发展；第四要注意与国际规范接轨的需要，借鉴吸收国际上的先进做法。

近期而言，对于已明显不适应现实情况的《预算法》、《国家金库条例》、《会计法》及其实施细则等相关法律法规应及时修订与完善；尽快协调《政府采购法》与《招标投标法》之间的关系，消除这两部法因不同的规定而给政府采购活动带来的诸多不便，实现两者的有机衔接，等等。

8.4 小结

财政管理是公共财政制度建设的具体实践，是公共财政制度进一步完善的助推器。基于这种逻辑，“十一五”时期的财政管理改革，从总体上看，是对“九五”、“十五”时期一些重大改革措施的继续完善，因此，作为财政支出管理改革的三大支柱——政府采购、部门预算和国库集中收付，在这一时期得到了精细化的进一步完善，并增添了新的内容。比如，“十一五”初期铺开的预算支出绩效考评工作，既是深化部门预算改革框架内的具体措施，也可以看作是实施绩效预算的初步尝试；再如，国库现金管理，是国库集中收付改革后因应出现的大量国库暂时性现金余额而提出并付诸实施的。

“十一五”时期提出的一些改革设想，如推进政府会计改革、建立财政预算绩效评价体系等，出于各种原因的考虑，或停留在研究阶段，或仍处在初期的试点阶段。如何将这些改革设想变为现实，由研究探索变为改革尝试，或由改革尝试变为推向全国，成为“十二五”时期财政管理改革中需要考虑的问题。

纵观“十一五”时期财政管理改革，可以发现，一系列的具体改革措施，都是相互联系、互为促进的。比如，政府收支分类改革，推动了部门预算与国库集中收付改革的深化；再如，政府采购的进一步完善需要部门预算、国库集中收付等改革的深化；还有，以金财工程为代表的财政信息化建设直接影响到其他具体财政管理改革措施的成效。由此看来，财政管理改革是一项系统工程，单兵突进难以取得较为满意的改革成果。因此，强调财政管理改革的系统性与整体性，是“十二五”时期财政管理改革中面临的一个问题。

“十二五”时期财政管理改革，应遵循渐近性的总体改革思路，以“十二五”时期公共财政建设的主题为中心，反映中国经济社会发展的现实需要，按照规范化、透明化、科学化和精细化的基本原则，一是要对已有的改革措施的继续完善；二是要将“十一五”时期的一些改革设想在条件成熟时由试点尝试转变为通行全国的统一的财政管理制度；三是研究探索新的改革措施，从而从这三个方面整体上分步骤、循序渐进地推进“十二五”时期的财政管理改革。

主要参考文献

白景明：“绩效预算：理应尝试的选择”，《中国财政》，2008年第8期。

白志远：“中国政府采购制度的演进”，2009年第8期。

财政部国库司：“积极研究推进政府会计改革”，《中国财政》，2008年第15期。

财政部会计司：《政府会计研究报告》，东北财经大学出版社2005年版。

财政部会计准则委员会：《政府绩效评价与政府会计》，东北财经大学出版社2005年版。

财政部预算司：《中央部门预算编制指南》（2008年），中国财政经济出版社2007年版。

财政部预算司部门预算课题组：“建立现代部门预算管理制度的思路”，《预算管理与会计》，2008年第10期。

蔡芳宏：“对公共预算改革与政府会计改革协调推进的思考”，《当代财经》，2009年第1期。

蔡红英：“公共资产管理与部门预算相结合的国际经验与借鉴”，《经济社会体制比较》，2008年第2期。

曹宏：“对落实自主创新产品政府采购政策的思考”，《中国政府采购》，2010年第1期。

常丽：“绩效预算改革与政府成本会计的构建”，《财政研究》，2009年第1期。

陈乐忧：“中国政府会计60年变迁”，《财会通讯》，2009年第12期。

高培勇：《实行全口径预算管理》（中国财政政策报告2008/2009），中国财政经济出版社2009年版。

高培勇：《为中国公共财政建设勾画“路线图”》（中国财政政策报告2006/2007），中国财政经济出版社2007年版。

高培勇：《中国财税体制改革30年研究——奔向公共化的中国财税改革》，经济管理出版社2008年版。

耿平：“探索建立财政部门项目支出预算事前评审机制”，《财政研究》，2008年第10期。

贺邦靖：“推进财政监督　促进科学发展”，《当代财经》，2009年第4期。

贺邦靖：《国外财政监督借鉴》，经济科学出版社2008年版。

贺邦靖：《中国财政监督制度》，经济科学出版社2008年版。

侯立华：“建立财政国库动态监控管理体系的研究”，《预算管理与会计》，2008年第9期。

黄明锦：“政府采购效率低周期长的成因及其解决对策”。《经济研究参考》，2009年第65期。

贾康：“平衡计分卡在政府绩效预算考核中的应用”，《中国财政》，2008年第11期。

贾康：“政府财务报告目标：提升与重构——基于财政透明度原则的解析和开拓创新”，《财政监督》，2009年第14期。

姜晶波：“财政管理信息化实施中的问题及措施”，《理论观察》，2007年第5期。

金人庆：“加快推进金财工程建设　全面提升财政管理水平”，《中国财政》，2006年第9期。

金维瑜：“政府部门财政预算改革与路径分析”，《财经界》（学术版），2009年第5期。

孔龙：“我国政府会计引入权责发生制会计基础的思考”，《财会研究》，2009年第6期。

孔志峰：《绩效预算论》，经济科学出版社2007年版。

李海：“我国国库现金管理的现状和展望”，《金融会计》，2009年第6期。

李建发：“我国政府财务报告改革若干问题”，《预算管理与会计》，2006年第9期。

李炜：“完善科目设置　深化政府收支分类改革”，《中国财政》，2007年第11期。

李晓慧：“中国政府会计改革：基于Lùder政府会计变革模型分析”，《财政研究》，2009年第11期。

李燕：“政府预算收支分类改革的公共化透视”，《财政监督》，2008年第19期。

李宇锋：“我国政府财务报告改革模式探讨”，《财经界》（学术版），2009年第11期。

刘积斌：《我国财政体制改革研究》，中国民主法制出版社2008年版。

刘继东：“中国地方政府绩效预算进展评估”，《学理论》，2009年第31期。

刘昆：《绩效预算：国外经验与借鉴》，中国财政经济出版社2007年版。

刘鹏：“国库集中收付制度改革探讨”，《山东社会科学》，2008 年第 12 期。

刘晓岚：“对加强地方国库现金管理的思考”，《西部财会》，2009 年第 11 期。

刘祝余：“服务财政管理　支撑财政改革——财政信息化建设三十年”。《中国财政》，2008 年第 21 期。

龙海鹰：“加快‘金财工程’建设的建议”，《预算管理与会计》，2008 年第 9 期。

娄洪：“加强国库现金管理成为当务之急”，《中国财政》，2007 年第 5 期。

娄洪：“建立中国政府国库现金管理体系（一、二、三）”，《预算管理与会计》，2007 年第 3、4、5 期。

娄洪：“研究推进我国政府会计改革的思考”，《预算管理与会计》，2008 年第 9 期。

楼继伟：“确保政府收支分类改革顺利推进”，《中国财政》，2006 年第 4 期。

吕捷霞：“从公共财政的视角看国库集中支付制度改革”，《经济研究参考》，2009 年第 47 期。

罗朝晖：“基于公允价值的政府资产与负债计价研究”，《财会通讯》（学术版），2007 年第 9 期。

马国贤：“我国预算绩效管理改革之路径研究”，《财政监督》，2009 年第 23 期。

马海涛：“回顾我国政府采购发展历程，深化政府采购制度改革”，《经济研究参考》，2009 年第 25 期。

马海涛：“完善财政监督体系的若干思考”，《中央财经大学学报》，2009 年第 10 期。

马洪范：“我国地方国库现金管理若干重大问题辨析（上、下）”，《西部财会》，2008 年第 1、2 期。

门淑莲：“政府收支分类改革及其对我国财政管理的长远影响”，《经济理论与经济管理》，2008 年第 10 期。

孟春：“深化政府收支分类改革　推进财政透明度和绩效评价工作”，《经济研究参考》，2007 年第 37 期。

孟景伟：“部门预算改革的实践与思考”，《预算管理与会计》，2008 年第 5 期。

彭锻炼：“推行政府绩效预算管理改革的难点与目标”，《中南财经政法大学学报》，2009 年第 6 期。

青岛市财政局财政监督课题组：“创新财政监督机制探析”，《财政监督》，2009 年第 17 期。

任仲平：“决定现代化命运的重大抉择——论加快经济发展方式转变”，《人民日报》2010 年 3 月 2 日。

沈建生：“借鉴国外经验进行我国部门预算管理改革”，《财会月刊》，2009 年第 2 期。

宋涛：“我国政府债务信用风险的资产负债分析”，《现代管理科学》，2007 年第 11 期。

苏辉：“进一步深化国库管理制度改革”，《中国财政》，2007 年第 11 期。

孙家敏：“树立科学发展观　努力实现政府采购政策功能”，《中国政府采购》，2009 年第 8 期。

天津市财政局《政府会计改革研究》课题组：“政府财务报告研究”，《预算管理与会计》，2006 年第 8 期。

天津市审计局课题组：“政府部门预算项目支出绩效审计研究”，《中国审计》，2008 年第 24 期。

汪培儒：“增强财政监督效能保障经济健康运行”，《财政监督》，2009 年第 17 期。

王椿元：“我国政府会计改革的现实基础及路径选择”，《财务与会计》，2008 年第 9 期。

王进杰：《政府绩效预算管理改革研究》，中国财政经济出版社 2009 年版。

王祺扬：“试论构建公共部门绩效预算制度”，《财政研究》，2007 年第 1 期。

王庆东：“政府财务报告改革导向及其实现机制探索”，《会计研究》，2007 年第 3 期。

王涛：“《政府采购法实施条例》为何难出台”，《中国招标》，2010 年第 1 期。

王伟：《财政管理体制改革》，中国方正出版社 2004 年版。

魏褀炜：“政府财务报告模式的改革”，《发展》，2009 年第 5 期。

吴少龙：“地方政府绩效预算改革：动因、过程与影响”，《甘肃行政学院学报》，2009 年第 1 期。

武京建：“解决县级部门预算编制难点的对策建议”，《财政监督》，2009 年第 7 期。

肖太寿：“论财政监督与监督财政”，《地方财政研究》，2009 年第 7 期。

幸伟：“电子化政府采购的实践与探索”，《中国政府采购》，2009 年第 12 期。

杨雅琴：“公共财政框架下政府预算监督的新视角”，《当代财经》，2009 年第 10 期。

杨玉霞：“辽宁政府预算绩效评价体系构建及实证分析”，《地方财政研究》，2009 年第 5 期。

阴坚毅：“关于政府采购政策功能的思考”，《中国政府采购》，2009 年第 7 期。

余一多：“完善国库集中收付制度的建议”，《预算管理与会计》，2007 年第 11 期。

余应敏：“渐进引入应计制：我国政府会计基础的理性选择”，《财政研究》，2008 年第 11 期。

俞光远：“构建公共财政收支法律制度框架”，《中国财政》，2006 年第 4 期。

翟小武：“当前推进部门预算改革的难点及对策建议”，《地方财政研究》，2008 年第 2 期。

詹静涛：“财政国库管理制度改革全面推进成效显著”，《中国财政》，2008 年第 23 期。

詹静涛：“健全体系　完善机制　推进国库集中收付制度改革”，《中国财政》，2007 年第 2 期。

詹静涛：“中国国库现金管理战略思考与实施建议——从近年中央国库存款持续较高谈起”，《预算管理与会计》，2008 年第 11 期。

张德勇、杨之刚：“加快公共财政建设的九大任务”，《财贸经济》，2007 年第 11 期。

张德勇：“中国政府预算外资金管理：现状、问题与对策”，《财贸经济》，2009 年第 10 期。

张弘力：“深化财政国库管理制度改革　全面构建现代国库管理体系”，《中国财政》，2007 年第 6 期。

张力洁：“以信息化推动财政管理科学化精细化”，《西部财会》，2010 年第 1 期。

张琦：“政府会计改革：问题、对策与建议——政府会计改革研讨会综述”，《会计研究》，2009 年第 10 期。

张青：“部门预算管理与公共资产占用关系的理论研究”，《财政研究》，2008 年第 7 期。

张通：“2009 年政府采购当谋八大进步”，《市场周刊·新物流》，2009 年第 2 期。

张通：“关于当前进一步加强财政国库管理的几个问题”，《预算管理与会计》，2009 年第 6 期。

张通：“认真落实强制采购节能产品政策　深化政府采购制度改革”，《中国财政》，2008 年第 2 期。

张通：“学习实践科学发展观完善现代财政国库管理制度”，《中国财政》，2008 年第 11 期。

张通：“中国政府会计改革的进展情况和未来发展设想”，《预算管理与会计》，2008 年第 1 期。

张小瑜：“中国加入 WTO《政府采购协议》的机遇与挑战”，《对外经贸实务》，2009 年第 11 期。

章辉：“我国政府采购制度建设探析”，《地方财政研究》，2009 年第 8 期。

赵合云：“绩效预算改革引入权责发生制政府会计的有效性分析——基于制度关联性的视角”，《中央财经大学学报》，2009 年第 5 期。

赵鲲鹏：“当前我国财政管理信息化建设的现状、问题及路径选择”，《财政监督》，2009 年第 15 期。

赵西梅：“关于推进国库集中支付制度改革的思考”，《财经界》（学术版），2009 年第 10 期。

郑华：“地方国库现金管理运作模式探析”，《金融发展研究》，2009 年第 12 期。

中华人民共和国财政部：《中国财政基本情况》（2008），经济科学出版社 2009 年版。

周彬：“地方国库现金管理运作初探”，《财会研究》，2009 年第 18 期。

周亚荣：“制度变迁下的中国政府会计改革研究”，《财会通讯》，2009 年第 27 期。

朱亚丹：“深化部门预算改革的建议”，《预算管理与会计》，2008 年第 9 期。

邹彧：“论国有企业在政府采购法中采购主体地位的界定”，《现代企业》，2002 年第 12 期。

左自智：“对财政绩效监督相关问题的探讨”，《财政监督》，2009 年第 19 期。

9

“十二五”时期的财政体制改革

- 事权和支出责任划分的确定性，比具体的划分更为重要
- 地方政府较多地依靠自身收入会增强其自身的责任感
- 应取消税收返还，地方所减财力通过重构一般性转移支付和专项转移支付制度而加以统筹解决
- 一般性转移支付与专项转移支付的决策，应更加公开透明
- 应当稳步推进“省直管县”财政体制改革
- 实现地方债务融资的规范化，需要正式启动地方债

Fiscal System Reform in the Period of 12th Five-Year Plan

- The certainty of division of responsibilities and expenditures is more important than specific division
- When local governments rely more on their own revenue, their own sense of responsibility may be enhanced
- Tax return should be abolished; the resulting reduction in local revenue can be overall solved through reconstruction of general transfer payment and special transfer payment system
- The decision-making of general transfer payment and special transfer payment should be open and transparent
- The reform of direct provincial supervision of county finance should be steadily promoted
- Realizing the standardization of local debt financing need officially issue local bonds

9. “十二五”时期的财政体制改革

9.1 “十一五”时期财政体制改革的基本状况

“十一五”时期的财政体制基本上维持了1994年财政体制改革以来的格局，只是在一些方面作了微调。

9.1.1 中央和地方事权及支出的划分

根据中央政府和地方政府事权的划分，中央财政主要负责国家安全、外交、中央国家机关的运转，调整国民经济结构，协调地区发展，实施宏观调控以及由中央直接管理的事业发展等事务所需支出；地方财政主要负责本地区政权机关运转及本地区经济及事业发展所需支出。

按照事权的划分，相应地，中央政府支出包括国防费、武警经费、外交和援外支出，中央级行政管理费、中央统管的基本建设投资，中央直属企业的技术改造和新产品试制费，地质勘探费、由中央财政安排的支农支出，由中央负担的国内外债务的还本付息支出以及中央本级负担的公检法支出和文化、教育、卫生、科学等各项事业费支出。地方政府的支出为地方行政管理费、公检法支出、部分武警经费、民兵事业费、地方统筹的基本建设投资、地方企业的技术改造和新产品试制费、支农支出、城市维护和建设经费，地方文化、教育、卫生等各项事业费，价格补贴支出以及其他支出。

9.1.2 中央和地方收入的划分

分税制财政体制改革方案将维护国家权益、实施宏观调控所必需的税种划为中央税；将同经济发展直接相关的主要税种划为中央与地方共享税；将适合地方征管的税种划为地方税，并充实地方税税种，增加地方税收入。

中央固定收入包括：关税，海关代征消费税和增值税，消费税，铁道部门、各银行总行、各保险公司总公司等集中交纳的收入（包括营业税、利润和城市维护建设税），未纳入共享范围的中央企业所得税、中央企业上交的利润等。

地方固定收入包括：营业税（不含铁道部门、各银行总行、各保险总公司集中交纳的营业税），地方企业上交利润，城镇土地使用税，固定资产投资方向调节税（已停征），城市维护建设税（不含铁道部门、各银行总行、各保险总公司集中交纳的部分），房产税，车船税，印花税（不包括证券交易印花税），烟叶税，耕地占用税，契税，遗产和赠与税（尚未开征），土地增值税，国有土地有偿使用收入等。

中央、地方共享收入包括：增值税、资源税、证券交易印花税、企业所得税、个人所得税。其中，增值税中央分享 75%，地方分享 25%；纳入共享范围的企业所得税和个人所得税①中央分享 60%，地方分享 40%；资源税按不同的资源品种划分，海洋石油资源税为中央收入，其余资源税为地方收入；证券交易印花税中央分享 97%，地方（上海、深圳）分享 3%。

1994 年开始分设中央与地方两套税务机构，中央税、共享税及地方税的立法权集中在中央。税收实行分级管理，中央税和共享税由中央税务机构负责征收，共享税中地方分享的部分，由中央税务机构直接划入地方金库，地方税由地方税务机构负责征收。

9.1.3 财政转移支付体系

1994 年开始形成的财政转移支付体系是由体制补助与体制上解、中央对地方的税收返还、中央对地方财政的专项补助以及中央与地方财政年终结算补助、其他补助等几种形式构成的。

实行分税制后，财政包干制下实行的体制补助、体制上解、专项补助、专项上解、结算补助及其他补助得到基本保留。同时，增加了中央对地方的税收返还。

税收返还是为了保证地方的既得利益，中央把在 1993 年按新体制计算的净增加的收入全部返还给地方。分税制后对原体制中央补助、地方上解以及有关结算事项也作出了相应的规定。实行分税制以后，原体制中央对地方的补助继续按规定补助。原体制地方上解仍按不同类型执行：实行递增上解的地区，按规定继续递增上解；实行定额上解的地区，按原确定的上解额，继续定额上解；实行总额分成的地区和原分税制试点地区，暂按递增上解办法。原来中央拨给地方的各项专款，该下拨的继续下拨。地方 1993 年承担的 20% 部分出口退税及其他年度结算的上解和补助项目相抵后，确定一个数额，作为一般上解或一般补助处理，以后年度按此定额结算。

1994 年的转移支付办法承认了既得利益，显得不够规范。1995 年过渡期转移支付办法出台。这个办法是在不触动地方既得利益的条件下，由中央财政安排一部分资金，按照相对规范的办法，解决地方财政运行中的主要矛盾，并体现向民族地区倾斜的政策。它是按照影响财政支出的因素，核定各地的标准支出数额，并考虑财力水平与收入努力程度，计算各地的财力缺口，作为确定转移支付的依据。标准支出的核定，主要采用分类因素计算的方法，将财政支出分为人员经费、公用经费、专项支出和其他支出四个部分，根据不同类别财政支出的特点、影响因素和相关制度状况，分别采用不同的办法。凡是国家明确规定支出标准和开支范围的，一律按国家制度的有关规定核定各地的标准支出；对国家没有颁布支出标准的项目，运用多元回归方法，建立标准支出模型。为了既贯彻公正、规范的原则，同时又能将有限的财力首先用于解决最紧迫的问题，还针对民族地区的财力状况，建立了对民族地区的政策性转移支付。

1996 年和 1997 年，"过渡期转移支付办法"进一步规范化。改进了客观性转移支付的计算办法，以"标准收入"替代"财力"因

① 1999 年 11 月 1 日起对储蓄存款利息所得开征税率为 20% 的个人所得税（2007 年 8 月 15 日起，储蓄存款利息所得的个人所得税率下调为 5%），所得收入作为中央固定财政收入。2008 年 10 月 9 日起暂免征收储蓄利息所得的个人所得税。

素。标准收入的测算方法尽可能向“经济税基×平均有效税率”的规范做法靠近。

1998 年，在保持过渡期转移支付办法总体框架的情况下，标准化收支的测算面进一步扩大，并针对财政数据口径的变化，对部分项目的测算方法进行了改进。标准收支测算结构日趋合理。（项怀诚，1999，第 50—52 页）但必须指出的是，转移支付办法的改进所起的作用是有限的，因为它是在不放弃基本的“基数法”前提下进行的。

2002 年开始，原来的过渡期转移支付概念不再沿用，而代之以一般性转移支付。

2009 年，中央对地方的财政转移支付形式作了新的调整和归并。中央对地方的财政转移支付包括税收返还、一般性转移支付（由原财力性转移支付更名而来，原一般性转移支付更名为均衡性转移支付，作为一般性转移支付的一个种类）和专项转移支付。近年来，中央财政常将因制度调整的新增收入用于补助中西部地区和财政困难地区，促进了地区间公共服务的均等化。但是，转移支付的基本格局尚未发生重大改变。

9.2 困扰财政体制改革的重要问题

“十一五”时期的财政体制基本上保证了财政体制的正常运转，但这距离有效率的财政体制还有一定的差距。本节着重分析财政体制存在的几个重要问题，以期为改革方案的选择提供支持。

9.2.1 事权与支出划分存在的问题

根据现有制度规定，中央财政应负担的支出包括：国防、外交外事支出、武警部队、优抚安置、养老保险；中央和地方财政分担的支出包括：农业、基建、粮食、农业综合开发、交通、行政、公检法、教育、科学、文化、卫生医疗服务；地方财政负担的支出包括：失业保险、医疗保险、社会救济与社会福利。

实际上，地方承担了一部分中央应该承担的支出。一部分国防支出由地方承担，包括：民兵事业费、农村民兵和预备役人民训练误工补助、预备役团以下部队和现役部队县级人民武装部营房和训练设施建设费；一部分外交外事支出由地方承担，包括：地方支付的一般性外事活动经费；武警内卫部队支队以下机关部队的基建经费、边防部队的部分地区公安任务的支出、分级负担警卫部队的业务经费；应由中央财政承担的优抚安置的组织、管理支出由地方负担。应由中央全额负担的养老保险，实际上采取了中央和地方共同承担的方式，即中央补助 90%，地方承担 10%。而与此同时应由地方全额负担的支出，包括医疗保险、社会救济和社会福利均得到中央安排专款补助。

此外，对民族地区、西部地区、重大自然灾害地区所进行的对口支援，是一种具有中国特色的解决地区间财力差异问题，促进公共服务均等化的做法。一般说来，对口支援政策的制定者是中央政府，具体落实的责任方是地方政府。而且，对于地方来说，对口支援任务带有不确定性和不规范性。

已在制度中明确责任的中央支出和地方支出在现实中却是犬牙交错的。至于制度规定应由中央和地方共同分担的支出，如教育、文化、科学、卫生医疗服务等，更是出现了界限不清的问题。这容易引发责任推卸问题，影响公共服务的提供。

造成这种支出状况的原因包括：一是现有的法律法规对各级政府多数支出责任只是作了原则性的规定。这直接导致在具体界定支出责任时存在模糊地带。二是各级政府职能不清所致。中央承担地方的支出责任与地方承担中央的支出责任，反映了各级政府不同程度存在“越位”问题，也说明各级政府财政的硬预算约束能力不足。三是不同级别政府的影响力不同所致。现实中不乏上级政府出政策、下级政府买单的现象。上级政府能够通过包括人事权在内的其他非财政权力对下级政府的行为产生影响，这必然导致相关的制度规定流于形式。四是事权划分的问题与“养机构养人办事”的行政管理方式也有着密切联系。

9.2.2 收入划分存在的问题

1994 年的分税制改革以及随后至今的改革主要从如何提高中央财政收入的目的着手，将可以提供大量税收收入的税种主要划归中央或作为中央占大头的共享税，将具有收入分配职能但当时规模甚小的个人所得税划归地方，留下了一些需要进一步改进的地方。

税种的划分

下面仅以个人所得税和资源税为例进行说明。

先看个人所得税。1994—2001 年，个人所得税一直是地方税。2002 年所得税收入分享改革之后，个人所得税作为地方的主要税种的格局也没有得到根本的改变。从短期来看，因个人所得税占税收总收入的比重不高，这种划分还不会带来太多的问题。随着中国经济的发展以及工资制度的改革，个人收入的不断提高，且个人之间的收入差距也在不断拉大，因而个人所得税的税基扩大得很快，税收收入也会不断提高。各国的发展经验表明，人均 GDP 越高的国家，税收收入中直接税的比重越大。随着经济的发展，个人所得税应当成为中国税收收入的主要来源之一。

从长期来看，从中央政府履行收入分配职能和宏观调控职能的角度来看，这种划分具有很大的不合理性，在未来新既得利益形成之后，再进行调整的痛苦将会进一步加大。

再看资源税。资源税作为中央地方共享税这一划分方向基本是正确的。考虑到资源在各地区分布不均衡的特点，资源税应由中央政府来征收；资源在开发过程中需要大量使用地方的公共设施，因而税收收入需要与地方共享。然而，在确定分享方式时，却是大部分资源税划为地方收入，只有海洋石油资源税属于中央收入。在资源税税负较轻的情况下，这对地区间收入差距不会有太大的影响。但是，资源税税负提高是大势所趋。再维持资源税主要是地方税的格局，必然会扩大地区间的收入差距。[①] 从某种意义上讲，按这种方式划分的资源税就不再是共享税，将会造成地区间收入的不平衡。

地方税收体系的建立与地方政府的税收管理权限

分税制往往要求各级政府都应有自己的主体税种。从分税制改革方案中可以看出，留给地方的税种虽然不少，但较为分散，缺乏主体税。从理论上看，财权与事权不一定要匹配，只要财力与事权相匹配即可，政府职责就能够得到很好的履行。但是，如果地方政府的收入主要来自中央政府的财政转移支付，那么这对地方政府来说容易形成依赖，地方政府对于当地人民的责任感就可能不够强。如果地方政府所支配的收入主要来自当地，那么当地人民就有充分的激励对它进行监督，对于提高地方政府的公共服务效率也是一件好事。

形成这种格局的原因之一是税种的划分，中央将提供财政收入的主要税种集中；原因之二，地方税系的构建存在着片面重视一些目前收入比重大的流转税主要税种上，忽视了地方税种的培育和建设，例如财产税等；原因之三是，地方税收的管理权限较小。改革方案中规

① 由于资源丰富地区多属经济落后地区，资源税税负提高之后，首先会缩小地区间的收入差距，但最终它仍有可能导致收入差距的扩大。

定了中央税、地方税和共享税的立法权集中在中央，地方税务机构负责征收地方税，然而对地方政府是否拥有一定的立法权（如全国性地方税以外的税种的立法权）却没有明确的规定。从国外的经验来看，不论是地方权限较大的美国，还是权限较小的日本，在中央政府掌握了主要的税收立法权的同时，为了调动地方政府的积极性，保持地方税收的相对稳定，都赋予了地方一定的税收立法权和管理权。

现行分税制财政体制主要规范了中央与省一级财政关系，而未建立起省级以下各级财政之间的规范化财政体制。现实中，省级以下财政体制的确定主要采取了“模仿”中央与省一级财政关系的基本做法，将主要收入来源的税收集中在较高级别的地方政府，这在客观上加剧了当前县以下财政的困难，使得县以下财政难以实现良性循环。

税收收入是财政收入的主要组成部分，因此收入划分主要是分税问题。但在社会主义市场经济条件下，大量国有经济、国有资源、国有土地存在的现实中，财政收入的划分范围超越了分税。财权的划分除了分税之外，还涉及分利、分租、分费等一系列问题。

分税制财政体制中相对独立的地方政府应该拥有发债权。地方政府发债权的落实也是一个重要的问题。收入的划分上，由于地方发债权问题没有得到解决，地方财政作为独立财政的作用尚未凸现，在现实中还可能带来一些问题。例如，1998 年中央政府推行“积极的财政政策”，中央将所借的债务部分转借给地方；2009 年为了落实积极财政政策，中央代地方发债，客观上这有助于缓解解决地方财力问题，但它又可能带来地方对所转借债务推卸责任，即地方财政的预算软约束的后果。

此外，税收与税源问题也成为近年来突出的一个问题。特别是所得税分享改革和内外资企业所得税制统一之后，除了少数中央企业之外，多数企业不再按照行政隶属关系进行课税，而是在总部所在地缴纳企业所得税。这大大弱化了政府对企业的行政干预动力，但税收与税源背离问题也随之而来，引发了税收征管地与税收收入归属地的争论。

9.2.3 财政转移支付制度存在的问题

1994 年分税制财政体制改革以来，政府间财政转移支付一直是地方财政支出的重要来源。地方财政本级收入占地方财政本级支出的比重 1994 年为 57.24%，2008 年为 58.17%。[①] 可见，中央补助地方支出在地方财政本级支出中具有重要地位。

目前，中央补助地方的形式主要有税收返还、体制补助（或体制上解）、一般性转移支付和专项转移支付。其中，一般性转移支付[②]包括均衡性转移支付、民族地区转移支付、调整工资转移支付、农村税费改革转移支付、县乡奖补转移支付等。专项转移支付包括社会保障支出、农业支出、科技支出、教育支出、医疗卫生支出等。(见表 9 - 1)

税收返还与体制补助（体制上解）及一般性转移支付和专项转移支付有着很大的不同，是 1994 年分税制改革通过尊重地方既得利益，以赢取东部发达地区对改革的支持而采取的折中措施，客观上具有解决纵向财政失衡的效果。一般性转移支付直接以实现地方政府公共服务均等化直接目标。专项转移支付则具有各自特定用途。

表 9 - 2 显示了 1994—2008 年中国财政转移支付的规模。从 1994 年到 2008 年，一般性转移支付从 99 亿元上升到8 746 亿元；专项转移支付则从 361 亿元上升到 9 962 亿元。改革

---

① 1994 年的数据根据《中国财政年鉴 2007》计算；2008 年的数据根据《2008 年全国财政收支决算情况》（http://yss.mof.gov.cn/yusuansi/zhengwuxinxi/caizhengshuju/200907/t20090707_176723.html）计算。

② 2009 年财政部将财力性转移支付改称“一般性转移支付”，原一般性转移支付改称“均衡性转移支付”。下文所指的“一般性转移支付”即原财力性转移支付。

表 9－1　中国的财政转移支付种类和目标

种类	细类	目标
中央对地方的一般性转移支付	均衡性转移支付	均等化地方政府公共服务能力
	民族地区转移支付	
	县乡基本财力保障机制奖补资金	
	调整工资转移支付	
	农村税费改革转移支付	
	义务教育转移支付	
	农村义务教育化债补助	
	资源枯竭城市财力性转移支付	
	其他财力性转移支付	
专项转移支付	教育支出	特定用途
	科技支出	
	社会保障和就业	
	医疗卫生	
	环境保护	
	农林水事务	

资料来源：财政部网站，http：//www. mof. gov. cn。

表 9－2　中国的财政转移支付（1994—2008 年）　单位：亿元

年份	一般性转移支付	专项转移支付
1994	99	361
1995	133	375
1996	161	489
1997	199	518
1998	210	878
1999	364	1 424
2000	620	1 613
2001	1 176	2 200
2002	1 623	2 401
2003	1 914	2 598
2004	2 605	3 423
2005	3 812	3 529
2006	4 732	4 412
2007	7 125	6 892
2008	8 746	9 962

数据来源：李萍（2006，第 51 页）；财政部网站，http：//www. mof. gov. cn。

以后，中国各省级政府财政收支水平差距较大，例如，2007 年，人均财政收入最高的上海财政收入水平（11 295.83 元）是人均财政收入最低的西藏（712.96 元）的 15.84 倍，是倒数第二低的甘肃（731.04 元）的 15.45 倍。[①] 结合人均财政支出，可以发现，如果没有转移支付，西藏、甘肃以及其他西部许多省区都很难保证政府的正常运作。显然，财政转移支付无论在纠正财政纵向失衡或横向失衡中都发挥了重大作用。

一般性转移支付规模的扩大，表明财政转移支付在促进地区公共服务均等化的作用的增强。一般性转移支付的问题主要表现在：第一，一般性转移支付的规模虽然一直在扩大，但总体上仍然偏小，难以在均等化公共服务上充分发挥作用。第二，一般性转移支付种类繁多，不利于不同种类的财力性转移支付之间的协调。虽然各种支出确定的依据不同，但其均等化公共服务水平的最终目标是一致的，应该在统一测算标准收入与标准支出的基础之上进行归并。第三，均衡性转移支付所依据的标准收入与标准支出的测算公式以及决策程序还不够公开透明，在一定程度上影响了均等化目标的实现。

专项转移支付是有特定用途的转移支付，但专项转移支付的决策程序、使用方式、资金使用的监督等方面都需要进一步加强。

1994 年分税制改革的目标是通过增量调整，扭转财力分布格局不利于中央政府的局面，增强转移支付的作用。这次改革是在很大程度上承认地方政府特别是东部发达地区既得利益的基础之上进行的。[②] 税收返还与体制补助（体制上解）占中央补助地方支出的比重已从 1994 年的约 80% 下降至 2007 年的约 22%。税收返还与体制补助（体制上解）地位持续下降，但其绝对额仍然较大。2008 年，中央对地方的税收返还仍高达 4 282.16 亿元。税收返还与财政转移支付所应起到的均等化目标是相悖的，影响了财政均等化水平，直接导致各地人均财政支出仍存在相当大的差距。这也说明，中央对地方补助支出的结构还存在不合理性。

9.3 深化分税制财政体制改革的目标方案

9.3.1 事权划分应重在事权的确定性

事权划分应遵守的原则之一是：根据各级政府所提供的公共物品和公共服务的受益范围确定支出责任。全国性公共物品和公共服务受益遍及全国，由中央政府提供；地方性公共物品和公共服务受益范围仅局限于地方，则由地方政府提供；具有外溢性的地方性公共物品和公共服务，由地方政府联合提供，或中央政府补助地方政府提供，或直接由中央政府提供。

事权划分的原则之二是：应根据公共服务提供效率的高低，确定不同级别政府的事权。同时，还要考虑历史文化传统因素。收入分配、经济稳定职责从理论上看，中央政府提供更有效率。但在收入分配职责的履行上，各国不同程度地借助了地方政府的力量，中国也不例外。考虑到历史文化传统因素，确定各级政府容易接受的支出责任分担机制。从养人养机

① 数据来源：《中国财政年鉴 2008》。

② 1994 年的分税制改革没有对省以下财政转移支付制度作出专门的规定。但是，在后来的几个文件中，如《财政部关于完善省以下分税制财政管理体制意见的通知》［财地字（1996）24 号］、《改革和完善农村税费改革试点县、乡财政管理体制的指导性意见》［财预（2000）134 号］、《国务院批转财政部关于完善省以下财政管理体制有关问题意见的通知》［国发（2002）26 号］和《关于切实缓解县乡财政困难的意见》［财预（2005）5 号］就对此提出了指导性意见。财政部 2009 年还专门就“省直管县”改革发出通知。

构转向以提高公共服务效率为中心，购买公共服务更重要。

基于事权划分的原则，事权与支出责任的划分应重新加以调整。具体方案见表9－3。

表9－3 事权与支出的划分

中央负责	国防、外交、中央行政支出、中央事业支出、优抚安置等
地方负责	地方行政支出、地方事业支出、消防、治安、失业保险、医疗保险、社会救济和社会福利等
中央与地方共同负责	公共工程、公检法、农业、交通、文化、教育、卫生、科学、技术创新、养老保险等

本方案主要以公共服务的提供为中心，而尽可能减少根据现实中的行政隶属关系来确定支出责任。例如，武警部队与军事有关的支出应属于国防支出，由中央财政承担；而承担消防职责的支出应属于消防支出，由地方财政承担。

中央和地方共同负责的事权与支出，应主要根据公共服务提供效率的高低划分具体责任。例如，公共工程受益面遍及全国或者属于多个地区受益的，应由中央财政负责；仅限于某个地方的，则由地方财政负责。交通职责的划分应该是：国道、铁路、民航公共服务、重要航线等应属于中央财政的职责，其他属于地方。事权与支出的划分还考虑了传统因素。如教育职责的划分应该是：中央财政负责全国重点高校的支出和在全国具有示范意义的教育工程支出；地方财政负责中小学教育、学前教育和地方高校的支出。

事权划分方案确定之后，还必须有配套措施。否则，事权划分方案亦将流于形式。接下来需要做的几件事是：

第一，在明确政府与市场关系的基础之上，明确中央和地方的责任。特别需要考虑新增事权和支出责任的划分问题；公共服务均等化与主体功能区建设的责任落实问题；环境保护、低碳经济发展的落实问题。由于历史、文化、传统、经济、政治、军事等各方面因素的影响，各国政府与市场的界限不是完全相同的，而且就是这样的界限，也会随着时间的过去而发生变化；各国政府中央与地方事权的划分也不是完全相同的，但中央和地方财政关系运行良好的国家，政府间财政关系保持相对稳定、相对确定、相对规范。从理论上看，相对规范的政府间财政关系容易给各级政府，特别是地方政府相对确定性的预期，增强对地方政府的激励。

明确事权需要有力的法律依据。许多国家通过宪法和财政法律对事权的划分加以规定。一方面，较高的法律层次提高了事权划分的权威性，增强了制度的遵从性；另一方面，较为具体的事权划分具有可操作性。问题的关键在于明确责任。各国对各级政府支出责任的规定迥然不同。联邦制国家与单一制国家不同。即使是联邦制国家，也有中央相对集权的；即使是单一制国家，也有地方相对分权的。

事权的确定一直存在争议，各国做法也不尽相同。各级政府事权的确定是一个由何级政府承担最有效率的问题。其前提是政府职责（事权）的界定。界定事权的难度很大。政府与市场的界限是公共选择的结果。不仅不同国家所提供的公共物品可能不同，就是同一国家不同时期所提供的公共物品也可能不同。（杨志勇，2001）中国政府的一些职责是转型期国家所特有的，如支持市场体系形成与完善的任务等等。国有经济活动范围甚至也无法加以清晰界定，还需要时间验证。中国市场经济形成的过程不同于西方市场经济国家，在一定程度上，市场经济是逆向成长起来的。中国的文化传统也会对中国式的市场经济产生不同的影响。

第二，通过预算法的修订或者制定政府间财政关系法，明确各级政府财政支出责任，并规定超越责任的相应处罚措施。

第三，改革行政管理体制，减少职责同

构。同样的事权和支出责任，容易出现责任相互推卸的问题，应尽量减少职责同构问题。无法避免的共同分担的事权应明确规定各自的具体责任。应该结合国家法治化与民主化进程，通过相关的人事制度改革，减少人事因素对财政支出责任的负面影响。

第四，出台政策必须有对应的财政资金配套。中央和地方的事权不是不能变。中央不是不能要求地方做事。但在分税制财政体制框架内，中央出台政策必须有对应配套的财政资金。否则，地方“被迫”履行责任，只会增加地方政府的抵触心理，不利于地方积极性的发挥。

第五，规范省以下财政体制。除了中央与地方财政关系之外，还有省以下财政体制的建设问题。应加快省以下财政体制改革进程，规范的省以下各级政府的事权和支出责任分配制度。

9.3.2 收入划分应考虑不同级别财政的激励性

收入划分

现代政府的主要收入来源是税收，因此收入划分最主要是分税问题。政府的收入来源还可能有国有资产收益、收费、公债等，因而划分收入权限也同样要涉及这些问题。现代市场经济国家，国有经济规模偏小，更重要的是，盈利性国有资产收益微乎其微，因此，大部分市场经济国家在收益的划分上没有太多问题。中国尚处于经济转型期，还拥有大量盈利性国有经济，这不可避免地要涉及国有企业利润分红问题。①

收费往往对应于公共部门所提供的服务，从理论上说，是哪一级政府提供的服务，就应该由哪一级政府收费，因此，收费的划分经常不构成划分收入的难点。

在实行财政联邦制的现代国家中，每一级财政都是相对独立的，因此，从理论上各级政府都应该有发行公债的权利。一般说来，中央政府的发债权是没有什么可以质疑的。争论的焦点往往在地方政府的发债权上，即地方政府具备什么条件才可以发行公债上。

解决收入划分的问题，首先要看划分收入的目的何在。一般认为，收入用于满足支出的需要。但问题是，不同级别的政府是否都应该拥有足够的收入，以满足各自支出的需要。如果各级政府都能做到以本级直接筹集的收入满足支出的需要，那么各级政府之间实际上就变成了真正的相互独立了。因此，通常认为地方政府不应该拥有充分的财权，这样，中央政府可以对之进行调控，以维护一国的统一。这样，地方政府要么在收支相抵之后留有资金缺口，要么收大于支，但要上解部分本级筹集的收入给中央政府。

那么，地方政府财政资金缺口或者所上解的收入规模应该有多大？简单地说，规模不应该太大，财政收入应该满足财政支出的需要。规模太大容易导致地方政府缺少最基本的激励，影响地方政府组织收入的积极性。也就是说，无论如何地方收支应该大致相抵。这样，不同级别政府的收入应该根据其所承担的职责、所要实现的职能而定，基本做到财力与事权的相匹配。

但在实际中，一般都是从收入本身的特性以及政府的其他目标着手划分政府收入。就整体规模而言，通常这样划分的地方财政收入是不足以满足地方财政支出需要的。与此同时，中央政府收远大于支。这样，地方财政支出的不足部分很大程度上要依靠中央政府的转移支付得以解决。当然，如果地方收入与支出差距过大，也会影响到地方获得财政收入的积极性。由于现代政府的收入主要依靠税收，因此，许多国家都强调建立地方税系，以发挥地方在征税过程中的积极性。

① 张馨（1997）结合中国具有众多国有资本的现实，指出中国的财政体制应该是分税与分利相结合的财政体制，这说明国有产权在财政体制的确立过程中具有重要作用。实际上，国有土地、国有资源收益如何在中央和地方之间进行分配，也是一个重要的问题。事实上的地方所有制带来了诸多短期问题，亟待从财政体制上着手加以解决。

税收划分的两种基本思路

分税有三种方式：分税种、分税收收入、分税率。分税种是将政府征收的各种税根据其归属权分为：中央税（国税）、地方税（地税）；中央税、地方税、中央与地方共享税。关于税种的归属权，各国实践差异性极大。除了关税是中央税、财产税是地方税是共同点之外，其他税种划分真是五花八门。从理论分析的角度看，分税所选择的依据不同，结果也有较大的差别。（专栏9－1分析了税收划分的困难）

专栏9－1　合理分税的困难

要在中央和地方政府间进行合理的分税，是一件很难的事。这是因为，如果由地方政府对可以在地区间流动的商品和生产要素课税，所带来的税收效率和负担问题要比中央政府课税复杂得多。例如，地方政府就因为负担重税的个人会迁出本地区，而不能课征具有较强再分配性质的税收。与中央税收相比，地方税可能带来更多的资源配置扭曲。就作为一个整体的国家而言，资本供给几乎没有弹性。因此，中央政府对资本课税只会带来较少的效率损失；而如果由地方政府课税，资本可能被配置到边际产出较低的地方。即使是对地方销售税而言，也可能带来同样的问题，税收差异可能使人们花大量时间和精力到外地购买本地可以买到的商品。

征税的规模经济效应表明如果由中央统一征税，可以节约征税成本。从理论上说，可以由中央统一征税，再通过总额转移支付的形式给地方。但是，这样做会加剧中央和地方政府之间财政的不配套（fiscal mismatch），地方财政可能因支出与收入无关而处于软预算约束的状态，或将地方公共物品和服务提供的不足归咎于中央提供的收入不够之上。同时，地方支出的某些灵活变化在统一的制度下无法得到充分的体现，也会影响到地方人民对公共需求的满足，从而形成地方的“收入缺口”（revenue gap）。另外，过分依赖转移支付解决地方收入问题还可能导致中央通过转移支付将自己的意志强加给地方，影响地方政府的资源配置。

资料来源：Oates，1991。

分税有两种思路，一是根据税种本身属性在中央政府和地方政府之间划分税收；二是根据受益原则确定税权。

若根据税种本身的属性划分税权，大部分税收收入应由中央政府征收。[①] 例如，塞利格曼三原则要求税权的划分应根据效率（efficiency）、适应（suitability）和恰当（adequacy）原则进行。效率原则即为哪级政府征税效率高，就由该级政府征税；适应原则以税基大小为划分标准，税基大的归中央，小的属地方；恰当原则以税收负担公平为划分标准，若为公平目标而设的税，归中央征收。另外，迪尤就税权的划分提出了效率和经济利益二个原则。前者与塞利格曼相同，后者则以增进经济利益为标准，税收的划分应以归属何级政府更为有利于经济发展，不减少经济收益为标准。[②]

就国际上现行税制与经济的关系而言，它虽有利于征税的顺利进行，不会对经济行为造成过多的扭曲。但依此方法征税，不能保证地方以地方税收入承担较大比重政府支出责任的需要，带来以上所提及的问题。而且，现行税

① 这就是现行税制结构而言。如果现行税率能够得到较大的调整，情况可能发生变化。

② 关于塞利格曼和迪尤的税收收入划分理论，参见平新乔，1992，第363—364页。

制征收的收入可能不足以满足支出的需要，导致下一轮的增税，最终加重企业和个人的税收负担。

按受益原则划分税权，就是要求各级政府应根据支出的需要课征收入，而且，税收应与公共支出相对应。这种方法的不利之处是它可能增加税收征管成本，但其有利之处是它符合“谁受益，谁付款”的原则，从而可以增加对地方政府经济行为的监督，从根本上促进整个政府体系服务效率的提高，因此，它是建立现代社会民主财政制度的客观要求。

单凭税种自身特征确定其税种的归属是不好的，而应将税种与其在全部税收收入中的地位结合起来进行综合考虑，即依据受益原则划分税权，保证地方支出所需税收主要由地方政府征收。

政府间税收划分，时常伴随着政府间税基分享的问题。所谓税基分享，指的是两个或两个以上级别的政府在一个共同的税基上征收各自的税收。税基分享的方式主要有三种：对某一税基分别设置中央税和地方税，由两套税制共同征收；对某一税基只设置中央税，地方政府通过在中央税税率上附加一定的比例或附加费的形式分享；只设一种税，由一级政府进行征管，征得的收入在中央和地方政府之间分享。选择何种形式，取决于对效率和公平的权衡。

必须指出的是，财政收入划分不仅仅是要确定哪些税种提供的收入或哪些税收收入归中央，哪些归地方的问题，它更重要的是要确立一套约束机制，保证不同级别财政的相对独立性。因此，许多国家都赋予地方一定的税收立法权，保证地方收入的相对弹性。同时，地方还要有一定的发行公债的权力，当收不抵支时，作为相对独立的财政主体，可以通过发行公债弥补其赤字。当然，这些都需要相关法律作为保证。

给地方较多的税权，从实践上看也可能出现一些问题。例如，无效的税收制度（inefficient tax systems）可能因此产生。一般说来，有效率的税收要求对缺少弹性的商品征收重税，反之，则征收轻税。假设对整个国家来说，资本的供给固定，但资本跨辖区是高度流动的。每个辖区认识到如对资本征收大量的税，只会导致资本从本地流出，最终结果更加糟糕。理性的辖区只会对资本征收轻税，甚至提供补贴。这就是税收竞争的负效应。在现实中，我们看到许多地方为了吸引外资，许诺较多的税收优惠条件，就是税收竞争的一种表现。当然，税收竞争效应有正有负。影响到经济的正常运行的为负；反之，给政府压力，促进政府有效运作的是税收竞争的正效应。因此，在分税上，要考虑如何减少税收竞争的负效应。如果从一个国家的角度来看，效率要求对资本征收较高的税，因为，资本总体供给缺少弹性。

分税中还要注意征税的规模经济。各地独立征税可能无法利用征税中的规模经济。各地都要为税收征管投入资源，这可能是重复投入，而通过税务机构的联合，就可以节约征税成本。这在征税过程中是值得考虑的。

表 9－4 提供了一种分税方案。

表 9－4　中央税、地方税、中央与地方共享税划分方案

中央税	关税、海关代征消费税和增值税、外贸企业出口退税
地方税	营业税、城镇土地使用税、城市维护建设税、房产税、车船税、印花税（不包括证券交易印花税）、烟叶税、耕地占用税、契税、遗产和赠与税（尚未开征）、土地增值税、物业税（尚未开征）、环境保护税（未开征）等
中央和地方共享税	增值税、消费税、资源税、证券交易印花税、企业所得税、个人所得税

本方案在尊重既有事实的基础之上，综合考虑了各税种的特性与公共服务的提供成本因素。与现行分税体制相比，本方案不再保留铁道部门、各银行总行、各保险总公司集中交纳的营业税归属中央的特殊规定，而将营业税全部划归地方税；本方案亦不再保留铁道运输、国家邮政、中国工商银行、中国农业银行、中国银行、中国建设银行、国家开发银行、中国农业发展银行、中国进出口银行以及海洋石油天然气企业不参与所得税分享的规定，而将所有所得税收入列入共享范围；本方案还取消增值税、消费税、企业所得税、个人所得税基数返还规定。

外贸企业出口退税属于中央政府的责任，一是鼓励出口；二是国际商品税课征惯例的产物，应由中央政府统一承担。从理论上，只要尽可能地减少增值税的税收优惠（这也是增值税制进一步改革的要求），出口退税不太可能出现退多于征的状况。

中央和地方共享税：考虑到基数返还取消之后对地方财力的影响，应提高增值税的地方分享比例至30%～40%。消费税分享是因成品油税费改革所致，宜保留，分享方式是对成品油因改革而加征的消费税收入直接划归地方收入。证券交易印花税保留现在的分享格局，即中央97%，地方3%。考虑到取消收入基数保证之后，地方财力受到影响，虽新增了一些中央大型企业所得税作为收入分享，也应适当提高企业所得税和个人所得税收入地方分享的比例，企业所得税中央和地方五五分成，个人所得税中央和地方六四分成（个人所得税作为调节收入分配的税种，中央应多分）。

同时，为了调动地方的积极性，赋予地方政府一定的税收立法权是必要的，其中包括：地方可以根据一定的规定和程序开征一些地方新税种；对一些与地方提供公共服务有关的地方税种，应有权在一定的范围内进行税率的调整等，但地方政府的管理权限不能违反宪法及国家税法的规定。

目前尚未开征的物业税、环境保护税应属于地方税。物业税一半对应的是地方公共服务，体现的是人民享受公共服务所承担的成本。环境保护税是一种专门用途税，用于环境保护，而环保的职责应主要归属地方。

关于利润的划分，可暂保留按中央企业和地方企业按照隶属关系分红的做法。未来再结合国有经济改革的进程而加以进一步规范。未来还应探索国有土地和国有资源收益在不同级别政府之间的合理划分方案。

9.3.3 取消税收返还，规范财政转移支付制度

促进公共服务水平均等化是财政转移支付的长期目标。在各地财力差别较大的今天，政府应该通过财政转移支付保证各地居民享受最低标准的各种基本服务。这些服务主要有一般行政管理与法律服务，基础教育，基本医疗卫生和营养服务，饮用水、环境卫生与电力等等。

取消税收返还

近年来，对于税收返还的指责不绝于耳。但是，无论如何，要正确看待税收返还在推动1994年分税制改革中的积极作用。如果不是因为采取了有效的税收返还措施，很难想象分税制改革能够进行下去。虽然税收返还导致资金大量流向发达地区，不利于均衡不同地区之间的财力差距，不利于公共服务水平均等化目标的实现，但是税收返还对于调动发达地区的积极性，发挥了较大作用。只是随着时间的推移，财政转移支付制度需要进一步规范化，税收返还和体制上解（体制补助）需要逐渐退出历史舞台了。虽然近年来税收返还在财政转移支付制度中的相对地位下降，但税收返还的绝对规模不小。“十二五”时期中国应取消税收返还，以更好地发挥分税制财政体制的功能。考虑到取消税收返还，必然会严重影响地方财力，因此需要对一般性转移支付和专项转移支付统筹进行重构。

构建纵向与横向相结合的财政转移支付模式

转移支付模式有纵向转移支付模式、横向转移支付模式和纵横交错转移支付模式。纵向转移支付模式下，所进行的转移支付发生在中央政府与地方政府之间。横向转移支付模式下，所进行的是地方政府之间的转移支付。[①] 纵横交错转移支付模式兼有二者特征。中国目前所实行的正式转移支付制度属于纵向模式。

现实中，有许多东部经济发达地区对西部的有中国特色的对口支援项目。这些支援，事实上属于横向转移支付，需要通过建立正式的横向转移支付制度予以规范。

地方政府的对口支援，运用地方财力，履行的是公共服务均等化这一属于中央政府的职责。因此，事实上的横向转移支付需要与纵向转移支付制度统筹考虑。

虽然从理论上说，横向转移支付制度所要实现的目标，通过纵向转移支付同样可以实现，但是既成事实的横向转移支付，如果缺少规范，显然不利于相关财政资金使用效率的提高，也不利于纵向转移支付规模的确定。

建立正式的横向转移支付制度，是中国特色的对口支援制度可持续发展的需要，是对口支援规范化的需要，是对口支援效率提高的需要，也是规范各级政府行为的需要。

在纵向转移支付上，从基层政府是目前中国财力最为缺乏的现实出发，中央可以考虑越过省一级，直接安排面向县一级的转移支付，进一步提高转移支付的效率。在确定纵向转移支付数额时，应该充分考虑中央政府在地方的项目的数量和规模。这是因为，在地方的中央项目同样会给当地带来收益，增加当地的财力。中央政府在地方的项目对地方经济增长的影响仍需要进一步评估。

尽可能压缩转移支付的规模

中央政府在筹集财政收入上具有规模经济的优势。许多地方政府依靠本级收入不可能满足支出需要。中央财政转移支付在满足地方财政支出中可发挥重要作用。中央还可借此加强对地方政府的调控力度。但财政资金的转移过程难免会带来各种各样的成本，因此，理想的做法应该是尽可能压缩转移支付的规模。

影响转移支付规模因素有许多。当前所能进行的转移支付是针对预算内财力而言的。未来转移支付规模的确定还必须考虑到政府掌握的其他财力。转移支付规模的确定必须解决好一个问题：中国应该选择集权型的转移支付制度，还是分权型的转移支付制度？集权型转移支付制度有助于中央政府调控能力的增强，但不利于地方政府积极性的发挥。分权型转移支付制度正好相反。集权型制度下，转移支付规模较大；分权型制度下，转移支付规模较小。集权型，还是分权型，或者混合型制度类型的选择，可能存在某种程度的等价关系，关键的问题是要寻找到约束制度类型选择的因素。

重构一般性转移支付与专项转移支付

一般性转移支付是通过测算标准收入与标准支出之间的缺口，再考虑财力因素而确定的。它天然地具有“负激励”[②] 的效应，但要促进公共服务的均等化，除此之外，别无选择。下一步所应该做的是尽可能完善一般性转移支付制度，标准收入的测算融入更多的激励因素，考虑更多的财政努力因素，以尽可能减少其负激励效应。

专项转移支付因其政策目标明确，仍需保留。专项转移支付应尽可能使专项转移支付的决策公开透明，并在一定范围内引入竞争机制。专项转移支付政策目标实现的途径可能有多条。应创造条件让更多的地方政府参与此类专项转移支付资金的竞争，以尽可能降低政策目标实现的成本。

专项转移支付规定资金的用途，与此同时，往往也要求地方政府配套一定比例的资

① 德国是横向转移支付制度典型的国家，参见朱秋霞（2005）的有关介绍。

② 财力不足就能得到一般性转移支付，这对于增加财力的目标来说是一种“负激励”。

金。一般性转移支付对资金的使用没有过多的约束。[①] 无限制用途的资金，比限制用途的同样数量资金，给地方带来更大的灵活度。从财政支出的效率来看，一般性转移支付的效率至少不低于专项转移支付。如果地方政府能够合理配置这些资金，那么一般性转移支付方式更为可取。如果中央政府的目标是要提高全国性的某种公共服务水平，那么专项转移支付更为可取。地方政府是否受到有效约束，也影响到转移支付方式的选择。如果未能受到有效约束，地方政府就很容易地将资金配置到低效率项目，进而影响转移支付目标的实现。

从中国目前的现实来看，专项转移支付能够解决许多一般性转移支付所不能解决的问题，特别是一些基本公共服务水平（最低转移支付所对应的公共服务水平）提高问题，例如义务教育、卫生健康服务等。财政转移支付的确定还应与主体功能区建设联系在一起，根据主体功能区的不同定位，确定其标准收支。限制开发地区和禁止开发地区的财力会因主体功能区建设而受到较大影响。与此同时，不同的主体功能区对公共服务的需求不同。限制开发地区和禁止开发地区为了恢复和保持原有生态环境，往往需要较多的环境保护支出资金。

当前中国专项转移支付内容庞杂，种类达几十种之多，项目设置交叉重复，资金使用零星分散，部分项目设计与地方实际需要脱节，需要对这些项目进行归类整理，采取公式化计算方法，进一步提高这些资金的管理水平，以充分发挥其他转移支付形式在基本公共服务水平提高中，所不能起到的作用。[②]

另外，已有中央财政专项转移支付过多地要求地方财政有相应的配套资金，这直接导致未能拿出足够财力配套，但实际上更需要专项资金支持的地方不能拿到项目，只好采取虚报数字的做法，影响了专项转移支付目标的实现。因此，专项转移支付项目的确定有必要根据实际情况，适当放弃需要地方配套资金的要求。

以后，随着地方政府理财的约束力增强，可考虑减少专项转移支付的规模。这也就是说，理想的转移支付应该以一般性转移支付为主。

中国目前的税收返还和均衡性转移支付，都属于无条件转移支付范畴。未来所要做的是应该如何对这些不同的转移支付形式进行整合，形成统一的一般性转移支付，根据各地标准收支的差别，决定转移支付的数额。

构建规范化的财政转移支付制度

至今为止，中国政府间的转移支付的实施还缺少系统性，转移支付的调整多由中央的有关“通知”和“决定”规定。这不仅影响到地方合理的确定性预期的形成，而且影响到规范的政府间财政关系的形成。

已有的制度多从解决现实问题出发，忽略了一些长远问题的解决。例如，根据转移支付的一般原理，中国所实行的税收返还无论从哪一个方面来说，都是不合理的，但事实上，这种制度对于改革的推行起到了积极的促进作用。税收返还等尊重既得利益的做法虽然延缓了公共服务水平均等化目标实现的时间，但它对于整体公共服务水平的提高是大有益处的，特别是税收返还对发达地区有着积极的激励作用。与此同时，中央政府通过获取财政收入增量，财政实力也得到增强，从而更有可能支持财政困难地区的发展。也就是说，虽然表面上均等化目标未能迅速实现，差距甚至还有所拉大，但这种做法总比低水平的均等化要强。面对效率与均等的权衡取舍，中央政府在确定转移支付方法表现出新思维，努力通过增量改革换取存量带来的益处。

---

① 中国目前对一般性转移支付资金作了一些约束，规定资金只能用于偿还到期债务（缓解财政困难地区财政运行中的突出矛盾）、保障行政事业单位职工工资发放、机构正常运转和社会保障等基本公共支出，严禁用于搞“形象工程”和“政绩工程”，这种规定只适合于当前一般性转移支付资金规模不大的情形。

② 金人庆（2007）对中国财政转移支付存在的问题进行了全面的概括。

政府间转移支付制度框架的构建是在改革背景中进行的，所牵涉的问题的复杂性远远超过一般市场经济国家。政府间财政关系确定的基础——政府的经济活动范围尚未得到明确界定，要在这样的条件下，构建规范的转移支付制度框架显然需要更多的实践探索。1994 年以来的改革和以前的财政体制改革一样，没有对省级以下财政体制作出明确规定。在实践中，这演变成各地多种不同形式的试验。例如，2004 年广东省对县级财政按照确保既得利益、促进收入增长、实行建立先进、鞭策后进的原则，建立"确定基数，超增分成，挂钩奖罚，鼓励先进"的"三不减、三确定、三奖励"的财政激励机制，一定四年不变。通过调动县级政府发展县域经济的积极性和主动性，从机制上激励和促进县级财政努力开拓财源，达到经济增长、财政增收、后劲增强，实现全省经济加快发展、率先发展、协调发展的目的。[①] 这些建立激励型财政体制的探索，有可能为未来建立适应全国需要的规范化转移支付制度积累更多经验，促进适合中国经济发展需要的财政转移支付制度的形成。

当今，中国转移支付制度框架的构建首先要做的是通过政府间财政转移支付立法，确定转移支付制度的远景战略规划，使得各相关经济主体明了转移支付制度的调整趋势，明确整体改革的时间表，让地方政府形成事先的确定性预期。例如，可以规定转移支付数额的确定以五年为期，进行调整。[②] 这种明确的规定要远胜于那些临时性规定。

建立规范化涵盖省以下各级财政的转移支付制度，特别是强调制度形成过程的透明度，转移支付资金使用的有效监督，将会带来制度红利。

建立中央财政拨款专家委员会和政府间转移支付理事会

发达国家都是以公式化形式确定转移支付制度，以非人格化制度应对主观因素可能带来的负面影响。这其中还有一个由哪个机构来提出公式的问题。我们认为，参照澳大利亚模式，[③] 建立独立于政府各部门的中央财政拨款专家委员会，专门负责财政转移支付公式的确定和调整，将是提高财政转移支付效率的有效途径。该委员会应该由专职人员组成，其决策过程应置于公众的监督之下。设立这样的机构虽然会增加运作成本，但相对于一个国家如此庞大的资金盘子而言，应该是值得的。独立于政府各部门的该委员会模式，可以较好地保证该机构运作的独立性。

为了更好地增加中央财政转移支付的透明度，更好地发挥地方政府的积极性，更好地处理中央与地方财政之间的关系协调问题，中国有必要成立政府间转移支付理事会。理事会由中央政府官员（国务院常务副总理、财政部部长、财政部副部长、各省常务副省长（各直辖市常务副市长、各自治区常务副区长）或省级单位（副省级计划单列市）财政厅（局）厅长（局长）组成，负责审议中央财政拨款专家委员会提出的转移支付方案，并送全国人大审批。

---

① 所谓"三不减"，是指转移支付基数不减、调资专项补助不减、省配套增设预算周转金力度不减。所谓"三确定"，是指确定以市县上年上划省的营业税、土地增值税、非国有企业所得税和个人所得税等省与市共享收入为基数环比考核，作为省与市县计算分成和奖励返还的指标；确定以上年省对县市实行比例增长的转移支付额为基数，计算省对市县转移支付稳步增长的幅度；确定以市县上年各项收入完成数为基础，作为计算省对市县转移支付激励补助的考核指标。所谓"三奖励"，是指在确定基数考核指标的基础上，为促进县域经济发展，增加财政收入，奖励先进，鞭策后进，采取三项奖励政策，包括：超增分成，鼓励收入增长；挂钩奖罚，即继续实行新增转移支付，兑现与财政收入挂钩奖罚，继续对实现当年财政预算收支平衡的县级实行分档奖励办法；鼓励先进，即对县域经济发展快、财政任务完成好的县级领导班子给予奖励。

② 黄佩华等（2003）也强调了确定性在财政改革中的重要性。

③ 澳大利亚模式参见沙安文、沈春丽（2005）的有关论述。

9.4 稳步推进“省直管县”财政体制改革

“郡县治，天下安。”财政部（2009）要求加速“省直管县”改革①进程，力争在2012年年底全国除民族自治地区外全面推进省直接管理县的财政改革。县际竞争是中国经济奇迹出现的原因。（张五常，2009）财政的“省直管县”无疑会释放出县更多的活力，进一步推动县域经济的发展。浙江省②等省份的做法在向全国推广之中，仍不可避免地会受到各地具体条件的约束。已有的一些研究成果，如钟晓敏等（2008）注意到浙江的一些特殊性问题。张占斌（2009）对全国各地财政的“省直管县”的各种实践情况进行了分析。本报告拟就财政的“省直管县”目标的合理定位进行论述，探讨“省直管县”所需要的配套条件与改革的动力机制问题。本报告认为，重构政府间财政关系，重建分税制财政体制亦需摆上议事日程。

9.4.1 财政“省直管县”改革的合理定位

“市管县”与“省直管县”

20世纪80年代，为了促进城乡一体化，各地逐步将作为省级政府派出机构的地区改为地级市，县直接归地级市管理，即实行“市管县”。

财政实力的强弱不同，被赋予中心城市职能的地级市财政实力不一，事实上形成了四种不同的市县关系。第一种是强市与强县的关系（SS）。强市有支持强县的财政实力，但在带动县域经济发展的同时，也可能限制了县域经济潜力进一步发挥；第二种是强市与弱县的关系（SW）。强市通常能对弱县经济发展起到带动作用；第三种是弱市与强县（WS）。弱市不具备带动县域经济发展的条件，反而可能出现“市卡县”、“市刮县”等问题；第四种是弱市与弱县（WW）。弱市无法带动弱县的发展，“市卡县”、“市刮县”等问题同样可能出现。

就县域经济发展与县级政府公共服务能力的提高而言，只有第二种市县关系（SW）对县来说是较为有利。第一种（SS）有利有弊。市对县的支持力度与县对市的财政贡献大小之间的对比，决定了县域经济与县级政府公共服务能力的状况。现实中，一些经济实力很强的县改为区之后，县对市的财政贡献增加，县域经济的发展潜力就遭到限制。第三种（WS）和第四种关系（WW）对县域经济和县级政府公共服务能力的提高都是不利的。

“省直管县”是对市管县的改变。无论是哪一种市县关系，只要在财政上实行“省直管县”，中央和省财政对县财政的拨款就不会被市财政所截留，③更好地适应县级政府承担许多公共服务职责的现实。在一定程度上，财政的“省直管县”解决了县财政的“缺钱”问题。“省直管县”强化了县域经济发展的概念，将进一步强化县际竞争。④而市管县下的县际竞争程度不高。

---

① 中国有五级政府，即中央政府、省级政府、地市级政府、县级政府、乡镇政府。如无特殊说明，本书的“市”指地市级政府；“县”指县级政府，包括县级市。

② 浙江财政长期实行省直管县，县域经济发达，因此成为财政省直管县的典型省份。

③ 取消市县之间的财政结算关系，市县之间的财政联系只能通过省来进行，切断了市截留的途径。

④ 和改革之初只强调经济发展不同，现在县际竞争所覆盖的范围较大，特别是主体功能区建设的提出，更增添了县际竞争的内涵。县际竞争在一定意义上演变成公共服务能力的竞争。

财政“省直管县”改革的合理定位

财政的“省直管县”，不是县财政的一切收支都要由省财政来管。“省直管县”是在分税制财政体制框架下进行的，地方各级财政的相对独立性不变。“省直管县”是对省以下财政管理体制的规范化。

财政的“省直管县”直接增强基层政府的公共服务能力，特别是缓解经济相对落后县的财力不足问题，但不能彻底解决基层政府的财力不足问题。县域经济也不可能因为财政实行“省直管县”马上就好起来。①“省直管县”宜定位为财政制度的矫正行为，旨在提高基层政府的公共服务能力，保证基层政府最低水平的公共服务的提供，促进基本公共服务的均等化。养老、医疗、义务教育等一系列公共服务也可以得到更强的财力支持。

“省直管县”改革是对省、市、县财政关系的重新调整。“省直管县”改革从总体上看减少市级财政的可支配财力，扩大了县级财政的自主权。在市县关系为 WS、SS、WW 的情况下，可支配财力相应减少可能影响市级财政的积极性。在市县关系为 SW 的情况下，“省直管县”减轻了市的压力，但县可能失去市的支持。② 在推行“省直管县”的过程中，必须注意到这种不同影响，以更好地因地制宜，选择较为适合的“省直管县”模式。

9.4.2 推行财政“省直管县”的配套条件

简单考察

财政“省直管县”的形成在很大程度上与历史因素有关。浙江省长期的“省直管县”有一些偶然因素，与当时地方领导人的认识有关，多次避开了财政的市管县模式。对于浙江省来说，“省管县”，准确地说是省直管市县，是适应当地经济发展需要的，这是财政“省直管县”成长的“土壤”。浙江省的省域面积相对较小，所管辖的县数量较少，民营经济和块状经济发展较快。这是浙江省财政“省直管县”顺利推行的特殊因素。（钟晓敏等，2008；何显明，2008）作为新建直辖市的重庆和新建省份的海南的行政区划面积小、县的数量少，与浙江相似，推行“省直管县”同样具有先天优势。北京、上海、天津作为直辖市，也是如此。一些地方“省直管县”的推行有些偶然性因素。例如，湖北省的仙桃市、天门市和潜江市的县域经济实力强劲，与它们本来就属于省直管有关。但如果追溯省直管的来历，则会发现三市本欲合并成为一个地级市，但未能成功。这样的“省直管县”，实有无心插柳的意味。后来一些省份推行“省直管县”，出发点是缓解县乡财政困难。

改革行政管理体制

财政非常重要，政府各项事务都与之相关，但它只是政府诸多事务的一项。政府的各种活动都会对之产生影响。财政的“省直管县”的成功，需要相应的行政管理体制改革。迄今，浙江省的财政“省直管县”已伴随着五次强县扩权。该省曾先后于 1992 年、1997 年、2002 年、2006 年和 2008 年五次出台政策措施，进行强县扩权改革，力促县级政府转变职能，提高社会管理和公共服务能力。

1992 年，浙江省出台了扩大萧山、余杭、鄞县、慈溪等 13 个县（县级市）部分经济管理权限的政策。1997 年，浙江省又在萧山和余杭 2 个县级市进行扩权试点。试点得到热烈的回应。2002 年浙江省进行了第三次强县扩权改革。扩权县（市）的确定依据主要的是经济实力。17 个经济强县（市）和杭州市萧山区、余杭区以及宁波市鄞州区被确定为放权县（市）。此次扩权几乎囊括省市两级政府经济管理权限的所有方面。2006 年，浙江省以

---

① 例如实行省管县的重庆和海南。当然，也有一种看法认为，如果不实行“省直管县”，这些地方的经济会更差。

② 省的实力强于市，从市管县过渡到“省直管县”，县的支持方从市变成了省，县可获得的支持力度通常更大。但是，如果考虑到一个省内部的经济差距，那么经济发展水平较高的市的支持力度也可能更大。

义乌为试点，启动第四轮“强县扩权”改革，除规划管理、重要资源配置、重大社会事务管理等经济社会管理权限外，赋予义乌市与设区市同等的经济社会管理权限。这次扩权和政府职能转变是联系在一起的，旨在调整和规范省、市、县三级政府的事权关系。① 2008年的第五次改革，按照全面扩大县级政府管理权限的要求，浙江省采取了两种扩权形式，一是继续深化义乌试点改革，在保留原有524项扩权事项的基础上，新增下放与经济社会管理密切相关的94项事项；二是其他县（市）同步扩权、分步到位，下放443项经济社会管理扩权事项。② 2009年8月1日，中国首部强县扩权省级规章《浙江省加强县级人民政府行政管理职能若干规定》正式施行。这标志着浙江省强县扩权的进一步规范化。③

在行政管理体制上，浙江省走的是强县扩权之路。县获得相当部分地级市的权力，摆脱了财政“省直管县”单腿走路的约束。浙江省前几次的强县扩权扩的主要是审批权。这也反映了经济转型中政府与市场尚未清晰定位的事实。市场化改革应尽可能减少审批，减少政府对市场的无谓干预。④ 因此，财政的“省直管县”所要求的行政管理体制改革，首先是政府与市场的合理定位，一些与市场发展相悖的权力必须从政府权力体系中消除。在此基础之上，省对市县同等对待，市县平级，才有可能减少市管县行政管理体制所带来的弊病，避免市级政府通过财政之外的其他手段，给县级政府施加压力，影响“省直管县”改革。⑤ 市县平级改革也可以解决一些部门的垂直管理所带来的矛盾。

调整行政区划⑥

从浙江省的经验来看，面积小和各县（市）之间的距离近是浙江省财政实行“省直管县”的独特的地理条件。全国多数省份面积比浙江大，但交通条件的改善可以改变距离的约束；面积的大小对管理要求的提高可以通过管理的信息化部分得以实现。因此，在信息技术与交通运输条件都已突飞猛进的今天，地理条件对全国多数地区实行财政的“省直管县”都不会构成障碍。

目前浙江省仅有11个地级市（含杭州、宁波两个副省级城市）和58个县（包括县级市、自治县）。这非常有利于“省直管县”的推行。“省直管县”后，全国多数省财政除了管理数量较少的市之外，还要再管理数十个甚至一百多个的县财政。这无疑会急剧增加省财政的压力，增加省级财政的工作量，对省级财政管理能力也是一种考验。“省直管县”会对财政管理的信息化水平和财政制度的进一步规范化提出要求，也会提出人员增加和机构增设的要求。虽然信息化的推行可减少一定工作量，但从根本上看，需要对一些面积小、人口规模小的县进行合并，以减少工作量。

当然，县的合并工作需要考虑到多种因素，毕竟县是中国历史上最为稳定的区划单位。从管理的角度来看，一些经济实力较强的镇可以探讨升格为县，以适应这些强镇发展的需要。县的数量多，又难以压缩，也可能会推动省的增设。

中国幅员广阔，各地情况差异很大，除了少数民族地区外，其他地区也有必要留一些作为试点。⑦ 浙江省块状经济和民营经济，与县域经济有着密切的关系。但全国不是所有地方

---

① 浙江省前四次“强县扩权”改革的总结参见何显明（2008）。

② 参见：浙江在线 http://zjnews.zjol.com.cn/05zjnews/system/2009/07/29/015705352.shtml。

③ 参见：浙江在线 http://zjnews.zjol.com.cn/05zjnews/system/2009/07/26/015698215.shtml。

④ 对于民间资本投资来说，由于风险的承担者不是政府，政府应该减少与投资成败相关的审批。政府审批应仅限于投资对环境以及是否产生社会成本上。

⑤ 现实中，“省直管县”实行之后，市仍保留了市辖区的管理职能，在一定程度上降低了市财政运转的压力。

⑥ 行政区划的形成是多种因素的产物。从中国历史来看，人口、地理、军事、文化等经济之外的因素都对行政区划的形成产生了影响。（参见周振鹤，2009）

⑦ 试点的意义不仅仅是试点地选择适合自己的财政体制，还可能因此引出更有意义的事情。正像当年在全国市管县推行的情况下，浙江坚持省管县，才有了今天财政“省直管县”的浙江经验。

都是如此。中心城市带动好的地方，应该允许这些地区作为试点。只要这些地区的市管县，有利于公共服务能力的增强，就应允许这些地方继续维持体制。这样的地区的中心城市（主要是副省级城市和计划单列市）应拥有较为雄厚的经济实力。一俟条件具备，这些市可考虑升格为省。

“省直管县”还涉及行政区与经济区的矛盾问题。行政区与经济区不一致是常有的事。即使在某一段时间内，根据经济区设立行政区，但随着经济活动的变迁，人口流动、经济结构的变化又会导致二者的不一致。处理行政区与经济区的矛盾无法彻底消除矛盾，而是要尽可能减少矛盾，减少二者冲突对公共服务能力提供所带来的消极影响。如果政府权力涉及的范围广、管得多，行政区与经济区的矛盾就会很突出；反之，矛盾就小。这是行政区划调整时应该注意的。

9.4.3 稳步推进“省直管县”财政体制改革

改革动力

改革动力来自于受益者的推动。因此，改革的策略选择应是让更多人直接从中受益。“省直管县”财政体制改革从表面上看是政府内部管理方式的调整，但从实质上看，是回应型政府的行为表现，是公共服务型政府的表现。改革的持续进行，需要政府的转型。

改革30年以来，各种相对独立的利益主体形成。非公有制经济在中国经济中的分量与日俱增，公有制经济内部也发生了很大的变化。个人也逐渐实现了从附属于单位的个人到独立的个人（公民）的转变。个人对单位的附属性的下降，需要政府提供相应的公共服务。改善公共物品和公共服务的供给，增强公共服务能力，需要财政制度的相应变革。省以下财政体制的选择或者是市管县，或者是省管县。最终起决定作用的是何种制度更有利于增强公共服务能力。

改革以来，作为制度供给者的政府也发生了变化。提高政府运作效率，还需要借助政府内部的分权。中央和地方财政“分灶吃饭”就是在这样的背景下推出的，地方政府利益的相对独立性意识也随之增强。在财政体制上，地方政府能够分享的财权、财力与所承担的事权，在很大程度上是由上级政府决定的。财政制度设计得当，会增强对地方政府的激励。中央政府和高一级的地方政府都会想方设法设计实现双赢的财政制度。因此，当地方利益相对独立之后，地方政府就有动力推动财政体制改革。① 事权下放、财力上升的财政体制，在一定程度上导致县乡财政困难。②

省以下各级政府都有相对独立的利益。财政的“省直管县”意味着财力的下放，县级政府无疑会有改革的动力。但是，财政的“省直管县”改革是建立在市的财政权限被剥夺的前提之下的，因此，市级政府可能会以各种各样的形式对改革的顺利进行设置障碍。弱县的省直管，减轻了市级财政的负担，容易得到市级政府的支持。但强县的省直管，则会直接减少市财政的可支配财力，最容易遭致市级政府的抵触。因此，要推行“省直管县”，如何得到市级政府的支持，就成为改革成功的关键。

改革者知识结构的变化对于改革者而言是相当重要的。改革者的制度选择即随之发生变化。制度安排的选择受到社会科学知识存量的限制。（林毅夫，2000）财政体制改革方案的选择是改革者通过中国与发达国家的比较，立足国情之后得出的。改革过程中，国内外学者和改革实践者也在不断地总结财政体制改革的经验和教训，为财政体制改革提供了知识支持。③ 改革以来，中国基本上没有对省以下财政体制作出统一的规定。各地进行了多种形式的体制探索。财政的“省直管县”在浙江省

---

① 在一定意义上，正是地方政府的选择，推动了非公有制经济的发展，带来了“中国奇迹”。

② 各地县乡财政状况不同。发达地区县乡财政相对较好。

③ 一些学者的研究成果表明，三级政府、三级财政的架构是更合适的选择。（贾康，2004；周天勇、王长江、王安岭，2007）

以及市管县在全国各地的实践，更是为财政的“省直管县”提供了经验和教训。

中国政府正在致力于公共服务型政府的建设。各种利益主体间的矛盾需要政府制度建设进行协调。财政体制改革已进入深化阶段。财政改革触动社会各方利益。财政体制改革是要在法治化和民主化的前提下实现政府与人民关系的规范化，实现财政决策的科学化与民主化。“省直管县”作为一种保障基层公共服务能力的财政体制，能够保证最为关系国计民生的公共服务的提供。

公共服务型政府要求官员绩效判断标准和晋升机制的变化。包括市级政府在内的各级政府不再以掌握可支配财力的多少作为政府绩效的重要判断标准，而是将财力与事权（责任）更多地对应起来，以人民是否满意公共服务作为官员绩效高低及晋升与否的重要判断标准。可支配财力多，只是说明责任的增多。只有当财政的“省直管县”有助于公共服务能力增强时，改革才能持续。

重构财政体制

1994年的分税制财政体制至今已运行了十五年。分税制打破了过去的市场封锁，促进了各地间的财政竞争，提高了经济效率。分税制在十五年间经过多次零敲碎打式的调整，但与市场经济正常运转要求的财政体制相比，还有不小的差距。“省直管县”只是部分解决了不同层级政府财政的分工问题。除了行政管理体制改革和行政区划调整的配套之外，还需重构政府间财政关系，在1994年分税制财政管理体制的基础之上，重建财政体制，为省以下财政体制创造条件。

政府间财政关系应保持相对稳定性，应更好地发挥其激励效应。但这不等于财政体制不能变化。现实中的财政体制总是适应当时形势的选择。2002年所得税分享改革就属于制度整体未发生变化而进行局部调整的改革。一旦外部条件发生根本性的变化，财政体制就有进行较大改革的必要。结合金融危机背景来看财政的“省直管县”改革更有意义。经过金融危机的冲击，不仅1994年以来形成的中央财政收入稳定增长机制遭遇严峻的挑战，地方财政实力也受到严重的影响，客观上这造就了当前财政体制重新进行大规模调整的契机。

金融危机对地方政府的土地财政模式构成了挑战。市场经济国家的经验和现实都表明，地方财政收入主要来自于与土地、房地产有关的税收和收费，在很大程度上也是土地财政。（朱秋霞，2007）中国目前的土地财政收入（政府收入）除了来自与房地产有关的税收和收费之外，国有土地使用权转让金收入占了相当的份额。这种模式是不可持续的，从根本上说，深化地方财政体制改革的目标是转换现有的土地财政模式，而非土地财政本身。

9.5 进一步推动地方债务融资的规范化

地方债务融资问题亟待规范化，以防范未来所可能出现的债务风险。

9.5.1 地方债务融资的现状评估

地方债务融资问题不是“十一五”时期才有的。新积极财政政策的实施，在一定程度上扩大了地方债务规模。为落实积极财政政策地方政府的资金来源问题，2009年，财政部代地方发债2 000亿元。地方债问题再次引起社会各界的重视。事实上，自从1994年分税制财政体制改革以来，赋予地方政府发债权的呼吁一直没有停止过。大量论著研究了地方债问题。有的研究了公共风险问题，如刘尚希

(2004)；有的对国外地方债务管理模式进行了梳理，如李萍主编（2006）；还有的对中国地方政府债务管理进行了较为全面的探讨，如樊丽明、黄春蕾、李齐云等（2006）。

大部分研究成果注意到，分税制改革之后，各级政府财政相对独立，因此提出地方政府就应拥有发债权的政策建议。地方拥有发债权有利于地方政府因地制宜，提供当地所需要的公共物品与公共服务，增强地方政府的公共服务能力。但是，中央政府出于地方发债失控的担心，一直对地方发债制度的推行持保留态度，采取了较为谨慎的做法。地方债启动的步伐一直较慢。1998 年实行积极财政政策时实行的是国债转贷政策，由中央政府举债之后转贷给地方。2008 年新积极财政政策的实行比国债转贷迈出了新的步伐，但也只是定格于中央代地方发债。应该说，体制内的地方债规模不大。需要注意的是以各种形式规避预算法规定而存在的地方债务。特别值得注意的是，各地政府建立了种类繁多的融资平台，通过发行企业债券、发行中期票据、向银行贷款等方式进行融资，形成了规模庞大的债务。融资平台所产生的债务有可能形成政府的负担，需要加以引导，并采取积极有效的措施，对融资平台的运转状况进行监控。

9.5.2 地方债：是堵，还是疏？

一般认为，中国的预算法是地方政府不能发债的“紧箍咒”，但事实上不是如此。《中华人民共和国预算法》第二十八条规定：“地方各级预算按照量入为出、收支平衡的原则编制，不列赤字。除法律和国务院另有规定外，地方政府不得发行地方政府债券。”该条规定要求地方预算不列赤字，但对于地方政府能否发行地方政府债券，则留下口子，即“除法律和国务院另有规定外”。

在现实中，地方政府举债不是没有先例。1998 年，为应对亚洲金融风暴，中国实行了积极的财政政策，采取了国债转贷给地方的做法。这种做法突破了地方政府发债的限制，保证了积极财政政策的成功实施。一些综合改革试验区，同样获得了发债的权限。例如，2008 年 9 月 10 日武汉城市圈综改方案已获得批复，国务院给武汉城市圈的政策包括发行市政债、节能债、水专项债券等。

中央代地方政府发债是财政体制运行的必然结果。自 1980 年中央财政与地方财政实行“分灶吃饭”以来，地方政府财政就成为相对独立的财政。中国地方政府之间的财政竞争，促进了中国经济的增长，是中国经济奇迹形成的重要原因之一。（杨志勇、杨之刚，2008）但是，作为单一制国家，地方政府的财政权受到了较多的限制。地方税权有限，地方政府的支出在很大程度上也受到中央政府的约束。1994 年分税制财政体制改革之后，中央与地方财政关系的规范化进一步加强，地方财政的相对独立性得到正式的承认。但在实际运作中，1994 年财税改革的直接目标是提高“两个比重”（财政收入占国内生产总值（GDP）的比重与中央财政收入占全国财政总收入比重）。改革的直接目标已经实现，但是地方财权受限过多的问题尚未得到真正的解决。地方不仅缺少主体税种，而且在发债上仍旧有许多限制。许多地方政府财力严重不足。

为解决财力不足问题，近十年来，不少地方政府可支配财力转向严重依赖“土地财政”。地方政府不仅直接有来自国有土地使用权转让的收入，还有相关的税费收入。而且，越是经济发达地区，由于土地价格相对较高，地方政府对土地财政的依赖性越强。但是，随着次贷危机向全球的蔓延，以及国内经济自身发展存在的问题，中国楼市正遭遇严重挑战，作为国民经济重要支柱之一的房地产行业的生存与发展正处于一个十字路口。大量国有土地拍卖流拍，不仅土地转让收入减少，而且来自土地的税费也相应地下滑，“土地财政”岌岌可危。

从当前的经济和财政形势来看，地方政府发债有其必要性。2008 年，中国出台新积极财政政策，启动四万亿元的刺激内需方案，中央政府要求调动地方政府的积极性。但如何落实，又如何进一步调动地方政府的积极性是一大难题。在地方政府的正常运转都受到影响的情况下，怎么保证地方政府有充分的财力来落实积极的财政政策？在不改变中央与地方事权的前提下，路径无非有二：一是调整中央与地方财力格局；二是让地方政府自寻财力来源。第一条路径要求将中央可支配财力更多地转移给地方，但是随着金融危机以后中央财政收入同比下降，这条路事实上已经被封堵上了。现在只剩下后一条路了！发债是解决地方政府财力来源的较好选择。

虽然名义上地方政府不能发债，但在实际运行中，地方政府债务以及政府性债务种类不少，规模也不小。① 从种类上看，既有国际金融组织贷款，又有外国政府贷款，还有大量以企业债形式存在的政府性债务。债务规模具有复杂性，要在短期内整理繁杂的地方债务信息，全面了解地方债务存量状况，难度较大。② 扩大内需政策的紧迫性要求在特殊时期，启动特殊程序，由中央政府代地方政府发债，通过较为谨慎的管理政策，解燃眉之急，减少地方政府发债所带来的负面影响。

当然，地方政府自身财力来源的扩大，从根本上说要靠经济增长，但从短期来看，这是不现实的。在地方政府发债之一系列配套条件尚未具备之前，折中的选择就是中央代地方政府发债。

地方债务融资的规范化需要与分税制财政体制的深化改革配合，需要进一步调整事权，在中央和地方之间合理配置财权和财力。

9.5.3 增加地方政府债务信息的透明度

地方政府举债和中央政府不同。中央政府可以借新债还旧债，地方政府的债务承受能力远不如中央政府。不同地方政府的财力状况不同，应增加地方政府债务信息的透明度，让市场易于对地方政府的信用状况作出判断。

现有地方政府债务情况透明度不高。预算法对地方政府发债作了限制，但地方政府为了绕过法律与国务院的约束，采取了种种规避的做法，如通过下属公司或者成立相关项目公司举债，如承诺还款形成的各类债务，如各类隐性债务和或有债务，再如事实上形成的公共支出欠款，等等。这些都影响到地方政府的偿债能力。因此，地方债正式启动之前，需要理清地方政府的债务状况，增加地方政府财政透明度，特别是债务信息的透明度，为全面允许地方政府发债创造基础条件。

地方政府发债权应在构建地方政府新融资体系的范围内统筹考虑。与其让地方政府将各种各样的债务以不同形式，分散在不同部门、不同机构、不同项目，还不如让地方政府债务公开集中，以有利于对地方政府债务规模的有效控制。这就需要进行相应的制度安排，增强地方政府债务管理的动力，引导各种政府性债务的“显性化”，实现这些债务向政府债务的转变。

中国作为社会主义市场经济国家，土地和矿产资源均属国家所有，国有经济规模也远大于其他市场经济国家。这迥然不同于西方国家的一些地方政府为了应对财政危机，只能靠出租办公室、出售直升机和巡逻车等等做法。大量的国有资源和国有经济，决定了中国地方政府有着不同于一般市场经济国家的应债条件与能力。只有全面地掌握政府资产和负债情况，才能对地方政府的应债能力作出准确的评估。这就要求发债的地方政府都应该编制相应的资产负债表，以利于市场对地方政府的信用等级

① 由于缺乏权威的统计，对全国地方政府债务（政府性债务）规模多采取估计的办法。据估计，地方债规模少则一万亿元，多则四万亿元。

② 为了加强地方政府债务管理，近年来，各级政府都要填报债务统计表，但是，要让地方政府如实填报债务规模，既有客观原因阻碍地方政府官员填报，也有主观原因影响地方政府官员填报。前者是由于政府性债务的复杂性，即使是地方政府官员也不见得会全面掌握情况。后者主要是地方政府官员担心打“擦边球”的政府性债务的如实填报可能影响自己的前程。

作出准确的评价。

9.5.4 明确地方债的用途

地方政府发债权应明确资金流向。通过发债所形成的资金应限定特定的投资范围，即限定在市场失效范围之内，这是许多市场经济国家的做法。日本《地方财政法》[①] 第5条规定地方政府的财政支出必须以地方债以外的财政收入作为财源。该条也对可用地方债作为财源的情况进行了说明。下列五种情形均可以地方债作为财源：第一，作为交通、煤气、自来水及其他地方政府运营的企业（公营企业）所需经费的财源；第二，作为出资资金和融资资金的财源（包括以出资或融资为目的而购置土地或物品所需经费的财源）；第三，作为地方债借新还旧所需经费的财源；第四，作为灾害应急费、赈灾费和灾害救助费的财源；第五，作为学校及其他文教措施、托儿所及其他福利设施、消防设施、道路、河川、港湾及其他土建措施等公共措施或公用设施建设费（包括对于公共性团体、中央政府或地方政府出资的且政令规定的法人设置的公共设施进行补贴资助所需的经费），以及征购公用土地或其替代土地的征地费（包括购买该土地所必须的土地所有权以外的相关权利所需经费）的财源。

中国地方债融资应重点放在基础设施建设和有利于民生改善的公共服务上。而且，即使是基础设施领域的投资，地方政府也要尽可能借助市场的力量，以较少的资金带动更多的项目。

9.5.5 建立硬预算约束机制

地方政府举债，应建立硬预算约束机制，防范发债风险。允许地方政府发债之后，为了保证地方政府的有效融资，避免地方财政风险，应该设置统一的融资制度框架，对地方发行债券规模、地方债券的发行主体的资质、债券的发行决策等作出相应的规定。

在市场经济条件下，企业陷入了危机，政府会根据情况判断是否施以援手，帮助企业度过难关。政府陷入财政危机，上级政府往往也会加以援助。以美国宾夕法尼亚州为例。州政府会向陷入财政危机的地方政府提供经济援助，并派出机构进行协调监督，帮助地方政府度过危机。经济援助通常不是无偿的，而是采取贷款的形式。州政府同时会对地方政府的收支行为进行严格的监督。（傅志华、陈少强，2004）

在市场经济条件下，资不抵债的企业最终是要破产的。政府破产也是正常的事。加利福尼亚州橙县破产一案就是一例。[②] 1994年12月6日，橙县申请破产，成为美国历史上规模最大的申请破产的市政当局。橙县本是一个富县，破产是由于因其司库的公共资金投资失误所致。在限制财产税征收的第十三号法令通过之后，橙县的财政收入更多地依靠利息收入。1994年度，利息收入占12%，而同期加州其他县只有大约3%。1995年度，该司库承诺利息收入达到35%。要实现这个目标，唯有冒险投资金融衍生市场。投资最终失败。地方政府破产之后，债权人的权益就可会遭到损失。当然，橙县破产主要不是因为举债过多所致，但从结果上看，与举债过多超过偿还能力没有太多区别。

日本的地方政府也会破产（称为“财政破绽”）。与美国的地方政府破产不同，债权人的权益基本上不会受到影响。美国和日本模式的差异，显现的是联邦制国家与单一制国家财政分权的差异。日本地方政府发债，或要得到上级政府认可，或需得到同级议会的批准，一般情况下，上级政府会在地方政府破产时予以兜底。但是，相应地，地方政府的行为就会受到很多限制。以北海道的夕张市为例作简要说明。2006年7月20日，夕张市市长宣布放

① 中译本参见王朝才（2007）。

② 有关橙县破产的情况，参见 http://www.ppic.org/content/pubs/op/OP_398OP.pdf。

弃自力更生再建财政的计划，申请该市成为"财政再建团体"，这实际上就等同于破产。破产的直接原因是该市制定了不切实际的发展规划，举债过度。破产后的夕张市，置于国家的严格管理之下，不仅公民的公共福利受到影响，而且公务员的薪金也要裁减。（国家发展改革委外事司，2006）

显然，中国如果允许地方政府发债，那么，无论从财政纵向分权的现实来看，还是从政治现实来看，上级地方政府直至中央政府必须是下一级地方政府发债承担"最后贷款人"。这样，为增强发债的硬预算约束，同样需要建立地方政府财政危机援助机制和地方政府破产机制，但是，这样所形成的模式一定不同于美国模式，而更像日本模式，而且应强调的是如何让相关决策者负最主要的责任。

在地方人民代表大会制度进一步完善之后，地方债务运行的监督，应该更多依靠地方人民代表大会进行约束。地方债务发行和偿付，特别是由税收提供还款保证的债务发行和偿付，必须纳入地方政府预算，接受监督。由项目收益进行偿付的债务，也要编制统一的预算表，以有利于监督。地方政府债务的发行，还要受到市场的监督。市场资信评估机构也会对作为举债主体的地方政府的信用状况进行分级。

9.5.6 防范地方债务风险

规范地方债，必然会与中央债的发行产生矛盾。为了减少地方债务发行对中央债务发行的影响，避免地方债务发行秩序的混乱，减少地方政府的道德风险，在经济转型期，中央需要通过统一的地方政府债务发行制度来对地方举债行为进行控制，对地方政府债务运行状况进行监控。例如，中央政府可以对地方政府债务收入占地方生产总值的比重、地方政府债务收入占当年当地财政收入的比重、地方政府债务的累积余额等指标进行限定。在规模之内的地方政府债务发行，由地方自行决定。

澳大利亚借款委员会①的发展演变过程有值得借鉴之处。澳大利亚借款委员会是联邦—州的一个协调公共部门举债的部级委员会。借款委员会由澳大利亚政府国库部长②、州和领地的国库部长组成。联邦国库部长任主席。

澳大利亚是一个联邦国家。联邦和州均有举债的权力。为了解决联邦和州在金融市场争夺资金的矛盾，为了化解与此相关的其他矛盾，1927 年，澳大利亚正式成立了借款委员会（the Australian Loan Council，ALC）。起初，澳大利亚借款委员会没有对联邦和州的准政府机构以及地方当局的举债行为进行限制，导致绕开限制的行为的发生。1934 年的《绅士协议》（Gentlemen's Agreement）将这些机构的举债行为纳入管理范围。后来，由于政府采用非传统金融技术融资，仅对传统举债行为进行限制是不够的。1984—1985 年度③澳大利亚引入了全球举债限制，将非传统金融技术融资也纳入了管理的范围。但是，随着复杂金融技术的发展，借款委员会作用的有效性遭到破坏，全球举债限制的办法也再次失效。1992 年 12 月 7 日借款委员会的会议因此采纳了新做法。新做法于 1993—1994 年度生效。之前的全球限制办法以州的人口为基础，根据公式配置，但该公式没有考虑到各州特定的财政环境。借款委员会因此考虑与每个辖区的财政状况有关，以及"合理的"基础设施需要，提出借款金额，也考虑到债务总额对宏观经济的影响。

借款委员会长期以来实行的是数量限制的办法，而今转到强调协商和自主性，强调公共部门融资的透明度，旨在增强对公共部门举债的金融市场监督，便于对每个政府的财政绩效作出信息充分的判断。地方政府发债对宏观经济的影响也在这一体系内得到考虑。

---

① 资料主要来自 http：//www.aph.gov.au/library/pubs/rn/2001 - 02/02rn43.htm 和 http：//www.budget.gov.au/2005 - 06/bp3/html/bp3_ main - 14.htm。

② 澳大利亚与中国财政部对应的是联邦国库部和财政部。

③ 澳大利亚的财政年度从每年的 7 月 1 日开始，次年的 6 月 30 日止。

中国正式启动地方债之时，有必要建立由财政部部长（或主管副部长）和各省级政府财政厅（局）组成的国家借款委员会，统筹中央债与地方债的发行事务。随着制度的逐步健全，国家借款委员会要改变中央政府完全控制地方发债的做法，逐步允许地方政府在一定范围内有更多的自主选择权，从而提高地方政府发债的效率。

主要参考文献

Wallace E. Oates. 1991. *Studies in fiscal federalism*, Edward Elgar.

财政部：《财政部关于推进省直接管理县财政改革的意见》（财预［2009］78号），http：//www. mof. gov. cn/yusuansi/zhengwuxinxi/zhengceguizhang/200907/t20090707_ 176746. html，2009年。

樊丽明、黄春蕾、李齐云等：《中国地方政府债务管理研究》，经济科学出版社2006年版。

傅志华、陈少强："美国防治地方财政危机的实践与启示——以宾夕法尼亚州为例"，《国际经济评论》，2004年第4期。

高培勇、孙国府、张迪恳：《中国财税改革30年：回顾与展望》，中国财政经济出版社2009年版。

高培勇：《共和国财税60年》，人民出版社2009年版。

国家发展改革委外事司："一个日本小城市的破产"，《中国经贸导刊》，2006年第17期。

何显明：《顺势而为：浙江地方政府创新实践的演进逻辑》，浙江大学出版社2008年版。

贾康：《地方财政问题研究》，经济科学出版社2004年版。

李萍：《中国政府间财政关系图解》，中国财政经济出版社2006年版。

林毅夫：《再论制度、技术与中国农业发展》，北京大学出版社2000年版。

刘尚希：《财政风险及其防范问题研究》，经济科学出版社2004年版。

卢中原：《财政转移支付和政府间事权财权关系研究》，中国财政经济出版社2007年版。

罗伯特·D. 李，罗纳德·约翰逊：《公共预算系统》，清华大学出版社2002年版。

平新乔：《财政原理与比较财政制度》，上海三联书店1992年版。

王朝才：《日本财政法》，经济科学出版社2007年版。

项怀诚：《中国财政50年》，中国财政经济出版社1999年版。

杨萍："国外地方政府债券市场的发展经验"，《经济社会体制比较》，2004年第1期。

杨志勇、杨之刚：《中国财政制度改革三十年》，格致出版社、上海人民出版社2008年版。

杨志勇："地方债启动之配套条件研究"，《地方财政研究》，2009年第4期。

杨志勇："省以下财政体制建设：实践与观点述评"，《中国财政》，2008年第13期。

杨志勇："为什么不同时期不同国家提供的公共产品不同?"，《财经问题研究》，2001年第1期。

张五常：《中国的经济制度》，香港花千树出版社2008年版。

张馨：《比较财政学教程》，中国人民大学出版社1997年版。

张占斌：《"省直管县"体制改革的实践创新》，国家行政学院出版社2009年版。

钟晓敏等：《公共财政之路：浙江的实践与探索》，浙江大学出版社2008年版。

周天勇、王长江、王安岭：《攻坚：十七大后中国政治体制改革研究报告》，新疆生产建设兵团出版社2007年版。

周振鹤：《体国经野之道：中国行政区划沿革》，上海书店出版社2009年版。

朱秋霞：《德国财政制度》（修订本），中国财政经济出版社2005年版。

朱秋霞：《中国土地财政制度改革研究》，立信会计出版社2007年版。

10

“十二五”时期的财政政策取向

- 经济全球化要求进一步加强国际间的财政政策协调
- 要加快社会保障制度改革和税制结构调整，增强自动稳定器作用的发挥
- 应加快相机抉择财政政策决策机制的转变进程，提高财政政策效率
- 要确立财政规则，健全财政制度，为财政政策提供强有力的支撑

Fiscal Policy Orientation in the Period of 12th Five-Year Plan

- Economic globalization requires governments to further strengthen international financial policy coordination
- The reform of social security system and the adjustment of tax system structure should be speed up so that the role of automatic stabilizer can be enhanced
- China should speed up the transformation process of the decision-making mechanism of discretionary fiscal policy so as to improve the efficiency of fiscal policy
- In order to provide strong support for fiscal policy, the fiscal rules should be established and the fiscal system should be improved

10. “十二五”时期的财政政策取向

10.1 “十一五”时期的财政政策

“十一五”以来，中国财政政策从稳健的财政政策转型为积极的财政政策。新积极财政政策在应对金融危机上已经发挥了作用，促进了经济的回暖，但也应注意实施的成本和可能的风险。

10.1.1 “十一五”以来的财政政策的简要回顾

“十一五”以来，中国财政政策经历了从稳健向积极的转型。“十一五”开局之年的2006年延续了“十五”后期的稳健财政政策，即中性财政政策。从2006年到2008年，中央财政赤字规模逐步缩小，而且，每年的国债余额均控制在年度预算限额之内。可以说，这是稳健（中性）财政政策的体现。

2006年中央财政赤字2 749.95亿元，比十届全国人大四次会议批准的2 950亿元减少200.05亿元，占GDP的比重下降为1.3%。2006年年末中央财政国债余额为35 015.28亿元，控制在35 381.68亿元的年度预算限额以内。2007年中央财政赤字2 000亿元，比十届全国人大五次会议批准的2 450亿元减少450亿元。2007年年末中央财政国债余额52 074.65亿元，控制在年度预算限额53 365.53亿元以内。2008年中央财政赤字1 800亿元，控制在十一届全国人大一次会议批准的数额之内。2008年年末中央财政国债余额53 270.76亿元，控制在年度预算限额55 185.85亿元以内。为了实施积极财政政策，2009年财政赤字迅速攀升，达到9 500亿元，为历年来最高。

从国际上常用的衡量财政风险的指标来看，这几年，中国财政赤字占GDP的比重远低于3%的警戒线：2006年仅为1.30%；2007年为0.80%；2008年为0.57%。年末国债余额占GDP的比重也远低于60%的警戒线：2006年为16.52%；2007年为20.87%；2008年为16.96%。

国内外债务付息与每年数万亿的财政收入相比，仅占较低比例。2006年为975.39亿元，占2.52%；2007年为993.45亿元，占1.94%；2008

年为1 309.31亿元，占2.14%。(见表10－1)

根据全国财政工作会议的材料，2009年全国财政收入预计达到68 477亿元，增长11.7%；财政赤字在人大批准的预算之内。[①]

表10－1　财政赤字与国债（2006—2008年）

	2006年	2007年	2008年
中央财政赤字（亿元）	2 749.95	2 000.00	1 800.00
中央财政赤字占GDP的比重（%）	1.30	0.80	0.57
年末国债余额（亿元）	35 015.28	52 074.65	53 270.76
国债余额占GDP的比重（%）	16.52	20.87	16.96
国内外债务付息（亿元）	975.39	993.45	1 309.31
国内外债务付息占财政收入的比重（%）	2.52	1.94	2.14

资料来源：财政部网站；国家统计局网站；《中国财政年鉴2008》。

10.1.2　新积极财政政策的主要特点

2008年中国开始实施的新积极财政政策，与1998年的积极财政政策相比有着鲜明的特点。

财政政策力度

1998年的积极财政政策是为应对亚洲金融风暴而出台的。财政政策所面对的金融危机只是区域性金融危机。1998年的积极财政政策凭借着以"增发国债——扩张支出——拉动内需"为主要线索的一系列扩张性财政举措，走出了通货紧缩的阴影，并使经济重返平稳较快发展的轨道。2008年的金融危机从美国的次贷危机开始，席卷全球，是一次全球性金融危机，牵涉的范围更广，影响的程度更深，带来的压力更大。故而，新积极财政政策的操作"更直接、更有力、更有效"，财政政策力度较大。

财政政策工具选择

与1998年积极财政政策的重心主要放在扩大财政支出一条线索上不同，新积极财政政策则是财政支出与财政收入两翼同时并举、两条线索协同作战。在其中，不仅有扩大财政支出的传统举措，也有结构性减税的新动作。就扩大财政支出而言，不仅有增加政府公共投资的项目，也有增加中低收入群体收入以及实施家电下乡、汽车下乡等方面的安排。就结构性减税而言，不仅涉及诸如增值税[②]、企业所得税[③]等份额较大的税种的减税，也有包括个人所得税、二手房交易税负、股票交易印花税、车辆购置税等份额相对较小的税种的减税。新积极财政政策实质上属于"全方位"的扩张财政政策。

在财政收入方面，实行结构性减税，减轻了企业和居民的负担。通过实施企业所得税新税法、提高个人所得税工薪所得减除费用标准、暂免征收储蓄存款和证券交易结算资金利息个人所得税、降低住房交易环节税收负担、调高部分产品出口退税率、取消和降低部分产品出口关税、下调证券交易印花税税率并改为单边征收、调整汽车消费税政策、允许困难企

① 财政部新闻办公室："扎实实施积极财政政策　促进经济平稳较快增长"，2010年1月10日，http://www.mof.gov.cn/mof/zhengwuxinxi/caizhengxinwen/201001/t20100110－258368.html。

② 增值税转型是增值税中性作用发挥的内在要求。金融危机加快了转型的进度，也使得转型构成新积极财政政策一个组成部分。

③ 统一企业所得税制在新积极财政政策提出之前就已开始实施。开始实施之年正好与积极财政政策的出台时间吻合，发挥了减税政策的作用。

业阶段性缓缴社会保险费、降低四项社会保险费率等税费减免举措，2008年共减轻了大约2 800亿元的企业和居民负担。在此基础上，2009年又全面实施消费型增值税、实施成品油税费改革、取消和停征100项行政事业性收费等新的税费减免举措，从而拿出了将减轻企业和居民负担约5 500亿元的"减税大单"。

在财政支出方面，扩大政府公共投资并增加中低收入群体收入，以此带动和引导投资和消费需求。继2008年新增中央政府公共投资1 040亿元并提前安排2009年灾后恢复重建资金200亿元之后，2009年的中央政府公共投资达到9 243亿元，增加5 038亿元。这些投资，主要用于农业基础设施及农村民生工程建设（2 567亿元）、保障性住房建设（551亿元）、教育和医疗卫生等社会事业建设（965亿元），地震灾后恢复重建（1 305亿元）、节能减排和生态建设（777亿元）、自主创新和技术改造及服务业发展（681亿元）以及包括铁路、公路、机场和港口等在内的基础设施建设（2 151亿元）。

除此之外，通过进一步增加对农民的补贴、提高城乡低保补助水平、增加企业退休人员基本养老金、提高优抚对象等人员抚恤补贴和生活补助标准、对困难群体直接发放一次性生活补贴等途径，在不断提高中低收入群体收入方面投入了2 208.33亿元。并且，还分别安排了家电下乡补贴200亿元和汽车下乡补贴50亿元，以实施家电和汽车下乡补贴政策。

10.1.3 新积极财政政策的成本与风险

任何事情都是效益和成本并存的。上一次长达7年之久的积极财政政策实践成果，是在我们付出了国债和赤字规模双双激增的昂贵代价之后取得的。这一次的积极财政政策操作，仅在2009年，就安排了高达9 500亿元的赤字和相应规模的国债发行。根据目前的经济态势和经济周期运行的规律，即便做非常保守的预期，这一次积极财政政策的实施区间至少要跨越三年。

从目前的情况看，积极财政政策的成本与风险已有所显现。2009年全年财政收入虽然完成了预算目标，并延续了前些年来超GDP增长的态势。但是，2009年全年的财政收入形势，可谓惊心动魄。财政收入在前7个月中，累计数不仅没有按照预算的速度增长，反而一直保持负增长的态势。8月，财政收入累计数才出现了微弱的同比增长（2.6%），该月中央财政本级收入累计数同比仍然是下降的（-1.6%）。9月，中央财政本级收入累计数同比才出现正增长（1.6%）。财政收入形势面临1994年财税改革以来最为严峻的挑战。随着下半年财政收入增长速度加快，年度预算收入目标才得以实现。

应当指出的是，2009年财政收入形势是由多种因素综合形成的，既有经济形势因素，又有财政政策因素。

经济决定财政。2009年上半年财政收入严峻形势在很大程度上是经济低迷所致。下半年，随着经济复苏与逐步企稳，财政收入恢复快速增长是正常的表现。新积极财政政策的一个重要内容是减税，这也在客观上加大了财政收入的压力。同时，我们也应该注意到，短期内财政收入压力加剧是新积极财政政策实施的必然结果，这也是财政政策实施必须付出的成本。只有在积极财政政策刺激经济的效果得到充分释放之后，财政收入形势就会好转。2009年下半年财政收入形势趋于好转有2008年同期基数较低的因素，但更主要的是新积极财政政策作用的结果。

一方面是财政收入形势的严峻性，另一方面是扩大财政支出的压力，这自然会增加财政运行的风险。高达5 500亿元的减税，与扩大财政支出一起，加大了财政运行的风险。

从1994年税制改革以来，尤其是1999年以后，中国经济处于快速增长时期，财政收入以远高于GDP的速率持续增长已成习惯。但是，经济的周期性波动是不可避免的，经济调整导致财政收入波动也是正常的。即使在国际金融危机之后，中国经济进入稳定增长阶段，财政收入恐也难以回到2008年之前20%以上的高速增长轨道。

与此同时，以1.18万亿元中央财政投资为依托的4万亿元投资方案的出台，以及其他一些改善民生的财政支出调整措施，都会直接增加财政支出。增支在很大程度上也是积极财政政策落实的结果。通过扩大支出规模，从而起到刺激内需的作用。处于经济低迷期，减收增支会给政府财政带来压力。无论是减税政策，还是扩大支出的措施，都需要勇气和智慧，以用尽可能低的代价换来经济的快速稳定增长。此番挑战是在预期之中的。2009年中国安排了天量规模的9 500亿元的预算赤字，财政困难可能比想象的更为严重。

应当看到，尽管目前中国经济在总体上出现了回暖的迹象，但基础并不牢固，还有许多不确定性因素：全球经济前景仍然黯淡、外部需求继续下降，出口减少、产能过剩和就业困难的局面短期内难以根本缓解，等等。这就意味着，中国正处于应对全球性金融危机的关键时期。鉴于当前这次全球性金融危机的严峻性以及积极财政政策的角色定位，往前看，要让中国经济真正回暖、站稳并最终走出危机，积极财政政策还有相当长的一段路要走。与积极财政政策操作的进一步深化与完善相伴随，在今后一个可能不算短的时间内，中国财政收支上的困难局面在所难免。

10.2 财政政策环境的变化

经济全球化、经济和社会转型、货币政策的局限性，均要求财政政策发挥更大更积极的作用。

10.2.1 经济全球化背景下要求进一步加强国际财政政策的协调

开放经济条件下，一国财政政策对他国而言，往往具有外部性。经济全球化背景下，一国财政政策的有效性更是受到他国（地区）的影响。协调一致的财政政策，才能保证多赢和各国财政政策目标的顺利实现。

各国财政政策的协调是一国财政政策有效作用的重要条件。在2008—2009年的经济刺激计划中，中国与世界主要国家间加强了财政政策的协调工作。未来，中国仍需进一步加强财政政策的国际协调。一是发挥区域性财政政策协调作用。如在“中日韩+东盟地区”内建立政策协调机制，以应对未来可能给本地区带来的各种经济挑战。二是借助国际组织、国际间的双边或多边对话，为财政政策的实施寻找合适的环境。这主要是通过世界银行、国际货币基金组织、G20对话机制、中美战略经济对话以及中国和世界上主要国家的对话等方式来加以实现。

应该说，财政政策的国际协调还只是处于起步阶段。不仅中国如此，世界上许多国家也是这样。因此，中国需要和其他国家共同参与制定有关财政政策的对话与协调机制，在有关规则的制定上发挥建设性作用。专栏10-1提供了多国呼吁经济刺激计划协调一致的情况。

专栏 10－1 多国呼吁经济刺激计划退出步调一致

2008 年之后，世界上主要国家均采取了扩张性财政政策。在经济最困难时期过后，一些国家开始采取加息措施，经济刺激计划逐步退出。但是，出于未来经济不确定性的担心，更是考虑到各国经济的相互依赖性，多个国家呼吁保持政策步调的一致性。

2009 年 9 月 17 日，欧盟举行非正式峰会，为下周在美国匹兹堡举行的 20 国集团峰会就国际金融改革、为遏制气候变化筹资以及是否继续刺激经济等问题协调立场。欧盟敦促 G20 继续刺激经济，呼吁勿仓促退出。

2009 年 9 月，G20 会议发布的联合声明中，G20 财长确认了全球经济和金融市场现状正在改善的事实。不过，声明作出的各国仍需继续刺激经济的表态显示，全球的经济刺激措施在效果上来说尚未完全显现。此外，各国财长还在会议上呼吁全球金融行业进行包括降低金融衍生品杠杆率在内的多项调整，并通过联合声明表达了同意建立一个更强大国际金融体系的立场。“退出政策”求同存异。根据联合声明，与会各国达成如下共识：全球经济正在改善，但各国仍对经济增长和就业前景持谨慎态度。因此，“各国将继续实施果断的、必要的财政支持措施、扩张性货币政策及财政政策直至经济稳固复苏，但这些政策必须与物价稳定和长期财政可持续保持一致”。

2009 年 9 月 29 日，中国和欧盟共同呼吁经济刺激措施莫过早退出。2009 年 12 月 30 日，德国财政部长敦促经常性赤字高企的国家恢复经济平衡，并呼吁 20 国集团（G20）成员国协调退出策略。G20 财长将在 2010 年 6 月和 11 月举行的 G20 峰会上讨论有关执行协调退出策略的提议。

2009 年 8 月 31 日，国际货币基金组织第一副总裁约翰·利普斯基表示，如果需要减少经济刺激措施，世界主要经济体应就相应“退出战略”进行协调；如果各国能协调“退出战略”，效果将比不协调要好；尽管目前就减少经济刺激措施还为时尚早，但世界主要经济体应提早着手规划。

资料来源：主要根据新华社的有关报道整理。

10.2.2 经济与社会转型要求财政政策更加注重就业与经济增长目标

根据人力资源和社会保障部部长尹蔚民的预计，到 2009 年年底，中国实现城镇新增就业将达到 1 100 万人以上，城镇登记失业率稳定在 4.3% 的水平，实现了就业局势的总体稳定。4.3% 的失业率与欧元区 2009 年 10 月的 9.8% 和美国 2009 年 11 月的 10% 相比，是一个较低的数字，但这并不代表中国的就业问题比其他国家解决得更好。这是因为，城镇登记失业率低估了实际失业率。（参见专栏 10－2）如果用调查失业率来取代登记失业率，那么我们就会发现中国就业问题的严峻性。城镇调查失业率与欧美基本上在同一水平上，如果再加上农民就业的压力，中国就业问题的严峻性甚至超过了欧美国家。

中国正处于经济和社会的转型之中，就业大军中不仅有每年数百万毕业需要就业的大学生（2008 年为 559 万人；2009 年为 610 万人），还有大量进城农民和下岗需要再就业的城镇职工。巨大的就业压力如果不能得以顺利释放，那么这将严重影响稳定。

专栏 10－2 调查失业率与登记失业率

失业率统计有登记失业率和调查失业率之分。在国际上，通行的是调查失业率。目前中国官方公布的是登记失业率，而且只是城镇登记失业率。这一方面不能反映农村的失业状况，另一方面也无法准确描述城镇真实失业情况。

登记失业率和调查失业率各有利弊。前者容易获取，且与失业保障制度相关。只有通过失业登记的失业者才能领取失业救济金。后者能更真实地反映失业状况。

在应对就业问题的挑战时，中国应该用调查失业率取代登记失业率。这是因为有许多失业者未能通过相关机构的登记，从而压低了失业率，不利于就业问题的解决。中国社会科学院社会学所“中国社会状况综合调查”在 2008 年 12 月公布了城镇经济活动人口失业率，约为 9.4%。该失业率系通过调查得到，为调查失业率，远高于官方所公布的城镇登记失业率。

另外，中国社会科学院人口所学者也根据国际劳工组织推荐的方法和定义，计算中国的城镇调查失业率，结果显示，近年来相当一部分省份的城镇调查失业率超过 10%。中西部和东北地区等老工业基地的失业问题相对更为严重。

资料来源：汝信、陆学艺、李培林，2008。

在市场经济条件下，就业问题实际上属于劳动力市场的均衡问题。一般情况下，就业问题是由市场机制来加以解决的。但在经济和社会转型的特殊时期，在经济周期的低谷期，就业问题往往需要政府施以援助之手。市场所能提供的就业岗位可能严重不足。政府可以通过举办公共工程，还可以通过其他鼓励吸收劳动力就业的措施，创造更多的就业机会。

在转型期，一部分失业是因为劳动者知识结构不能适应新形势需要而形成的。就此而言，政府帮助劳动者再就业的关键是给劳动者更多的就业培训，从而为再就业创造必要条件。

中国还处于“刘易斯转折”阶段，劳动力正从无限供给向短缺过渡。这表现为经济回暖时，劳动力短缺现象较为突出，而在经济低迷期，劳动力又供过于求。问题的复杂性更增添了应对就业问题的财政政策选择的困难。一方面，财政政策需要着眼于短期，解决眼前的就业问题；另一方面，财政政策需要为将来的劳动力短缺未雨绸缪，提供必要的支持。当然，劳动力短缺从根本上说，需要靠人口政策的调整来加以解决。财政政策只能起到辅助作用。

解决就业问题，需要保持一定的增长速度。考虑到中国短期内的就业压力较大，因此，短期内，中国仍然需要保持较快的增长速度。也就是说，经济增长的意义不是数字本身，更重要的是经济增长通常对就业有利。

中国工业化和城市化进程尚未完成，增长的潜力还较大。政府在采取措施让这些潜力转化为现实的同时，还需要注意经济结构的调整。这是因为，在同样的经济增长率下，劳动密集型行业的发展更有利于就业。中国需要以经济结构调整为契机，尽量避免无就业的经济增长，大力发展能够吸纳较多劳动力的劳动密集型行业，特别是劳动密集型工业和服务业。

10.2.3 货币政策运行机制的现实要求财政政策发挥更大作用

为了应对金融危机，中国选择了积极的财政政策和适度宽松的货币政策。但从现实来看，货币政策反而是偏紧的。2009 年，利率和存款准备金率均未下调，也未上调。另外央行储备货币和央行向市场投放的头寸指标也表明，货币政策在央行那里至少不是宽松的。[①]到了 2010 年，1 月 18 日存款准备金率更是上调了 0.5 个百分点。这在很大程度上说明央行在货币政策的实施上能力有限。再加上，货币政策的目标定位是以币值稳定来促进经济增长，当币值稳定目标受到冲击时，央行的当务之急是稳定货币，因此，在现行金融体系中，央行在稳定经济上所能发挥的作用是有限的。相反，2009 年 9.59 万亿元天量信贷的出现，保证了扩张性经济政策实施中的资金需求。这更多地是依靠商业银行体系来得以实现的。中国银监会 2010 年 1 月 16 日公布的数据显示，截至 2009 年 12 月末，中国银行业境内本外币资产总额已达 78.8 万亿元人民币，同比增逾二成六，不良贷款维持“双降”，中国银行业同期不良贷款余额 4 973.3 亿元，比年初减少 629.8 亿元；不良贷款率 1.58%，较年初再降 0.84 个百分点。因此，基于中国银行业在金融业中的地位，需要进一步探讨宏观审慎监管问题，即中国银监会在货币政策实施中的作用问题。监管本来属于微观之事，但中国的现实，决定了微观监管只能是一个基础，还需要结合宏观经济政策走向，选择适当的宏观审慎监管方式。

央行实施货币政策的局限性和尚不成熟的宏观审慎监管现实，决定了财政政策需要承担更多宏观经济调控的职能。

10.3 进一步完善财政宏观调控体系

中国财政政策在稳定经济上已发挥积极作用。为了更好地发挥财政政策的积极作用，还需要进一步完善财政宏观调控体系。这主要表现在增强自动稳定器作用、加快财政政策决策机制转变、确立财政规则和健全财政制度上。

10.3.1 加快社会保障制度改革和税制结构调整，增强自动稳定器作用的发挥

社会保障支出规模

中国社会保障总支出（社会保障和就业支出）的规模一直在扩大，从 2003 年的 2 655.91亿元，上升到 2008 年的 6 804.29 亿元。但是，相对于财政总支出而言，社会保障总支出的相对规模保持稳定。在 2003—2008 年间，社会保障总支出占财政总支出之比稳定在 10% ~11%之间。(表 10 - 2)

最低生活保障情况

近年来，中国城乡普遍建立起最低生活保障制度。统一的城镇最低生活保障制度先于农村建立。1999 年 10 月 1 日开始实施的《城市居民最低生活保障条例》规定：持有非农业户口的城市居民，凡共同生活的家庭成员人均收入低于当地城市居民最低生活保障标准的，均有从当地人民政府获得基本生活物质帮助的权利；财政部门按照规定落实城市居民最低生活保障资金；城市居民最低生活保障所需资金，由地方人民政府列入财政预算，纳入社会救济专项资金支出项目，专项管理，专款专用。随后，各地参照城镇最低生活保障制度，建立起农村居民最低生活保障制度。根据民政部统计，2009 年 11 月，最低生活保障线 6 969.2 万人。表 10 - 3 显示当前中国的最低生活保障情况。现在，仍应进一步完善城乡低保制度，建立与物价变动相适应的城乡低保标准动态调整机制。

---

① 张莫、孙韶华：“李扬：今年的货币政策不具扩张性”，《经济参考报》，2009 年 11 月 11 日，http：//www.ce.cn/cysc/newmain/jdpd/zjxw/200911/11/t20091111_19879412.shtml。

表 10－2　全国财政社会保障支出情况　单位：亿元

	项目	2003	2004	2005	2006	2007	2008
支出金额	财政总支出	24 650.0	28 486.9	33 930.3	40 422.7	49 781.4	62 592.7
	社会保障总支出	2 655.9	3 116.1	3 698.9	4 361.8	5 447.2	6 804.3
	1. 财政对社会保险基金的补助	493.9	519.8	577.2	889.0	1 275.0	1 630.9
	2. 行政事业单位离退休支出	895.0	1 028.1	1 164.8	1 330.2	1 566.9	1 812.5
	3. 就业补助	99.2	130.1	160.9	345.4	370.9	414.6
	4. 城市居民最低生活保障	160.6	178.8	198.2	241.0	296.0	411.7
	5. 自然灾害生活救助	57.0	49.0	63.0	71.0	91.6	356.9
占财政总支出比重（%）	社会保障总支出	10.8	10.9	10.9	10.8	10.9	10.9
	1. 财政对社会保险基金的补助	2.0	1.8	1.7	2.2	2.6	2.6
	2. 行政事业单位离退休支出	3.6	3.6	3.4	3.3	3.2	2.9
	3. 就业补助	0.4	0.5	0.5	0.9	0.8	0.7
	4. 城市居民最低生活保障	0.7	0.6	0.6	0.6	0.6	0.7
	5. 自然灾害生活救助	0.2	0.2	0.2	0.2	0.2	0.6

注：因 2007 年政府收支分类改革，2007 年和 2008 年的数据与之前的数据不可比。

资料来源：《中国财政年鉴 2008》；《2008 年全国财政支出决算表》。

表 10－3　最低生活保障情况（2009 年 11 月）

	单位	数量		单位	数量
城市			农村		
居民最低生活保障人数	万人	2 338.1	最低生活保障人数	万人	4 631.1
居民最低生活保障户数	万户	1 136.9	最低生活保障户数	万户	2 229.6
最低生活保障当月计划支出	亿元	35.3			

资料来源：民政部网站：《2009 年 11 月份民政事业统计月报》，http://files.mca.gov.cn/cws/200912/20091218173836124.htm。

就业扶持政策

社会保障支出的内在的自动稳定器作用要发挥，还需要做好很多工作。中国仍需加快社会保障制度改革的步伐，提高社会保障的统筹水平，扩大社会保障覆盖面。提高失业保险支出水平，也至关重要。

社会保障覆盖面的扩大与适当的社会保障水平是相关联的。超过一般企业承受能力的社会保障是不可持续的，而且也会影响覆盖面的扩大工作。在经济低迷期，采取适当的扶持政策是必要的。2008 年 12 月，人力资源和社会保障部、财政部、国家税务总局联合下发《关于采取积极措施　减轻企业负担稳定就业局势有关问题的通知》（人社部发［2008］117 号，简称 117 号文件）。117 号文件"允许困难企业在一定期限内缓缴社会保险费"、"阶段性降低四项社会保险费率"、"使用失业保险基金帮助困难企业稳定就业岗位"和"鼓励困难企业通过开展职工在岗培训等方式稳定职工队伍"，该政策 2009 年年底已到期。2009 年 12 月 24 日，人力资源和社会保障部、财政部和国家税务总局联合下发通知，宣布 2008 年

12月开始实施、2009年年底到期的4项就业扶持政策，再延长一年。这样的规定不仅减轻了企业特别是中小企业的负担，而且对稳定就业局势发挥了积极作用。

扶持政策的延期，意味着需要进一步加大资金投入。促进解决下岗失业人员、农村转移劳动力、困难群体的就业问题。中国仍将根据就业形势变化及时调整完善就业政策，鼓励普通高校毕业生到中小企业、基层和中西部地区就业，鼓励劳动者自谋职业和自主创业。加大对就业困难人员和零就业家庭的就业援助力度。①

未来中国应将就业扶持政策常态化，研究实施适应不同时期特点的就业扶持政策。

扩大失业保险支出范围

目前中国的失业保险制度重点是保证失业救济金的发放，对促进就业方面考虑不足。为了更好地发挥失业保险制度的作用，北京、上海、江苏、浙江、福建、山东、广东东部7省（市）扩大失业保险基金支出范围试点政策从2006年1月开始实行。该试点原定三年，现已延长到2010年年底。应尽快总结各地经验，研究落实将试点政策常态化的政策，以更有效地发挥失业保险支出在促进社会稳定中的作用。各省（市）根据自身情况，制定了相应的试点方案。兹罗列广东和江苏两省的试点政策如下：

广东

根据《广东省进一步扩大失业保险基金支出范围试点方案》，试点期间，在确保失业人员失业保险待遇按时足额发放的前提下，从失业保险基金中安排一定比例的资金（以下简称失业保险促进就业资金）用于预防失业、促进就业的各项支出。

《试点方案》规定，除领取失业保险金期间的失业人员外，增加以下三类适用对象：一是本省户籍的城镇登记失业人员（包括就业困难人员）和农村转移就业劳动力；二是依法参加本省失业保险的在职劳动者；三是依法参加本省失业保险的用人单位。符合条件的在职人员和失业人员均可以申领职业培训补贴、创业培训补贴、职业介绍补贴、小额担保贷款贴息、职业技能鉴定补贴。②

江苏

江苏省结合各地失业基金结余情况，试点延长扩大失业保险基金支出范围。根据江苏省人社厅和财政厅公布的《关于延长扩大失业保险基金支出范围试点政策的实施意见》，允许符合条件的试点地区将失业保险基金支出项目由原来的5大类扩展到10大类，即从原来用于职介补贴、职业培训补贴、社保补贴、岗位补贴和小额担保贷款贴息等支出项目的基础上，扩大到职业技能鉴定补贴、创业投资引导基金（包括用于创业培训、初次创业补贴、创业租金补贴、创业孵化基地建设和创业型城市创建等）、创业见习（实训）生活补助、公共就业服务基层平台信息网络建设和公共实训基地的能力建设（不含基本建设支出）。

《实施意见》规定，将岗位补贴范围从原有吸纳就业困难人员就业的公益性岗位和鼓励高校毕业生面向城乡基层就业的社会管理、公共服务岗位，扩大到吸纳就业困难人员就业的各类用人单位；加大对企业因受国际金融危机影响的减负稳岗补贴力度，在对符合条件的困难企业给予社保补贴或岗位补贴的同时，支持特别职业培训计划的实施，对开展职工在岗培训和转岗培训给予相应补贴；适应产业结构调整和高技能人才培养的需要，有条件的地区可适当用于经省辖市及以上政府批准设立的公共

---

① 财政部新闻办公室：“着力保障和改善民生”，2010年1月10日，http://www.mof.gov.cn/mof/zhengwuxinxi/caizhengxinwen/201001/t20100110_258367.html。

② 马汉青、梁嘉敏、王分枝：“扩大失业保险基金支出范围稳岗补贴申领延至2010年底”，《羊城晚报》，2009年12月25日，http://www.ycwb.com/ePaper/ycwb/html/2009-12/25/content_696994.htm。

实训基地能力建设，包括设备购置、网络建设、实训项目开发等费用。[1]

调整税制结构

许多国家的经验表明，自动稳定器内在于经济系统内，比相机抉择财政政策有着天然优势，即没有政策时滞，且不会有其他因素干扰。但是，强调自动稳定器作用的前提是所得税特别是累进的个人所得税在税收收入中所占比例较高和较大的社会保障覆盖面。2008 年，中国企业所得税收入 11 175.63 亿元，占税收收入的 20.61%；个人所得税收入 3 722.31 亿元，仅占税收收入的 6.86%。个人所得税在中国税收收入中所占的比重较低的现实，在很大程度上制约了个人所得税制的自动稳定器作用的发挥。从中长期来看，为了更好地发挥个人所得税的作用，需要进一步提高个人所得税在税收收入中的地位。即使未来有个人所得税的减税措施，随着居民收入水平的增加，个人所得税收入总额也将随之得到提高。另外，还应研究制定在降低商品税收入比重的基础之上，扩大所得税收入的战略性措施，通过税制结构的调整，更好地发挥自动稳定器作用。

10.3.2 加快相机抉择财政政策决策机制的转变，提高财政政策效率

与西方许多国家不同，中国特色的公共决策体制意味着，一旦形成共识，启动政治程序所耗费的时间较短，这是一种独特的优势。但与任何国家一样，公共决策都需要充分的信息，都有一个认识的过程。相机抉择财政政策在决策过程中，同样存在认识时滞。

缩短认识时滞，需要尽可能提高对事物的认识水平。相机抉择财政政策的决策，涉及宏观经济形势判断。在宏观经济预测水平还处于较低水平和宏观经济学尚待进一步发展的背景下，相机抉择财政政策更多地是因时而变的政策。中国政府部门集中了大量宏观经济数据，受制于繁文缛礼，政府部门往往很难有充分的时间和精力对这些数据信息进行有效的处理。与此同时，社会上有大量的科研机构和高等学校却面临基础研究数据缺乏的问题。这是资源最大的浪费，而且无益于公共决策水平的提高。为此，应结合《政府信息公开条例》的实施，尽可能公布各种政府信息，让社会各界充分参与各种问题的研究，为政府决策提供更多的选择项，从而提高宏观经济预测水平，降低财政政策的决策成本，为财政政策选择提供基础，更好地让相机抉择财政政策发挥积极作用。

影响认识时滞的原因很多。在财政政策需要转向时，认识时滞的缩短，有利于提高政策的效力。专栏 10－3 说明认识和决策时滞的不可避免性。但是，随着宏观经济预测水平的提高和宏观经济分析能力的增强，再加上充分公开的政府信息，财政政策的认识和决策时滞是完全可以得到缩短的。

专栏 10－3　2008 年财政政策转向

2007 年 12 月 3 日至 5 日，中央经济工作会议在北京举行。会议对 2008 年的经济工作任务作了安排。关于宏观调控，会议要求完善和落实宏观调控政策，保持经济平稳较快发展的好势头。要把防止经济增长由偏快转为过热、防止价格由结构性上涨演变为明显通货膨胀作为当前宏观调控的首要任务，按照控总量、稳物价、调结构、促平衡的基调做好宏观调控工作。2008 年要实施稳健的财政政策和从紧的货币政策。

---

① 黄红芳：“江苏出台试点新政策扩大失业保险基金支出范围”，《新华日报》，2009 年 12 月 4 日，http：//news. xinhuanet. com/politics/2009－12/04/content_ 12586584. htm。

专栏 10 - 3（续）

到了2008年，由于金融危机的冲击，财政政策进行了转向。2008年11月5日召开的国务院常务会议提出，在世界金融危机日趋严峻、中国经济遭受冲击日益显现的背景下，中国宏观调控政策要作出重大调整，将实行积极的财政政策和适度宽松的货币政策，并在今后两年多时间内安排4万亿元资金强力启动内需，促进经济稳定增长。

财政政策逆转的事情不仅仅发生在2008年。在“九五”时期，中国原先计划实现财政收支平衡目标，选择了适度从紧的财政政策，但是随着1997年亚洲金融危机的爆发，1998年，中国第一次明确实行积极的财政政策（扩张性财政政策）。财政政策方向的急转表明，财政政策的选择相当困难，往往不是事先所能准确预期的，这也说明相机抉择财政政策客观上存在认识和决策的时滞。

资料来源：1. http：//news. xinhuanet. com/newscenter/2007 - 12/05/content_ 7205171. htm。

2. 项怀诚，2001。

10.3.3 确立财政规则，健全财政制度，为财政政策提高强有力的支撑

确立财政规则，保证财政收支平衡仍然至关重要。经过凯恩斯革命之后，世界上许多国家摆脱了年度财政收支平衡的约束，但是保证周期性财政收支平衡仍应是一国财政政策选择时所应注意的。赤字规模的控制仍然是一个重要的问题。虽然欧盟的赤字率不超过3%和公债占GDP之比不超过60%的财政规则是政治妥协的产物，但是该规则对赤字和公债规模的限制做法是有意义的。中国完全可以根据自己的国情，确定不同的赤字和公债规模控制目标。

重要的是，当确立规则之后，需要着重防范规则流于形式。专栏10-4提供了人们对德国新财政规则确立之后可能被滥用的担心。这也是中国确立财政规则时应注意的问题。

相机抉择财政政策的实施，特别是在经济和金融危机时所需要的扩张性财政政策（积极的财政政策），往往意味着政府支出规模的扩大。健全的政府财政，有利于财政政策灵活性的提高。评价中国政府财政的健全性，一方面需要注意中国政府存在大量隐性负债和或有负债的现实，这是最大的财政风险；另一方面也要注意到中国在公共产权上的特殊性，否则难以准确评估中国应对财政风险的能力。

中国国有经济规模较大，国有经济部门占据了社会中最重要的资源。中国土地是国有的，资源是国有的，这意味着中国应对财政风险时所能动用的资源是西方国家所难以比拟的。简单地用西方的财政健全指标，难以准确反映中国的财政风险。

专栏 10 - 4　德国的财政规则

德国财政规则旨在保证财政的可持续性，但是，该规则对于与危机相关的公债累积可能是一个极有用的“退出”机制。批评者认为新规则限制太严。但是，对于持续的反周期财政政策，该规则实际上限制很少，而且还有灵活性的条款。具有讽刺意义的是，更严重的风险是灵活性可能会削弱政策的实施。

2009年6月12日，德国议会修订了宪法，从而包括联邦和州政府的新财政规则。酝酿于2006年的该规则，作为实行财政纪律的机制，要求联邦政府的结构性赤字（经过调整的赤

专栏 **10－4**（续）

字，考虑了经济周期和一次性操作）不超过 GDP 的 0.35%。对于联邦政府来说，该规则在 2016 年生效，并要求从 2011 年起逐步实现结构性平衡。该规则要求各州从 2020 年起逐步实现结构性平衡。该规则体现在宪法（德国的“基本法”）中，规定借款不得超过预算的总投资支出。该财政规则提供了及时的摆脱当前公债累积的“退出策略”，构成财政可持续性的承诺，在当前与金融危机和各州稳步增加的债务水平相关的巨额财政成本背景下受到欢迎。所要求的财政整顿的时间安排与我们的经济展望是一致的——该规则的逐步引入不应该与 2010 年的持续刺激相冲突、与预期的 2011 年经济复苏相冲突。

结构性赤字封顶，辅之以灵活的实施机制。可信的财政规则有必要约束相机抉择的财政行动空间。德国新规则不会限制反周期的政策。第一，德国有大规模的自动稳定器，能在新规则下充分发挥作用。第二，财政盈余不受限，当局可以选择在“好”时光时保持积极的结构性平衡。最后，这些条款允许有例外条款，例如自然灾害和其他超过政府控制的紧急状态发生时。

该规则与欧洲财政框架一致，可以起到加强该框架的作用。该规则使得要求各国保持接近结构性平衡的财政状况的《欧洲稳定与增长公约》（SGP）正式化。而且，其数量封顶与最近的在 SGP 下的中期目标一致。SGP 预防性的一面，已经不对成员国构成约束，因此被忽略。德国财政决策经常成为欧洲财政变化的一个焦点，德国领导者可以很好地引导其他国家正式化它们的退出策略，与此同时强化多边纪律。实际风险——常常伴随财政规则——是实施中的妥协可能破坏这一目标。第一，考虑到周期问题，政府所推荐的欧洲委员会的方法将保证透明度。各州适用同等透明的方法将至关重要。但是，近来的危机已经显示衡量潜在产出的局限——从而与结构性赤字相关。透明度如何与持续的衡量潜在产出的进展相平衡仍是一个严峻的挑战。

第二，虽然例外条款只有在议会同意的情况下有效，有相应的整顿计划同时发生，但是它仍可能被滥用。根据先前的“黄金规则”，在“宏观均衡面纱”的背后引用例外条款相对容易。为此，新创立的稳定理事会是迈向正确方向的一步，可以帮助移开面纱。它可以实施监督，对联邦和州政府的状况发出早期预警，协调校正性措施。但是，它不会约束当局。这样，虽然规则设计良好，但是最终也没有什么可以替代政府对财政可持续性的承诺。

资料来源：Mody 和 Stehn，2009。

当务之急是启动中国政府总财富项目研究，以较为科学的方法，测算中国政府的可支配财力，为具有特色中国的财政政策实施提供有力的支撑。另外，中国的主权财富基金（专栏 10－5）也应与财政政策配合，在宏观经济稳定中发挥其应用的作用。特别是，主权财富基金有助于财政稳定，为长期支出需求（如人口老龄化所带来的养老金支出压力等）储备财政盈余，当然，主权财富基金要发挥作用，需要有良好的管理体制和完善的财政框架。（谢平、陈超，2010）中国政府已于 2007 年成立中国投资有限责任公司（China Investment Corporation，简称“中投公司”），其注册资本金为 2 000 亿美元，来源于财政部以发行特别国债筹集的 15 500 亿元人民币。中投公司是全球最大的主权财富基金之一，财政政策的运作在发挥其他财政政策工具的同时，也要借助于主权财富基金。财政政策运作既要注意政策目标的实现，同时还要符合主权财富基金的运作规律，兼顾国家的短期和中长期利益。

专栏 10－5 主权财富基金

所谓主权财富（sovereign wealth），与私人财富相对应，是指一国政府通过特定税收与预算分配、可再生自然资源收入和国际收支盈余等方式积累形成的，由政府控制与支配的，通常以外币形式持有的公共财富。传统上，主权财富管理方式非常被动保守，对本国与国际金融市场影响也非常有限。随着近年来主权财富得利于国际油价飙升和国际贸易扩张而急剧增加，其管理成为一个日趋重要的议题。国际上最新的发展趋势是成立主权财富基金，并设立通常独立于央行和财政部的专业投资机构管理这些基金。

1953 年，世界上第一只主权财富基金在科威特诞生。通过石油收入的积累，科威特政府财政部分别于 1960 年和 1970 年成立了一般储备基金（General Reserve Fund，GRF）和未来基金（Future Generations Fund，FGF）。1982 年，科威特财政部成立直属投资机构科威特投资局（KIA），掌管上述两大主要基金，其资金规模已达约 1 000 亿美元。这两只基金不仅投资于科威特石油集团等本国企业，同时也参与科威特在其他跨国企业和国际组织中的资金投入。伊拉克战争结束后，科威特之所以能够迅速重建家园，其实很大程度上应该归功于 KIA 所积累并管理的主权财富基金。同科威特的情况相类似，为有效运作国民公共财富并减轻石油耗竭后可能带来的经济困境，阿联酋、文莱、伊朗也都先后成立了主权投资基金。在石油类投资基金之外，新加坡、马来西亚、韩国等通过出口低端产品形成外储充足的国家，也使用主权财富基金模式作为提高外汇保值、增值能力的有效途径。乌干达等贫困国家也利用国际援助资金建立了主权财富基金。由于主权财富基金在信息披露上不透明，且统一口径不一，迄今准确地统计基金规模难度较大。综合各大投资银行和国际货币基金组织的数据，目前全球主权财富基金规模约为 3 万亿美元，其中绝大多数分布在石油输出国家及出口导向型的经济体中。

随着主权财富基金数量与规模迅速增加，主权财富的投资管理风格也更趋主动活跃，其资产分布不再集中于 G7 定息债券类工具，而是着眼于包括股票和其他风险性资产在内的全球性多元化资产组合，甚至扩展到了外国房地产、私人股权投资、商品期货、对冲基金等非传统类投资类别。主权财富基金已成为国际金融市场一个日益活跃且重要的参与者。

近年来国际上的一个趋势是把官方外汇储备的多余部分（即在足够满足国际流动性与支付能力之上的超额外汇储备资产）从央行资产负债平衡表分离出来，成立专门的政府投资机构，即主权财富基金，或委托其他第三方投资机构进行专业化管理，使之与汇率或货币政策“脱钩”，只追求最高的投资回报率。新加坡政府投资公司（GIC）是这一模式的先驱。

在主权财富基金日趋活跃的同时，它们也面临一些极大的风险与挑战，包括特殊的价格风险、市场风险与政治风险。主权财富基金与一般投资基金的一个重要区别是“树大招风”，其一举一动都会格外引人注目，很难在市场上维持匿名性与私密性。市场一旦获知某主权财富基金有意投资某资产或证券，该资产的价格就会上涨，从而增加主权财富基金的投资成本。主权财富基金的投资大部分分布在其他国家，因其敏感的政府背景，往往会引起东道国各方面的猜疑、无形的阻力甚至公开的敌意。

资料来源：胡祖六，2007；汪时锋，2007；谢平、陈超，2010。

即使如此，中国也不能无限度地发债。从中长期来看，中国仍要加快财税改革，建立起应对危机的快速反应机制，做到未雨绸缪，积极应对。特别是健全地方财政，让地方政府摆脱对土地出让金的依赖，防范地方财政的软预算约束风险，使得地方政府有能力在危机到来时与中央政府来共同应对。

主要参考文献

Ashoka Mody, and Sven Jari Stehn. “Germany's new fiscal rule: A responsible approach to fiscal sustainability”, August 11, 2009. [http://www.voxeu.org/index.php? q = node/3861] .

高培勇：《共和国财税 60 年》，人民出版社 2009 年版。

胡祖六：“管理主权财富基金”，《财经》，2007 年第 16 期。

汝信，陆学艺，李培林：《2009 年中国社会形势分析与预测》，社会科学文献出版社 2008 年版。

汪时锋：“主权财富基金：国家财富增值新路径”，《第一财经日报》，2007 年 9 月 30 日。

项怀诚：《中国积极的财政政策》，中国财政经济出版社 2001 年版。

谢平、陈超：《谁在管理国家财富?》，中信出版社 2010 年版。

杨志勇、杨之刚：《中国财政制度改革 30 年》，格致出版社、上海人民出版社 2008 年版。

11

加快转变经济发展方式的财税制度安排

- 财税政策肩负着推进中国经济发展方式转变的重要历史使命，具体有效地制定转变经济发展方式的财税政策安排，将是需要通盘考虑和全面准确部署的紧迫任务
- 实现“十二五”财税改革的战略契机与转变经济发展方式，必须要紧握财税改革的三个主要方面：“稳收”、“增支”和“转型”
- 转变经济发展方式的财税制度安排设计涵盖：“扩内需、稳外需”的财税制度安排；“节能减排”的财税制度安排；“促创新、增效益”的财税制度安排；缩小收入分配差距、共享改革发展成果的财税制度安排等几个方面

Fiscal System Arrangement of Accelerating the Transformation of the Pattern of Economic Development

- Fiscal and tax policy shoulders an important historical mission of promoting transformation of the pattern of China's economic development, so arranging a concrete and effective fiscal and tax policy will be a urgent task of the need to consider every possible angle and to plan comprehensively
- Stabilizing revenue, expanding expenditure and adjusting structure are the three major aspects that fiscal and tax reform must hold so as to achieve the strategic opportunity of fiscal and tax reform and to transform the pattern of economic development in the period of 12th Five-Year Plan
- Fiscal and tax system arrangement design of transformation of the pattern of economic Development include expanding domestic demand and stabilizing foreign demand, saving energy and cutting emissions, promoting innovation and increasing efficiency, narrowing the wide gap in income distribution and sharing the fruits of reform and development, and so on

11. 加快转变经济发展方式的财税制度安排

从“十一五”步入“十二五”，如果将在此期间所须经历的重大变化排排序，那么，排在第一位的肯定是经济发展方式的转变。加快转变经济发展方式，无论从哪个领域看，都可以说是“十二五”时期排序第一的重大课题。具体到财税领域，它所担负的任务，值得我们仔细权衡、周密安排。

11.1 加快转变经济发展方式的困境：体制与机制难题

为什么早在20世纪80年代，党和国家就意识到的经济发展方式问题，到今天不但没有解决，还有恶化的趋势？为什么看似简单的不以增长速度作为经济发展全部的改革初衷，迟迟不能达成？各中缘由，亟待解答。

转变经济发展方式的困境，概括起来就是要破解目前的体制和机制难题。没有体制的突破，就难以实现经济发展方式的根本性转变。

11.1.1 资源性产品价格失真造成可持续发展能力不足

从资源配置角度，中国生产要素市场虽然经过多年的改革和发展，相对计划经济体制时已经有了长足的改进，但是就目前的国内经济发展要求和国际环境横向比较来看，依然存在缺陷，直接市场机制尚不能充分发挥作用。特别是关键领域的市场机制作用偏弱，突出表现为：土地、能源、资本的要素发育滞后，价格形成机制过多地受到行政的干预，甚至是行政需要决定，没有与其他国民经济生产部门形成匹配和协同效应。

以石油、天然气、水、土地、电力、煤炭等为代表的资源性产品，在产品生产体系中，处于产业链的上游，属于生产和制造的基础性资源。长期以来，这些资源性产品价格受政府的行政性监管或大企业垄断，形成了典型的供给端非市场化和需求端过度市场化的不匹配特征，通过市场机制形成资源性产品价格的局面始终未能形成，难以反映合理、客观的供需关系。多数资源产品价格偏低，价格水平既不能真实反映资源稀缺程度，也不能反映市场供求状况，难以起到激励或约束相关经济主体，合理、节约使用资源的作用。

资源性产品价格偏低，价格构成不合理，相关补偿机制几乎没有建立，导致在经济增长过程中对资源性产品的消耗巨大和开发过度，经济的可持续发展和资源环境保护受到极大威胁。价格机制缺失也导致，近年来中国重化工业高速突进，国际分工中的高耗能、高资源用产业大规模向中国转移，低水平和落后工艺生产能力淘汰迟缓，中国资源性产品消费出现了前所未有的高增长态势，经济增长呈现出明显的“高投入、高消耗、高污染、低效益”的粗放型特征，资源压力和环境恶化趋势难以遏制。

11.1.2 片面追求速度的政绩考核体系造成经济发展失衡

中国现有行政体制和行政体系的优势，是集中力量办大事，然而这个集中在一定程度上是以牺牲平衡发展，舍弃全局优化为代价的。在和共和国六十年发展历程、期间三十年的快速起飞中，有选择、有重点地集中物力、财力和人力，完成了诸多伟大的工程和事业，诞生了诸多值得歌颂和赞誉的奇迹，这些早已谙熟于每个炎黄子孙心中。然而在我们社会主义现代化即将迈进“下半场”的重要时刻，资源、环境等各方约束显著加大，全面和谐的科学发展显得紧迫而重要。一般而言，什么样的发展路径选择，匹配什么样的行政体制。长期以来，对 GDP 的绝对值和增长速度的崇拜，造就了干部官员“不顾一切”的目标冲动，这与目前倡导的可持续的全面发展格格不入。如何才能形成以经济发展取代经济增长的行政体制模式，引导领导干部促进全面和谐发展，尤为关键。

具体来看，需要引导领导干部和行政职能部门在四个方面做出改进：改革以外需为主的招商引资模式，着力提升内外均衡的发展水平，认识到产业发展带动当地经济福利和需求水平提升的重要性；建立以生态环境和可持续发展目标为基础的综合考评体系，形成可核查、可衡量的政府管理绩效评估模式；打造以创新发展、技术改进和产业升级为主导的发展模式，代替以重复建设、当期为主的短期行为；所有的经济发展模式要以百姓的满意和成果的共享为前提，着力提升公共服务和保障水平，真正做到全民分享改革开放成果的局面和机制早日形成。

学习实践科学发展观的活动，是全党干部在思想上为转变经济增长方式做的有力准备。创新政府官员政绩考核评价机制，是解决行政体制困境的关键。对官员的考核应围绕政府职能履行状况进行，除了从官员自身“德、能、勤、绩、廉”五个方面进行考核之外，还应该将完成任务所消耗的成本费用纳入考核范围，同时还要考虑在任期间生态环境、民众生活质量等外部因素。换句话说，要对政绩进行全方位综合考核，而不仅仅是 GDP 增长和形象工程。

11.2 财税制度安排是加快转变经济发展方式的推进器

11.2.1 财税制度安排是破解体制和机制难题的关键推进器

破解体制和机制难题的关键，是完善适应转变经济发展方式和可持续发展模式的财税政策安排。

如果说，加快转变经济发展方式的起始和主导在政府，那么配套的财税制度安排，则显得尤为紧要和迫切。为了配套加快经济发展方式转变的“历史抉择”，财税制度安排需要紧紧扣住“八个加快”的主旨，在衔接目前财税体制和机制情况下，创造性、针对性和及时性地对经济发展过程中“久推难转”、“转而不快”的问题，进行集中系统的处理。同时，全面有效地整合相关政策措施，对经济协调均衡发展、遏制生态环境恶化趋势、提高可持续发展能力、增进自主创新和企业效益、实现民生改进和福利增进等关键层面进行连动式、交叉式拉伸，做到转变经济发展方式的多层级推进和互动式改进的优化局面。

在管理机制上，要形成全国一盘棋，中央、地方积极配合联动，将财税政策安排落实到每个作业层面，真正发挥破解体制和机制难题的关键推进器作用。一方面，深化财税体制改革，对推进经济增长方式转变具有重大意义。要合理划分各级地方政府的事权和财力，使地方政府不再通过拼命提高 GDP 增速来提高财政收入和保障财政支出。另一方面，要深化预算管理体制改革，政府的收支行为都应公开、透明，接受人大和公众监督，使地方政府不再具有随意建设形象工程、政绩工程的财力。

结合前面章节论述，在转变经济发展方式的财税制度安排中，要重点关注并研究制定有利于发展循环经济、节约使用资源的财税政策，强化对使用节能节水产品和低油耗、低排量汽车及发展节能建筑等的财税扶持力度；适时调整燃油税，对浪费资源的行为采取限制性税收政策；完善废旧物资回收利用税收优惠政策；完善消费税制，抑制不合理消费；在理顺现有收费和资金来源渠道的基础上，研究建立和完善资源开发和生态补偿机制。进一步建立和完善社会保障制度，特别是建立和完善对弱势群体适当补贴的机制，增强社会公众对资源性产品价格改革的承受能力，为资源性产品价格改革创造一个相对宽松的社会环境。

财税制度肩负着推进中国经济发展方式转变的重要历史使命，不仅在协调中央与地方关系、政府与企业、市场关系等方面都有不可替代的显著作用，而且就其自身来看，科学合理的财税制度安排也是体现科学发展、科学执政的关键指标。具体有效地设计转变经济发展方式的财税政策安排，将是需要通盘考虑和全面准确部署的紧迫任务。

11.2.2 “十二五”财税改革与加快转变经济发展方式的现实对接

“十二五”财税改革方向与加快转变经济发展方式紧密相连

谈到财政政策的相机调整，人们会自然联想到应对阶段性经济运行状态的调控手段。而在转变经济发展方式的大背景下，以五年规划甚至更长时间作为财税制度安排的思考，则是更直接、更有利、更有效地奠定经济内在增长动力、促进经济可持续发展的必然准备。站在“十一五”发展期的最后一年，联系转变经济发展方式的紧迫要求，“十二五”财税改革的路“向哪走、怎么走”的问题，摆在了我们必须回答之列。

在破解机制和体制难题的讨论中，我们认为财税制度安排是加快转变经济发展方式的有力推进器。而在金融危机些许缓和、积极财政政策力度逐步降低、国内外经济形势逐步好转的情况下，集中精力将“十二五”财税改革和加快转变经济发展方式紧密结合，存在宏观可行的动作空间。特别是，在巩固四万亿积极财政政策成果、配套可持续发展战略目标、继续维持“减收”和“增支”带来的经济活力等方面也具有切实的微观现实意义。

要实现“八个加快”的转变，要落实“十二五”财税改革的战略目标，还要实现“十二五”财税改革的战略契机与转变经济发展方式的现实对接，必须要紧握财税改革的三个主要方面：“稳收”、“增支”和“转型”。在此，有必要从全局的高度和战略的视角，将事与财、央与地、人与物高度结合，以转变机制和体制为出发点进行细致剖析。

（1）“稳收”，保证财政收入，始终是财政体制安排的关键任务之一。后金融危机时期，在社会转型和经济转轨的重压下，稳定财政收入，关系重大。一方面，财政收入的稳定，有力保障了经济增长方式转变的刚性支出需求，机制和体制改革的成本、先期的技术转型投入、公共配套支持没有稳定的财政收入保证难以成行；另一方面，全口径预算管理、非税收入规范化、基金收入和社会保障收入的改革推进，也都是保障财政收入总量不降低、支出能力有后劲的重要举措。

（2）“增支”，从传统的政府主导投资模式，向政府拉动型、乘数累计型模式的转型，是财政支出改革支撑加快转变经济发展方式转变的重头戏。多年来，公共支出力度的不断加大，在一定程度上恶化了产能失衡，抑制了经济内生发展的动力，同时，边际效率降低的问题，拉动能力减弱的困境，也逐步显现。这里的增支不仅涉及一般意义上的粗放型的扩大支出规模，更大意义上在于，按照政府转型和行政体制改革的思路，调整支出结构。在保证经济发展、民生需要和社会进步的公共投资需求同时，进一步理顺思路，认清形势，对经济发展“瓶颈”、社会民生难点和财政风险防范等症结所在或潜在隐患，有重点、有主次、有进度地落实科学“增支”、有效“增支”。

（3）“转型”，财税改革转型与加快转变经济发展方式，存在天然的对接空间和现实的链接依据。作为行政体制改革的重要载体，财税管理改革包括部门预算、国库集中收付、“收支两条线”、政府收支分类改革、政府采购、国库现金管理、政府会计、财政预算绩效评价、金财工程等，都是实现科学发展、可持续发展的重要保障。同时，财政体制改革也是联通中央与地方政府、协同行政各部门、链接政府与企业，通力协作，实现经济发展方式转变的枢纽。几个关键转型，中央与地方事权改革、财政“省直管县”改革及配套、转移支付制度优化、地方债务风险化解等，都是加快转变经济发展方式，落实科学发展、科学执政的主攻点。

财税改革与加快转变经济发展方式的几个关键对接点

（1）经济均衡发展的财税改革。扩大内需，无疑是财税改革对接转变经济发展方式的重头戏。只重国际、不重国内，关注出口、轻视内销，曾是政府和企业长期的行为习惯和发展思维。改变内需的弱势地位，根本在于平等地看待和实现均衡发展的真实内涵。在我们度过迫切需要外汇的紧日子后，让经济发展更均衡、社会发展更和谐、百姓生活更富足、企业发展更全面将是摆在加快经济发展方式转变面前的系统性课题。扩大内需的前提，是稳定外需；“两手抓”的思想，要求财税改革有新的起点和新的传导机制。作为经济调控和发展转型的第一层面制度安排，鼓励和支持扩大内需的财税制度调整，需要立足平等内外、兼顾均衡的政策思路。具体来看，所得税、消费税、营业税和增值税等税种以及出口退税制度的调整等问题的整体性解决和战略性组合，将是对接经济均衡发展模式的关键着眼点。

（2）节能环保与生态建设的财税激励。环境和资源的可承受，是加快转变经济发展方式的前提，也是财税改革的新着力点。财税制度安排可以对循环经济和节能产业倾斜，建立一套以增值税、消费税和附加税种协同的“碳税”约束和保障体系，鼓励民间资本进入节能减排领域，关注税收归宿和转移的问题，避免节能环保的成本过多地被一般大众承载，形成鼓励节能环保和支持生态建设的良性局面。对于生态建设和资源节约，需要财税改革中的战略部署与细部实施联动，不仅要形成“资源税”大类体系，建立和完善资源开发和生态补偿机制，而且要对“资源税”下属的矿产、可再生和土地资源类别进行细致划分，对从价征管、从量管控和从税累进等问题，进行通盘构思和具体落实。

（3）创新机制的财税支持。创新型国家的构建需要财税改革的支持。技术创新、知识转化和技术扶持体系的财税体制和机制作用，可以进一步地发挥。目前的减税安排和支出配套，还局限在直接补偿和配套扶持领域；下一步的战略安排，应该重点关注市场机制配套和产业相关联动的关系。重点在继续加大教育、科研投入同时，关注民间资本进入和市场发育维护，发掘投入带动与产出绩效的内在关系，增加财税支持的渠道作用和疏通功能。就财税自身来看，征管体制和机制、间接征收过渡到与直接征收结合、税负累退还是累进的设计、事权和财力的匹配等问题都是财税改革本身创新发展的领域。

（4）民生、福利改进的财税配套。民生和福利改进的财税配套是加快转变经济发展方式的实质反映，财税改革不容退却。对劳动收入与财产性收入的分配差距问题，需要深入探讨与周密分解。经济发展方式转变中，先富阶层与后富群体之间的利益关系和收益差别，财税层面如何来破解。初次分配注重效率，也是差距产生的主要层面，再分配领域的不完善则是百姓期望和民声呼吁的焦点。保障性住房、养老、医疗、教育和失业救济的财税制度优化，还将继续推进。物业税和消费税的问题、养老金筹集和账户的管理、医疗保障的互通与对接、教育和失业救济的财税安排等必须也必将是“十二五”中关注的重点，也是加快经济发展方式转变目标的组成部分。形成全民福利优化的财税体制和机制格局，是一个长远规划和战略意义的布局。进入现代化建设后半程的中国发展，需要有共享发展成果和协调各方利益的财税安排，需要有步骤、有条理地完成和准备完成相关任务的计划和部署，更需要最终实现全民富足和民族富强的宏远谋略，整体的福利优化在目前来看是加快经济发展方式转变、提升民生的行为；远景来看，此举将成为构筑中国模式和拓展可持续发展空间的有力保证。当下，对接经济发展方式转变，关注民生和福利改进的财税配套措施已经起步。

财税改革与“扩内需、稳外需”的对接点

2008 年 12 月初召开的中央经济工作会议，即开宗明义地把“较大幅度增加公共支出，实行结构性减税”界定为新一轮积极财政政策的内容，并由此开启了财政上的一系列扩张性操作。其中，不仅有扩大财政支出的传统举措，也有结构性减税的新动作。就扩大财政支出而言，不仅有增加政府公共投资的项目，也有增加中低收入群体收入以及实施家电下乡、汽车下乡等方面的安排。就结构性减税而言，不仅涉及到诸如增值税转型、两税合一等份额较大税种的减收，也有包括个人所得税、二手房交易税负、股票交易印花税等份额相对较小税种的减收。故而，这一次所实施的新一轮积极财政政策，把包括“增支”、“减税”在内的几乎所有扩张性手段都用上了。

作为“十二五”战略规划的对接年份，中央此次经济工作会议的安排一举多意，寓意深远。根本目标，就是要实现扩内需、稳外需的发展目标，增强经济的内生增长动力和活力，同时对接经济发展方式转变的战略部署。

外需下降导致的经济发展减速与内需长期不足造成的经济发展动力不足，成为国际金融危机冲击下的紧迫现实。风雨飘摇的2009年过后，世界经济形势仍为明朗，中国经济相对一枝独秀，继续巩固后危机时代的回暖进程，宏观调控还将继续，财税政策不容有失。

（1）整体来看，"扩内需、稳外需"的财税制度安排是不容分割的系统体系。它包含了积极财政政策下"增支"、"稳收"和"转型"的相互协调。"扩内需、稳外需"的关键是扩大消费，以公共投资、惠农补贴、社会保障和民生改善为主导的公共支出体系，是牵引启动长期消费的起点，2008年增加1 040亿元和2009年增加1 240亿元公共支出的背后是弥补财政过往缺失和支出现实需要的决策安排。

（2）"扩内需、稳外需"还要立足于减税和稳收的关系协调。在面临公共支出压力，避免债务风险和维持财政稳健的压力下，税收减免是增强经济内生活力的主要制度，同时稳收也是维持公共支出、增强长远发展动力的基本前提。在全面预算改革、行政收费规范和税收征管调整的大背景下，2009年5 500亿元的减税规模，减轻了企业和家庭的很大负担。

（3）"扩内需、稳外需"的内涵是实现经济的均衡发展。对企业所得税的内外有别调整可以说是财税政策安排实现经济均衡发展的开始，后续的调整中，将有节奏、有进度和有力度地对内资和外资流量收益和存量收益进行统一筹划。在继续欢迎和鼓励外商投资，发展出口贸易的同时，引导产业升级、出口升级和技术升级，是财税政策实现内外均衡的指导思想。要改变以往以文件发布和会议讨论的表面做法，以财税安排等经济手段，鼓励和支持均衡发展模式的成长和壮大。

11.3 加快转变经济发展方式的财税制度安排设计

11.3.1 "扩内需、稳外需"的财税制度安排

鼓励和支持"扩内需"

提高居民收入在国民收入分配中的比重，特别是增加劳动收入在国民收入分配中的比重，需要财税政策的调整。中国已经将效率优先兼顾公平的原则，转变为效率和公平同等重要。目前来看，收入分配中初次分配对收入分配差距的影响最大，再分配领域存量资本影响收入分配差距较大，这都是扩大内需过程中的严峻挑战。

经济学的基本原理认为，财富和货币的集中度越高，消费和需求的发展就越不均衡，高收入人群的消费弹性和低收入人群的收入弹性都很高的情况下，市场机制和价格机制的传导作用将明显减低。扩大内需的财税政策调整就是要在政府层面，想办法运用经济手段，减低弹性，形成"橄榄型"收入分配格局。主要有以下几个方面的考虑：

促进税收和公共支出对流量收入的影响，弥合收入分配差距。可根据人群收入分类和分配方式差异两个方面进行税收制度的调整。人群收入分类，是我们常说的低收入、中等收入和高收入人群。

财政政策调整中，以存量收入和流量收入划分的绝对低收入人群，可通过财政保底的办法"直接给钱"，增加其收入规模，通过收入分配的增加来拉动需求，同时还应注意社会保障的配套，避免直补资金进入预防性储蓄和风险性保障领域，而非直接进入消费领域。

对现阶段纳税主体的中等收入阶层，适时调整所得税、增值税扩围和消费税阶段性累退的办法，增强消费预期和拉动消费行为。对高收入人群，可以采取阶段性消费税累进的办法，筹集税收资金用于再分配领域弥补其他人群，在所得税领域也要在征管机制上结合税收体制和机制改革，重点关注这部分人群，在鼓

励消费的同时加强征管。

分配方式差异是指按劳分配和按资本分配的不同群体。由于我们在税收制度对流量资本收益征收刚刚起步，对存量资本收益征收尚未进展，导致按劳分配所得与按资本分配所得的税收负担极不均衡。现行的税收制度和征管机制对“静态财富”管理的缺失，直接导致中低收入人群和以劳动收入为主的群体成为个人纳税主体，以生产经营等实体产业为主的企业成为法人纳税主体，税收征管体制和机制的不公平加剧了“资本剥削劳动”的危机。

扩大内需的着手点还是要对广大潜在需求旺盛、分配地位偏低和税负负担相对偏重的按劳分配群体倾斜，增加他们的可支配收入。对资本收入群体，在鼓励参与国民经济生活同时，要研究财产税及其征管机制的完善问题，增加税收和公共支出来源，形成再分配领域的力量积累。

“稳外需”

就目前中国的产业结构和发展趋势来看，外需拉动的出口依然是经济发展的主要牵引之一，在面临金融危机导致的外需下降过后，扩大出口、稳定外需也是现阶段甚至一段时间以内，经济发展需要的现实选择。国内税和关税策略，是我们在加快转变经济发展方式下，渐进式改善外需结构，促进国内产业升级和产能调整的宏观推手。

结合目前现有促进出口的政策体系，不断完善财税制度安排将是“稳外需”的重要保证。未来一段时期外需相对偏软的情况下，尚需继续维持出口退税政策和加工贸易政策连续性和稳定性。具体来说，关税上要加大对外贸企业的金融支持力度，国内税收优惠上，主要在增值税环节形成对产业发展的支持，更广泛意义上还要在出口信贷、贸易融资、出口信用担保和出口信用保险等方面为企业提供更加便捷的税政服务。

在税收细则和政策支出导向上，继续推进转变外贸增长方式，优化出口产品结构。要继续引导和鼓励企业加大研发投入，努力扩大具有自主知识产权、自主品牌和高附加值产品出口，继续严控高耗能、高污染和资源性产品出口，改善出口产品结构，增强出口产品的国际竞争力。同时，鼓励和支持出口量大的传统优势产业开拓建立海外自主营销渠道，在延伸价值链的同时巩固海外市场。关税领域，要积极应对贸易摩擦，大力开拓新兴市场。

要加强对贸易保护主义新情况新动向的跟踪研究，建立更加完善的贸易摩擦预警、应诉和应对机制，加强企业、协会和政府的协调联动，充分利用双边和多边渠道，主动防范、积极应对和努力化解贸易摩擦。增加协调纠纷和解决机制，应对后危机时代全球经济和政治格局变化带来的贸易壁垒和贸易保护，及时预报并处理通过关税和所在国国内税方式的报复行为。

结合节能减排和碳关税领域的新动向，稳定外需还需要防止结构性风险的突变。本质上，碳关税是一种带有差额比较、惩罚特征的税收制度安排，籍以保障国家间相同或同质商品，在市场竞争中的相对公平地位。表面上，碳关税被视作履行联合国气候框架系列公约的实施办法，实际上，却捆绑着崭新的政治经济议题，具有错综复杂的利益纠葛和翔实深刻的理论逻辑。因此，在应对贸易活动和关税壁垒时，还需要高度警惕碳关税或者变相碳关税的出台和干扰，随时对接财税制度安排和国内税收体制，做好相关应对措施。

11.3.2 节能减排的财税制度安排

推进资源税、环境税的完善

资源税和环境税的完善，必将是“十二五”财税改革和经济发展方式转变过程中的重头戏，一方面在应对气候变化和经济可持续发展方面急切需要资源产品的有效使用和环境恶化的有效遏制，另一方面，在税收体制和机制对接国民经济的各个方面，也需要根据新的变化，做出合理调整和必要优化。

“全面推进矿产资源有偿使用制度改革”，作为财政部2010年工作计划的安排之一，将多年来从量计征的资源税方法，推向从价计征的更合理领域。同时，财政部也关注到生态补偿和治理机制的环节，“加强重金属污染治理，加大三河三湖及松花江等重点流域环境保护力度，开展跨省流域水环境生态补偿试点。增加农村环境保护资金投入，加大‘以奖促治’政策实施力度。支持林业重点工程和草原生态建设，巩固退耕还林、退牧还草成果。充分利用中国清洁发展机制基金，支持实施《应对气候变化国家方案》，创新市场减排机制，推动低碳发展”的安排中，梳理了环境保护、环境税、资源补偿、资源税等多重交互关系。

无论是资源税和环境税，经济层面的关键落脚点还在节能减排的税收制度安排上。“积极推进节能减排”已经写进了财税制度调整的主要内容，运用税收手段实现经济方式转变的契机业已来临。作为“打头阵”的资源税和环境税改革，受到多方关注和广泛讨论。包含多种税收的组合配套这两类税种，就是系统解决资源利用粗放、环境保护滞后的急迫难题。

完善资源税方面，目前最为紧迫的要数燃油税改革的进一步推进和矿产资源税的细化改革。以燃油税为例，现有税目实际课征的成品油税费，成品油税费改革并非十全十美，仍有进一步研究并加以完善的必要。特别是在当前大发展、大变革、大调整的国际格局中，燃油税费的改革更应与时俱进，并具有国际和宏观视野。当前最值得关注的是，如何进一步强化成品油消费税的节能减排功能？应当承认，成品油税费改革融入了节能减排的目标，但是，它毕竟是在总体上保持原有燃油收费负担不变甚至有所减轻的条件下推出的，故而，它的变动，同全球气候变暖背景下的节能减排的要求相比，还存在相当的距离。通过成品油消费税税额的进一步提升，让成品油价格更加贴近资源能源类产品的稀缺状况，从而更加强化成品油消费税的节能减排功能，是下一步必须致力的目标。矿产资源税的细化改革主要是区分矿产类商品的不同属性，根据稀缺程度、战略重要性和市场价格因素，调整并细分矿产资源税的税基覆盖、税率基准和征收办法，在保证经济、社会发展需要的同时，最大程度保护资源，实现可持续利用开发的良性局面。

环境税目前的整合进度还相对滞后于资源税，由于课征领域相对复杂，涉及税种众多和征管措施繁琐等问题，开征以碳税冠名的环境税还需进一步研究和探讨。其中的关键问题是，如何确定和负担环境成本？如何锁定课税对象和实施征管？在确定环境成本方面，尚需联系环境保护的国内诉求和国际协议，比如哥本哈根气候大会，中国承诺国际社会单位GDP削减40%～45%的碳排放量等硬性标准。在锁定课税对象和实施征管上，考虑根据流转环节，消费负担的原则还停留在理论论证阶段；在征管办法，是代扣代缴还是顺应直接税征管机制改革的自行申报也还未进行具体安排。不管怎么样，环境税作为实现经济方式转变的短期需要和长期安排，是我们需要细致研究和深入探讨的重要课题。

税收返还和财政专项对节能减排的支持

节能减排的战略举措，短期需要政府领衔，长期则要财政维继，二者不可偏废，相互照应，前后作用。从目前的财税政策来看，税收返还和财政专项支持是实现经济增长方式转变中节能减排目标的主要财税办法。节能减排本身存在两个方面的含义，节能更多涉及到资源税方面的问题，减排则是关系到环境税涵盖的方面。节能减排的财税政策不仅是关乎可持续发展的大目标本身，也是更紧密联系节能和减排，两个方面部分相容又略有区别。

对接资源税改革和资源有偿使用补偿的热点话题，节能方面的税收返还和专项支持还需要注意继续细化和落实，形成资源有效利用和节约使用的全面运行机制。在制度安排上，矿产资源和可再生资源的补偿办法要继续坚持从价计征的改革思路，同时考虑地区差异和历史负担原则。具体来说，在资源禀赋和环境压力较大的地区，应该细化返还办法和资金运行管理；在历史负担和历史贡献较大地区，开展历史核算和阶段补偿结合的模式。

对接环境税改革和减排鼓励的热点话题，减排方面的税收返还和专项支持旨在，形成有利于环境保护的财税机制和实现环境生态形势初步扭转的局面。环境保护，一方面需要先进产能和技术的采用，逐步削减将来发展的环境代价；另一方面需要偿还以往发展的环境欠债，遏制环境恶化趋势。税收优惠和发展鼓励的常规财税手段，仍然是淘汰污染产能和推广先进环保技术的主要办法。而在环境保护的战略层面，还有更多问题需要考虑。由于环境税本身的外部负效应较难衡量和确定，与资源税相比地区确定和产业追溯亦有难度，因此，税收返还过程仍需要以中央为主、地方为辅的办法全局规划和通盘补偿，在专项支持上，也需要区分产业自身补偿能力和地区环境情况，运用预算内专项基金，动态弥补税收返还的功能性不足和受益面不平等的问题。

碳税的问题

碳税的话题，肇始于节能减排的战略部署，高潮于联合国气候大会的约束协议。从国外的经验来看，以碳税统领的环境保护和节能减排的财税体系构建，也在摸索和尝试阶段。发达国家制度相对健全，制度安排和实施办法经验丰富，发展中国家相对滞后，配套措施也相对缺乏。

撇开国际政治争端和利益博弈不谈，中国现阶段的碳税问题主要集中在，如何利用和整合现阶段财税体制和机制，配合税制改革，落实节能减排，实现可持续发展的目标。就财税制度改革来看，碳税的关键，不在于系统性开征相关涉税品种和增加课税主体，而是解决目前税制安排中，增值税切块过大对重化工业的偏好，消费税比重偏小对补偿碳排放的不足，以及资源税和环境税尚未系统整理等突出问题。

从经济学的角度看，财税制度调整经济运行主要立足于边际成本与边际收益的协调。增加高耗能、高污染行业和生活方式的成本，是历来实现节能减排的主要办法。联合国气候大会将碳排放问题作为工业化后果的归因，提出碳税概念，也是基于上述经济原理的作用规律。碳税问题在中国的切入点在增值税，运行关键最终在消费税。现阶段中国经济发展的主要贡献产业是工业，其增值税因收入比重大自然成为各方关注的焦点。数据显示，工业是碳排放的主要祸源，因此，要减少碳排放，就需要增值税的改革和调整。消费环节，要形成多消费多缴税的机制，短期来看与扩大现阶段需求有些许抵触，但长期来看形成节能环保的生产生活方式意义重大。

扭转目前高碳生产现状和高碳生活方式的发展模式，继续在消费领域有进度有计划地进行税收调节，累进式的碳消费税体系并不违背结构性减税的初衷，采取有效征管、细化实施和切分管控的办法，对过度消费造成的碳排放，进行经济约束和税收惩罚。

鼓励民间资本、技术进入“节能减排”领域的财税政策

2009 年，国家对于引导民营企业特别是民营中小企业，予以了具体政策的鼓励和支持。落实和完善税收优惠政策。国家运用税收政策促进中小企业发展，具体政策由财政部、税务总局会同有关部门研究制定。为有效应对国际金融危机，扶持中小企业发展，自 2010 年 1 月 1 日至 2010 年 12 月 31 日，对年应纳税所得额低于 3 万元（含 3 万元）的小型微利企业，其所得减按 50% 计入应纳税所得额，按 20% 的税率缴纳企业所得税。中小企业投资国家鼓励类项目，除《国内投资项目不予免税的进口商品目录》所列商品外，所需的进口自用设备以及按照合同随设备进口的技术及配套件、备件，免征进口关税。中小企业缴纳城镇土地使用税确有困难的，可按有关规定向省级财税部门或省级人民政府提出减免税申请。中小企业因有特殊困难不能按期纳税的，可依法申请在三个月内延期缴纳。

上述政策安排还需要对接目前的财税改革。充分发挥中小企业在节能减排领域的发散效应和星火燎原态势，以所得税和增值税为主导的财税激励不变情况下，考虑企业实际困难，通过财政配套，启动融资风险评级和支持渠道，为中小企业提供直接或间接的资金支持。为了流通环节的持续通畅，在消费税领域，可运用环保型累退消费税办法，采用国际上正在推广的平均碳含量的测算办法，将民营企业产品纳入测评，鼓励低碳工艺和低碳产品的使用。

根据以往的经验，民间资本进入节能减排领域，先期可能尚处配套主流产业和大型工业的阶段，为了避免税收由垄断主体向民间企业转移的倾向，还需要在征管机制上做好税收归宿筹划，在代扣代缴环节和自主缴纳环节展开调整，保障财税制度安排落到民间资本的口袋，蓄积经济发展的长远动力。

11.3.3 “促创新、增效益”的财税制度安排

一视同仁的促进创新的财税政策

在宏观政策领域，财税政策和货币政策属于第一层面，统领产业政策、区域发展等具体安排。实际上，这里的“统领”并没有隶属关系的丝毫含义，却涵盖了如何落实产业政策和区域发展等具体目标的宏观支持。经济发展方式久转不灵，产业结构久调不谐，创新发展结构难以形成，很大程度是政府与民间共同创新发展的体制、机制未能理顺。如果说国有企业发展还经常受到行政体制内的眷顾，那么民营企业和民间创新则往往难以被甘霖惠及。一视同仁的财税政策支持，目的是改变这样不对称的创新机制和体制，将呼喊多年的建立创新型国家、实现经济创新发展等目标，变成能实现、可检验、能维持的良性循环。

针对创新的无差别的结构性减税和支出，是解决和理顺政府和民间创新共同推进的主要财税手段。据统计，2009 年度 A 股上市公司的宏观税负比较中，国企税负只有 10%，而民企则高达 24%。同时，2010 年颁布的《国务院关于鼓励支持和引导个体私营等非公有制经济发展的若干意见》中提出，“推动民营企业加强自主创新和转型升级。支持民营企业参与国家重大科技计划项目和技术攻关，帮助有条件的民营企业建立工程技术研究中心、技术开发中心，提高企业技术水平和研发能力。鼓励民营企业加大新产品开发力度，发展战略性新兴产业，积极参与国际竞争”；并明确指出“进一步拓宽民间投资的领域和范围。通过推进体制改革、健全收费补偿机制、实行政府补贴和政府采购、给予信贷支持和用地保障等多种方式”。上述表述，都是加快发展方式转变和创新型国家构建战略举措的落实；具体到支出和税收领域，也认为财税体制改革，是改善民营企业的创新环境，提升自主创新能力的必然选择。

鼓励创新成果产业化的财税政策

总的看，鼓励创新成果转化的财税政策与淘汰落后产能、发展新技术、新工艺紧密相连。被多年诟病，不利创新成果转化的增值税实施办法，近年来开始转向，作用效果已经初步显现。

增值税转型至少在更新技术和设备上走出了第一步。而转型毕竟只是政府推出的一项有利于减轻企业税负、激励企业创新与投资的政策。除了小规模纳税人可以直接按调低的征收率计征之外，对于一般纳税人而言，这项政策能否产生预期的效应或者其实际的效应究竟有多大，最终还要取决于企业对这项政策的反应。只有在企业真正着手技术改造、真正扩大设备投资的条件下，它才能据此去抵扣其应缴的增值税税款。进而，增值税转型的减税效应，也才能真正“落袋为安”——进入企业的腰包。否则，如果企业的投资行为不因此而调整，或者其调整的程度远低于人们的预期，那么，它便很可能只是政府所放飞的、等待人们去抓的“树林子里的鸟”。

接下来，对科技成果生产周期和孵化过程的财税制度安排仍需关注，主要办法是必须要实行完全意义上的消费型增值税转型。当前实施的生产型增值税，以会计权责发生制原则为基础，是“应纳税额 = 当期销项税额 - 当期进项税额”。由于企业的创新和研发活动往往主要靠智力劳动，比一般加工产业的资本有机构成高，其无形资产和智力投入占创新产品和技术成本的绝大部分，原材料、资源投入等所占的比例低，这些属于增值税抵扣范围的进项部分，能抵扣的当期进项税额十分有限，而且企业创新的研发周期长、产品实验成本高、技术含量高，所以产品的附加值就高，这些发生成本在目前的税制安排上难以抵扣。加上研发中高额的人力成本支出未列入增值税计算的成本，因此造成企业创新研发的增值税大大高于其他企业，严重影响了企业自主创新的积极性和主动性。向消费型增值税转型，是国际上通行的改变上述难题的做法，考虑了新的经济发展模式和生产过程状态，也是鼓励研发和创新活动、鼓励创新成果产业化的有效办法。

基于效益评估的创新成果财税补贴

鼓励创新的财税政策，需要注意补贴项目的效益成果，确保企业创新和技术工艺改造的切实有效。

以消费型增值税和内外统一的所得税改革，作为鼓励创新的主要财税手段，需要在实施方面，进一步考虑实际情况和不同行业区别，尽可能有效地落实补贴和优惠，促进产业结构调整和技术创新的研发应用。

面对全球性的产能过剩，企业难有足够的投资热情或投资动力，我们对于增值税转型减税效应的预期，不能不有所保留并备有预案。倘若 2009 年增值税转型的减税效应未能如所期望的那样发挥出来，并且，经济形势的变化需要在税收上采取更有力的扩张措施，那么，今后在增值税转型改革上可以考虑的选择，便是进一步“割肉”：在财政收支状况允许和其他税种改革配套进行的条件下，将房屋、建筑物投资纳入抵扣范围，允许抵扣全部的固定资产投资。在所得税领域，对新技术和新产品的收益，实施准确评估，做到征收范围和课征税率严格按照优惠规定和补贴办法，进行减免。

在新技术改进、新设备购置和新产品研发领域，财税部门要先期做好上马配套的跟踪工作，会同工商和技术监察部门，对财税关注的节能减排、绿色产业等战略性新兴产业的扶持，有的放矢、有据可查和有效可核，保证财政资金和补贴优惠的运行绩效。

有鉴于财政“让利”增效行为的逐步实施，还需要在审计和监察过程中，密切关注税收优惠和补贴的实际效果，遏制无效补贴和虚假申报的情况，将企业投资、财政支持、经营绩效和产业结构调整紧密联系，形成宏观把握、微观执行、中观监控的多层管控局面和良性互动机制。

11.3.4 实现改革发展成果共享的财税制度安排

劳动收入与财产性收入分配差距的财税政策协调

劳动收入与财产性收入分配差距的根源在于“资本剥削劳动”的先天本质，解决在于财税政策调整带来的再分配效应。回溯改革开放以来的收入分配数据，从 20 世纪 90 年代开始以来，财产性收入和经营性收入不断增加，代表劳动的工资性收入在总收入中的比重不断下降。职工工资总额占国内生产总值的比重：1996 年为 13%，2000 年下降到 12%，2005 年继续下降到 11%。在各种收入来源中，工资性收入的平均增长速度最慢。由于财产性收入和经营性收入是富裕阶层的主要收入来源，而工资性收入是普通阶层收入的主要来源，可以预见，这种变化将导致收入分配差距的进一步加大。

在加快转变经济发展方式、谋划“十二五”财税改革的大环境下，财税政策协调，想在弥合劳动收入与财产性收入上，直接发挥作用，至少需在三个方面做出改进：

第一，迅速构建直接税征管机制。有数据表明，劳动收入与财产性收入分配差距，除了先天劣势以外，在税收负担上也存在不公平。由于中国现有税收征管体制是以流量征管和间接征收的方式为主，那么以工资所得为主要形式的劳动收入，可以完全暴露在现行征管体制下，征收率相对较高。财产所得则不同，除了市场交易所得，存量资本和直接收益，往往难以代扣代缴，甚至无法征管，造成财产一旦沉淀下来，游离于征管框架之外，造成了税负不公。建立以直接税为主的征管机制，可以有效摸清流量和存量状态，在征管环节实现课征公平。

第二，进一步推进个人所得税改革。鉴于当前以进一步增加工资薪金所得额扣除标准为主要内容的“小步微调”已经基本走到尽头，也鉴于个人所得税的“小步微调”并不能带来中低收入者负担的有效减轻，更鉴于新一轮税制改革方案早已确定了个人所得税制的“综合与分类相结合”改革方向，将减税的意图与税制改革的目标相对接，可以明确的一个重要事实是，个人所得税税负的减轻也好，改革也罢，必须着眼于做“大手术”：采取实质性的举措，尽快增大综合计征的份量，加速奠定实行综合计征的基础。以此为契机，实施“个性化”的所得费用扣除并将其调整制度化，从而让高收入者比低收入者多纳税并以此调节居民之间的收入分配差距。

第三，完善财产税体系。由于公共增支需要的压力，财产税体系尚需完善，目前的关键就是物业税（属于财产税的一种）的对策。开征物业税也取决于政府调节贫富差距的决心。我们总在强调调节贫富差距的必要性和紧迫性，但现实情况是这个差距不是越来越小，而是越来越大。之所以如此，最大的问题，可能是政府手中缺乏调节的手段。政府拿什么去调节？如果主要依托于税收的调节，那么，可以看到，在我们的税收体系中，针对财产存量征收的税种几乎是没有的。在收入流量层面，个人所得税多少有一点儿调节，但是对于贫富差距的基础（存量）这个最重要的环节，我们没有任何税种去实施调节。所以，开征物业税并由此建立中国的财产税体系，确实到了非抓不可的地步。摆在我们面前的任务，是从进一步完善税收的征管机制入手，带动围绕物业税开征而涉及或牵动的其他方面的改革，并由此为开征物业税奠定坚实的基础。2010 年是一个承上启下的年份，在这一年，我们应当也必须对本来写入“十一五”规划、但目前看来要推至“十二五”完成的物业税开征任务，有一个基本的总结，并力求在未来的几年使之最终得以启动。这是我们下一步要啃的一块硬骨头。

保障性住房、养老、医疗、教育和失业的财税制度

保障性住房、养老、医疗、教育和失业方面的财税制度安排，源头在收入体系的支撑，关键在支出决策的协调。上述层面，可以属于民生支出的范畴，源于公共支出的体系。

对于广大的低收入群体而言，其消费需求不足的深层原因在于收入水平相对较低。所以，对于他们，可“直接给钱”——通过财政“增支”的安排，直接提高他们的可支配收入水平，以求通过其可支配收入的增加来拉动消费的扩大。例如，着眼于发挥新一轮财政政策在调整国民收入分配格局中的作用，通过扩大财政补助的规模，较大幅度提高城乡低保对象等低收入群体的收入水平，提高其消费能力。并且，由此增加居民收入在国民收入分配中的比重和劳动报酬在初次分配中的比重，拉近居民之间的收入分配差距。再如，在优化政府公共投资支出结构的前提下，重点安排民生工程、基础设施和节能环保项目等，由此带动和引导消费需求，拉动经济增长。

对于中高收入群体而言，其消费需求不足的深层原因与社会保障制度欠完善有关。所以，对于他们，可“代其买单”——通过财政“增支”的安排，建立起行之有效的医疗、退休、教育等社会保障制度体系。并且，通过完善社会保障制度体系、减少其“后顾之忧”的行动，实现拉动消费的目的。例如，进一步优化财政支出结构，加快以改善民生为重点的社会建设。以此为基础，稳定和改善居民消费预期，促进即期消费，拉动消费需求。又如，进一步调整财政支出结构，严格控制一般性支出，重点加大“三农”、教育、就业、住房、医疗卫生、社会保障等民生领域的投入。同时，根据社会事业发展规律和公共服务的不同特点，积极探索有效的财政保障方式，建立健全保障和改善民生的长效机制，等等。

在减收上，配合结构性减税的总安排——个人所得税，作为一个兼顾收入与调节功能的现代税种，在中国现行的税收收入格局中，个人所得税份额不大。然而，相对于其他税种，特别是隐含于价格之中、间接征收的各种流转税，人们对于个人所得税的敏感程度甚高。在当前这次全球性金融危机中，可以看到，尽管政府已经先后拿出了增加工资薪金所得额扣除标准和暂免征收存款利息所得税等两项举措，并且一年将减少大约460亿元的税收收入，但人们仍然对进一步减轻个人所得税的负担充满期待。因而，从长期看，很有必要在个人所得税税负的进一步减轻上有所回应。

只有在保障性需求得到基本满足，可支配收入留存充裕的情况下，有“增”有“减”财税制度安排才能发挥扩大内需、刺激消费、形成经济内生增长动力、转变经济发展方式的重要作用。

形成具有全民福利优化效应的财税制度安排框架

目前诸多的民生问题均出自不平等、不合理的福利分配，要形成具有全民福利优化效应的财税制度安排，就是亟需在根本上解决老百姓迫切期待的共享改革发展成果的问题。

税收制度安排，简单地说是如何收钱、如何用钱，但操作中却远不如想象的简单。在方向上，我们还在朝着公共财政、民生财政的道路上奋力前行，在步伐上，我们还尚未考虑相关措施和办法的强度和力度，因此，全民福利优化的远景目标任重而道远，需要在今后相当长的时间内，系统研究、定量测算和全盘谋划。

全民福利优化的公共支出策略。坚持民生导向的公共策略，将是“十二五”规划和加快转变经济发展方式下，财政支出安排的基础。确保经济发展成果共享，再分配领域的主要办法就是要靠公共支出。住房方面，多渠道的住房保障体系，限价房、经适房、廉租房都需要相应的财政预算支出作为配套，并需要精确测量相关资金的需求总量。医疗和养老的社保支出，亟需在预算框架内，实施社会保障专用账户，协调区域差距和时间相互补偿，对保障水平低、支出压力大的地区，通过中央财政转移支付和地区间的协调支付，弥补社会保障支出的不足。在失业、灾害救济方面，长期的财政安排也需要不断完善，预算框架内的专用基金账户，要形成适时补充、阶段调整和随时救助的支出格局，弥补市场缺陷和天灾人祸对民众生活的负面影响。

全民福利优化的税收安排策略。调节收入分配差距，扩大内需，刺激有效消费税收安排，是实现全民福利优化的主要方面。调节收入分配差距的税收安排，是从再分配领域做出的解决办法，而在税制安排的流通环节领域和存量征管范围，也有相当多引导性税收安排，值得重视。形成“橄榄型”收入分配格局，关键在“两头”，缩小“赤贫”和“巨富”群体的比例，改变目前以中低收入阶层为主体纳税人的局面，还需要在税种设置和征管机制上做出调整。个人所得税进一步完善和财产税体系构建是目前税改的两大前沿，一方面，多国经验来看两税种都是调节收入分配差距有主要手段；另一方面，二者都属直接税的范畴，所要求建立的直接征管体系，这将成为中国税收征管改革的重要契机。消费税改革还需配套扩大内需的目标，在参与市场价格形成机制的税收制度安排中，重点要分块研究和分类处理不同商品或服务的价格弹性和需求弹性，结合筹集政府收入需要的目标，细化消费税的税基、税率和征管，不可一刀切地盲目提高或降低税负标准，影响价格形成，对进一步对扩大内需、刺激消费产生不利影响。

主要参考文献

任仲平：“决定现代化命运的重大抉择——论加快经济发展方式转变”，《人民日报》，2010 年 3 月 1 日。

高培勇：“新一轮积极财政政策：进程盘点与走势前瞻”，《财贸经济》，2010 年第 1 期。

高培勇：“进一步完善积极财政政策的着力点”，《经济研究参考》，2010 年第 6 期。

高培勇：“2010：结构性减税要与税制改革相对接”，《税收征纳》，2010 年第 2 期。

杜传忠：“资源性产品价格改革与转变经济增长方式”，中国改革论坛（http：//www. chinareform. org. cn/cirdbbs/dispbbs. asp？boardid = 9&id = 131219），2007 年 6 月 1 日。

中国财政改革大事记
（1978.1—2010.6）

1978 年

1月30日　国务院批转国家计委、财政部《关于改进固定资产更新改造资金管理的报告》，决定所有国营企业提取的基本折旧基金，50%留给企业，30%上交中央财政，20%由地方掌握安排。

2月17日　财政部发出《关于试行“增收分成，收支挂钩”财政体制的通知》。

3月6日—8日　国务院召开第三次城市工作会议，决定在全国17个大中城市试行每年从上年工商利润中提成5%，作为城市维护和建设资金的办法。

4月14日　财政部向中共中央提出《关于基本建设投资效果问题的报告》，建议合理安排建设布局，整顿基本建设管理，建立严格的经济责任制。

9月10日　国务院同意国家计委报告，决定再追加48亿元基本建设投资，连同1—8月已经追加的35亿元，1978年的国家预算内基本建设投资规模达到415亿元，这是新中国成立以来仅次于1959年和1960年的又一次高积累。

12月18日—22日　中共十一届三中全会召开，重新确立马克思主义思想路线、政治路线和组织路线，把全党工作的着重点转移到社会主义现代化建设上来。

12月20日　国务院批转财政部《关于国营企业试行企业基金的规定》，对国营企业实行企业基金制度。

1979 年

1月1日　对预算内基本建设项目实行拨改贷，财政一律不再拨款。同时，改革国有企业财务管理体制，实行固定资产有偿调拨和固定资金有偿使用，打破了计划经济下国有企业之间无偿调拨的旧规。

2月23日　国务院批转财政部、国家农垦总局《关于农垦企业实行财务包干的暂行规定的通知》，决定从1979年到1985年，对农垦企业试行财务包干办法。

3月14日　中共中央决定成立国务院财

政经济委员会，任命陈云为主任，李先念为副主任。这一决定经五届人大常委会第九次会议通过。

5月5日—26日　财政部在四川省成都市召开全国税务工作会议，重点是贯彻中共十一届三中全会精神，拨乱反正，解放思想，研究加强税收理论建设、制度建设和组织建设问题，初步提出了税制改革的设想。

7月1日　五届全国人大二次会议通过《中华人民共和国中外合资经营企业法》。

7月1日　新中国第一部刑法对涉税犯罪作出规定。第五届全国人民代表大会第二次会议通过《中华人民共和国刑法》，自1980年1月1日起施行。该法第一百二十一条规定：违反税收法规，偷税、漏税、抗税，情节严重的，除按照税法规定补税和罚款外，对直接责任人员，处三年以下有期徒刑或者拘役。该法第一百二十四条规定了伪造税票犯罪者的处罚措施。

7月13日　国务院发布《关于扩大国营工业企业经营管理自主权的若干规定》、《关于国营企业实行利润留成的规定》、《关于开征国营工业企业固定资产税的暂行规定》等5个文件，组织国营工交企业进行扩大企业自主权试点，标志着放权让利的企业改革正式启动。

7月13日　国务院发布《关于试行“收支挂钩、全额分成、比例包干、三年不变”财政管理办法的若干规定》，从1980年起在各省市试行。同时，在四川省试点“划分收支，分级包干”办法。

7月15日　中共中央原则同意广东省、福建省的报告，决定对两省的对外经济活动实行特殊政策和灵活措施。财政体制实行“划分收支，定额上交（或补助），五年不变”的包干办法。

8月28日　国务院转发《关于基本建设试行贷款办法报告》和《基本建设贷款试行条例》，将一部分基本建设投资由拨款改为贷款。

10月17日　财政部发出《关于改进国营企业提取企业基金办法的通知》。原来规定的8项主要经济考核指标改为按产品、质量、利润和供货合同四项计划指标考核。

11月23日　财政部发布《关于文教科学卫生事业单位、行政机关“预算包干”试行办法》。

1980年

1月22日　国务院发布修订后的《国营工业企业利润留成试行办法》，该办法在扩权试点企业中试行。

2月1日　国务院发布《关于实行划分收支，分级包干财政管理体制的暂行规定》，实行“分灶吃饭”。“划分收支，分级包干”财政体制共有四种形式：固定比例分成、调剂收入分成、定额补助、大包干制。这一体制的基本内容，是按照企事业单位的隶属关系，明确划分中央与地方的收支范围，并按此范围确定各地的包干基数。分成比例或补助数额，一定五年不变，地方多收可以多支，少收就要少支，自行安排预算，自求收支平衡。

2月4日　财政部发出通知，对军工各部实行利润定额上缴、超额留用的财务包干办法。

6月20日　财政部、国家经委发布《关于征收国营工业、交通企业固定资金占用费的暂行办法》。

8月30日—9月10日　五届全国人大三次会议召开，讨论通过《中华人民共和国中外合资经营企业所得税法》和《中华人民共和国个人所得税法》，并开始施行。两部法律的颁布顺应了改革开放的形势，规范了涉外所得税管理，也意味着中国涉外所得税制度开始建立。

11月12日　国家经委、财政部、中国人民建设银行联合发出通知，决定自1981年起，国家经委、财政部安排的部分挖潜、革新、改造资金由国家拨款改为银行贷款。

11月18日　国务院批转国家计委、国家

建委、财政部、中国人民建设银行《关于基本建设拨款改贷款的报告》，决定从1981年起，凡是实行独立核算、有还款能力的企业，都实行基本建设投资拨款改贷款的制度。

1981年

1月16日　国务院会议通过《中华人民共和国国库券条例》。同年，中国首次在全国发行了总金额40亿元的国库券，实际认购46亿多元。

1月26日　国务院发布《关于平衡财政收支、严格财政管理的决定》。

1月29日　国务院发出《关于切实加强信贷管理严格控制货币发行的指示》。

1月29日　国务院批转财政部《关于压缩国营企业管理费的暂行规定》。

1月30日　国务院发布《关于调整农村社队企业工商税收负担的若干规定》。

3月3日　国务院发布《关于加强基本建设计划管理、控制基本建设规模的若干规定》。

3月10日　财政部发布《关于国营工业企业试行以税代利的几项规定》。把试点企业原来向国家缴纳的利润，改为征收资源税、收入调节税、所得税、固定资金占用费和流动资金占用费。

7月11日　财政部发出《关于对工业公司试行增值税和改进工商税征税办法的通知》。

9月5日　国务院批转财政部《关于改革工商税制的设想》，提出把现行工商税制分为产品税、增值税、营业税和盐税四种，开征资源税、利润调节税；对国营企业征收所得税；健全涉外税种等设想。

11月11日　国务院批转国家经委等部门制定的《关于实行工业生产经济责任制若干问题的暂行规定》。提出实行经济责任制的企业，必须保证全面完成国家计划，保证财政上交任务。

12月13日　五届全国人大四次会议通过《中华人民共和国外国企业所得税法》，自1982年1月1日起执行。

12月26日　财政部召开全国财政厅（局）长会议，研究《关于国营工交企业实行利润留成和盈亏包干办法的若干规定》等八个文件。

1982年

2月20日　财政部、国家经委发出通知，国营工交企业继续试行1981年利润留成办法。

4月19日　财政部发布《增值税暂行办法》。

4月20日　国务院批转财政部《关于在国营企业恢复财政驻厂员制度的报告》。

4月30日　国务院批转财政部、海关总署、国家计委、经贸部《关于若干商品征收出口关税的请示》，决定对若干利润大或国家控制出口的商品征收出口关税。

5月1日　国家建委、国家计委、财政部、中国人民建设银行联合发出通知，决定进一步扩大基本建设拨款贷款范围，改进并完善贷款管理办法。

8月5日　国务院批转财政部《关于加强国营企业财务会计工作的报告》，要求所有企业对财务会计工作进行一次彻底整顿，使企业有一套健全的财会制度。

8月6日　财政部发出《对银行征收工商税有关事项的通知》，决定从1982年7月1日起，对银行的营业收入征收工商税。

8月7日　经国务院批准，财政部正式成立海洋石油税务局，作为专门管理中国海洋石油税收的机关，并先后在天津、上海、广州和湛江设立了4个税务分局，分别管辖渤海、东海、南海东部和南海西部地区各海洋石油企业的税务事项。中国海洋石油税务系统管理体制初步建立。

11月30日　国务院在第五届全国人民代表大会第五次会议上作出《关于第六个五年计划的报告》。《报告》指出，三年内，国家将对国营大中型企业分两步推行“利改税”。即把国有企业上交的利润改为按照国家规定的税种缴纳税款，税后利润完全归企业支配，用法律手段规范国家与企业的利润分配关系。

12 月 1 日　中共中央、国务院发出《关于征集国家能源交通重点建设基金的通知》，并附发了《国家能源交通重点建设基金征集办法》。

12 月 4 日　国务院发出《关于改进“划分收支、分级包干”财务管理体制的通知》，决定从 1983 年起，除广东、福建两省外，其他各省、自治区一律实行收入按固定比例总额分成的包干办法。

12 月 24 日　国务院发布《关于严格控制固定资产投资规模的补充规定》，规定要求，拟开展扩建工程的企业，必须有 30% 的自有建设资金存入银行，才能申请贷款；自筹基建投资超过国家批准的地区、部门，按其超过额加收 3% 的能源交通重点建设基金。

1983 年

2 月 8 日　中共中央和国务院批准在重庆市进行经济体制综合改革试点。

2 月 28 日　财政部发布《预算外资金管理试行办法》。

4 月 6 日　国务院批转国家计委等部门《关于编制综合财政信贷计划的报告》，要求把预算外资金纳入综合财政信贷计划。

4 月 24 日　国务院批转财政部《关于全国利改税工作会议的报告》和《关于国营企业利改税试行办法》。

6 月 1 日　国营企业开始普遍推行“利改税”制度。其主要内容是：对国营大中型企业，按 55% 的比例税率缴纳所得税。税后利润采取三种形式在国家与企业之间重新分配：一是税后利润全部留给企业；二是税后利润再以调节税或承包费的形式上交国家一部分，余下的留给企业；三是税后利润按利润留成比例留给企业三项基金后，余下的利润再采用固定比例上交、定额上交等多种形式交给国家财政。

6 月下旬　国务院制订《国营企业第二步利改税试行办法》，经全国人民代表大会批准，自 1984 年 10 月起实施国营企业“利改税”第二步改革。其基本内容是：将国营企业应当上缴国家的财政收入分别按照产品税、增值税、营业税等 11 个税种向国家缴纳，由“利改税”第一步的“税利并存”，逐步过渡到“以税代利”，税后利润留给企业。

6 月 25 日　国务院批转中国人民银行关于国营企业流动资金改由人民银行统一管理的报告。

9 月 2 日　六届全国人大常委会修改《中华人民共和国中外合资经营企业所得税法》。

9 月 5 日　国务院决定从 1983 年 7 月 1 日起，国家能源交通重点建设基金的征收比例由 10% 提高到 15%。

9 月 6 日　中国政府与日本政府签订关于避免对所得双重征税和防止偷漏税的协定。这是中国政府与外国政府就此领域签订的第一个相关协定，为日后与外国（地区）政府签订类似协定积累了经验。

9 月 20 日　国务院发布《建筑税征收暂行办法》。自同年 10 月 1 日起执行。对自筹基本建设投资、技术改造项目中的建筑工程投资，以及按规定不纳入国家固定资产投资计划的建筑工程投资征收建筑税。计税依据是建设项目年度和竣工清算时的实际完成投资额。建筑税采用计划预征、年度结算、竣工清算的征收方法，统一按 10% 征收税率。

11 月 12 日　国务院颁布《关于对农林特产收入征收农业税的若干规定》，将园艺收入、林木收入、水产收入和各省、自治区、直辖市人民政府认为应当征收农业税的其他农林特产收入均列入农业税征税范围。

1984 年

3 月 5 日　国务院发出《国营企业成本管理条例》。成本管理的基本任务是通过预测、计划、控制、核算、分析和考核，反映企业生产经营成果，挖掘降低成本的潜力，努力降低成本。

5 月 10 日　国务院发布《关于进一步扩大国营工业企业自主权的暂行规定》。

6 月 28 日　国务院发布《国营企业奖金

税暂行规定》。

9月18日　国务院批转财政部《关于在国营企业推行利改税第二步改革的报告》和《国营企业第二步利改税试行办法》，从10月1日起试行。同日，国务院发布产品税、增值税、盐税、营业税、资源税、所得税条例和国营企业调节税征税办法。这是中国税制改革的里程碑，标志着中国初步建立起新的流转税体系。

10月　第二步利改税在全国展开。规定国有企业按产品税、增值税、营业税、盐税、资源税等11种税向国家上交财政收入，税后利润全部归企业支配。对国有大中型企业按55%的比例税率征收所得税，税后利润超过原留利的国有企业再征收调节税。调节税一户一率，允许企业从所得税税前利润归还固定资产投资借款，并按还款提取职工福利基金和奖励基金。

11月15日　国务院发布《关于经济特区和沿海十四个港口城市减征、免征企业所得税和工商统一税的暂行规定》，对在经济特区和经济技术开发区内开办的中外合资经营、中外合作经营、外商独立经营企业减征或免征所得税和工商统一税作出具体规定。中国区域性税收优惠政策开始实施，国家开始运用税收政策鼓励部分地区率先发展。

12月14日　国家计委、财政部、中国人民银行联合下达《关于国家预算内基本建设投资全部由拨款改为贷款的暂行规定》。

1985年

1月1日　进一步加快拨改贷改革的步伐，基本建设投资全部实行银行贷款。执行中考虑到偿还能力微弱的单位，从1986年开始实行拨款和贷款并行的双轨制。

2月8日　国务院发布《中华人民共和国城市维护建设税暂行条例》。

2月28日　国务院发布《中华人民共和国进出口关税暂行条例》。

2月28日　国务院发布《中华人民共和国进出口关税条例》和《中华人民共和国海关进出口税则》。

3月13日　国务院发布《关于加强外汇管理决定》。

3月21日　国务院发出《关于实行“划分税种、核定收支、分级包干”财政管理体制的通知》。其主要内容为：划分中央和地方财政的固定收入；划分各级财政支出，隶属于中央企事业单位的支出由中央财政负责，隶属于地方企事业单位的支出由地方财政提供；制定中央和地方财政共享收入，由中央财政与地方财政按比例分成。继续实行分级包干几年不变。

3月22日　国务院批转财政部《关于对进出口产品征、退产品税或增值税的报告》和《关于对进出口产品征、退产品税或增值税的规定》。自此，中国符合国际惯例的、较为规范的出口退税制度初步建立。

4月11日　国务院发布《中华人民共和国集体企业所得税暂行条例》。

4月26日　国务院发布《国营企业固定资产折旧试行条例》。

5月　《中华人民共和国会计法》开始实施。

6月28日　国务院发布《奖金税暂行规定》。

7月3日　国务院发布《国营企业工资调节税暂行规定》。

7月27日　国务院发布《中华人民共和国国家金库条例》。统一由国家金库（以下简称国库）负责办理国家预算资金的收入和支出。中国人民银行具体经理国库，组织管理国库工作。各级国库库款的支配权，按照国家财政体制的规定，分别归属同级财政机关。

8月24日　国务院发布《集体企业奖金税暂行规定》。

9月20日　财政部发出通知，对超计划自筹基建投资加征建筑税。

1985年　为进一步加快拨改贷改革的步伐，基本建设投资全部实行银行贷款。执行中考虑到有偿还能力微弱的单位，从 1986 年开始实行拨款和贷款并行的双轨制。

1986 年

1 月 7 日　国务院发布《中华人民共和国城乡个体工商业户所得税暂行条例》。

1 月 17 日　财政部发布《关于国家批准的政策性价格补贴支出预算管理问题的规定》。规定从 1986 年起，经国家批准退库的各项政策性价格补贴改列支出，不再在收入中退库反映。

1 月 27 日　国务院发出《关于清理和整顿“小钱柜”的通知》。

3 月 10 日　财政部作出《关于国营工业企业试行以税代利的几项规定》。

4 月 13 日　国务院发出《关于加强预算外资金管理的通知》。

4 月 21 日　国务院发布《中华人民共和国税收征收管理暂行条例》，中国税收程序法建设开始起步。自当年 7 月 1 日起施行的该条例规定：凡税务机关主管的各种税收的征收管理，除国家法律另有规定者外，都应按此条例规定执行，由税务机关负责组织实施。纳税人和代扣代缴义务人必须按照税收法规的规定履行纳税义务或者代扣代缴义务。各种税收的征收和减免，必须按照税收法规和税收管理体制的规定执行。

4 月 28 日　国务院发布《征收教育费附加的暂行规定》。国务院还为此发出了通知，指出农村征收教育事业费附加，仍按《国务院关于筹措农村学校办学经费的通知》执行。

4 月 30 日　国家计委、财政部、中国人民银行、中国人民建设银行联合制定《关于对部分行业基本建设银行贷款实行差别利率的规定》。

5 月 2 日　财政部颁发《关于国营企业兴办集体企业若干财务问题的规定》。

5 月 3 日　财政部、国家经委发出《关于对部分行业和部门所属国营工业企业实行固定资产分类折旧的通知》。《通知》规定，从 1986 年 1 月 1 日起，国营纺织、丝绸、烟草、医药、冶金工业企业和建材行业的水泥、玻璃、建筑陶瓷工业企业还未实行分类折旧的企业以及铁道部、交通部直属工业企业，均按照国务院发布的《国营企业固定资产折旧试行条例》规定的折旧方法、范围和分类折旧年限，实行分类折旧，适当调整折旧率。

5 月 28 日　财政部根据国务院国发［1986］21 号文件《关于对内联企业税收优惠办法》的精神，发出《关于对深圳、珠海、汕头、厦门经济特区内联企业征收所得税问题的通知》。

6 月 2 日　国务院决定，将船舶吨税划归交通部管理，由海关代交通部征收，提成后解入交通部账户，直接用于海上干线公用航标的维护和建设。

6 月 30 日　财政部发出《关于对原油、天然气实行从量定额征收资源税和调整原油产品税税率的通知》。该通知对原油、天然气实行从量定额征收资源税的征税范围、计税依据、定额标准、税额计算、缴纳办法、缴款期限、纳税地点等都作了明确具体的规定。该通知决定将原油的产品税税率统一调整为 12% 征收。以上规定自 1986 年 1 月 1 日起执行。

6 月 30 日　财政部就农业税减免的若干问题发出通知。

7 月 1 日　财政部发出《关于公布废止、失效法规目录的通知》，明令宣布建国以来先后制定的 2091 件法规停止执行，这是中国财政立法规范化的重要一步。

7 月 30 日　国务院发布《中华人民共和国注册会计师条例》。《条例》共分六章、三十条。

7 月 8 日　国务院批转国家教委、财政部《关于改革现行普通高等学校人民助学金制度的报告》。

7 月 9 日　国务院下达《关于控制固定资产投资规模的若干规定》。

7 月 11 日　财政部向国务院提交《关于派设中央企业财政驻厂员机构的报告》。财政部拟在18个省、市财政厅（局）设中央企业财政驻厂员机构，实行就地监督和管理。8月18日，国务院批转了这个报告，并发出通知，要求各地抓紧建立机构，严格按照条件选配干部，边组建边工作。

8月5日　为了加强中外合资经营企业的财务管理和财政监督，保护投资者的合法权益，根据《中华人民共和国中外合资经营企业法》及有关法律、法规，财政部颁发《中华人民共和国中外合资经营企业财务管理规定》。

8月19日　为了加强对发票的统一管理，适应改革和经济发展的要求，根据《中华人民共和国税收征管暂行条例》的规定，财政部制定并颁发《全国发票管理暂行办法》。同年10月1日起实施，全国统一的发票管理制度正式建立，为逐步实现发票管理的制度化、法律化、系统化奠定了重要基础。

9月15日　国务院发布《中华人民共和国房产税暂行条例》、《中华人民共和国车船使用税暂行条例》。

9月25日　国务院发布《中华人民共和国个人收入调节税暂行条例》，决定从1987年1月1日起实行。

10月11日　国务院发布《关于鼓励外商投资的规定》。《规定》宣布，对外商投资的产品出口企业和技术先进企业在税收、金融等方面给予特别优惠。

1987年

1月1日　开征个人收入调节税。应纳税的个人收入包括工资、薪金收入，承包、转包收入，劳务报酬收入，投稿、翻译收入，利息、股息、红利收入以及经财政部确定征税的其他收入。根据个人收入来源的不同，实行两种税率分别计算，综合收入采用超额累进税率，单项采用20%的比例税率。

1月2日　国家审计署制定《行政事业单位定期审计制度》（试行），对审计范围、时间、方式、内容、处理等都作了具体规定，对审计的组织和制度建设也作了详细说明。

1月30日　财政部发布贯彻国务院《关于鼓励外商投资的规定》中税收优惠条款的实施办法。

2月17日　财政部发布《关于征收奖金税、工资调节税有关问题的通知》。

3月5日　财政部发出《关于改进国家能源交通重点建设基金中央与地方分成办法的通知》。

3月7日　财政部发出《关于国营工业、交通企业自1987年7月1日起全面实行分类折旧的通知》。

3月18日　国务院成立关税税则委员会。

3月27日　国务院发布《企业债券管理暂行条例》。《条例》规定了企业债券的性质、票面内容及债券持有人的权力。《条例》对企业发行债券的申报手续、范围、利率及企业、事业单位购买债券的资金等都作了具体规定。

4月1日　国务院发布《中华人民共和国耕地占用税暂行条例》。《条例》共十六条，对占用耕地建房或者从事其他非农业建设的单位和个人交纳耕地点占用税作了规定。

4月16日　国务院发布《关于扩大征集国家能源交通重点建设基金的规定》。本规定自1987年5月1日起施行。

6月25日　国务院发布《中华人民共和国建筑税暂行条例》。

7月1日　颁布和实施《中华人民共和国海关法》，同时修订关税条例，为健全和完善中国的关税制度提供了法律依据。

8月8日　国务院发布《关于对来华工作的外籍人员工资、薪金所得减征个人所得税的暂行规定》。

9月10日　财政部发出《关于对当前预算外资金管理工作的几点要求的通知》。

9月12日　国务院修订发布《中华人民共和国进出口关税条例》。

1988年

1月13日　为进一步贯彻国务院《关于加强预算外资金管理的通知》精神，财政部发出《关于对中央事业行政单位预算外资金实行财政专户储存的通知》，决定对中央事业行政单位预算外资金开始实行财政专户储存。

2月27日　为发展和完善全民所有制工业企业承包经营责任制，转变企业经营机制，增强企业活力，提高经济效益，国务院发布《全民所有制工业企业承包经营责任制暂行条例》。

2月27日　根据国务院关于开办有价证券转让业务的指示，财政部、中国人民银行共同拟定了《开放国库券转让市场试点方案》。

3月4日　国务院原则批准上海市《关于深化改革扩大开放加快上海经济向外向型转变的报告》，同意上海实行财政基数包干，一定五年不变。

4月21日　经国家批准，沈阳、哈尔滨、上海、重庆、武汉、广州、深圳七个城市首次开办国库券转让试点业务。

4月27日　财政部发布《全民所有制工业企业推行承包经营责任制有关财务问题的规定》，指出合同所有制工业赢利和亏损企业都可根据自身的实际情况，选择承包经营责任制的具体形式。企业实行承包后，应依法缴纳产品税、所得税、调节税和其他各项税收。

5月7日　财政部、中国人民银行、中国人民建设银行、中国农业银行、中国工商银行发出《关于银行扣缴耕地占用税款的联合通知》。《通知》指出，银行扣缴拖欠税款是维护国家税收严肃性所必需的重要手段。各银行应按有关规定，对拖欠税款屡催不缴的，应将拖欠税款依法扣缴入库，积极支持和配合财政部门依法征税。

5月26日　国务院批复同意审计署在国家计委、国家教委等29个部委及国务院直属机构设立审计局。审计局受审计署和驻在部门双重领导，以审计署领导为主。未设立审计局的国务院其他部门和金融、保险机构，由审计署负责审计。各有关部门和大中型事业单位的内审工作，由审计署负责指导。

5月27日　财政部颁发《文教科学卫生事业单位、行政机关"预算包干"办法》。

5月31日　财政部发出《关于纠正主管部门集中商业、粮食、外贸企业折旧基金问题的通知》。规定企业按国家核定的折旧率提取固定资产折旧基金，除按规定交纳能源、交通重点建设基金外，全部留归企业用于固定资产更新改造。主管部门应停止集中企业折旧基金，企业可以根据自身更新改造任务安排的实际需要，本着自愿互利的原则，采取有偿使用的方式，相互调剂余缺，用于企业固定资产的更新改造。

6月15日　财政部制定和公布了《关于沿海经济开放区鼓励外商投资减征免征企业所得税和工商统一税的暂行规定》。《暂行规定》对外商投资开办的技术密集、知识密集型生产性项目，投资额在3 000万美元以上、回收期长的项目，或者属于能源、交通、港口建设的项目等，经财政部批准按15%的税率征收企业所得税。

6月25日　国务院发布《中华人民共和国私营企业暂行条例》。《暂行条例》规定的私营企业是指企业资产属于私人所有、雇工8人以上的盈利性的经济组织，这些经济组织可以是独资企业，合作合伙企业和有限责任公司。《暂行条例》保护依法开业、依法经营、依法纳税的私营企业。

6月25日　国务院公布《关于征收私营企业投资者个人收入调节税的规定》。《规定》要求从1988年起对私营企业投资者将私营企业税后利润用于个人消费的部分，依法征收40%的个人收入调节税；税后利润用于生产的部分，免征个人收入调节税；以任何方式撤回生产发展基金或转让企业资产用于个人消费的，应补征40%的个人收入调节税。

7月15日　中国投资管理体制进行重大改革，组建6个国家专业投资公司，采取经济办法管理固定资产投资。这6个专业投资公司是：能源、原材料、交通、机电轻纺、农业和林业投资公司。国家专业投资公司具有控股公司和国家政策性投资的双重职能。

7月21日　财政部负责人宣布，国务院已经决定，必须严格预备费的审批制度，中央预备费的动支，经总理办公会议审批，地方预备费的动支也要从严审批。1988年的财政支出一定要严格按预算进行控制，不得开新的增支口子。执行中确需增加的某些特殊开支，必须在各级预算中安排的预备费中统筹解决。

8月6日　国务院发布《中华人民共和国印花税暂行条例》，并规定从10月1日起施行。对在中国境内书立、领受应税凭证的单位和个人，根据应纳税凭证的性质，分别按比例税率或按件定额征收印花税。

8月　国家决定设立国有资产管理局，由财政部归口管理。

9月　十三届三中全会提出治理经济环境、整顿经济秩序、全面深化改革的方针，实行了紧缩财政、紧缩信贷的“双紧”政策。

9月22日　国务院公布施行《中华人民共和国筵席税暂行条例》。《暂行条例》规定：凡在中国境内设立的饭店、宾馆、招待所以及其他饮食营业场所举办筵席的单位和个人，一次支付金额人民币200～500元者，从价计征15%～20%的筵席税。

9月26日　财政部发布《关于事业单位财务管理的若干规定》，指出事业单位的预算管理形式主要分为：全额预算管理、差额预算管理、自收自支管理。为了扶持有收入的事业单位开展业务经营活动，积极组织收入，各级财政部门应设立事业周转金，周转金实行有偿使用，定期收回。

9月27日　国务院公布施行《中华人民共和国城镇土地使用税暂行条例》。规定凡在城市、县城、建制镇、工矿区范围内使用土地的单位和个人应依本条例的规定缴纳土地使用税。

9月27日　国务院公布施行《基金会管理办法》。《办法》所称基金会，是指对国内外社会团体和其他经济组织以及个人自愿捐赠资金进行管理的民间非营利性组织，是社会团体法人。《办法》列举了建立基金会所应具备的条件和基金会的管理方法，成立基金会的审批程序等。

11月30日　国务院发布《中华人民共和国审计条例》，于1989年1月1日起施行。该条例对审计机关的主要任务和职权、审计工作程序、内部审计、社会审计、法律责任等作了明确的规定。

12月5日　国务院决定，在全国实行个人收入调节税应税收入申报制度，并首先在北京海淀区进行试点。

12月18日　财政部、审计署、中国人民建设银行联合发出《关于清理国家预算内基本建设投资情况等有关问题的通知》。

1988年　实行“大包干”财政体制。共有6种包干形式：收入递增包干、总额分成、总额分成加增长分成、上解递增包干、定额上解、定额补助。

1989年

1月1日　财政部发布《开采海洋石油资源缴纳矿区使用费的规定》。《规定》共11条，自1989年1月1日起施行。

1月12日　财政部发布《城市维护建设资金预算管理办法》。本办法自1989年1月1日起执行。

2月17日　国务院发布《国家预算调节基金征集办法》的通知，从1989年1月1日起施行。4月24日，财政部根据国务院《国家预算调节基金征集办法》第十一条规定，制定了《国家预算调节基金征集办法实施细则》。

3月6日　国务院批转劳动部、财政部、国家计委《关于进一步改进和完善企业工资总额同经济效益挂钩意见的通知》。

3月30日　国务院发出《关于进一步加强工资基金管理的通知》。

3月13日　国务院发出《关于进一步做好农林特产农业税征收工作的通知》，决定从1989年起全面征收农林特产农业税，并对征税办法做了若干改进。

4月1日　国家税务局发布《关于对小轿车征收特别消费税有关问题的规定》，规定了特别消费税的纳税义务人是在中华人民共和国境内从事生产和进口小轿车的单位和个人。小轿车特别消费税由税务机关征收；进口小轿车的特别消费税由海关代征。征收的小轿车特别消费税上交中央财政。本规定自1989年2月1日起施行。

5月6日　财政部发出《关于委托中国人民建设银行代行部分财政职能的通知》，对涉及国家基本建设预、决算及财务管理，地方财政基本建设预算的执行、监督以及审查工程概算、预算、结算等工作，财政部仍委托中国人民建设银行代理。

8月9日　卫生部、财政部颁布《公费医疗管理办法》的通知。旨在加强公费医疗管理，进一步健全和完善公费医疗管理制度。

9月2日　财政部发出关于国家预算调节基金地方超收部分增加留成比例的通知。当年对各省、自治区、直辖市和计划单列市的征收数额，超过财政部下达任务的部分，可按“倒三七”分成，即多给地方留成20%。超收增加留成部分，年终结算时由中央财政返还地方财政。

10月19日　国家税务局发布《税务行政复议规则（试行）》。该规则是为正确处理税务争议、维护纳税人合法权益、保证税务机关依法行政而制定，它的试行标志着税务行政复议制度初步建立。

11月14日　国务院发出《关于清理检查“小金库”的通知》。这次清理和检查，主要是1988年和1989年列入“小金库”的各项收支，以及历年滚存的“小金库”结余。

12月13日　财政部、中国人民银行颁发《中华人民共和国国家金库条例实施细则》。《细则》共八章八十条，自1990年1月1日起执行。

1990年

1月23日　财政部发出《关于完善全民所有制企业承包经营责任制有关财务问题的意见》，适当调增企业承包上交利润基数和递增比例。承包上交利润的具体形式，主要实行各种超目标分成的办法，一般不再实行各种“包死干”办法。对企业超目标部分的利润，财政分成比例不应低于35%。承包企业应从留利中提取一定比例的资金，建立承包风险基金。

2月3日　为了加强银行账户管理，避免财政资金的分散，加快预算收入的集中入库，更好地贯彻预算内资金与预算外资金分别核算的原则，中国人民银行、财政部、国家税务局发出通知，决定对财政资金在银行开立的账户进行清理。

2月13日　财政部、中国人民银行印发《关于乡（镇）级国库工作试点的意见》。

2月21日　国家税务局颁发《关于个人收入调节税有关政策问题的通知》。

3月23日　财政部印发《会计证管理办法（试行）》，共15条。

5月19日　国务院发布《中华人民共和国城镇国有土地使用权出让和转让暂行条例》，对土地使用权的出让、转让、出租、抵押、终止以及划拨土地使用权的办法等做了具体的规定。

5月22日　国家税务局颁发《关于外商投资企业从事土地开发和使用权有偿转让征收工商统一税和企业所得税问题的通知》。

5月24日　财政部发出通知，决定扩大国债券上市转让券种。除已允许上市转让的1985年、1986年国库券外，同意对个人发行的1982年、1983年、1984年、1987年、1988年国库券在已批准可以开放国库券转让业务的城市挂牌上市，但应实行保护价格，原则上最低自营买进价不得低于票面值，否则不得上市买卖。

6月1日　国家计委、轻工业部、财政部颁发《国家盐业生产发展基金使用管理暂行办法》。国家盐业生产发展基金由轻工业部集中，与财政部共同管理。本《暂行办法》就是为了加强对基金的使用与管理，使其发挥更大的效益。

6月5日　国家民委、财政部颁发《关于国家财政安排“少数民族贫困地区温饱基金”有关事项的通知》。“少数民族贫困地区温饱基金”由国家民委和财政部根据效益到户、有偿使用、集中安排、分批解决的原则，共同按项目进行管理。

6月7日　国务院发布《国务院关于修改〈征收教育费附加的暂行规定〉的决定》。

7月2日　国务院发布《关于加强国有资产管理工作的通知》，指出按照统一领导、分级管理的原则，逐步建立和健全国有资产管理机构。由财政部和国家国有资产管理局行使国有资产所有者的管理职能，国家国有资产管理局专职进行相应工作，并由财政部归口管理。

7月21日　国家土地管理局、国家测绘局、国家物价局、财政部联合颁发《关于土地登记收费及其管理办法》，对收费原则、收费范围、收费项目及标准，土地登记费的收取、使用和管理等做了规定。

7月27日　根据国务院决定，国家税务局发出通知，调整国产小轿车特别消费税额。调整的国产小轿车为：上海桑塔纳、广州标致（505）、一汽奥迪（100，四缸），税额由原每辆2万元，调减为1.5万元；北京切诺基由原税额每辆1.5万元调减为1万元；天津夏利由原税额每辆1万元调减为2 000元。自1990年6月1日起执行。

7月28日　财政部、最高人民法院、最高人民检察院、公安部、司法部发出《关于加强耕地占用税征收管理工作的联合通知》。

8月1日　财政部颁发《关于耕地占用税减免管理的暂行规定》。

8月17日　为强化财政监督职能，使财政监察工作适应《行政诉讼法》实施以后的新情况和逐步做到规范化、制度化，财政部发出通知，下发《财政监察工作规则》。

8月30日　财政部印发《关于国营城市建设综合开发企业纳入国家预算管理有关问题的通知》，决定从1990年第四季度起，将开发企业纳入国家预算管理，照章缴纳国营企业所得税。

10月17日　国家税务局发出《关于外商投资企业生产、经营应税农、林、牧水产品征收工商统一税的通知》。

1991年

1月23日　财政部发出《关于对外国企业、外国人及华侨、港、澳、台同胞征收契税的通知》，规定凡取得房屋所有权的外国企业和外国人，应依法缴纳契税；华侨、港、澳、台同胞用侨汇（或外汇）购买房屋，给予减半征收契税的优惠。

2月3日　国务院办公厅发出《关于实行出口产品退税由中央财政和地方财政共同负担的通知》。

2月23日　国家税务局发出《关于私营企业若干税收政策规定的通知》。

4月9日　七届人大四次会议通过《中华人民共和国外商投资企业和外国企业所得税法》，自1991年7月1日起施行。《中华人民共和国中外合资经营企业所得税法》、《中华人民共和国外国企业所得税法》同时废止。

4月16日　发布《中华人民共和国固定资产投资方向调节税暂行条例》。规定纳税人为在中国境内进行固定资产投资的单位和个人，实行差别税率。

5月6日　财政部发出《关于实行综合费用率指标包干试点办法的通知》。

6月24日　国家环保局、国家物价局、财政部发出通知，经国务院批准，从7月1日起，超标污水排污费上调40%，同时超标噪声排污费将按照新的、统一的标准缴纳。

6月26日　国务院发布《关于企业职工养老保险制度改革的决定》。国务院对企业职工养老保险制度改革作了12项决定。

6月28日　财政部发出《关于颁发〈加强铁路建设基金管理的暂行规定〉的通知》。《暂行规定》共9条。

6月30日　国务院发布《中华人民共和国

外商投资企业和外国企业所得税法实施细则》。

8月13日　颁布《关于〈国营企业实行“税利分流、税后还贷、税后承包”的试点办法〉的通知》。税利分流是将国营企业实现的利润分别以所得税和利润形式上交国家一部分，并实行所得税后还贷、所得税后承包。盈利企业一律按33%的比例税率向国家交纳所得税。企业的固定资产投资借款应用企业留用资金（即税后留利、更新改造资金和其他可以用于发展生产的资金）归还。取消调节税税种，企业缴纳所得税后利润应当上交国家的部分，可以实行承包等各种形式的分配办法。

10月18日　财政部发出《关于加强国家能源交通重点建设基金和国家预算调节基金征集管理工作的通知》。

10月21日　国务院发布《国家预算管理条例》，强调了收支平衡的原则，反映了改革开放的新要求。1951年8月9日中央人民政府政务院公布的《预算决算暂行条例》同时废止。

10月27日　国家税务局发出通知，决定在企业集团中推行增值税。

11月16日　财政部发出《关于颁发〈加强煤炭开发基金管理的暂行规定〉的通知》。

12月26日　财政部发布《乡（镇）财政管理办法》。

12月28日　国家计委、冶金部、财政部、国家物价局、国家税务局、中国人民建设银行发出《关于印发〈征收冶金矿山开发费和使用管理暂行办法〉的通知》。

1992年

1月1日　《国家预算管理条例》施行。开始实行复式预算，即把国家预算分为经常性预算和建设性预算。经常性预算收入是各种税收和其他收入，经常性预算支出用于维持政府活动，保持国家安全和社会秩序，发展各项公益事业以及人民生活和社会保障方面；建设性预算收入是国家以国有资产所有者身份取得的收入，各项专项基金和国家明确规定的用于建设方面的收入，建设性预算支出用于各项经济建设活动。

1月27日　中国人民建设银行发出《关于进一步加强基本建设财务资金管理的几点意见》，要求不断提高投资效益，切实加强内部管理，正确履行建设银行财政、银行双重职能。

2月15日　国家国有资产管理局、财政部、国家计委、国务院生产办公室、劳动部、国家工商行政管理局联合发布《关于加强国营关停企业国有资产管理的若干规定》，规定从发布之日起执行。

3月13日　国务院关税税则委员会决定，从1992年4月1日起，全部取消进口调节税，同时调整一般摄像机和小汽车的进口关税税率。取消进口调节税后，16种商品的实际关税税负降低28.6%至61.5%。

3月18日　国务院修订发布《中华人民共和国进出口关税条例》。

3月18日　国务院发布《中华人民共和国国库券条例》，自发布之日起施行。

4月24日　国务院发出《关于停止实行对彩色电视机专营管理及有关问题的批复》决定停止对彩电实行专营管理，并停止征收彩电特别消费税。

6月9日　财政部决定从1992年起，在浙江省、辽宁省、新疆维吾尔自治区、天津市、武汉市、青岛市、大连市、沈阳市、重庆市等9个省区市率先实行分税制的财政体制。

8月22日　国务院批复财政部《关于停止批发环节代扣营业税的请示》，要求各省、自治区、直辖市人民政府，国务院各部委、各直属机构认真贯彻执行，从1992年9月1日起停止执行批发扣税办法。

9月4日　七届全国人大常委会第二十七次会议通过了《中华人民共和国税收征收管理法》。

11月30日　经国务院批准，财政部颁布《企业财务通则》、《企业会计准则》，随后相继颁布分行业的企业财务会计制度，从1993年7月1日起实施。

12月14日　国务院关税税则委员会决定，从1992年12月31日起降低3 000多个税目商品的进口关税税率。

1993 年

1月　新的《企业财务制度》在全国实施。

5月12日　财政部、中国人民银行、中国农业银行、中国工商银行联合发出《关于做好乡（镇）国库工作的通知》，同时发布了《乡（镇）国库管理办法（暂行）》。

6月14日　国务院办公厅发出《关于筹集三峡工程建设基金的通知》。财政部驻各省、自治区、直辖市财政厅的中央企业财政驻厂员处，要认真担负起“三峡基金”的征收管理和监缴、催缴任务，使“三峡基金”及时、足额入库。

6月24日　国家税务总局发出《关于增值税若干问题规定的通知》，就增值税的计算和征收办法、外购扣除项目的范围、外购扣除项目金额、期初库存等问题作了规定，从1993年7月1日起执行。

6月25日　财政部、农业部、水利部联合发布《发展粮食生产专项资金项目管理实施办法（试行）》。《办法》共8章37条，对发展粮食生产专项资金的筹集、分配和拨付，项目管理体系和管理程序等作了规定。

7月　中国第一部《企业会计准则》实施，明确规定了会计核算的基本前提和一般原则，界定了会计的基本要素。

8月2日　财政部发出通知，要求各地严格加强“两金”（能源交通重点建设基金和预算调节基金）征收管理工作。

8月4日　国务院发布《中华人民共和国税收征收管理法实施细则》。《实施细则》共9章86条，对税务登记、账簿、凭证管理、纳税申报、税款征收、税务检查、法律责任、文书送达等作了规定和解释。

10月9日　中共中央办公厅、国务院办公厅转发财政部《关于对行政性收费、罚没收入实行预算管理的规定》。

10月31日　八届全国人大常委会第四次会议通过《全国人民代表大会常务委员会关于修改〈中华人民共和国个人所得税法〉的决定》。

11月25日—26日　国务院总理办公会议和国务院常务会议研究分税制改革实施方案、工商税制改革实施方案，审议并原则通过国家税务总局报送的《工商税制改革实施方案》。12月，国务院相继发布了中华人民共和国增值税、消费税、营业税、企业所得税、资源税、土地增值税6个暂行条例，自1994年1月1日起施行，标志着适应社会主义市场经济体制需要的税收制度开始建立。

12月9日　根据分税制财政管理体制的需要，国务院办公厅转发《国家税务总局关于组建在各地的直属税务机构和地方税务局实施意见的通知》，决定将省以下税务机构分设为国家税务局和地方税务局两个系统。国家税务局系统实行国家税务总局垂直领导的管理体制；地方税务局系统实行地方人民政府和国家税务总局双重领导，以地方政府领导为主的管理体制。国家税务局系统负责征收中央税和中央与地方共享税，地方税务局系统负责征收地方税。

12月13日　国务院发出《中华人民共和国增值税暂行条例》、《中华人民共和国消费税暂行条例》、《中华人民共和国营业税暂行条例》、《中华人民共和国企业所得税暂行条例》、《中华人民共和国土地增值税暂行条例》，上述条例均自1994年1月1日起施行。

12月15日　国务院发布《中华人民共和国资源税暂行条例》，自1994年1月1日起施行。

12月15日　国务院发布《关于实行分税制财政管理体制的决定》，决定从1994年1月1日起，全国实行新的“分税制”财政体制。为保证这一重大改革的顺利实施，12月18日，财政部、中国人民银行、国家税务总局发出《实行“分税制”财政体制后有关预算管理问题的暂行规定》。实行分税制财政体制改革的指导思想，是正确处理中央与地方的分配关系，调动两个积极性，促进国家财政收入合理增长。分税制财政体制主要由三个方面的内容所构成：中央与地方税收的划分、中央与地方事权和支出的划分、中央对地方税收返还数额的确定。

下半年　中央出台了针对固定资产投资增长过快等的一揽子宏观调控措施，核心是采取适度从紧的财政政策，并与适度从紧的货币政策相配合。

1994 年

1月1日，分税制财政体制和新税制开始实施。中国税制进行全面改革。一是建立以增值税为主体的新流转税制度；二是对部分产品开征消费税；三是改革营业税；四是统一企业所得税制度；五是简并个人所得税；六是改革农业税；七是其他税收制度的改革和调整。经过改革，中国工商税制中的税种由32个减少到18个，税制结构趋于合理。

1月1日　根据八届人大五次会议审议通过的《全国人民代表大会常务委员会关于外商投资企业和外国企业适用增值税、消费税、营业税等税收暂行条例的决定》，对外商投资企业和外国企业适用税种等有关问题发出通知，并对外商投资企业改征增值税、消费税、营业税后增加的税负处理问题作出规定。有关中外合作开采石油资源的税收问题，中外合作油（气）田开采的原油、天然气按实物征收增值税，征收率为5%，并按现行规定征收矿区使用费，暂不征收资源税。

1月23日　国务院发出《关于取消集市交易税、牲畜交易税、烧油特别税、奖金税、工资调节税和将屠宰税、宴席税下放给地方管理的通知》。

1月28日　发布《中华人民共和国个人所得税法实施条例》，对个人所得税的征收对象、征收范围、征收办法等做了规定。

1月30日　发布《国务院关于对农业特产收入征收农业税的规定》。

2月4日　财政部印发《中华人民共和国企业所得税暂行条例实施细则》。《细则》共7章60条，对企业应纳税所得额的计算、资产的税务处理、税收优惠、税额扣除、征收管理等作了说明和解释。

2月7日　国务院发出《关于教育费附加征收问题的紧急通知》，指出从1994年1月1日起，教育费附加以各单位和个人实际缴纳的增值税、营业税、消费税的税额为计征依据，附加率为3%，分别与上述三种税同时缴纳。对从事卷烟和烟叶生产的单位，减半征收。教育费附加分别由各地国家税务局和地方税务局征收。

3月22日　第八届全国人民代表大会第二次会议审议通过《中华人民共和国预算法》，自1995年1月1日起施行。《预算法》的发布施行，对强化预算的分配和监督职能，健全国家对预算的管理，加强国家宏观调控，保障经济和社会的健康发展，具有重大而深远的意义。

3月25日　财政部发出《关于行政性收费纳入预算管理有关问题的通知》。《通知》指出，行政性收费应按照执收单位的财务隶属关系和各项收费的不同情况，分批逐步纳入同级财政预算管理。对纳入预算管理的行政性收费收入，在财政部门应实行归口管理。

5月9日　国务院发布《粮食风险基金实施意见》。要求从1994粮食年度起，中央和各省、自治区、直辖市都必须建立足够的粮食风险基金。中央粮食风险基金的资金来源由中央财政预算安排，地方粮食风险基金的资金来源由中央补助和地方财政预算安排构成，两项资金的配备比例原则上为1∶1.5。

5月16日　财政部、国家税务总局、中国人民银行联合发出《关于税制改革后对某些企业实行“先征后退”有关预算管理问题的暂行规定的通知》。《通知》规定了退税的原则及先征税后退税的范围和退税的审批等。

8月24日　国务院发出《关于分税制财政管理体制税收返还改为与本地区增值税和消费税增长率挂钩的通知》。决定将税收返还递增率由原来按全国增值税和消费税的平均增长率的1∶0.3系数，改为按本地区增值税和消费税增长率的1∶0.3系数确定。

9月23日　国家计委、财政部发出通知，

决定从1994年10月1日起，停止执行征收煤炭城市建设附加费政策。

9月29日　财政部发布《财政部社会保障事业周转金管理暂行办法》。《暂行办法》规定了周转金借用原则、借用范围、借用条件、借款程序、借款期限、周转金占用费、借款与回收、周转金使用经济效益考核、周转金的管理与监督。

10月25日　国务院决定在若干城市试行国有企业破产，并就有关问题发出通知，要求实施企业破产必须首先安置好破产企业职工，并对破产企业土地使用权的处置，破产财产的处置、担保的处理、破产企业职工的安置、银行因企业破产受到的贷款损失的处理、破产企业的整体接收、濒临破产企业的重组等问题做了明确的规定。

11月2日　财政部发出《关于中央补助地方有偿使用资金问题的通知》。财政部收回建设银行代行的财政职能后，原由建设银行专用投资室负责管理的中央补助地方"拨改贷"（1988年改为经营性基金）投资，由财政部基本建设司负责办理。通知对办理中央补助地方有偿使用资金的有关问题作了说明和规定。

11月9日　财政部、国家国有资产管理局和中国人民银行联合制定发布《国有资产收益收缴管理办法》，自1995年1月1日起施行。

11月23日　财政部、国务院住房制度改革领导小组、中国人民银行联合发布《建立住房公积金制度的暂行规定》。起步阶段职工个人和所在单位各按职工个人工资和职工工资总额的5%缴纳住房公积金。另外，还规定了住房公积金的缴存、支付、使用、管理等。

11月23日　财政部、国务院住房制度改革领导小组、建设部发布《国有住房出售收入上缴财政暂行办法》。《办法》规定了此项收入上缴财政的比例，其中房产行政管理部门、行政机关和实行全额预算管理的事业单位，85%上缴财政；实行差额预算管理的事业单位，其自管国有住房出售收入，60%上缴财政；实行自收自支预算管理的事业单位，其自管国有住房出售收入，30%上缴财政；企业自管国有现住房出售收入，10%上缴财政。

12月6日　财政部、国家税务总局发出通知，决定将减免及返还的流转税并入企业利润征收所得税。具体做法是：对企业减免或返还的流转税（含即征即退、先征后退），除国务院、财政部、国家税务总局规定有指定用途的项目以外，都应并入企业利润，照章征收企业所得税。对直接减免和即征即退的，应并入企业当年利润征收企业所得税；对先征税后返还和先征后退的，应并入企业实际收到退税或返还税款年度的企业利润征收企业所得税。

1995年

1月1日　《中华人民共和国预算法》开始施行，标志着中国的预算管理正式纳入法律管理的轨道。

1月1日　国家税务总局下发《关于海洋石油税务系统管理体制调整问题的通知》，调整了海洋石油税务系统管理体制，建立起新的海洋石油税收运行机制。

1月26日　财政部、国家土地管理局发出《关于加强土地使用权出让金征收管理的通知》。《通知》规定，土地出让金全部上缴财政，由财政列入预算、专款专用，专项用于城市基础设施和土地开发。

2月9日　财政部、国家国有资产管理局和中国人民银行联合发布《国有资产权益收缴管理办法》。

2月11日　财政部、国家税务总局发出《关于取消集贸市场税收分成问题的通知》，要求从1995年1月1日起，取消城乡集贸市场税收分成，所征税款全部缴入国库。

2月28日　八届全国人大常委会第十二次会议通过《关于修改中华人民共和国税收征收管理法的决定》。

3月18日　八届全国人大第三次会议通过《中华人民共和国教育法》，对国家财政对教育投入作了规定。

11月22日　发布《中华人民共和国预算

法实施条例》，标志着中国预算管理正式纳入法律管理的轨道。

12月26日　国务院发出《关于改革和调整进口税收政策的通知》，规定自1996年4月1日起，对进口设备和原材料等一律按法定税率征收关税和进口环节税。

1996年

1月22日　国务院办公厅转发国家税务总局《关于调整国家税务局、地方税务局税收征管范围意见的通知》，对集贸市场和个体工商户税收、涉外税收、联营企业、股份制企业所得税、证券交易印花税、教育费附加等税收征管范围进行了调整。

3月26日　财政部下发《关于完善省以下分税制财政管理体制意见的通知》，要求各地区参照中央对省级分税制模式，结合本地区的实际情况，将分税制体制落实到市、县级，有条件的地区可落实到乡级。

4月7日　国务院批转财政部、国家计委、审计署、中国人民银行、监察部《关于清理预算外资金的意见》，重点清理检查1995年度发生的违法乱纪问题。

7月6日　国务院发布《关于加强预算外资金管理的决定》，要求切实加强对财政预算资金和预算外资金的管理，完善对财政资金的监督检查制度。财政部门要严格按照“控制规模、限定投向、健全制度、加强监督”的原则，加强财政周转金管理。各部门、各单位未经财政部门批准，不得擅自将财政拨款转为有偿使用，更不得设置账外账和“小金库”。从1996年起将养路费、车辆购置附加费、铁路建设基金、电力建设基金、三峡工程建设基金、新菜地开发基金、公路建设基金、民航基础设施建设基金、农村教育事业附加费、邮电附加、港口建设费、市话初装基金、民航机场管理建设费等13项数额较大的政府性基金（收费）纳入财政预算管理。地方财政部门按国家规定收取的各项税费附加，从1996年起统一纳入地方财政预算，作为地方财政的固定收入，不再作为预算外资金管理。

8月2日　《中华人民共和国税法》（中央卷）正式出版发行。

11月18日　财政部发布《预算外资金管理实施办法》。《办法》对预算外资金的范围、财政专户管理、对用预算外资金发放工资、奖金、津贴以及福利开支、安排基本建设投资、购买专控商品等作出了相应规定。

12月13日　财政部发布《中央预算外资金财政专户管理暂行办法》，规定中央预算外资金财政专户（简称“中央财政专户”）是财政部在有关银行开设的预算外资金专用账户，用于对中央部门和单位预算外资金实行“收支两条线”的管理。

1997年

1月2日　财政部发布《职工医疗保险基金会计核算办法》。《办法》对核算的具体内容、会计科目表、会计报表的种类、格式及会计报表的编制都作了详细说明；并宣布各地区自行制定职工医疗保险基金会计核算办法同时废止。

1月23日　国务院办公厅转发国家税务总局报送的《关于深化税收征管改革的方案》。

3月13日　财政部和国家计委联合发出《关于加强涉及外商投资企业行政事业性收费监督管理的通知》。《通知》要求，外商投资企业必须严格按照国家法律、法规的规定，及时足额交纳行政事业性收费，并按国家有关外商企业财务制度的规定进行财务处理。

3月14日　财政部、国家税务总局发出《关于调整金融保险业税收政策的通知》。《通知》决定自1997年1月1日起，调整金融、保险业的税收政策，以发挥税收的调控作用，理顺国家与金融、保险企业之间的分配关系，促进金融、保险业间的平等竞争，保证国家的财政收入。

6月17日　财政部发布《农业事业单位财务制度》，对预算管理、收入管理、支出管理、成本管理、结余及其分配、专用基金管理、资产管理、负债管理、农业事业单位清算、财务报告和财务分析及财务监督等都作了明确规定。

6月18日　国家税务总局发布《企业所得税减免税管理办法》。

6月23日　财政部发布《高等学校财务制度》，对高等学校财务管理体制、单位预算管理、收入管理、支出管理、结余及其分配、专用基金管理、资产管理、负债管理、财务清算、财务报告和财务分析、财务监督等作出规定。

6月25日　财政部发布《财政总预算会计制度》、《事业单位会计准则（试行）》和《事业单位会计制度》。改革的主要内容有：重新划分预算会计体系；把原来的三个会计要素改为五个会计要素；把资金收付记账法统一改为借贷记账法；对事业、行政单位的预算内、外资金，实行统一管理，统一核算；取消事业、行政单位原按预算管理形式分设的三套会计科目，改按行政单位会计、事业单位会计各分设一套会计科目；财政总预算会计对包干经费支出的列报标准，由银行支出数改为财政拨款数；规范财政周转金的会计核算；调整、改进、规范会计报表体系。

7月7日　国务院发布《中华人民共和国契税暂行条例》。

7月16日　国务院发布《关于建立统一的企业职工基本养老保险制度的决定》。

7月28日　财政部发出《关于贯彻〈中共中央、国务院关于治理向企业乱收费、乱罚款和各种摊派等问题的决定〉的通知》。

9月2日　国务院发布《关于在全国建立城市居民最低生活保障制度的通知》。

10月21日　财政部、国家税务总局联合发出《关于事业单位社会团体征收企业所得税有关问题的通知》。

10月21日　财政部发布《关于加强国有企业财务监督若干问题的规定》。

11月7日　财政部、国家税务总局联合发出《关于住房公积金、医疗保险金、养老保险金征收个人所得税问题的通知》。

12月23日　财政部、国家计委发出《关于取消第一批行政事业性收费项目的通知》。

12月26日　财政部发布《外汇外事专项周转金管理办法》。《办法》规定，外汇外事专项周转金包括对外经济合作周转金、外事旅游周转金和境外企业周转金。周转金的使用对象主要是归口管理的预算内国有对外经济合作、旅游、境外企业及事业单位。

12月29日　国务院发出《关于进口设备税收政策的通知》。

1998年

1月27日　财政部、劳动部、中国人民银行、国家税务总局联合发布《企业职工基本养老保险基金实行收支两条线管理暂行规定》。《暂行规定》对基本养老保险基金的筹集、支付、预决算管理、各部门职责分工、监督检查等内容作出明确规定。

2月23日　财政部发布《基本建设财务管理若干规定》。《规定》强调基建财务管理要切实贯彻执行国家有关法律、法规、方针政策，做好基建资金的预算、控制、监督和考核工作，依法、合理、及时筹集、使用建设资金，严格控制建设成本，提高经济效益。《规定》对基建财务管理的主管部门、报表处理办法、基建项目竣工财务决算等也提出了相应要求。

5月12日　财政部与国家发展计划委员会联合发布《关于中央级基本建设经营性基金本息余额转为国家资本金的实施办法》。《实施办法》指出，中央级基本建设经营性基金本息余额，是指从1989年起至1996年底止由中央财政安排的国家预算内基本建设投资中的有偿使用部分。转为国家资本金之后，就作为国家对企业的投入。《办法》还规定，中央级基本建设经营性基金本息余额转为国家资本金的申请报告，应于1998年6月30日前报送国家计委和财政部。

6月12日　财政部和国家税务总局发出《关于调整增值税运输费用扣除率的通知》。从1998年7月1日起，将增值税一般纳税人购进或销售应税货物支付的运输费用的扣除率由10%降低为7%。

7月4日　国务院批准了财政部“三定”方案，确定财政部为国务院主管财政收支、财税政策、国有资本金基础工作的宏观调控部门。根据“三定”方案，对财政部的职能作出了调整。

7月10日　为应对亚洲金融风暴，扩大需求，实施了积极财政政策。一是增发国债，加强基础设施投资；二是调整税收政策，支持出口、吸引外资和减轻企业负担；三是增加社会保障、科教等重点领域的支出；四是充分发挥调节收入分配的作用，提高城市居民个人消费能力，同时大幅增加对“两个确保”和城市“低保”的投入，增加对中西部地区行政事业单位人员工资和建立“三条保障线”的资金补助；五是支持经济结构调整，促进国有企业改革；六是加大治理乱收费力度，减轻企业和社会负担；七是实行“债转股”。

10月12日　财政部发出《关于加强财政监督机构业务工作和队伍建设的若干意见》，意见指出，地方财政监督机构的重点工作：一要监督收入，即对本级财政收入执行情况进行监督检查。二要监督支出，即对财政资金的分配、使用和效益情况进行跟踪检查。三是要对下级财政进行监督检查。尤其要加强下级财政预算执行情况和贯彻国家财政政策、法规情况的指导和监督。四要对财政部门内部进行监督。五要对社会审计机构审计的国有企业年度财务决算的情况进行核查。

12月　全国财政工作会议提出构建公共财政体制框架的目标。

12月14日　国务院发布《关于建立城镇职工基本医疗保险制度的决定》，要求在全国范围内建立以城镇职工基本医疗保险制度为核心的多层次的医疗保障体系。

1999年

1月1日　国务院办公厅转发财政部《整顿财政周转金方案》的通知。《通知》指出，财政周转金是指由财政部门管理，按照有偿原则周转使用的财政资金。从1998年12月1日起，中央及地方各级财政周转金一律只收不贷。同时各级财政部门对已到期的周转金借款要积极清收。回收的财政周转金一律由财政部门统一安排使用，重点用于弥补历年财政赤字、解决财政挂账、增补预算周转金、安排国有企业下岗职工基本生活保障和再就业以及扶贫、教育等方面。

1月6日　财政部部长项怀诚表示，1999年继续实行积极财政政策，对当前形势来说，不会造成新的通货膨胀。1998年实施的积极财政政策，对启动经济增长、调整投资结构产生了良好的效果。中国政府决定加大实施积极财政政策的力度，主要是通过增发国债来增加财政支出，增发的国债除了可以增加直接投资、刺激国内需求外，还能通过补充和增加建设项目资本金，为银行扩大贷款创造条件。

3月30日　财政部发出《关于加强基础设施建设资金管理与监督的通知》。《通知》强调，要加强资金源头管理，确保建设资金及时、足额到位。各地区、各部门要在建设项目的前期工作阶段就将资金来源管理放在突出位置，确保项目建设资金不留缺口，防止形成“胡子工程”。各地区、各部门要统筹规划，确保按时、足额向中央财政归还借用的国债专项资金。

4月17日　财政部发出《关于政府采购管理暂行办法的通知》。《通知》对政府采购方式做了明确规定，即“政府采购采用公开招标、邀请招标、竞争性谈判、询价、单一来源等采购方式”。

5月26日　财政部发出《关于住房公积金财务管理办法的通知》。规定了住房公积金财务管理的主要任务是：编制住房公积金和公积金中心管理费用年度预决算；建立职工住房公积金明细账，记载职工个人住房公积金的缴存、提取等情况；依法办理住房公积金委托贷款业务，防范风险；严格执行住房委员会批准的住房公积金归集、使用计划；核算住房公积金的增值收益；严格执行财政部门批准的管理费用预算，控制管理费用支出，努力降低住房公积金运作成本。

8月18日　财政部发出《关于社会保障基金财政专户管理暂行办法的通知》。《通知》规定：各级财政部门要按照国家有关规定，根据工作需要在与同级劳动保障等主管部门共同认定的国有商业银行开设财政专户。

8月30日　九届全国人大常委会第十一次会议通过《关于修改〈中华人民共和国个人所得税法〉的决定》（第二次修正），对储蓄存款利息所得征收个人所得税。

9月30日　国务院发布《对储蓄存款利息所得征收个人所得税的实施办法》，自1999年11月1日起施行。

12月14日　财政部、国家税务总局和建设部发出《关于对城市居民出售个人住房应如何缴纳个人所得税的问题通知》，规定个人出售自有住房取得的所得应按照个人所得税法的“财产转让所得”项目征收个人所得税。

12月21日　第九届全国人大常委会第十三次会议审议了“关于加强中央预算审查监督的决定草案”。

1999年　实施“金财工程”。财政部按照统一领导、统一规划、统一技术标准、统一系统平台和统一组织实施的原则，不断推进政府预算管理信息化系统建设，使信息技术成功融入财政核心业务，形成以部门预算编制为源头，以国库收支管理为预算执行主线的系统框架，实现财政管理方式的创新，增强财政工作的透明度，提高财政资金使用效益，奠定财政科学决策的基础。

2000年

1月1日　所有中央一级预算单位试编部门预算。主要内容包括：改革预算编制形式，初步实现了“一个部门一本预算”；改革预算编制方法，按照基本支出和项目支出编制部门预算；规范预算编制程序，初步建立起财政部和中央部门的预算编制规程。

1月1日　国库集中收付制度改革开始起步，拟定改革方案并组织试点。

3月2日　中共中央、国务院印发《关于进行农村税费改革试点工作的通知》，明确农村税费改革的主要内容：取消乡统筹费、农村教育集资等专门面向农民征收的行政事业性收费和政府性基金、集资，取消屠宰税，取消统一规定的劳动积累工和义务工，调整农业税和农业特产税政策，改革村提留征收使用办法。

4月11日　中共中央、国务院发出通知，决定在安徽全省和由其他省、自治区、直辖市选择少数县（市）进行农村税费改革试点，探索建立规范的农村税费制度和从根本上减轻农民负担的办法。

5月25日　财政部、国家计委联合发出《关于公布取消部分交通和车辆收费项目的通知》，公布取消238项涉及交通和车辆的行政事业性收费、政府性基金和政府性集资项目。《通知》规定，公布取消的收费项目自2000年7月1日起停止征收。

7月1日　新的《中华人民共和国会计法》正式施行。

7月4日　财政部、国家计委和农业部联合发出通知，取消农村税费改革试点地区有关涉及农民负担的收费项目。

10月8日　财政部发出《关于进一步加强地方政府采购管理工作的通知》，要求各级财政部门加强和完善政府采购管理，各地区必须抓紧建立和完善政府采购预算编制办法，使本地区所有政府采购活动都纳入财政预算或计划管理。

10月22日　国务院颁布《中华人民共和国车辆购置税暂行条例》。

2000年　财政部成立国库司。对山东、湖北、河南和四川省的44个中央直属粮库建设资金实行财政直接拨付，打开了财政国库管理制度改革的突破口。

2001年

1月1日　实施国库管理制度改革试点。

财政部在1998年开始全面系统地研究国库集中收付制度的基础上，逐步建立了适合中国政治经济体制的“国库单一账户”和“财政资金集中收付”制度。从2001年起在中央实施改革试点，“十五”期间在中央和地方全面实施国库集中收付制度。

2月28日　财政部、中国人民银行发出《关于政府采购资金财政直接拨付管理暂行办法的通知》。

3月16日　财政部、中国人民银行发出《关于财政国库管理制度改革试点方案的通知》。

3月24日　国务院下发《关于进一步做好农村税费改革试点工作的通知》，要求进一步完善农村税费改革的有关政策，认真做好农村税费改革试点的各项配套工作。

4月9日　财政部发出《关于中央单位政府采购管理实施办法的通知》。《通知》对采购管理程序、资金拨付管理、监督检查等作了明确的规定。

5月1日　《中华人民共和国税收征收管理法（修订案）》开始实施。

5月17日　财政部颁布《企业国有资本与财务管理暂行办法》，就各级主管财政机关和企业的管理与权限、国有资本投入的管理、国有资本营运的管理、国有资本收益的管理以及财务考核与评价和法律责任作出了详细规定。

5月21日　财政部、中国人民银行制定了《财政社会保障补助资金专户管理暂行办法》。

5月24日　监察部、财政部、中国人民银行、审计署颁发《关于清理整顿行政事业单位银行账户的意见的通知》。《通知》要求，严格控制并规范行政事业单位的银行账户，既是加强预算管理、推进国库管理制度改革的基础性工作，也是强化资金监管、从源头上预防和治理腐败的重要措施。

6月12日　国务院发布《减持国有股筹集社会保障资金管理暂行办法》。《办法》明确规定，国有股减持主要采取国有股存量发行的方式。凡国家拥有股份的股份有限公司（包括境外上市的公司）向公共投资者首次发行和增发股票时，均应按融资额的10%出售国有股。国有股存量出售的收入，全部上缴全国社会保障基金。减持国有股原则上采取市场定价方式。

7月10日　财政部、中国人民银行颁布《关于中央单位财政国库管理制度改革试点资金支付管理办法》。《办法》规定，财政部为预算单位开设预算单位零余额账户、小额现金账户和特设专户，用于纳入改革试点的财政性资金的支付与清算；未纳入改革试点的财政性资金或改革试点实施前财政已拨付的资金，仍通过原有账户支付和核算，根据《银行账户管理办法》，各单位可自主选择银行开设账户。

8月17日　财政部、国家计委、农业部联合发出《关于加大治理向农民乱收费力度切实减轻农民负担的通知》。《通知》要求，各级财政、计划（物价）、农民负担监督管理部门，要对本行政区域内农民负担的行政事业性收费、政府性基金、政府性集资项目作进一步清理。凡未经国务院和省、自治区、直辖市人民政府及其所属财政、计划（物价）部门会同农民负担监督管理部门批准涉及农民负担的行政性收费项目及未经国务院或财政部会同国务院农民负担监督管理部门批准涉及农民负担的政府性基金项目一律取消；凡违反《中共中央、国务院关于切实做好减轻农民负担工作的决定》规定，“九五”期间出台的专门面向农民的行政事业性收费项目也一律取消。

9月20日　财政部发布《关于加强国有金融企业集中采购管理的若干规定》。

11月16日　财政部决定调整证券（股票）交易印花税税率。对买卖、继承、赠与所书立的A股、B股股权转让书据，由立据双方当事人分别按2‰的税率缴纳证券（股票）交易印花税。

11月20日　财政部决定取消以下七项涉及企业资产与财务的行政审批事项：审批国家

电力公司的投资收益预决算；审批葛洲坝水力发电厂的专项支出；审批投资单位境外投资经营情况的年度财务报告；审批房地产开发企业提取业务招待费和预提公共配套设施费；审批金融企业和非金融企业变更折旧方法和折旧年限事项；审批国有企业被盗、贪污等财产损失事项；对地方股东单位持有上市公司非发起人国有法人股及非上市公司国有股权，以及上市公司国家股权、发起人国有法人股权中，因司法冻结和质押担保等引起的股权变动及或有变动事项的审批。取消上述行政审批后，财政部将通过建立企业内部议事规则等措施，规范和约束企业的资产财务行为。

12月10日　国务院办公厅转发《财政部关于深化收支两条线改革，进一步加强财政管理意见的通知》。以综合预算编制为出发点，以预算外资金管理为重点和难点，以强调收支脱钩为中心，以国库管理制度改革为保障，明确提出进一步深化“收支两条线”改革的步骤与相关措施，成为新时期加强财政资金管理方面的纲领性文件。

12月12日　为进一步规范外商投资企业的会计核算，统一企业的会计标准，财政部发布《外商投资企业执行〈企业会计制度〉有关问题的规定》。该规定于2002年1月1日起执行。

12月13日　经国务院批准，财政部、劳动和社会保障部联合发布《全国社会保障基金投资管理暂行办法》。《办法》规定，全国社会保障基金理事会负责管理全国社保基金，其基本职责有四个方面：一是制定全国社保基金的投资经营策略并组织实施。二是按照有关规定选择并委托基金投资管理人、托管人对基金资产进行投资运作和托管；对投资运作和托管情况进行检查。三是负责基金的财务管理与会计核算，编制定期财务会计报表，起草财务会计报告。四是定期向社会公布基金资产、收益、现金流量等财务状况。财政部会同劳动和社会保障部拟订全国社保基金管理运作的有关政策，对基金的投资运作和托管情况进行监督。

2001年　进一步完善分税制财政体制，调整政府间的分配关系。

2001年　进一步深化税制改革，调节收入差距。按照十六届三中全会“分步实施税收制度改革”的要求，以“简税制、宽税基、低税率、严征管”为原则，进行了1994年之后又一次大规模的税制调整与改革。

2002年

1月1日　实施所得税收入分享改革，将按企业隶属关系等划分中央与地方所得税收入的办法改为中央与地方按统一比例分享。2002年中央与地方各分享50%；2003年中央分享60%、地方分享40%，2003年以后根据实际情况确定中央、地方分享比例。

1月17日　财政部、中国人民银行联合发出通知，决定自2002年1月1日起，将公安等部门的各项收费（不含所属高校、中专的院校收费）收入全部纳入预算管理，上缴国库。

4月27日　全国财政国库工作会议召开，明确2002年财政部进一步深化和完善财政国库管理制度改革，增加新的国库支付管理制度改革试点部门，并结合“收支两条线”管理改革，选择部分中央单位进行预算外资金收入收缴管理改革试点。

5月20日　财政部发出通知，公布31项保留的政府性基金项目。其中，26项基金属法律、国家行政法规、党中央和国务院文件以及财政部会同有关部门批准设立，且明确规定征收对象、征收范围的征收标准的政府性基金；5项基金计划用燃油税或农业税取代，但在尚未实施相关税费改革之前，暂时予以保留。

6月29日　《中华人民共和国政府采购法》公布。

7月2日　财政部印发《农业税收征管经费管理办法》。

10月　中央决定在全国建立新型农村合作医疗制度，从2003年开始在全国试点推广。新型农村合作医疗制度是由政府组织、引导、支持，农民自愿参加，个人、集体和政府多方筹资，以大病统筹为主的农民医疗互助共济制度。

12月26日　国务院发出《批准财政部〈关于完善省以下财政管理体制有关问题意见〉的通知》。

2002年　进一步加大和深化了“收支两条线”管理工作。对中央部门区分不同情况，分别采取将预算外资金纳入预算管理或实行收支脱钩管理等办法，编制综合预算。

2002年　财政部、中国人民银行发布《预算外资金收入收缴管理制度改革方案》和《中央单位预算外资金收入收缴管理改革试点办法》。财政部、建设部等8个中央部门作为非税收入收缴管理制度改革第一批试点单位进行改革试点。

2002年　财政部、中国人民银行发布《国库存款计付利息管理暂行办法》，新中国成立以来财政资金首次实现按照货币市场化计价。初步建立财政国库动态监控系统，实时监控财政资金收付活动。

2002年　“省管县”财政体制进行试点。“省管县”体制是指省市县行政管理关系由目前的“省—市—县”三级体制转变为“省—市、县”二级体制，对县的管理由现在的“省管市—市管县”模式变为由省替代市，实行“省管县”模式，其内容包括人事、财政、计划、项目审批等原由市管理的所有方面。

2003年

1月1日　《中华人民共和国政府采购法》正式实施。中国政府采购制度进入全面推行阶段。

1月14日　财政部会同国家计委、国家外汇管理局联合发布《外债管理暂行办法》，这是中国首次从全口径角度制定的规范各类外债管理的规章。《外债管理暂行办法》自2003年3月1日起实施。《外债管理暂行办法》的出台，对于完善中国外债管理法规体系，加强全口径外债管理，规范举借外债行为，提高外债资金使用效益和防范外债风险具有重要意义。

1月16日　财政部、中国人民银行联合发布《国库存款计付利息管理暂行办法》，决定自2003年1月1日起对国库存款计付利息，标志着中国国库资金管理方式发生了重大改变。

1月　《中华人民共和国政府采购法》正式实施，中国政府采购制度进入了全面推行阶段。

4月　农村税费改革试点工作在全国范围推开，这是深化农村改革、促进农村发展的一项重大决策。

5月9日　财政部、国家发展改革委、监察部、审计署联合下发《关于加强中央部门和单位行政事业性收费等收入“收支两条线”管理的通知》。《通知》的重点是：明确提出政府非税收入的概念、取消原有的一些过渡性政策措施，加快政府非税收入收缴改革的步伐，严禁未经批准将行政事业性收费转为经营服务性收费管理，以及要求中央部门和单位建立健全内部财务会计核算制度。

6月3日　财政部、国家税务总局就2003年农村税费改革试点地区农业特产税有关问题发出通知。通知指出，关于2003年是否征收农业特产税问题，各地区可根据统一政策、分散决策的原则，自主决定。条件成熟的省，可结合本地实际，在自行消化财政减收的前提下，对部分农业特产品（除烟叶外）不再单独征收农业特产税，改为征收农业税。

6月11日　财政部、国家税务总局日前发出通知，要求实施农村税费改革试点的地区按照国务院统一部署，逐步取消农业特产税。

9月17日　《国务院关于进一步加强农村教育工作的决定》发布，要求落实农村义务教育“以县为主”管理体制的要求，加大投入，完善经费保障机制。

10月13日　国务院发布关于改革现行出口退税机制的决定，对现行出口退税机制进行改革。决定明确了改革的具体内容。一是适当降低出口退税率；二是加大中央财政对出口退税的支持力度；三是建立中央和地方共同负担出口退税的新机制；四是推进外贸体制改革，调整出口产品结构；五是累计欠退税由中央财政负担。同时，财政部、国家税务总局联合发出了关于调整出口货物退税率的通知。

10月14日　中国共产党第十六届中央委员会第三次全体会议通过的《中共中央关于完善社会主义市场经济体制若干问题的决定》，提出了深化税制改革的原则、内容，确定了“简税制、宽税基、低税率、严征管”的税制改革基本方向。

2003年　财政部发布《财政部关于深化地方财政国库管理制度改革有关问题的意见》，对地方全面推进改革提出工作要求和指导性意见。中央和地方财政国库管理制度改革继续深化和推进。

2004年

1月1日　经国务院批准，从2004年1月1日起，中国进一步降低关税，进口关税总水平由11%下降到10.4%。这是中国自2001年12月加入世界贸易组织以来第三次降低关税，是中国履行加入世界贸易组织承诺的又一重要步骤。

1月1日　为进一步规范涉农收费管理，切实减轻农民负担，此前财政部会同国家发展改革委员会联合发出的《关于取消、免收和降低标准的全国性及中央部门涉农收费项目通知》开始执行。

1月1日　《关于严禁截留和挪用学校收费收入加强学校资金管理的通知》开始执行。通知明确要求对学校收费实行“收支两条线”管理。

2月1日　为规范企业国有产权转让行为，促进企业国有资产的合理流动，防止企业国有资产流失，《企业国有产权转让管理暂行办法》开始执行。

4月14日　经国务院批准，财政部、农业部、国家税务总局日前联合下发了《关于2004年降低农业税税率和在部分粮食主产区进行免征农业税改革试点有关问题的通知》。

6月1日　继2002年10月和2003年2月国务院分两批取消和调整行政审批项目后，国务院近日作出决定，第三批再予以取消和调整495项行政审批项目，其中取消涉税行政审批项目44项。

7月1日　为支持东北老工业基地振兴，经国务院批准，财政部、国家税务总局下发通知，自本日起，在黑龙江省、吉林省、辽宁省和大连市实行扩大增值税抵扣范围、调整资源税税额标准和企业所得税优惠等税收政策。

7月23日　财政部发出《关于加强政府非税收入管理的通知》，强调要加强管理，推进政府非税收入管理工作规范化、法制化。明确政府非税收入管理范围包括行政事业性收费、政府性基金、国有资源有偿使用收入、国有资产有偿使用收入、国有资本经营收益、彩票公益金、罚没收入、以政府名义接受的捐赠收入、主管部门集中收入以及政府财政资金产生的利息收入等。社会保障基金、住房公积金不纳入政府非税收入管理范围。

7月23日　财政部颁布《中央单位政府采购管理实施办法》，标志着中央单位政府采购管理工作在科学化、规范化方面又上了一个新台阶。该办法从2004年9月1日起正式执行。

8月11日　财政部发布《政府采购货物和服务招标投管理办法》、《政府采购信息公告管理办法》和《政府采购应商投诉处理办法》。

9月14日　根据中共中央、国务院《关于实施东北地区等老工业基地振兴战略的若干意见》的精神，经国务院批准，财政部、国家税务总局制定了《东北地区扩大增值税抵扣范围若干问题的规定》，选择东北地区的部分行业试行扩大增值税抵扣范围。

10月1日　为促进农业生产发展，切实减轻农民负担，经国务院批准，财政部、国家税务总局联合下发通知，决定自2004年10月1日起对农用三轮车免征车辆购置税。

11月22日　2004年全国财政国库管理制度改革工作会议召开。财政部副部长肖捷在会上明确指出，2005年要继续贯彻落实国务院关于全面推行财政国库管理制度改革的要求，将国库集中支付改革全面推到地市。

12月3日—5日　中央经济工作会议召开。会议提出，实施稳健的财政政策。针对经济运行中出现的突出问题，党和国家将进一步加强宏观调控工作，财政作为重要的调控手段，顺应宏观经济形势的要求，适时转换为稳健的财政政策。

12月27日　财政部、国家税务总局联合下发《关于进一步落实东北地区扩大增值税抵扣范围政策的紧急通知》。该《通知》对东北地区扩大增值税抵扣范围有关政策进行补充，指出东北地区增值税改革从“增量抵扣”政策调整为“全额抵扣”政策。

2004年　改革出口退税机制。按照“新账不欠，老账要还，完善机制，共同负担，推动改革，促进发展”的指导思想，实施出口退税机制改革，建立中央和地方共同负担的新机制。从2004年起，由中央和地方按75∶25的比例共同负担。

2004年　全面取消除烟叶以外的农业特产税，并推进减征、免征农业税改革试点。

2004年　财政部国库司和国库支付中心机构职能进行整合。财政部发布《财政国库管理制度改革单位年终结余资金账务处理暂行规定》，对实施国库管理制度改革的行政单位会计、事业单位会计和国有建设单位会计的结余资金会计核算实行权责发生制。

2005年

1月1日　根据财政部、国家税务总局制定的《2004年东北地区扩大增值税抵扣范围暂行办法》，开始在东北老工业基地八大行业进行增值税转型改革试点。

2月　财政部和国家税务总局下发通知，对东北地区企业固定资产折旧年限优惠政策中的相关时间进行明确。

5月8日　财政部印发《2005年中央财政对地方缓解县乡财政困难奖励和补助办法》的通知，实施“三奖一补”政策，解决县乡财政困难。

10月　十届全国人大常委会审议通过了国务院关于调整个人所得税工薪所得费用减除标准的议案，决定将工薪所得费用扣除标准由800元/人/月提高至1600元/人/月，并从2006年1月1日开始施行。

11月1日　全国36个省、自治区、直辖市和计划单列市全部实施了国库集中收付制度改革。

11月7日　财政部制定《关于切实缓解县乡财政困难的意见》，要求各省、自治区、直辖市要积极推行省对县财政管理方式改革试点。

12月24日　国务院印发《关于深化农村义务教育经费保障机制改革的通知》。按照“明确各级责任、中央地方共担、加大财政投入、提高保障水平、分步组织实施”的基本原则，逐步将农村义务教育全面纳入公共财政保障范围，建立中央和地方分项目、按比例分担的农村义务教育经费保障机制。中央重点支持中西部地区，适当兼顾东部部分困难地区。

12月29日　十届全国人大常委会第19次会议通过从2006年1月1日起废止农业税条例的草案。

2005年　实施稳健的财政政策。针对经济运行中出现的突出问题，顺应宏观经济形势的要求，适时转换为稳健的财政政策。一是国债投资规模调减调向，主要用于农村、社会事业、西部开发、东北地区等老工业基地、生态建设和环境保护。二是推后预算内建设性支出的时间，适当放慢国债项目资金拨付进度。三是有保有控，在总量适度控制下进行结构性调整。大力支持农业生产，对农民种粮实行直接补贴，减免农业税。四是积极推进出口退税机制改革。多次调整出口退税率，降低部分资源性产品进口关税。

2005年　国务院批准《财政部关于开展国库现金管理的请示》。中央和地方如期实现国务院确定的“十五”期间全面推行国库集中收付制度改革的目标。

2006年

1月1日　即日起废止1958年6月3日通

过的《中华人民共和国农业税条例》。在中国大地上延续了几千年针对农业征收的“皇粮国税”正式退出了历史舞台。

1月1日　个人所得税工薪所得费用扣除标准由800元/人/月提高至1 600元/人/月。

3月12日　国务院批准政府收支分类改革定于2007年全面实施。

3月14日　十届人大四次会议通过决议，在全国范围内彻底取消农业税。

4月1日　财政部、国家税务总局联合下发通知，对中国现行消费税的税目、税率及相关政策进行调整。

5月30日　财政部发布《事业单位国有资产管理暂行办法》。

7月28日　财政部发布《进一步推进乡财县管工作的通知》，旨在加强乡镇财政管理，规范乡镇收支行为，防范和化解乡镇债务风险。

9月　全面深化农村综合改革。农村综合改革的目标是，按照巩固农村税费改革成果和完善社会主义市场经济体制的要求，推进乡镇机构、农村义务教育和县乡财政管理体制改革，建立精干高效的农村行政管理体制和运行机制、覆盖城乡的公共财政制度、政府投入办学的农村义务教育体制，促进农民减负增收和农村公益事业健康发展，推进农村经济社会全面发展。

10月24日　财政部、国家环保总局联合印发《关于环境标志产品政府采购实施的意见》。要求各级国家机关、事业单位和团体组织用财政性资金进行采购的，要优先采购环境标志产品，不得采购危害环境及人体健康的产品。

11月6日　国家税务总局下发《个人所得税自行纳税申报办法（试行）》，以进一步规范自行纳税申报行为，加强个人所得税征收管理，保障国家税收收入，维护纳税人的合法权益。

12月21日　财政部下发《关于将中央单位土地收益纳入预算管理的通知》。中央单位土地收益作为一般预算收入纳入中央财政预算，全部缴入中央国库，实行“收支两条线”管理。

12月29日　《中华人民共和国车船税暂行条例》颁布。

2006年　财政部、教育部发布《农村义务教育经费保障机制改革中央专项资金支付管理暂行办法》，中央补助地方专款实行国库集中支付改革取得突破。

2006年　财政部、中国人民银行发布《中央国库现金管理暂行办法》和《国库现金管理商业银行定期存款操作规程》，并实施中央国库现金管理买回国债和商业银行定期存款操作。

2007年

1月1日　中国财政预算开始实行新的政府收支分类科目，这是新中国成立以来中国财政收支分类统计体系最为重大的一次调整。

1月1日　财政部制定的《企业会计准则——基本准则》、《企业财务通则》和《金融企业财务规则》三部规范企业财务会计行为的规章正式执行。

1月10日　财政部印发《中央单位政府集中采购管理实施办法》，旨在加强中央单位政府集中采购管理，规范集中采购行为，完善和规范中央单位政府集中采购运行机制。

1月18日　劳动和社会保障部、财政部下发了《关于推进企业职业基本养老保险省级统筹有关问题的通知》。

3月16日　十届全国人大五次会议审议通过了《中华人民共和国企业所得税法》，2008年1月1日起施行。

3月　农村义务教育经费保障机制改革在全国农村展开，建立了中央和地方分项目、按比例分担的农村义务教育经费保障新机制。

4月3日　财政部颁布《自主创新产品政府采购预算管理办法》、《自主创新产品政府采购评审办法》和《自主创新产品政府采购合同管理办法》三大办法。这是中国首次出台促进自主创新的政府采购具体政策措施，也标志着中国激励自主创新的政府采购制度正式建立。

5月11日　制定《中部地区扩大增值税抵扣范围暂行办法》，7月1日起在中部地区6省26个老工业基地城市中的8个行业开展扩大增值税抵扣范围的试点。

5月14日　财政部、中国人民银行联合召开全国公务卡应用推广工作会议，并于6月印发了《中央预算单位公务卡管理暂行办法》，启动了中央和地方公务卡改革试点工作。

5月30日　国务院决定从2007年开始在中央本级试行国有资本经营预算，地方试行的时间、范围和步骤由各省（区、市）及计划单列市人民政府决定。

6月29日　十届全国人大常委会第二十八次会议通过《全国人民代表大会常务委员会关于修改〈中华人民共和国个人所得税法〉的决定》。

7月10日　《国务院关于开展城镇居民基本医疗保险试点的指导意见》发布，决定开展城镇居民基本医疗保险试点。

7月11日　国务院公布《国务院关于在全国建立农村最低生活保障制度的通知》，2007年在全国建立农村最低生活保障制度。

7月　财政部、国家税务总局和中国人民银行联合印发了《财税库银税收收入电子缴库横向联网实施方案》和《财税库银税收收入电子缴库横向联网管理暂行办法》，要求改革税收收入缴库方式，实行税收收入电子缴库，标志着全国财税库银税收收入电子缴库横向联网工作正式启动。

9月8日　国务院下发《关于试行国有资本经营预算的意见》。

10月31日　按照《国务院关于第四批取消和调整行政审批项目的决定》的要求，财政部取消6项行政审批项目。其中，财政部牵头审批项目5项，与其他部门联合审批项目1项。

11月26日　财政部、教育部印发《关于调整完善农村义务教育经费保障机制改革有关政策的通知》，决定从2007年起三年内，新增经费470亿元左右，用于调整完善农村义务教育经费保障机制改革有关政策。

12月11日　财政部会同国资委发布《中央企业国有资本收益收取管理办法》。

12月28日　中国签署了中国加入WTO《政府采购协议》（GPA）申请书，标志着中国正式启动加入世界贸易组织《政府采购协议》谈判。

2007年　规范转移支付制度，协调区域发展。一是完善转移支付管理和分配办法，在财力性转移支付方面不断改进标准财政收入、标准财政支出、标准财政供养人员数等测算方法；二是规范了相关财政资金的拨付渠道和管理程序；三是逐步提高地方预算编报的完整性；四是推进专项转移支付项目整合，提高转移支付资金规模效益。

2007年　中央财政对主要农作物保险进行保费补贴试点。中央财政提供保费补贴的试点农作物品种有玉米、水稻、大豆、小麦、棉花等，分别在内蒙古、吉林、江苏、湖南、新疆和四川6省区试点，中央财政在省级财政承担25%保费的基础上，再承担25%的保费。

2008年

1月1日　新的《中华人民共和国企业所得税法》开始施行。统一内资、外资企业所得税制度，结束了中国企业所得税制度对内资、外资分别征收的局面。

3月15日　《中央级事业单位国有资产管理暂行办法》正式施行，这对于规范和加强中央级事业单位国有资产管理，提高使用效益，促进公共财政体系的建设具有十分重要的意义。

4月14日　财政部印发《新型农村合作医疗补助资金国库集中支付管理暂行办法》的通知，以加强新型农村合作医疗补助资金支付的管理，确保资金及时足额到位。

4月24日　经国务院批准，财政部、国家税务总局决定从当日起调整证券（股票）交易印花税税率，由3‰调整为1‰。

6月19日　财政部关于印发《2008年中央对地方一般性转移支付办法》的通知，进一步完善了中央对地方一般性转移支付测算办法。

8月21日　财政部、国家发展改革委、国家工商总局发布《关于停止征收个体工商户管理费和集贸市场管理费有关问题的通知》，减轻了个体工商户和私营企业负担，促进个体、私营等非公有制经济持续健康发展。

9月19日　中国证券（股票）交易印花税征收方式由双边征税调整为单边征税。

11月9日　国务院常务会议确定的扩大内需、促进经济增长十项措施公布。为落实这一重大举措，当年11月12日，国务院常务会议研究决定了4项实施措施。1. 核准审批固定资产投资项目。2. 提高部分产品出口退税率，调整部分产品出口关税。3. 确定中央财政地震灾后恢复重建基金的具体安排方案。4. 提出进一步加强支持林业生态恢复重建的政策措施。

11月10日　国务院发布新修订的《中华人民共和国增值税暂行条例》、《中华人民共和国消费税暂行条例》和《中华人民共和国营业税暂行条例》，决定自2009年1月1日起在全国推行增值税转型改革。

11月25日　发布《关于中央单位2009年深化国库集中支付改革若干问题的通知》，深化预算管理制度改革，强化预算管理与监督。

11月26日　发布《关于加强土地出让收支预算编制工作的通知》，加强土地出让收入的基金预算管理。

12月8日—10日　中央经济工作会议在北京举行。会议提出明年经济工作的重点任务之一是加强和改善宏观调控，实施积极的财政政策和适度宽松的货币政策。

12月18日　国务院发布《关于实施成品油价格和税费改革的通知》，完善中国的成品油价格形成机制，规范交通相关税费制度，促进节能减排。

12月19日　国务院颁布《关于全国实施增值税转型改革若干问题的通知》，决定从2009年1月1日起，在全国实施增值税转型改革。

2009年

1月1日　《中华人民共和国营业税暂行条例》、《中华人民共和国循环经济促进法》、《中华人民共和国消费税暂行条例》和《中华人民共和国消费税暂行条例实施细则》正式施行。

1月1日　《中华人民共和国增值税暂行条例》正式施行。增值税转型改革在全国全面实施，由生产型增值税转为消费型增值税，以鼓励企业投资、促进技术进步。

1月1日　成品油价格和税费改革正式施行。取消原在成品油价外征收的公路养路费、航道养护费、公路运输管理费、公路客货运附加费、水路运输管理费、水运客货运附加费等六项收费。成品油价格形成机制进一步理顺。

1月9日　财政部、中国人民银行、国家税务总局发布《关于修订2009年政府收支分类科目的通知》（财预［2009］3号），就2009年政府收支分类科目调整及有关预算管理问题作出进一步明确规定，并要求相关规定自2009年1月1日起施行。

1月19日　财政部、国家税务总局发布《油气田企业增值税管理办法》，对现行油气田企业增值税管理办法作了修改和完善。

1月19日　财政部、国家税务总局发布《关于部分货物适用增值税低税率和简易办法征收增值税政策的通知》（财税［2009］9号），对农产品继续适用13%的增值税税率，具体征税范围暂继续按照《财政部、国家税务总局关于印发〈农业产品征税范围注释〉的通知》（财税字［1995］52号）及现行相关规定执行。

1月21日　财政部、国家发展改革委等发布《关于全面清理涉及交通和车辆收费的通知》（财综［2009］6号），规范交通和车辆收费管理，防止乱收费，决定对涉及交通和车辆的行政事业性收费进行全面清理。

1月24日　财政部出台《关于深化地方非税收入收缴管理改革的指导意见》（财库［2009］1号），旨在深化、完善财政国库管理制度改革方案，加快建立完善的非税收入收缴管理制度体系。

2月3日　财政部、教育部发布《关于进一步加强农村义务教育经费保障机制改革资金管理的若干意见》（财教［2009］2号）。

2月12日　财政部发出《关于公布2008年全国政府性基金项目目录的通知》（财综［2009］12号），对有关事项作了进一步明确规定，并公布《2008年全国政府性基金项目目录》，旨在加强政府性基金管理，促进依法行政。

3月13日　为适应财政部代理发行地方政府债券管理的需要，财政部发布《关于印发〈财政部代理发行地方政府债券财政总预算会计核算办法〉的通知》（财库［2009］19号）。

3月18日　财政部发出《关于印发〈2009年地方政府债券资金项目安排管理办法〉的通知》（财建［2009］121号），旨在规范地方政府债券资金项目安排管理，促进扩大内需，提高资金使用效益。

3月23日　财政部发布《关于印发〈财政部代理发行2009年地方政府债券招投标和考核规则〉的通知》（财库［2009］21号）。

3月23日　《注册会计师全国统一考试办法》正式施行。

4月12日　财政部、国家税务总局发出《关于开采油（气）资源企业费用和有关固定资产折耗　摊销　折旧税务处理问题的通知》（财税［2009］49号），对从事开采石油、天然气（包括煤层气，下同）的矿产资源油气企业（以下简称油气企业）在开始商业性生产前发生的费用和有关固定资产的折耗、摊销、折旧方法作出新的具体规定。

4月20日　财政部发布《关于印发〈中央单位变更政府采购方式审批管理暂行办法〉的通知》（财库［2009］48号），旨在规范中央单位变更政府采购方式审批管理工作，加强中央单位政府采购管理。

4月29日，国务院召开常务会议，讨论并原则通过《关于2009年深化经济体制改革工作的意见》，决定调整固定资产投资项目资本金比例。

5月1日　《金融企业国有资产转让管理办法》正式施行。

5月1日　《企业国有资产法》正式施行。标志着中国对企业国资管理有了最高层级法律的刚性约束与规范。

5月7日　国家发展改革委发出《关于印发〈石油价格管理办法（试行）〉的通知》，提出当国际市场原油价格连续22个工作日移动平均价格变化超过4%时，可相应调整国内成品油价格。

5月25日　财政部、国家税务总局发布《关于个人无偿受赠房屋有关个人所得税问题的通知》（财税［2009］78号），规定房屋产权所有人将房屋产权无偿赠与他人的，受赠人因无偿受赠房屋取得的受赠所得，按照“经国务院财政部门确定征税的其他所得”项目缴纳个人所得税，税率为20%。

5月26日　财政部发布《关于印发〈中央财政促进服务业发展专项资金管理办法〉的通知》（财建［2009］227号）。

6月1日　经国务院批准，进一步提高部分商品的出口退税率。此次调整分为五个档次，涉及农业深加工、机电、鞋帽、玻璃制品、钢铁制品等不同类型加工制造业产品，调整后的出口退税率从5%到17%不等。这是2008年8月份以来连续第七次上调出口退税率。

6月2日　财政部、国家税务总局发布《关于补充养老保险费　补充医疗保险费有关企业所得税政策问题的通知》（财税［2009］27号），决定自2008年1月1日起，企业根据国家有关政策规定，为在本企业任职或者受雇的全体员工支付的补充养老保险费、补充医疗保险费，分别在不超过职工工资总额5%标准内的部分，在计算应纳税所得额时准予扣除；超过的部分，不予扣除。

6月4日　财政部发布《关于加快建立地方预算执行动态监控机制的指导意见》（财库［2009］70号），就增强财政管理透明度，提高财政资金使用的安全性、规范性、有效性，推进财政管理的科学化、精细化等方面提出指导意见。

6月15日　国家发展改革委印发《关于加强中央预算内投资项目概算调整管理的通知》。要求严格执行财经纪律，切实加强和规范中央预算内投资项目管理，努力防止和解决投资项目超概算问题。《通知》在概算调整管理中引进了审计监督，强调“先审计、后调概”。

6月16日　财政部和国家税务总局发布《关于专项用途财政性资金有关企业所得税处理问题的通知》（财税［2009］87号），对企业在2008年1月1日至2010年12月31日期间从县级以上各级人民政府财政部门及其他部门取得的应计入收入总额的财政性资金，凡符合条件的，可以作为不征税收入，在计算应纳税所得额时从收入总额中减除。

6月17日　国务院召开会议，研究部署下一阶段经济工作。会议强调，中国经济运行正处在企稳回升的关键时期，要坚定不移地继续实施积极的财政政策和适度宽松的货币政策，全面贯彻落实好应对国际金融危机的一揽子计划，并根据形势变化不断丰富和完善。

6月19日　财政部、国资委、证监会、社保基金会联合发布《境内证券市场转持部分国有股充实全国社会保障基金实施办法》。

6月22日　财政部发布《关于推进省直接管理县财政改革的意见》。改革的总体目标是，2012年年底前，力争全国除民族自治地区外，全面推进省直接管理县财政改革，近期首先将粮食、油料、棉花、生猪生产大县全部纳入改革范围。实行省直接管理县财政改革，就是在政府间收支划分、转移支付、资金往来、预决算、年终结算等方面，省财政与市、县财政直接联系，开展相关业务工作。

6月22日　财政部发出《关于印发〈财政支出绩效评价管理暂行办法〉的通知》（财预［2009］76号），要求加强财政支出管理，强化支出责任，提高财政资金的使用效益，体现政府公共服务目标。

7月1日　财政部、国家发展改革委、民政部和卫生部等部门联合发布《关于完善政府卫生投入政策的意见》（财社［2009］66号），要求加强对政府卫生投入的管理监督。政府卫生投入资金要依法接受人大、审计部门和社会的监督。

7月15日　财政部、国家发展改革委发布《关于印发2008年全国性及中央部门和单位行政事业性收费项目目录的通知》（财综［2009］46号）。

7月31日　财政部、国土资源部印发《关于新增建设用地土地有偿使用费征收等别执行政策问题的通知》（财综［2009］50号），确认各地依法取得的新增建设用地计征新增费适用的征收等别，应当以有关人民政府依法批准农用地和未利用地转为建设用地时适用的新增费征收等别为准。

8月17日　财政部、交通运输部发布《关于规范成品油价格和税费改革资金管理有关问题的通知》（财预［2009］351号），要求省级财政和交通部门要按照财政管理体制和财力与事权相匹配的原则，尽快建立和完善省对下成品油价格和税费改革转移支付管理办法，按期拨付资金，保证市县成品油价格和税费改革后相应资金需求。

8月18日　《关于建立国家基本药物制度的实施意见》正式发布。

8月18日—19日　全国新型农村社会养老保险试点工作会议召开，提出2009年在全国10%的县（市、区、旗）进行新型农村社会养老保险试点，以后将逐步扩大试点，到2020年前基本实现全覆盖。

8月19日　财政部、国家发展改革委、农业部联合发布《关于进一步完善农资综合补贴动态调整机制的实施意见的通知》（财建［2009］492号）。

9月2日　财政部发出《关于进一步加强中央建设投资预算执行管理的通知》（财建［2009］549号），要求对中央建设投资切块下达地方项目预算，抓紧做好进一步细化、拆分和预算下达工作。同时加强对中央建设投资补助地方项目预算执行进度管理，把强化预算执行进度管理经常化、制度化。

9月17日　财政部和国家发展改革委发出《关于进一步加强中央建设投资项目预算管理等有关问题的通知》（财建［2009］552号），要求充分发挥中央建设投资对经济增长的拉动作用，加快预算执行进度，提高资金使用效率与效益。

10月10日　财政部出台《关于进一步加强地方政府性基金预算管理的意见》（财预［2009］376号），要求地方各级财政部门要对本地区基金项目进行全面清理规范，按照财政部的统一规定，已明确取消和违反审批管理规定越权设立的基金项目要坚决停止征收，应纳入基金预算管理的要全部纳入基金预算编制范围。

11月11日　财政部、国家税务总局发布《关于非营利组织免税资格认定管理有关问题的通知》（财税［2009］123号），对非营利组织的免税资格认定作出了明确限定，并规定非营利组织免税优惠资格的有效期为五年。

11月22日　财政部、国家税务总局联合发布《关于房产税城镇土地使用税有关问题的通知》（财税［2009］128号），对无租使用其他单位房产、出典房产的房产税问题、融资租赁房产的房产税问题及地下建筑用地的城镇土地使用税问题作出新的规定，并从2009年12月1日起执行。

11月27日　中共中央政治局召开会议，分析研究明年经济工作。会议强调，继续实施积极的财政政策和适度宽松的货币政策，更加注重推动经济发展方式转变和经济结构调整。

12月4日　财政部、中国人民银行发布《关于将按预算外资金管理的全国性及中央部门和单位行政事业性收费纳入预算管理的通知》（财预［2009］79号），决定从2010年1月1日起，将按预算外资金管理的全国性及中央部门和单位行政事业性收费逐步纳入财政预算管理。相关各项行政事业性收费全额上缴国库，支出通过一般预算或基金预算安排，不再作为预算外资金管理。教育收费不纳入预算管理。

12月5日—7日　中央经济工作会议在北京举行。会议提出，明年中央经济工作的基调是保持经济平稳较快发展，重点是保持经济增长，难点在保持经济增长的基础上管理好通货膨胀预期。会议强调，保持宏观经济政策的连续性和稳定性，继续实施积极的财政政策和适度宽松的货币政策，根据新形势新情况着力提高政策的针对性和灵活性。

12月9日　国务院召开常务会议，研究完善促进消费的若干政策措施，讨论并原则通过《关于试行社会保险基金预算的意见》，将企业职工基本养老、失业、城镇职工基本医疗、工伤、生育等五项社会保险基金分别纳入2010年预算编制范围。

12月22日　财政部、国家税务总局发布《关于调整个人住房转让营业税政策的通知》（财税［2009］157号），决定自2010年1月1日起，个人将购买不足5年的非普通住房对外销售的，全额征收营业税；个人将购买超过5年（含5年）的非普通住房或者不足5年的普通住房对外销售的，按照其销售收入减去购买房屋的价款后的差额征收营业税；个人将购买超过5年（含5年）的普通住房对外销售的，免征营业税。

12月22日　财政部、国家税务总局发布《关于减征1.6升及以下排量乘用车车辆购置税的通知》（财税［2009］154号），决定对2010年1月1日至12月31日购置1.6升及以下排量乘用车的，暂减按7.5%的税率征收车辆购置税。此举旨在扩大内需，促进汽车产业健康发展。

12月31日　财政部、国家发展改革委、水利部发出《关于印发〈国家重大水利工程建设基金征收使用管理暂行办法〉的通知》（财综［2009］90号），决定从2010年1月1日起开始征收重大水利基金，至2019年12月31日止。国家重大水利工程建设基金是利用三峡工程建设基金停征后的电价空间设立的政府性基金。为保证三峡工程建设基金向重大水利基金平稳过渡，保持三峡工程建设基金现行征收政策基本不变。

12月31日　财政部、国家税务总局、国家发展改革委发布《关于公布环境保护节能节水项目企业所得税优惠目录（试行）的通知》（财税［2009］166号），决定自2008年1月1日起施行。

2010年

1月1日　对个人转让上市公司限售流通股取得的所得，按照“财产转让所得”，适用20%的比例税率征收个人所得税。

1月4日　财政部、商务部发出《关于允许汽车以旧换新补贴与车辆购置税减征政策同时享受的通知》（财建［2010］1号），决定从2010年1月1日起，允许符合条件的车主同时享受汽车以旧换新补贴和1.6升及以下乘用车车辆购置税减征政策。

1月8日　中共中央政治局就世界主要国家财税体制和深化中国财税体制改革进行第十八次集体学习。中共中央总书记胡锦涛在主持学习时强调，要夺取应对国际金融危机冲击全面胜利、保持经济平稳较快发展，把改革开放和社会主义现代化建设不断推向前进，就必须深化财税体制改革，完善公共财政体系，提高财政管理绩效。

1月8日　财政部发布《关于加强中央基建投资预算执行管理工作的通知》（财建［2010］3号），要求切实按照依法理财、科学管理的要求，把加强中央基建投资预算执行管理放在更加突出的位置，充分发挥投资对经济增长的拉动作用。

1月8日　财政部、国家发展改革委等部门发出《关于继续实施汽车下乡政策的通知》（财建［2010］4号），决定汽车下乡政策实施延长一年，至2010年12月31日止；摩托车下乡政策执行到2013年1月31日。

1月10日　全国财政工作会议在北京召开。会议提出2010年财政工作将继续实施积极的财政政策，财政部门要进一步完善有利于科学发展的财政体制机制，把加强财政调控、深化财税改革与强化财政管理结合起来，牢固树立现代财政管理观念，扎实落实全面推进财政科学化精细化管理的各项要求。

1月18日　财政部发布《关于印发〈中央部门财政拨款结转和结余资金管理办法〉的通知》（财预［2010］7号），加强中央部门财政拨款结转和结余资金的管理。中央级事业单位基本支出当年未使用的财政拨款，不再提取职工福利基金和转入事业基金。对事业单位在实行国库管理制度改革后，已转入事业基金但尚未使用的财政拨款资金，也一并纳入本办法管理。

2月8日　财政部发布消息，国务院农村综合改革工作小组、财政部、农业部日前联合下发《关于做好2010年扩大村级公益事业建设一事一议财政奖补试点工作的通知》，增加财政投入，完善奖补政策，把村级公益事业建设一事一议财政奖补试点范围扩大到27个省份，预计全国将有5.3亿农民受益。试点工作始于2008年，2009年扩大到贵州等17个省份。

2月12日　《2009年基层医疗卫生机构实施国家基本药物制度和综合改革以奖代补专项资金管理办法》（财社［2010］21号）发布。建立国家基本药物制度和健全基层医疗卫生服务体系，是近三年内深化医药卫生体制改革的两项重点工作。基本药物制度实施重点是保基本、打基础、强基层。为充分调动基层积极性，中央财政设立基层医疗卫生机构实施国家基本药物制度和综合改革以奖代补专项资金。奖补资金按“突出改革、转变机制、注重实效、鼓励先进”的原则，实行因素法分配。

3月1日　财政部、国家税务总局印发《关于边境地区一般贸易和边境小额贸易出口货物以人民币结算准予退（免）税试点的通知》，将现行云南边境小额贸易出口货物以人民币结算准予退（免）税政策扩大到边境省份、自治区与接壤毗邻国家的一般贸易，并进行试点，明确了试点的85个陆地指定口岸。

3月5日　温家宝总理在十一届全国人大三次会议上作政府工作报告时指出，今年将继续实施积极的财政政策和适度宽松的货币政策，保持政策连续性和稳定性，根据新形势新情况不断提高政策的针对性和灵活性，处理好保持经济平稳较快发展、调整经济结构和管理好通胀预期的关系。

3月11日　财政部发布《关于印发切实加强乡镇财政资金监管工作的指导意见的通知》（财预［2010］33号），明确了乡镇财政资金监管职责和具体要求。这是加强财政管理基础工作和基层财政建设的指导性文件。

3月24日　财政部、国家税务总局发布《关于事业单位改制有关契税政策的通知》（财税［2010］22号），规定事业单位按有关规定改制为企业的过程中，投资主体没有发生变化的，对改制后的企业承受原事业单位土地、房屋权属，免征契税。事业单位改制过程中，改制后的企业以出让或国家作价出资（入股）方式取得原国有划拨土地使用权的，应按规定缴纳契税。执行期限为2010年4月1日至2011年12月31日。

3月30日　财政部、海关总署、国家税务总局发布《关于在天津市开展融资租赁船舶出口退税试点的通知》（财税［2010］24号），决定对融资租赁企业经营的所有权转移给境外企业的融资租赁船舶出口，在天津市实行为期1年的出口退税试点，自2010年4月1日起施行。

4月23日　财政部、国家税务总局发出《关于国际运输劳务免征营业税的通知》（财税［2010］8号），自2010年1月1日起，对中华人民共和国境内（以下简称境内）单位或者个人提供的国际运输劳务免征营业税。

5月7日　财政部、国家发展改革委发出《关于印发2009年全国性及中央部门和单位行政事业性收费项目目录的通知》（财综［2010］20号），规定《收费目录》中的行政事业性收费项目为截至2009年12月31日仍在执行的全国性及中央部门和单位的行政事业性收费项目，其具体征收范围、征收标准及资金管理方式等，按《收费目录》中注明的文件规定执行。

5月12日　财政部公布国有资本经营预算和政府性基金预算编制情况。国有资本经营预算的基本内容包括收入预算和支出预算。按全国人大要求，中央本级国有资本经营预算2010年首次提交全国人大审查。而目前纳入政府性基金预算管理的基金共43项。编制政府性基金预算，有利于提高政府预算的统一性和完整性，增强预算的约束力和透明度，更好地接受人大和社会监督。

5月12日　财政部和国家发展改革委下发通知，进行矿藏勘查开采和工程建设征用或使用草原的单位和个人，应向相关主管部门缴纳草原植被恢复费。草原植被恢复费纳入财政预算管理，专项用于草原行政主管部门组织的草原植被恢复、保护和管理。

5月18日　财政部发布《关于扩大农村金融机构定向费用补贴政策范围的通知》（财金［2010］41号），决定从2010年至2012年，将费用补贴范围扩大到基础金融服务薄弱地区，中央财政对基础金融服务薄弱地区银行业金融机构网点，按该网点当年贷款平均余额的2%给予费用补贴。补贴资金在下一年度拨付。

5月18日　财政部发布《关于切实做好治理教育乱收费工作的通知》（财综［2010］37号），规定未经国务院或财政部、国家发展改革委、教育部批准，各地一律不得设立新的教育行政事业性收费项目。除城市义务教育阶段住宿费外，不得收取其他任何行政事业性收费，包括学杂费、借读费等。

5月25日　为充分发挥土地增值税调控作用，国家税务总局发布《关于加强土地增值税征管工作的通知》（国税发［2010］53号），要求科学合理制定预征率，加强土地增值税预征工作，任何单位和个人不得擅自扩大核定征收范围，核定征收率原则上不得低于5%，各省级税务机关要结合本地实际，区分不同房地产类型制定核定征收率。

5月25日　为支持国家重大水利工程建设，财政部、国家税务总局发布《关于免征国家重大水利工程建设基金的城市维护建设税和教育费附加的通知》（财税［2010］44号），自发文之日起执行。

5月27日　财政部、国家税务总局发布《关于农村金融有关税收政策的通知》，明确将通过减免营业税、所得税等优惠举措，支持农村金融发展，解决农民贷款难问题。自2009年1月1日至2013年12月31日，对金融机构农户小额贷款的利息收入，免征营业税。自2009年1月1日至2011年12月31日，对农村信用社、村镇银行、农村资金互助社、由银行业机构全资发起设立的贷款公司、法人机构所在地在县（含县级市、区、旗）及县以下地区的农村合作银行和农村商业银行的金融保险业收入，减按3%的税率征收营业税。

5月31日　国家税务总局发布《关于进一步加强高收入者个人所得税征收管理的通知》（国税发［2010］54号），就进一步加强高收入者个人所得税征收管理有关问题作出规定。

6月1日　财政部、国家税务总局发布《关于印发〈新疆原油　天然气资源税改革若干问题的规定〉的通知》（财税［2010］54号），新疆原油、天然气资源税改革正式启动。原油、天然气资源税实行从价计征，税率为5%。根据规定，纳税人开采的原油、天然气，自用于连续生产原油、天然气的，不缴纳资源税；自用于其他方面的，视同销售，必须缴纳资源税。

6月1日　财政部、国家发展改革委决定，结合新能效标准实施，对高效节能空调补贴推广政策进行相应调整。相关政策从6月1日起再延长一年，中央财政将按新能效标准对能效等级2级及以上产品继续给予补贴，实施期限到2011年5月31日。

6月2日　财政部、国家发展改革委等部门下发《关于扩大公共服务领域节能与新能源汽车示范推广有关工作的通知》，进一步扩大公共服务领域节能与新能源汽车示范推广工作，在现有13个试点城市的基础上，再增加7个试点城市。根据试点城市实施方案和资金申请，财政部通过省级财政部门将示范推广补助资金预拨给试点城市。试点城市财政部门根据节能与新能源汽车实际推广情况，按规定标准据实拨付补助资金。

6月13日　经国务院批准，汽车以旧换新政策实施期限由2010年5月31日延长至2010年12月31日。财政部、环境保护部等联合下发通知，对延长政策实施等工作作出具体部署。截至2010年5月31日，全国共办理汽车以旧换新申请车辆12.7万辆，补贴金额17亿元，拉动新车消费150亿元。

部分财政经济发展指标

部分财政经济发展指标引言

部分财政经济发展指标为一套涵盖中国宏观经济、财政与税收核心标准的指标体系。虽然隶属于中国财政政策报告（2010/2011）的附录部分，但自成一体。统计主表共包含 20 张表格，分为宏观经济态势和财政、税收主要指标两部分，提供了中国大陆地区可获得的最近年份或时期以及以往年份或时期的社会经济数据，并在附表部分附上了 2010 年最新的统计数据。

该指标体系提供的大多数指标和数据来源于《中国财政年鉴》、《中国统计年鉴》以及相关的官方和非官方网站，采取了点面结合、纵横比较的统计方式：一方面，遴选的指标力求全面、广泛，能够展现中国宏观经济运行态势的不同方面和层次；另一方面，聚焦于中国的财政、税收状况，着重关注历年来财政、税收方面的指标与变化动态。在横向的比较中把握中国宏观经济与财政、税收的互动关系；在纵向的考察中洞察中国未来经济和宏观政策的发展动向。

“‘十二五’时期的中国财税改革”是本书今年的主题。以此立意主要基于以下的考量：其一，今年是实施“十一五”规划的最后一年。在这承前启后的特殊时期，有必要对整个“十一五”期间财政制度的变迁、财税体制的改革进行全面的梳理，以期对启动于 1998 年并延续至今的公共财政改革路径作一个综述性的总结，并对“十一五”时期财税体制的深化进行回溯性的评价；其二，为了更好地展望和把握“十二五”期间财税改革的方向和思路。作为我国全面建设和实现小康社会奋斗目标的关键时期，“十二五”对于我们既是机遇，更是挑战。“十二五”是新中国 60 年后的再一次出发。而经过三十余年的改革开放，特别是经历“十一五”期间的高速增长，我国国民生产总值已突破 3 万亿元，超越德国跃居世界第三位；人均 GDP 也首次达到 3200 美元，这标志着中国发展阶段已从城市化、工业化初期开始进入工业化中后期。此时此刻，在我们为以上骄人可喜成就欣喜时，更应冷静和清醒地审视未来“十二五”时期发展的前景和思路。

“十二五”期间，我们面临的国际、国内形势将更为复杂和多元：国际上，2007 年席卷全球的国际金融危机无论是对世界还是中国都提出了诸多新的命题和挑战；世界政治、经济多元化的格局也迫切需要我国承担更多大国的责任与义务；在国内，日渐凸显的资源约束让我国多年粗放型经济增长模式难以为继，经济结构的调整、发展模式的转变迫在眉睫；而日益突出的收入差距和内需消费不足等矛盾也让我们意识到社保、医疗等深层次的制度、体制问题亟待解决。凡此种种矛盾与困难均需在“十二五”期间求解。

特殊的时期、特定的矛盾决定了“十二五”的发展目标以及改革思路与此前十一个五年规划都存在着本质的差异。从曾经强调“国强”向追求“民富”的转变，从过去片面讲求高速增长向和谐社会、科学发展的转变，这样的定位转换对“十二五”时期整个政府职能的调整以及财税体制改革思路将是一场重大的变革。基于此，我们有必要站在战略性的高度，以国际化、全局性的视角对“十二五”时期财税改革及早进行谋划和布局，制定行动路线图，以从容应对未来发展过程中的各种挑战。

鉴于财政报告数据的延续性，今年本书财经数据部分依然以 1993 年以来中国财经数据为主导，反映自 1993 年以来，特别是“十一五”期间中国经济与财政的变迁与发展。本章通过以下两个部分加以体现：1. 宏观经济态势；2. 财政、税收主要指标，并在具体的指标体系中加以分解和细化。

关于部分财政经济指标的介绍

宏观经济态势由四个部分，8 张表格组成：

表 1 至表 2 反映经济增长，考察了 1993 年以来，中国宏观经济运行的总体状况：国内生产总值增长多少？各个行业的发展情况怎样？各行业对国内生产总值的贡献程度如何？

表 3 至表 4 反映价格走势，显示了 1993 年以来，反映生产价格的工业产品出厂价格指数，原材料、燃料、动力购进价格指数，固定资产投资价格指数；反映消费价格的居民消费价格指数、商品零售价格指数。

表 5 至表 6 反映国内需求，通过居民消费以及固定资产投资两张表格提供了近年来，中国国内在消费和生产两方面的需求信息。

表 7 至表 8 反映对外部门，用进出口贸易额、贸易差额以及偿债率、负债率和债务率反映中国经济融入世界经济的程度以及面临外债风险的大小。在当今世界一体化的背景下，考察一国宏观经济形势时，选取上述考量符合经济开放性潮流。

财政、税收主要指标由五部分，12 张表格组成：

表 9 至表 10 反映国家财政总收支，提供了 1993 年后，特别是近些年来国家财政总量情况：国家财政总收入、总支出是多少？变化是多少？在国民收入的分配和支出中，政府收支所占的比重是多少？

表 11 至表 12 反映国家财政、税收分项收入，选择了税收收入占财政收入比重以及税收总量分项目情况指标，展现政府主要收入来源——税收对于国家财政收入以及各个税种对国家税收总收入的贡献程度。

表 13 至表 14 反映国家财政支出，财政支出是政府宏观结构调控的重要手段，是政府实现其职能的重要工具。选取政府支出的核心指标，通过政府履行各类职能的支出比重体现政府支出调整的思路以及未来改革的动向。

表 15 至表 16 反映中央和地方财政收入和支出，通过对中央、地方收支的对比关系，反映 1993 年以来，中央、地方对社会资源调控配置程度，也在一定程度上反映了中国分权集权的程度。

表 17 至表 18 反映预算外收支，这种尚待规范化的收入来源形式是中国处于市场经济转轨时期的特殊的现象。通过对预算外收支数据的统计和考察，有助于推动政府的收支行为趋

向规范化。

表19至表20反映预算外收支情况细分，规范政府预算外收支行为是政府公共预算改革的重要内容之一。通过对收支情况的细分充分展现处于规范中的预算外资金具体的来源、支出方向、构成比重以及近年来改革、调整、规范的演进过程。

数据来源以及计算方法

本指标体系提供的社会经济数据主要有以下几种来源：《中国统计年鉴》、《中国财政年鉴》，中华人民共和国财政部、国家税务总局、统计局网站，中经网等多渠道的资料来源系统。尽管目前，大多数统计资料在统计口径、定义和分类上都采用了全世界或全国通用的标准，但是在具体的涵盖范围、倾向性以及基本数据收集汇编能力上和资源方面，特别是，源于统计口径的改变以及同国际逐步接轨的过程造成的统计方法的调整等等，仍存在不可避免的差异。因此，虽然我们在数据标准化方面作了大量的工作，在进行数据的审查的时候，更是力求数据的准确和统一，但也不能保证数据具有绝对的可比性。在理解上述指标时，请读者多加注意。

技术注释

对进行数据的查阅时，请同时参考相关的技术注释。技术注释对编制表格时使用的方法、概念、定义等均作出了概要性的说明，便于读者更为清晰和深刻地理解表格所反映的数据。详见后技术注释。

基本数据文献

作为社会经济数据的主要使用者之一，为了能为经济分析以及政策预测提供及时和充分的信息，我们一直对宏观数据的汇编工作特别重视。经过一段时间的收集，我们整理了部分财政经济发展指标，包含了1993年以来，涵盖中国宏观经济、财政税收基本状况的数据。

主 表

宏观经济态势

经济增长

表 1　国内生产总值　　单位：亿元、%

1993—2009 年国内生产总值及其增长率（绝对数和指数形式）

年份	绝对数形式 总额	绝对数形式 增长率	指数形式 总额	指数形式 增长率
1993	35 333.9	—	400.4	—
1994	48 197.9	36.4	452.8	13.1
1995	60 793.7	26.1	502.3	10.9
1996	71 176.6	17.1	552.6	10.0
1997	78 973.0	11.0	603.9	9.3
1998	84 402.3	6.9	651.2	7.8
1999	89 677.1	6.2	700.9	7.6
2000	99 214.6	10.6	759.9	8.4
2001	109 655.2	10.5	823.0	8.3
2002	120 332.7	9.7	897.8	9.1
2003	135 822.8	12.9	987.8	10.0
2004	159 878.3	17.7	1 087.4	10.1
2005	184 937.4	15.7	1 210.3	11.3
2006	216 314.4	17.0	1 364.0	12.7
2007	265 810.3	22.9	1 557.7	14.2
2008	314 045.4	18.1	1 707.3	9.6
2009	335 352.9	6.8	1 855.8	8.7

注：本表绝对数总额以当年价格计算；指数总额按 1977 年为基年的不变价格计算。

资料来源：2004 年之前（包括 2004 年）数据来源于《中国统计年鉴 2009》，中华人民共和国国家统计局编，中国统计出版社 2009 年版；2005—2009 年数据来源于国家统计局网站《2009 年国民经济和社会发展统计公报》和中国统计数据应用支持系统（http：//gov. acmr. cn）。

表 2 国内生产总值行业分布 单位：亿元、%

1993—2009 年国内生产总值行业分布及其增长率

年份	国内生产总值	第一产业			第二产业			第三产业		
		总额	比重	增长率	总额	比重	增长率	总额	比重	增长率
1993	35 333.9	6 963.8	19.7	—	16 454.4	46.6	—	11 915.7	33.7	—
1994	48 197.9	9 572.7	19.9	37.5	22 445.4	46.6	36.4	16 179.8	33.6	35.8
1995	60 793.7	12 135.8	20.0	26.8	28 679.5	47.2	27.8	19 978.5	32.9	23.5
1996	71 176.6	14 015.4	19.7	15.5	33 835.0	47.5	18.0	23 326.2	32.8	16.8
1997	78 973.0	14 441.9	18.3	3.0	37 543.0	47.5	11.0	26 988.1	34.2	15.7
1998	84 402.3	14 817.6	17.6	2.6	39 004.2	46.2	3.9	30 580.5	36.2	13.3
1999	89 677.1	14 770.0	16.5	-0.3	41 033.6	45.8	5.2	33 873.4	37.8	10.8
2000	99 214.6	14 944.7	15.1	1.2	45 555.9	45.9	11.0	38 714.0	39.0	14.3
2001	109 655.2	15 781.3	14.4	5.6	49 512.3	45.2	8.7	44 361.6	40.5	14.6
2002	120 332.7	16 537.0	13.7	4.8	53 896.8	44.8	8.9	49 898.9	41.5	12.5
2003	135 822.8	17 381.7	12.8	5.1	62 436.3	46.0	15.8	56 004.7	41.2	12.2
2004	159 878.3	21 412.7	13.4	23.2	73 904.3	46.2	18.4	64 561.3	40.4	15.3
2005	184 937.4	22 420.0	12.1	4.7	87 598.1	47.4	18.5	74 919.3	40.5	16.0
2006	216 314.4	24 040.0	11.1	7.2	103 719.5	47.9	18.4	88 554.9	40.9	18.2
2007	265 810.3	28 627.0	10.8	19.1	125 831.4	47.3	21.3	111 351.9	41.9	25.7
2008	314 045.4	33 702.0	10.7	17.7	149 003.4	47.4	18.4	131 340.0	41.8	18.0
2009	335 352.9	35 477.0	10.6	5.3	156 957.9	46.8	5.3	142 918.0	42.6	8.8

注：本表绝对值按当年价格计算。

资料来源：2004 年之前（包括 2004 年）数据来源于《中国统计年鉴 2009》，中华人民共和国国家统计局编，中国统计出版社 2009 年版；2005—2009 年数据来源于国家统计局网站《2009 年国民经济和社会发展统计公报》和中国统计数据应用支持系统（http：//gov. acmr. cn）。

价格走势

表 3　　消费价格

1993—2009 年消费价格趋势（上年 = 100）

年份	居民消费价格指数			商品零售价格指数		
	总指数	城市	农村	总指数	城市	农村
1993	114.7	116.1	113.7	113.2	114.2	112.6
1994	124.1	125.0	123.4	121.7	120.9	122.9
1995	117.1	116.8	117.5	114.8	113.5	116.4
1996	108.3	108.8	107.9	106.1	105.8	106.4
1997	102.8	103.1	102.5	100.8	100.8	100.7
1998	99.2	99.4	99.0	97.4	97.4	97.6
1999	98.6	98.7	98.5	97.0	97.0	97.1
2000	100.4	100.8	99.9	98.5	98.5	98.5
2001	100.7	100.7	100.8	99.2	98.9	99.6
2002	99.2	99.0	99.6	98.7	98.5	99.1
2003	101.2	100.9	101.6	99.9	99.6	100.5
2004	103.9	103.3	104.8	102.8	102.1	104.2
2005	101.8	101.6	102.2	100.8	100.5	101.4
2006	101.5	101.5	101.5	101.0	100.9	101.4
2007	104.8	104.5	105.4	103.8	103.3	104.9
2008	105.9	105.6	106.5	105.9	105.5	106.7
2009	99.3	99.1	99.7	98.8	98.7	99.0

资料来源：2008 年之前（包括 2008 年）数据来源于《中国统计年鉴 2009》，中华人民共和国国家统计局编，中国统计出版社 2009 年版；2009 年数据来源于中国统计数据应用支持系统（http：//gov. acmr. cn）。

表 4　　生产价格

1993—2009 年生产价格趋势（上年 = 100）

年份	工业产品出厂价格指数	原材料、燃料、动力购进价格指数	固定资产投资价格指数
1993	124.0	135.1	126.6
1994	119.5	118.2	110.4
1995	114.9	115.3	105.9
1996	102.9	103.9	104.0
1997	99.7	101.3	101.7
1998	95.9	95.8	99.8
1999	97.6	96.7	99.6
2000	102.8	105.1	101.1
2001	98.7	99.8	100.4
2002	97.8	97.7	100.2
2003	102.3	104.8	102.2
2004	106.1	111.4	105.6
2005	104.9	108.3	101.6
2006	103.0	106.0	101.5
2007	103.1	104.4	103.9
2008	106.9	110.5	108.9
2009	94.6	92.1	97.6

资料来源：2008 年之前（包括 2008 年）数据来源于《中国统计年鉴 2009》，中华人民共和国国家统计局编，中国统计出版社 2009 年版；2009 年数据来源于中国统计数据应用支持系统（http：//gov. acmr. cn）。

国内需求

表 5　　居民消费　　单位：亿元、%

1993—2009 年居民消费及其增长率

年份	全体居民		农村居民		城镇居民	
	总　额	增长率	总　额	增长率	总　额	增长率
1993	1 393	—	805	—	2 924	—
1994	1 833	31.6	1 038	28.9	3 852	31.7
1995	2 355	28.5	1 313	26.5	4 931	28.0
1996	2 789	18.4	1 626	23.8	5 532	12.2
1997	3 002	7.6	1 722	5.9	5 823	5.3
1998	3 159	5.2	1 730	0.5	6 109	4.9
1999	3 346	5.9	1 766	2.1	6 405	4.8
2000	3 632	8.5	1 860	5.3	6 850	6.9
2001	3 869	6.5	1 969	5.9	7 113	3.8
2002	4 106	6.1	2 062	4.7	7 387	3.9
2003	4 411	7.4	2 103	2.0	7 901	7.0
2004	4 925	11.7	2 301	9.4	8 679	9.8
2005	5 463	10.9	2 560	11.3	9 410	8.4
2006	6 138	12.4	2 847	11.2	10 423	10.8
2007	7 103	15.7	3 265	14.7	11 904	14.2
2008	8 183	15.2	3 756	15.0	13 526	13.6
2009	9 142	11.7	—	—	—	—

注：1. 总额按当年价格计算。

2. 城乡消费水平对比，没有剔除城乡价格不可比的因素。

3. 居民消费水平指按常住人口平均计算的居民消费支出。

资料来源：2008 年之前（包括 2008 年）数据来源于《中国统计年鉴 2009》，中华人民共和国国家统计局编，中国统计出版社 2009 年版；2009 年数据来源于中国统计数据应用支持系统（http：//gov. acmr. cn）。

表 6　　固定资产投资　　单位：亿元、%

1993—2009 年全社会固定资产投资

年份	固定资产投资总额		按资金来源划分：国家预算内资金			国内贷款			利用外资			自筹、其他渠道		
	总额	增长率	总额	增长率	比重	总额	增长率	比重	总额	增长率	比重	总额	增长率	比重
1993	13 072.3	—	483.7	—	3.7	3 072.0	—	23.5	954.3	—	7.3	8 562.4	—	65.5
1994	17 042.1	30.4	529.6	9.5	3.1	3 997.6	30.1	23.5	1 769.0	85.4	10.4	11 531.0	34.7	67.7
1995	20 019.3	17.5	621.1	17.3	3.1	4 198.7	5.0	21.0	2 295.9	29.8	11.5	13 409.2	16.3	67.0
1996	22 974	14.8	625.9	0.8	2.7	4 573.7	8.9	19.9	2 746.6	19.6	12.0	15 412.4	14.9	67.1
1997	24 941.1	8.6	696.7	11.3	2.8	4 782.6	4.6	19.2	2 683.9	-2.3	10.8	17 096.5	10.9	68.5
1998	28 406.2	13.9	1 197.4	71.9	4.2	5 542.9	15.9	19.5	2 617.0	-2.5	9.2	19 359.6	13.2	68.2
1999	29 854.7	5.1	1 852.1	54.7	6.2	5 725.9	3.3	19.2	2 006.8	-23.3	6.7	20 169.7	4.2	67.6
2000	32 917.7	10.3	2 109.5	13.9	6.4	6 727.3	17.5	20.4	1 696.3	-15.5	5.2	22 577.4	11.9	68.6
2001	37 213.5	13.1	2 546.4	20.7	6.8	7 239.8	7.6	19.5	1 730.7	2.0	4.7	26 470.0	17.2	71.1
2002	43 499.9	16.9	3 161.0	24.1	7.3	8 859.1	22.4	20.4	2 085.0	20.5	4.8	30 941.9	16.9	71.1
2003	55 566.61	27.7	2 687.8	-15.0	4.8	12 044.4	36.0	21.7	2 599.4	24.7	4.7	41 284.8	33.4	74.3
2004	70 477.4	26.8	3 254.9	21.1	4.6	13 788.0	14.5	19.6	3 285.7	26.4	4.7	54 236.3	31.4	77.0
2005	88 773.6	26.0	4 154.3	27.6	4.7	16 319.0	18.4	18.4	3 978.8	21.1	4.5	70 138.7	29.3	79.0
2006	109 998.2	23.9	4 672.0	12.5	4.2	19 590.5	20.0	17.8	4 334.3	8.9	3.9	90 360.2	28.8	82.1
2007	137 323.9	24.8	5 857.1	25.4	4.3	23 044.2	17.6	16.8	5 132.7	18.4	3.7	116 769.7	29.2	85.0
2008	172 828.4	25.9	7 954.8	35.8	4.6	26 443.7	14.8	15.3	5 311.9	3.5	3.1	143 204.8	22.6	82.9
2009	224 845.6	30.1	12 490.3	57.0	5.6	39 286.4	48.6	17.5	4 596.0	-13.5	2.0	168 472.9	17.6	74.9

年份	按构成划分：建筑安装工程			设备、工具、器具购置			其他费用		
	总额	增长率	比重	总额	增长率	比重	总额	增长率	比重
1993	8 201.2	—	62.7	3 315.9	—	25.4	1 555.2	—	11.9
1994	10 786.5	31.5	63.3	4 328.3	30.5	25.4	1 928.1	24.0	11.3
1995	13 173.3	22.1	65.8	4 262.5	-1.5	21.3	2 583.5	34.0	12.9
1996	15 109.3	14.7	65.8	4 926.0	15.6	21.4	2 878.3	11.4	12.5
1997	15 614.0	3.3	62.6	6 044.8	22.7	24.2	3 282.3	14.0	13.2
1998	17 874.5	14.5	62.9	6 528.5	8.0	23.0	4 003.1	22.0	14.1
1999	18 795.9	5.2	63.0	7 053.0	8.0	23.6	4 005.7	0.1	13.4
2000	20 536.3	9.3	62.4	7 785.6	10.4	23.7	4 595.9	14.7	14.0
2001	22 954.9	11.8	61.7	8 833.8	13.5	23.7	5 424.8	18.0	14.6
2002	26 578.9	15.8	61.1	9 884.5	11.9	22.7	7 036.6	29.7	16.2
2003	33 447.2	25.8	60.2	12 681.9	28.3	22.8	9 437.5	34.1	17.0
2004	42 803.6	28.0	60.7	16 527.0	30.3	23.5	11 146.8	18.1	15.8
2005	53 382.6	24.7	60.1	21 422.9	29.6	24.1	13 968.1	25.3	15.7
2006	66 775.8	25.1	60.7	25 563.9	19.3	23.2	17 658.4	26.4	16.1
2007	83 518.3	25.1	60.8	31 574.8	23.5	23.0	22 230.9	25.9	16.2
2008	104 958.9	25.7	60.7	40 594.1	28.6	23.5	27 275.5	22.7	15.8
2009	138 766.9	32.2	61.7	51 096.2	25.9	22.7	34 982.5	28.3	15.6

注：1. 按资金来源分组为财务拨款，各项加总不等于投资总额。

2. 增长速度未扣除价格因素。

资料来源：2008 年之前（包括 2008 年）数据来源于《中国统计年鉴 2009》，中华人民共和国国家统计局编，中国统计出版社 2009 年版；2009 年数据来源于中国统计数据应用支持系统（http：//gov. acmr. cn）。

对外部门

表 7　进出口贸易　单位：亿元、亿美元、%

1993—2009 年进出口总额及其增长率

年份	人民币 出口额 总额	人民币 出口额 增长率	人民币 进口额 总额	人民币 进口额 增长率	人民币 差额	美元 出口额 总额	美元 出口额 增长率	美元 进口额 总额	美元 进口额 增长率	美元 差额
1993	5 284.8	—	5 986.2	—	-701.4	917.4	—	1 039.6	—	-122.2
1994	10 421.8	97.2	9 960.1	66.4	461.7	1 210.1	31.9	1 156.1	11.2	54.0
1995	12 451.8	19.5	11 048.1	10.9	1 403.7	1 487.8	22.9	1 320.8	14.2	167.0
1996	12 576.4	1.0	11 557.4	4.6	1 019.0	1 510.5	1.5	1 388.3	5.1	122.2
1997	15 160.7	20.5	11 806.5	2.2	3 354.2	1 827.9	21.0	1 423.7	2.5	404.2
1998	15 223.6	0.4	11 626.1	-1.5	3 597.5	1 837.1	0.5	1 402.4	-1.5	434.7
1999	16 159.8	6.1	13 736.4	18.2	2 423.4	1 949.3	6.1	1 657.0	18.2	292.3
2000	20 634.4	27.7	18 638.8	35.7	1 995.6	2 492.0	27.8	2 250.9	35.8	241.1
2001	22 024.4	6.7	20 159.2	8.2	1 865.2	2 661.0	6.8	2 435.5	8.2	225.5
2002	26 947.9	22.4	24 430.3	21.2	2 517.6	3 256.0	22.4	2 951.7	21.2	304.3
2003	36 287.9	34.7	34 195.6	40.0	2 092.3	4 382.3	34.6	4 127.6	39.8	254.7
2004	49 103.3	35.3	46 435.8	35.8	2 667.5	5 933.2	35.4	5 612.3	36.0	320.9
2005	62 648.1	27.6	54 273.7	16.9	8 374.4	7 619.5	28.4	6 599.5	17.6	1 020.0
2006	77 594.6	23.9	63 376.9	16.8	14 217.7	9 689.4	27.2	7 914.6	19.9	1 774.7
2007	93 455.6	20.4	73 284.6	15.6	20 171.1	12 177.8	25.7	9 559.5	20.8	2 618.3
2008	100 395	7.4	79 526.5	8.5	20 868.4	14 306.9	17.5	11 325.6	18.5	2 981.3
2009	—	—	—	—	—	12 016.6	-16.0	10 055.6	-11.2	1 961.0

资料来源：2008 年之前（包括 2008 年）数据来源于《中国统计年鉴 2009》，中华人民共和国国家统计局编，中国统计出版社 2009 年版；2009 年数据来源于中国商务部网站《进出口统计快报》，http：//www.mofcom.gov.cn/。

表 8　外债风险　单位：%

1993—2009 年外债风险指标

年　份	偿债率	负债率	债务率
2009	2.87	8.73	32.2
2008	1.8	8.7	23.7
2007	2.0	11.5	27.8
2006	2.1	12.3	30.4
2005	3.1	12.6	33.6
2004	3.2	13.9	34.9
2003	6.9	13.7	39.9
2002	7.9	13.6	46.1
2001	7.5	14.7	56.8
2000	9.2	13.5	52.1
1999	11.3	15.3	69.5
1998	10.9	15.2	70.4
1997	7.3	14.5	63.2
1996	6	14.2	67.7
1995	7.6	15.2	72.4
1994	9.1	17.1	78
1993	10.2	13.9	96.5

注：1. 偿债率指偿还外债本息与当年贸易和非贸易外汇收入（国际收支口径）之比。

2. 负债率指外债余额与当年国内生产总值之比。

3. 债务率指外债余额与当年贸易与非贸易外汇收入（国际收支口径）之比。

资料来源：2008 年之前（包括 2008 年）数据来源于《中国统计年鉴 2009》，中华人民共和国国家统计局编，中国统计出版社 2009 年版；2009 年数据来源于国家外汇管理局网站（http：//www.safe.gov.cn）。

财政、税收主要指标

国家财政、税收总收支

表 9　　国家财政总收入、总支出　　单位：亿元、%

1993—2009 年国家财政总收入、总支出及其增长率

年份	总收入	增长率	总支出	增长率	收支差额
1993	4 349.0	—	4 642.3	—	-293.4
1994	5 218.1	20.0	5 792.6	24.8	-574.5
1995	6 242.2	19.6	6 823.7	17.8	-581.5
1996	7 408.0	18.7	7 937.6	16.3	-529.6
1997	8 651.1	16.8	9 233.6	16.3	-582.4
1998	9 876.0	14.2	10 798.2	16.9	-922.2
1999	11 444.1	15.9	13 187.7	22.1	-1 743.6
2000	13 395.2	17.0	15 886.5	20.5	-2 491.3
2001	16 386.0	22.3	18 902.6	19.0	-2 516.5
2002	18 903.6	15.4	22 053.2	16.7	-3 149.5
2003	21 715.3	14.9	24 650.0	11.8	-2 934.7
2004	26 396.5	21.6	28 486.9	15.6	-2 090.4
2005	31 649.3	19.9	33 930.3	19.1	-2 281.0
2006	38 760.2	22.5	40 422.7	19.1	-1 662.5
2007	51 321.8	32.4	49 781.4	23.2	1 540.4
2008	61 330.4	19.5	62 592.7	25.7	-1 262.3
2009	68 476.9	11.7	75 873.6	21.2	-7 396.7

注：1. 财政收入中不包括国内外债务收入。

2. 2000 年起，财政支出包含国内外债务付息支出。

3. 如果包括解决出口退税历史陈欠 613 亿元，2006 年全国财政收入决算数为 39 373.2 亿元。2006 年收支差额中包括了中央预算调节基金 500 亿元。

资料来源：2008 年之前（包括 2008 年）数据来源于《中国统计年鉴 2009》，中华人民共和国国家统计局编，中国统计出版社 2009 年版；2009 年数据来源于 2010 年 3 月 5 日在第十一届全国人民代表大会第三次会议上《关于 2009 年中央和地方预算执行情况与 2010 年中央和地方预算草案的报告》。

表 10 **国家财政总收入占国内生产总值的比重** 单位：亿元、%

1993—2009 年财政总收入占国内生产总值比重

年份	财政总收入	国内生产总值	比重
1993	4 349.0	35 333.9	12.3
1994	5 218.1	48 197.9	10.8
1995	6 242.2	60 793.7	10.3
1996	7 408.0	71 176.6	10.4
1997	8 651.1	78 973.0	11.0
1998	9 876.0	84 402.3	11.7
1999	11 444.1	89 677.1	12.8
2000	13 395.2	99 214.6	13.5
2001	16 386.0	109 655.2	14.9
2002	18 903.6	120 332.7	15.7
2003	21 715.3	135 822.8	16.0
2004	26 396.5	159 878.3	16.5
2005	31 649.3	184 937.4	17.1
2006	38 760.2	216 314.4	17.9
2007	51 321.8	265 810.3	19.3
2008	61 330.4	314 045.4	19.5
2009	68 476.9	335 352.9	20.4

注：国家财政收入中不包括国内外债务收入。

资料来源：国内生产总值，2004 年之前（包括 2004 年）数据来源于《中国统计年鉴 2009》，中华人民共和国国家统计局编，中国统计出版社 2009 年版；2005—2009 年数据来源于国家统计局网站《2009 年国民经济和社会发展统计公报》和中国统计数据应用支持系统（http：//gov. acmr. cn）。财政总收入，2008 年之前（包括 2008 年）数据来源于《中国统计年鉴 2009》，中华人民共和国国家统计局编，中国统计出版社 2009 年版；2009 年数据来源于中国统计数据应用支持系统（http：//gov. acmr. cn）。

国家财政、税收分项收入

表 11　税收收入占财政收入的比重　　单位：亿元、%

1993—2009 年税收收入占财政收入的比重

年份	税收收入	财政收入	比重
1993	4 255.3	4 349.0	97.8
1994	5 126.9	5 218.1	98.3
1995	6 038.0	6 242.2	96.7
1996	6 909.8	7 408.0	93.3
1997	8 234.0	8 651.1	95.2
1998	9 262.8	9 876.0	93.8
1999	10 682.6	11 444.1	93.3
2000	12 581.5	13 395.2	93.9
2001	15 301.4	16 386.0	93.4
2002	17 636.5	18 903.6	93.3
2003	20 017.3	21 715.3	92.2
2004	24 165.7	26 396.5	91.5
2005	28 778.5	31 649.3	90.9
2006	34 804.4	38 760.2	89.8
2007	45 622.0	51 321.8	88.9
2008	54 223.8	61 330.4	88.4
2009	59 514.7	68 476.9	86.9

注：国家财政收入中不包括国内外债务收入。

资料来源：2008 年之前（包括 2008 年）数据来源于《中国统计年鉴 2009》，中华人民共和国国家统计局编，中国统计出版社 2009 年版；2009 年数据来源于中国统计数据应用支持系统（http：//gov. acmr. cn）。

表 12　国家税收分项收入　　单位：亿元、%

1993—2009 年国家税收分项收入

年份	税收总收入		增值税			营业税			消费税			关税			农业各税			企业所得税		
	总额	增长率	总额	增长率	比重	总额	增长率	比重	总额	增长率	比重	总额	增长率	比重	总额	增长率	比重	总额	增长率	比重
1993	4 255.3	—	1 081.5	—	25.4	966.1	—	22.7	—	—	—	256.5	—	6.0	125.7	—	3.0	678.6	—	15.9
1994	5 126.9	20.5	2 308.3	113.4	45.0	670.0	-30.6	13.1	487.4	—	9.5	272.7	6.3	5.3	231.5	84.1	4.5	708.5	4.4	13.8
1995	6 038.0	17.8	2 602.3	12.7	43.1	865.6	29.2	14.3	541.5	11.1	9.0	291.8	7.0	4.8	278.1	20.1	4.6	878.4	24.0	14.5
1996	6 909.8	14.4	2 962.8	13.9	42.9	1 052.6	21.6	15.2	620.2	14.5	9.0	301.8	3.4	4.4	369.5	32.9	5.3	968.5	10.2	14.0
1997	8 234.0	19.2	3 283.9	10.8	39.9	1 324.3	25.8	16.1	678.7	9.4	8.2	319.5	5.8	3.9	397.5	7.6	4.8	963.2	-0.5	11.7
1998	9 262.8	12.5	3 628.5	10.5	39.2	1 575.1	18.9	17.0	814.9	20.1	8.8	313.0	-2.0	3.4	398.8	0.3	4.3	925.5	-3.9	10.0
1999	10 682.6	15.3	3 881.9	7.0	36.3	1 668.6	5.9	15.6	820.7	0.7	7.7	562.2	79.6	5.3	423.5	6.2	4.0	811.4	-12.3	7.6
2000	12 581.5	17.8	4 553.2	17.3	36.2	1 868.8	12.0	14.9	858.3	4.6	6.8	750.5	33.5	6.0	465.3	9.9	3.7	999.6	23.2	7.9
2001	15 301.4	21.6	5 357.1	17.7	35.0	2 064.1	10.5	13.5	930.0	8.4	6.1	840.5	12.0	5.5	481.7	3.5	3.1	2 630.9	163.2	17.2
2002	17 636.5	15.3	6 178.4	15.3	35.0	2 450.3	18.7	13.9	1 046.3	12.5	5.9	704.3	-16.2	4.0	717.9	49.0	4.1	3 082.8	17.2	17.5
2003	20 017.3	13.5	7 236.5	17.1	36.2	2 844.5	16.1	14.2	1 182.3	13.0	5.9	923.1	31.1	4.6	871.8	21.4	4.4	2 919.5	-5.3	14.6
2004	24 165.7	20.7	9 017.9	24.6	37.3	3 582.0	25.9	14.8	1 501.9	27.0	6.2	1 043.8	13.1	4.3	902.2	3.5	3.7	3 957.3	35.5	16.4
2005	28 778.5	19.1	10 792.1	19.7	37.5	4 232.5	18.2	14.7	1 633.8	8.8	5.7	1 066.2	2.1	3.7	936.4	3.8	3.3	5 343.9	35.0	18.6
2006	34 804.4	20.9	12 784.8	18.5	36.7	5 128.7	21.2	14.7	1 885.7	15.4	5.4	1 141.8	7.1	3.3	1 084.0	15.8	3.1	7 039.6	31.7	20.2
2007	45 622.0	31.1	15 470.2	21.0	33.9	6 582.2	28.3	14.4	2 206.8	17.0	4.8	1 432.6	25.5	3.1	1 439.1	32.8	3.2	8 779.3	24.7	19.2
2008	54 223.8	18.9	17 996.9	16.3	33.2	7 626.4	15.9	14.1	2 568.3	16.4	4.7	1 770.0	23.6	3.3	1 689.4	17.4	3.1	11 175.6	27.3	20.6
2009	59 514.7	9.8	18 481.2	2.7	31.1	9 013.6	18.2	15.1	4 759.1	85.3	8.0	1 483.6	-16.2	2.5	—	—	—	11 534.5	3.2	19.4

注：1. 农业各税包括农业税、牧业税、耕地占用税、农业特产税、契税和烟叶税。

2. 企业所得税 2001 年以前只包括国有及集体企业所得税，从 2001 年起，企业所得税还包括除国有企业和集体企业外的其他所有制企业所得税，与以前各年不可比。

3. 增值税不包括进口产品增值税；消费税不包括进口产品消费税。

资料来源：2008 年之前（包括 2008 年）数据来源于《中国统计年鉴 2009》，中华人民共和国国家统计局编，中国统计出版社 2009 年版；2009 年数据来源于中国统计数据应用支持系统（http：//gov. acmr. cn）。

国家财政支出

表 13 **国家财政主要支出项目** 单位：亿元

2009 年国家财政主要支出项目

项目	总额
	75 873.60
一般公共服务	1 326.63
外交	91.70
国防	4 829.85
公共安全	1 287.45
教育	1 981.39
科学技术	1 512.02
文化体育与传媒	320.73
社会保障和就业	3 296.66
医疗卫生	1 277.14
环境保护	1 151.80
农林水事务	3 501.24
交通运输	2 178.71
地震灾后恢复重建支出	969.99

注：一般公共服务中不包括国内外债务付息。

资料来源：2010 年 3 月 5 日第十一届全国人民代表大会第三次会议《关于 2009 年中央和地方预算执行情况与 2010 年中央和地方预算草案的报告》。

表 14 **中央财政主要支出项目** 单位：亿元

2009 年中央财政主要支出项目

项目	总额
	15 279.8
一般公共服务	1 084.2
外交	91.7
国防	4 825.0
公共安全	845.8
教育	567.6
科学技术	1 433.9
文化体育与传媒	154.8
社会保障和就业	454.3
医疗卫生	63.5
环境保护	37.9
城乡社区事务	30.6
农林水事务	318.7
交通运输	1 069.2
地震灾后恢复重建支出	130.6

注：一般公共服务中不包括国内外债务付息。

资料来源：2010 年 3 月 5 日第十一届全国人民代表大会第三次会议《关于 2009 年中央和地方预算执行情况与 2010 年中央和地方预算草案的报告》。

中央、地方财政收入和支出

表 15 **中央、地方财政收入** 单位：亿元、%

1993—2009 年中央与地方财政收入及占总收入比重

年份	总收入	中央财政收入	比重	增长率	地方财政收入	比重	增长率
1993	4 349.0	957.5	22.0	—	3 391.4	78.0	—
1994	5 218.1	2 906.5	55.7	203.5	2 311.6	44.3	-31.8
1995	6 242.2	3 256.6	52.2	12.0	2 985.6	47.8	29.2
1996	7 408.0	3 661.1	49.4	12.4	3 746.9	50.6	25.5
1997	8 651.1	4 226.9	48.9	15.5	4 424.2	51.1	18.1
1998	9 876.0	4 892.0	49.5	15.7	4 984.0	50.5	12.7
1999	11 444.1	5 849.2	51.1	19.6	5 594.9	48.9	12.3
2000	13 395.2	6 989.2	52.2	19.5	6 406.1	47.8	14.5
2001	16 386.0	8 582.7	52.4	22.8	7 803.3	47.6	21.8
2002	18 903.6	10 388.6	55.0	21.0	8 515.0	45.0	9.1
2003	21 715.3	11 865.3	54.6	14.2	9 850.0	45.4	15.7
2004	26 396.5	14 503.1	54.9	22.2	11 893.4	45.1	20.7
2005	31 649.3	16 548.5	52.3	14.1	15 100.8	47.7	27.0
2007	51 321.8	27 749.2	54.1	35.6	23 572.6	45.9	28.8
2008	61 330.4	32 680.6	53.3	17.8	28 649.8	46.7	21.5
2009	68 476.9	35 896.1	52.4	9.8	32 580.7	47.6	13.7

注：1. 本表数字不包括国内外债务收入。
2. 中央、地方财政收入均为本级收入。

资料来源：2008 年之前（包括 2008 年）数据来源于《中国统计年鉴 2009》，中华人民共和国国家统计局编，中国统计出版社 2009 年版；2009 年数据来源于中国统计数据应用支持系统（http：//gov. acmr. cn）。

表 16 **中央、地方财政支出** 单位：亿元、%

1993—2009 年中央与地方财政支出及占总支出比重

年 份	总支出	中央财政支出	比重	增长率	地方财政支出	比重	增长率
1993	4 642.3	1 312.1	49.8	—	3 330.2	71.7	—
1994	5 792.6	1 754.4	55.5	33.7	4 038.2	69.7	21.3
1995	6 823.7	1 995.4	51.5	13.7	4 828.3	70.8	19.6
1996	7 937.6	2 151.3	42.0	7.8	5 786.3	72.9	19.8
1997	9 233.6	2 532.5	41.3	17.7	6 701.1	72.6	15.8
1998	10 798.2	3 125.6	45.7	23.4	7 672.6	71.1	14.5
1999	13 187.7	4 152.3	31.5	32.8	9 035.3	68.5	17.8
2000	15 886.5	5 519.9	34.7	32.9	10 366.7	65.3	14.7
2001	18 902.6	5 768.0	30.5	4.5	13 134.6	69.5	26.7
2002	22 053.2	6 771.7	30.7	17.4	15 281.5	69.3	16.3
2003	24 650.0	7 420.1	30.1	9.6	17 229.9	69.9	12.8
2004	28 486.9	7 894.1	27.7	6.4	20 592.8	72.3	19.5
2005	33 930.3	8 776.0	25.9	11.2	25 154.3	74.1	22.2
2006	40 422.7	9 991.4	24.7	13.8	30 431.3	75.3	21.0
2007	49 781.4	11 442.1	23.0	14.5	38 339.3	77.0	26.0
2008	62 592.7	13 344.2	21.3	16.6	49 248.5	78.7	28.5
2009	75 873.6	15 279.8	20.1	14.5	60 593.8	79.9	23.0

注：1. 中央、地方财政支出均为本级支出。
2. 本表数据不包括国内外债务还本付息支出和国外借款收入安排的基本建设支出，但从 2000 年起，全国财政支出和中央财政支出中包括国内外债务付息支出。

资料来源：2008 年之前（包括 2008 年）数据来源于《中国统计年鉴 2009》，中华人民共和国国家统计局编，中国统计出版社 2009 年版；2009 年数据来源于中国统计数据应用支持系统（http：//gov. acmr. cn）。

预算外收入和支出

表 17　中央、地方预算外资金收入　单位：亿元、%

1993—2007 年中央与地方预算外收入

年份	预算外收入		中央预算外收入			地方预算外收入		
	总额	增长率	总额	增长率	比重	总额	增长率	比重
1993	1 432. 5	—	245. 9	—	17. 2	1 186. 6	—	82. 8
1994	1 862. 5	30. 0	283. 3	15. 2	15. 2	1 579. 2	33. 1	84. 8
1995	2 406. 5	29. 2	317. 6	12. 1	13. 2	2 088. 9	32. 3	86. 8
1996	3 893. 3	61. 8	947. 7	198. 4	24. 3	2 945. 7	41. 0	75. 7
1997	2 826. 0	-27. 4	145. 1	-84. 7	5. 1	2 680. 9	-9. 0	94. 9
1998	3 082. 3	9. 1	164. 2	13. 1	5. 3	2 918. 1	8. 8	94. 7
1999	3 385. 2	9. 8	230. 5	40. 4	6. 8	3 154. 7	8. 1	93. 2
2000	3 826. 4	13. 0	247. 6	7. 5	6. 5	3 578. 8	13. 4	93. 5
2001	4 300. 0	12. 4	347. 0	40. 1	8. 1	3 953. 0	10. 5	91. 9
2002	4 479. 0	4. 2	440. 0	26. 8	9. 8	4 039. 0	2. 2	90. 2
2003	4 566. 8	2. 0	379. 4	-13. 8	8. 3	4 187. 4	3. 7	91. 7
2004	4 699. 2	2. 9	350. 7	-7. 6	7. 5	4 348. 5	3. 8	92. 5
2005	5 544. 2	18. 0	402. 6	14. 8	7. 3	5 141. 6	18. 2	92. 7
2006	6 407. 9	15. 6	467. 1	16. 0	7. 3	5 940. 8	15. 5	92. 7
2007	6 820. 3	6. 4	530. 4	13. 5	7. 8	6 290. 0	5. 9	92. 2

注：1993—1995 年和 1996 年的预算外资金收入范围分别有所调整，与以前各年不可比。从 1997 年起，预算外资金收入不包括纳入预算内管理的政府性基金（收费），与以前各年也不可比。从 2004 年起，预算外资金收入为财政预算外专户收入。

资料来源：中华人民共和国国家统计局编：《中国统计年鉴 2009》，中国统计出版社 2009 年。

表 18　中央、地方预算外资金支出　单位：亿元、%

1993—2007 年中央与地方预算外支出

年份	预算外支出		中央预算外支出			地方预算外支出		
	总额	增长率	总额	增长率	比重	总额	增长率	比重
1993	1 314. 3	—	198. 9	—	15. 1	1 115. 4	—	84. 9
1994	1 710. 4	30. 1	225. 0	13. 1	13. 2	1 485. 4	33. 2	86. 8
1995	2 331. 3	36. 3	351. 4	56. 2	15. 1	1 979. 9	33. 3	84. 9
1996	3 838. 3	64. 6	1 034. 9	194. 5	27. 0	2 803. 4	41. 6	73. 0
1997	2 685. 5	-30. 0	143. 9	-86. 1	5. 4	2 541. 6	-9. 3	94. 6
1998	2 918. 3	8. 7	139. 7	-2. 9	4. 8	2 778. 6	9. 3	95. 2
1999	3 139. 1	7. 6	164. 8	17. 9	5. 3	2 974. 3	7. 0	94. 7
2000	3 529. 0	12. 4	210. 7	27. 9	6. 0	3 318. 3	11. 6	94. 0
2001	3 850. 0	9. 1	258. 1	22. 5	6. 7	3 591. 9	8. 2	93. 3
2002	3 831. 0	-0. 5	259. 0	0. 3	6. 8	3 572. 0	-0. 6	93. 2
2003	4 156. 4	8. 5	329. 3	27. 2	7. 9	3 827. 0	7. 1	92. 1
2004	4 351. 7	4. 7	389. 5	18. 3	9. 0	3 962. 2	3. 5	91. 0
2005	5 242. 5	20. 5	458. 3	17. 7	8. 7	4 784. 1	20. 7	91. 3
2006	5 867. 0	11. 9	377. 7	-17. 6	6. 4	5 489. 2	14. 7	93. 6
2007	6 112. 4	4. 2	453. 3	20. 0	7. 4	5 659. 1	3. 1	92. 6

注：1996 年预算外资金支出范围有所调整，与以前各年不可比。从 1997 年起，预算外资金支出不包括纳入预算内管理的政府性基金（收费），与以前各年也不可比。从 2004 年起，预算外资金支出为财政预算外专户支出。

资料来源：中华人民共和国国家统计局编：《中国统计年鉴 2009》，中国统计出版社 2009 年版。

表 19　预算外资金分项目收入　单位：亿元、%

1993—2007 年预算外收入分项

年份	合计	行政事业性收费			政府性基金收入			乡镇统筹资金			地方财政收入			国有企业和主管部门收入			其他收入		
		总额	增长率	比重	总额	增长率	比重	总额	增长率	比重	总额	增长率	比重	总额	增长率	比重	总额	增长率	比重
1993	1 432.5	1 317.8	—	92.0	—	—	—	—	—	—	114.7	—	8.0	—	—	—	—	—	—
1994	1 862.5	1 722.5	30.7	92.5	—	—	—	—	—	—	140.0	22.1	7.5	—	—	—	—	—	—
1995	2 406.5	2 234.9	29.7	92.9	—	—	—	—	—	—	171.7	22.6	7.1	—	—	—	—	—	—
1996	3 893.3	3 395.8	51.9	87.2	—	—	—	272.9	—	7.0	224.7	30.9	5.8	—	—	—	—	—	—
1997	2 826.0	2 414.3	-28.9	85.4	—	—	—	295.8	8.4	10.5	115.9	-48.4	4.1	—	—	—	—	—	—
1998	3 082.3	1 981.9	-17.9	64.3	478.4	—	15.5	337.3	14.0	10.9	—	—	—	54.7	—	1.8	230.0	—	7.5
1999	3 385.2	2 354.3	18.8	69.5	396.5	-17.1	11.7	358.9	6.4	10.6	—	—	—	50.1	-8.3	1.5	225.4	-2.0	6.7
2000	3 826.4	2 654.5	12.8	69.4	383.5	-3.3	10.0	403.3	12.4	10.5	—	—	—	59.2	18.2	1.5	325.8	44.5	8.5
2001	4 300.0	3 090.0	16.4	71.9	380.0	-0.9	8.8	410.0	1.7	9.5	—	—	—	60.0	1.3	1.4	360.0	10.5	8.4
2002	4 479.0	3 238.0	4.8	72.3	376.0	-1.1	8.4	272.0	-33.7	6.1	—	—	—	72.0	20.0	1.6	521.0	44.7	11.6
2003	4 566.8	3 335.7	3.0	73.0	287.1	-23.6	6.3	293.1	7.8	6.4	—	—	—	52.3	-27.3	1.1	598.5	14.9	13.1
2004	4 699.2	3 208.4	-3.8	68.3	351.3	22.4	7.5	213.1	-27.3	4.5	—	—	—	64.1	22.5	1.4	862.3	44.1	18.3
2005	5 544.2	3 858.2	20.3	69.6	359.3	2.3	6.5	192.9	-9.5	3.5	—	—	—	47.8	-25.4	0.9	1 085.9	25.9	19.6
2006	6 407.9	4 216.8	9.3	65.8	376.5	4.8	5.9	221.3	14.7	3.5	—	—	—	44.9	-6.1	0.7	1 548.4	42.6	24.2
2007	6 820.3	4 681.1	11.0	68.6	—	—	—	180.3	-18.5	2.6	—	—	—	40.2	-10.6	0.6	1 918.9	23.9	28.1

注：1993—1996 年的预算外资金收入范围分别有所调整，与以前各年不可比。从 1997 年起，预算外资金收入不包括纳入预算内管理的政府性基金（收费）。从 2004 年起，预算外资金收入为财政预算外专户收入。

资料来源：中华人民共和国国家统计局编：《中国统计年鉴 2009》，中国统计出版社 2009 年版。

表 20　预算外资金分项目支出　单位：亿元、%

1993—2007 年预算外支出分项

年份	合计	基本建设支出			专项支出			行政事业费支出			城市维护费支出			乡镇自筹、统筹支出			其他支出		
		总额	增长率	比重	总额	增长率	比重	总额	增长率	比重	总额	增长率	比重	总额	增长率	比重	总额	增长率	比重
1996	3 838.3	1 490.2	—	38.8	307.27	—	8.0	1 254.4	—	32.7	—	—	—	136.4	—	3.6	650.1	—	16.9
1997	2 685.5	502.0	-66.3	18.7	311.59	1.4	11.6	1 280.2	2.1	47.7	—	—	—	288.7	111.7	10.7	303.0	-53.4	11.3
1998	2 918.3	394.0	-21.5	13.5	423.60	35.9	14.5	1 588.3	24.1	54.4	—	—	—	335.3	16.1	11.5	177.2	-41.5	6.1
1999	3 139.1	539.8	37.0	17.2	—	—	—	1 816.1	14.3	57.9	127.45	—	6.4	350.3	4.5	11.2	305.4	72.4	9.7
2000	3 529.0	426.2	-21.0	12.1	—	—	—	2 225.1	22.5	63.1	146.38	14.9	7.3	387.4	10.6	11.0	344.0	12.6	9.7
2001	3 850.0	350.0	-17.9	9.1	—	—	—	2 500.0	12.4	64.9	150.00	2.5	7.5	400.0	3.3	10.4	450.0	30.8	11.7
2002	3 831.0	260.0	-25.7	6.8	—	—	—	2 655.0	6.2	69.3	160.00	6.7	8.0	268.0	-33.0	7.0	488.0	8.4	12.7
2003	4 156.4	269.9	3.8	6.5	—	—	—	2 836.6	6.8	68.2	202.62	26.6	10.1	283.1	5.6	6.8	564.2	15.6	13.6
2004	4 351.7	287.3	6.5	6.6	—	—	—	3 133.8	10.5	72.0	193.82	-4.3	9.7	205.1	-27.6	4.7	531.7	-5.8	12.2
2005	5 242.5	346.7	20.7	6.6	—	—	—	3 866.1	23.4	73.7	—	—	—	198.0	-3.5	3.8	831.6	56.4	15.9
2006	5 867.0	426.5	23.0	7.3	—	—	—	4 163.6	7.7	71.0	—	—	—	207.5	4.8	3.5	1 069.4	28.6	18.2
2007	6 112.4	—	—	—	—	—	—	—	—	—	—	—	—	—	—	—	—	—	—

注：1. 1996 年预算外资金支出范围有所调整，与以前各年不可比。从 1997 年起，预算外资金支出不包括纳入预算内管理的政府性基金（收费）。从 2004 年起，预算外资金支出为财政预算外专户支出。

2. 2007 年预算外资金按新的支出功能分类科目反映，与 2006 年及之前的分项数据不具有可比性。

资料来源：中华人民共和国国家统计局编：《中国统计年鉴 2009》，中国统计出版社 2009 年版。

附　　表

2010 年最新主要财经指标

附表 1　　2010 年 1—2 季度国内生产总值及行业分布　　单位：亿元、%

季度	国内生产总值		第一产业		第二产业		第三产业	
	绝对额	同比增长	绝对额	同比增长	绝对额	同比增长	绝对额	同比增长
1 季度	81 622	11.9	5 139	3.8	39 243.5	14.5	37 239	10.2
2 季度	172 839.8	11.1	13 367.0	3.6	85 830.0	13.2	73 642.8	9.6

注：数据为初步核算数，绝对额按现价计算；增长速度按不变价计。

资料来源：国家统计局网站（http：//www.stats.gov.cn/）。

附表 2　　2010 年 1—7 月社会消费品零售总额（按销售地区分）　　单位：亿元、%

月份	社会消费品零售总额		城镇		乡村	
	绝对量	同比增长	绝对量	同比增长	绝对量	同比增长
1	12 718.1	14.0	10 517.0	14.1	2 201.1	13.7
2	12 334.2	22.1	10 231.6	23.1	2 102.6	17.6
3	11 321.7	18.0	9 822.1	18.5	1 499.6	15.1
4	11 510.4	18.5	9 979.9	18.9	1 530.5	16.0
5	12 455.1	18.7	10 818.3	19.1	1 636.8	15.8
6	12 329.9	18.3	10 715.2	18.7	1 614.7	15.9
7	12 252.8	17.9	10 655.1	18.2	1 597.7	16.1

资料来源：国家统计局网站（http：//www.stats.gov.cn/）。

附表 3　2010 年 1—6 月固定资产投资（按产业分类）　单位：亿元、%

年　月	第一产业		第二产业		第三产业	
	自年初累计	同比增长	自年初累计	同比增长	自年初累计	同比增长
2010－6	1682.0	17.8	41 517.9	22.3	54 847.4	28.4
2010－5	1 062.7	16.1	28 204.2	22.4	38 091.5	28.8
2010－4	679.37	16.5	19 460.66	21.7	26 602.72	29.7
2010－3	364.37	9.7	12 459.64	22.4	16 968.67	30.0
2010－2	118.00	8.9	5 060.30	21.0	7 835.72	30.9
2010－1	—	—	—	—	—	—

注：统计范围是城镇固定资产投资，包括城镇（城关镇以上）范围内各种经济类型所有 50 万元以上项目投资。

资料来源：国家统计局网站（http://www.stats.gov.cn/）。

附表 4　2010 年 1—5 月城镇固定资产投资（按隶属关系分类）　单位：亿元、%

年　月	中央项目累进值		地方项目累进值	
	自年初累计	同比增长	自年初累计	同比增长
2010－6	7 443.2	13.0	90 604.1	26.7
2010－5	5 400.0	14.1	61 958.3	27.0
2010－4	3 832.6	10.6	42 910.1	27.6
2010－3	2 297.9	9.1	27 494.8	28.2
2010－2	1 219.1	14.0	11 795.0	28.1
2010－1	—	—	—	—

资料来源：国家统计局网站（http://www.stats.gov.cn/）。

附表 5　2010 年 1—7 月海关进出口贸易　单位：千美元、%

年　月	进出口总值当期	出口总额累进值		进口总值累进值	
	金额	金额	增长率	金额	增长率
2010－7	7 783.2	16.2	5 810.9	16.6	1 972.3
2010－6	7 879.4	14.7	8 119.2	26.8	－239.8
2010－5	243 988 412.0	567 743 785.0	33.2	532 350 200.0	57.5
2010－4	238 160 128.0	436 051 879.0	29.2	419 940 031.0	60.1
2010－3	231 459 885.0	316 168 516.0	28.7	301 679 764.0	64.6
2010－2	181 433 048.0	204 081 750.0	31.4	182 319 298.0	63.6
2010－1	204 782 346.0	109 475 299.0	21.0	95 307 047.0	85.5

资料来源：中国统计数据应用支持系统（http://gov.acmr.cn）。

附表 6　2010 年 1—5 月财政收支　单位：亿元、%

年　月	财政预算收入		财政预算支出		收支差额
	总额	同比增长	总额	同比增长	总额
2010－5	7 917.7	20.5	5 786.7	25.6	2 131.0
2010－4	7 925.7	34.4	5 575.6	9.8	2 350.1
2010－3	6 023.4	36.8	5 924.0	18.3	99.4
2010－2	4 945.0	20.4	4 940.2	29.7	4.8
2010－1	8 658.7	41.2	3 465.8	－13.2	5 192.9

资料来源：财政部网站（http://www.mof.gov.cn/）。

技术注释

本技术注释给出了上述部分财政经济发展指标体系所有表格中主要指标的定义和解释。注释是根据各表出现的顺序排列。

表1　国内生产总值

国内生产总值（GDP）指一个国家（或地区）所有常住单位在一定时期内生产活动的最终成果。国内生产总值有三种表现形态，即价值形态、收入形态和产品形态。从价值形态看，它是所有常住单位在一定时期内生产的全部货物和服务价值超过同期中间投入的全部非固定资产货物和服务价值的差额，即所有常住单位的增加值之和；从收入形态看，它是所有常住单位在一定时期内创造并分配给常住单位和非常住单位的初次收入分配之和；从产品形态看，它是所有常住单位在一定时期内最终使用的货物和服务价值与货物和服务净出口价值之和。

表2　国内生产总值行业分布

三次产业是根据社会生产活动历史发展的顺序对产业结构的划分，产品直接取自自然界的部门称为第一产业；对初级产品进行再加工的部门称为第二产业；为生产和消费提供各种服务的部门称为第三产业。它是世界上较为通用的产业结构分类，但各国的划分不尽一致。

中国的三次产业划分是：

第一产业：农业（包括种植业、林业、牧业和渔业）。

第二产业：工业（包括采掘业，制造业，电力、煤气及水的生产和供应业）和建筑业。

第三产业：除第一、第二产业以外的其他各业。由于第三产业包括的行业多、范围广，根据中国的实际情况，第三产业可分为两大部分：一是流通部门；二是服务部门。

表3　消费价格

商品零售价格指数是反映城乡商品零售价格变动趋势的一种经济指数。零售物价的调整变动直接影响到城乡居民的生活支出和国家的财政收入，影响居民购买力和市场供需平衡，影响消费与积累的比例。因此，计算零售价格指数，可以从一个侧面对上述经济活动进行观察和分析。

居民消费价格指数是反映一定时期内城乡居民所购买的生活消费品价格和服务项目价格变动趋势和程度的相对数，是对城市居民消费价格指数和农村居民消费价格指数进行综合汇总计算的结果。利用居民消费价格指数，可以观察和分析消费品的零售价格和服务价格变动对城乡居民实际生活费支出的影响程度。

城市居民消费价格指数是反映城市居民家庭所购买的生活消费品价格和服务项目价格变动趋势和程度的相对数。城市居民消费价格指数可以观察和分析消费品的零售价格和服务项目价格变动对职工货币工资的影响，作为研究职工生活和确定工资政策的依据。

农村居民消费价格指数是反映农村居民家庭所购买的生活消费品价格和服务项目价格变动趋势和程度的相对数。农村居民消费价格指数可以观察农村消费品的零售价格和服务项目价格变动对农村居民生活消费支出的影响，直接反映农民生活水平的实际变化情况，为分析和研究农村居民生活问题提供依据。

表 4　生产价格

工业品出厂价格指数是反映全部工业产品出厂价格总水平的变动趋势和程度的相对数，包括工业企业售给本企业以外所有单位的各种产品和直接售给居民用于生活消费的产品。通过工业品出厂价格指数能观察出厂价格变动对工业总产值的影响。

原材料、燃料、动力购进价格指数反映工业企业通过各种价格形式购进的主要原材料、燃料、动力价格水平变动趋势和程度的相对数。

固定资产投资价格指数是反映固定资产投资额价格变动趋势和程度的相对数。固定资产投资额是由建筑安装工程投资完成额，设备、工器具购置投资完成额和其他费用投资完成额三部分组成的。编制固定资产投资价格指数应首先分别编制上述三部分投资的价格指数，然后采用加权算术平均法求出固定资产投资价格总指数。

编制固定资产投资价格指数可以准确地反映固定资产投资中涉及的各类商品和取费项目价格变动趋势和变动幅度，消除按现价计算的固定资产投资指标中的价格变动因素，真实地反映固定资产投资的规模、速度、结构和效益，为国家科学地制定、检查固定资产投资计划并提高宏观调控水平，为完善国民经济核算体系提供科学的、可靠的依据。

表 5　居民消费

居民消费支出指常住住户在一定时期内对于货物和服务的全部最终消费支出。居民消费支出除了直接以货币形式购买的货物和服务的消费支出外，还包括以其他方式获得的货物和服务的消费支出，即所谓的虚拟消费支出。居民虚拟消费支出包括如下几种类型：单位以实物报酬及实物转移的形式提供给劳动者的货物和服务；住户生产并由本住户消费了的货物和服务，其中的服务仅指住户的自有住房服务、金融机构提供的金融媒介服务、保险公司提供的保险服务。

表 6　固定资产投资

全社会固定资产投资是社会固定资产再生产的主要手段。通过建造和购置固定资产的活动，国民经济不断采用先进技术装备，建立新兴部门，进一步调整经济结构和生产力的地区分布，增强经济实力，为改善人民物质文化生活创造物质条件。这对我国的社会主义现代化建设具有重要意义。

固定资产投资额是以货币表现的建造和购置固定资产活动的工作量，它是反映固定资产投资规模、速度、比例关系和使用方向的综合性指标。全社会固定资产投资按经济类型可分为国有、集体、个体、联营、股份制、外商、港澳台商、其他等。按照管理渠道，全社会固定资产投资总额分为基本建设、更新改造、房地产开发投资和其他固定资产投资四个部分。

固定资产投资按资金来源划分。根据固定资产投资的资金来源不同，分为国家预算内资金、国内贷款、利用外资、自筹资金和其他资金来源。

（1）国家预算内资金：指中央财政和地方财政中由国家统筹安排的基本建设拨款和更新改造拨款，以及中央财政安排的专项拨款中用于基本建设的资金和基本建设拨款改贷款的资金等。

（2）国内贷款：指报告期内，企、事业单位向银行及非银行金融机构借入的用于固定资产投资的各种国内借款。包括银行利用自有资金及吸收的存款发放的贷款、上级主管部门拨入的国内贷款、国家专项贷款（包括煤代油贷款、劳改煤矿专项贷款等）、地方财政专项资金安排的贷款、国内储备贷款、周转贷款等。

（3）利用外资：指报告期内收到的用于固定资产投资的国外资金，包括统借统还、自借自还的国外贷款，中外合资项目中的外资，以及对外发行债券和股票等。国家统借统还的外资指由中国政府出面同外国政府、团体或金融组织签订贷款协议、并负责偿还本息的国外贷款。

（4）自筹资金：指固定资产投资单位报告期内收到的，由各地区、各部门及企、事业单位筹集用于固定资产投资的预算外资金，包括中央各部门、各级地方和企、事业单位的自筹资金。

（5）其他资金来源：指报告期内收到的除以上各种拨款、固定资产投资按国民经济行业分建设项目归哪个行业，按其建成投产后的主要产品或主要用途及社会经济活动性质来确定。基本建设按建设项目划分国民经济行业，更新改造、国有单位其他固定资产投资及城镇集体投资根据整个企业、事业单位所属的行业来划分。一般情况下，一个建设项目或一个企业、事业单位只能属于一种国民经济行业。为了更准确地反映国民经济各行业之间的比例关系，联合企业（总厂）所属分厂属于不同行业的，原则上按分厂划分行业。

固定资产投资按构成划分。固定资产投资活动按其工作内容和实现方式分为建筑安装工程，设备、工具、器具购置，其他费用三个部分。

（1）建筑安装工程（建筑安装工作量）：指各种房屋、建筑物的建造工程和各种设备、装置的安装工程。包括各种房屋建造工程，各种用途设备基础和各种工业窑炉的砌筑工程；为施工而进行的各种准备工作和临时工程以及完工后的清理工作等；铁路、道路的铺设，矿井的开凿及石油管道的架设等；水利工程；防空地下建筑等特殊工程；以及各种机械设备的安装工程；为测定安装工程质量，对设备进行的试运工作。在安装工程中，不包括被安装设备本身的价值。

（2）设备、工具、器具购置：指购置或自制达到固定资产标准的设备、工具、器具的价值，固定资产的标准按财务部门规定。新建单位、扩建单位的新建车间按照设计和计划要求购置或自制的全部设备、工具、器具，不论是否达到固定资产标准均计入“设备、工具、器具购置”中。

（3）其他费用：指在固定资产建造和购置过程中发生的，除建筑安装工程和设备、工具、器具购置以外的各种应摊入固定资产的费用。

表 7　进出口贸易

进出口总额指实际进出中国国境的货物总金额。包括对外贸易实际进出口货物，来料加工装配进出口货物，国家间、联合国及国际组织无偿援助物资和赠送品，华侨、港澳台同胞和外籍华人捐赠品，租赁期满归承租人所有的租赁货物，进料加工进出口货物，边境地方贸易及边境地区小额贸易进出口货物（边民互市贸易除外），中外合资企业、中外合作经营企业、外商独资经营企业进出口货物和公用物品，到、离岸价格在规定限额以上的进出口货样和广告品（无商业价值、无使用价值和免费提供出口的除外），从保税仓库提取在中国境内销售的进口货物，以及其他进出口货物。进出口总额用以观察一个国家在对外贸易方面的总规模。中国规定出口货物按离岸价格统计，进口货物按到岸价格统计。

表 8　外债风险

外债风险由三个指标衡量：偿债率、负债率和债务率。偿债率指偿还外债本息与当年贸易和非贸易外汇收入（国际收支口径）之比。负债率指外债余额与当年国民生产总值之比。债务率指外债余额与当年贸易与非贸易外汇收入（国际收支口径）之比。

表 9　国家财政总收入、总支出

财政收入指国家财政参与社会产品分配所取得的收入，是实现国家职能的财力保证。依据收入来源形式，我国财政收入分为税收收入和非税收入。

财政支出指国家财政将筹集起来的资金进行分配使用，以满足经济建设和各项事业的需要。

表 10　国家财政收入占国内生产总值的比重

国家财政收入占国内生产总值的比重反映了在国民收入的分配中，国家所分配的份额。

表 11　税收收入占财政收入的比重

财政收入指国家财政参与社会产品分配所取得的收入，是实现国家职能的财力保证。以收入形式为依据，财政收入可划分为税收收入和非税收入。税收收入占财政收入的比重反映了税收对政府收入的贡献程度。自 1994 年税收制度改革以来，各项税收收入逐渐成为政府收入的主要来源。

表 12　国家税收分项收入

国家税收分项收入包括增值税、消费税、营业税、关税、农业各税、企业所得税收入等部分。

表 13　国家财政主要支出项目

财政支出指国家财政将筹集起来的资金进行分配使用，以满足经济建设和各项事业的需要。依据《2007 年政府收支分类科目》，我国财政支出分为一般公共服务、外交、国防、公共安全、教育、科学技术、文化体育与传媒、社会保障和就业、医疗卫生、环境保护、城乡社区事务、农林水事务、交通运输、工业商业金融等事务。

表 14　中央财政主要支出项目

中央政府肩负提供外交、国防、公共安全、跨地区公共物品或服务以及调整国民经济结构、协调地区发展、实施宏观调控等职能。中央财政分项支出及其比重则是反映中央政府履行上述各项职能的支出比重。

表 15　中央、地方财政收入

指按现行分税制财政体制划分的中央本级收入和地方本级收入。属于中央财政的收入包括关税，进口货物增值税和消费税，出口货物退增值税和消费税，铁道部门、各银行总行、各保险公司总公司等集中缴纳的营业税和城市维护建设税，增值税 75% 部分，纳入共享范围的企业所得税 60% 部分，未纳入共享范围的中央企业所得税、中央企业上交的利润，个人所得税 60% 部分，车辆购置税，船舶吨税，证券交易印花税 97% 部分，海洋石油资源税，中央非税收入等。属于地方财政的收入包括营业税（不含铁道部门、各银行总行、各保险公司总公司集中交纳的营业税），地方企业上交利润，城市维护建设税（不含铁道部门、各银行总行、各保险公司总公司集中交纳的部分），房产税，城镇土地使用税，土地增值税，车船税，耕地占用税，契税，烟叶税，印花税，增值税 25% 部分，纳入共享范围的企业所得税 40% 部分，个人所得税 40% 部分，证券交易印花税 3% 部分，海洋石油资源税以外的其他资源税，地方非税收入等。

表 16　中央、地方财政支出

指根据政府在经济和社会活动中的不同职责，划分中央和地方政府的责权，按照政府的责权划分确定的支出。中央财政支出包括一般公共服务，外交支出，国防支出，公共安全支出，以及中央政府调整国民经济结构、协调地区发展、实施宏观调控的支出等。地方财政支出包括一般公共服务，公共安全支出，地方统筹的各项社会事业支出等。

表 17　中央、地方预算外资金收入

中央和地方预算外资金收入所包含的项目不断在进行调整，逐渐趋于规范化。从 1996 年起将养路费、车辆购置附加费、铁路建设基金、电力建设基金、三峡工程建设基金、新菜地开发基金、公路建设基金、民航基础设施建设基金、农村教育事业附加费、邮电附加、港口建设费、市话初装基金、民航机场管理建设费等 13 项数额较大的政府性基金（收费）纳入财政预算管理。基金（收费）收入要按现行体制及时上缴中央金库或地方金库，使用由主管部门提出计划，财政部门按规定拨付，属于基本建设用途的，由财政部门按计划部门批准的项目计划安排支出，实行“收支两条线”管理，加强财政、审计监督。基金（收费）收支在预算上单独编列反映，按规定专款专用，不得挪作他用，也不能平衡预算。具体管理办法由财政部会同有关部门制定。地方财政部门按国家规定收取的各项税费附加，从 1996 年起统一纳入地方财政预算，作为地方财政的固定收入，不再作为预算外资金管理。

表 18　中央、地方预算外资金支出

预算外支出是指财政性预算外资金的支出，如各地方、各部门、各单位自行管理使用的、不纳入国家预算的那部分财政性资金的支出。《2007 年政府收支分类科目》已将预算外资金收支列入了统一的政府收支分类科目，但目前并不影响预算外资金收支的相对独立性。而从长远看，随着“收支两条线”改革的全面深化，预算外资金逐步纳入预算内管理，便可自然形成预算内外“一本账”。

表 19　预算外资金分项目收入

预算外资金分项目收入反映预算外资金具体来源情况，主要包括行政事业收费、政府性基金、乡镇统筹资金、地方财政收入、国有企业和主管部门收入和其他收入等项目。从 1997 年起，预算外资金收入不包括纳入预算内管理的政府性基金（收费）。从 2004 年起，预算外资金收入为财政预算外专户收入。《2007 年政府收支分类科目》已将预算外资金收支列入了统一的政府收支分类科目。

表 20　预算外资金分项目支出

预算外资金分项目支出反映预算外资金的具体使用情况，其主要分为基本建设支出、专项支出、行政事业支出、城市维护支出、乡镇自筹、统筹支出和其他支出等。